湖南大学岳麓书院国学研究与传播中心 主办

编委会

主　　任　朱汉民
学术委员　陈　来　郭齐勇　蒋　庆　姜广辉
　　　　　李明辉　廖名春　林安梧　陈昭瑛
　　　　　任剑涛　梁　涛　黄玉顺　干春松
　　　　　卢国龙　张新民　唐文明　曾　亦
　　　　　肖永明　彭永捷　韩　星　李清良
主　　编　陈　明　朱汉民
本辑责编　吴　欢　殷　慧　张宏斌
特邀组稿　陆　娓

原道

2016 年第 1 辑
(总第 29 辑)

陈 明　朱汉民　主编

新 星 出 版 社　NEW STAR PRESS

本辑作者

陆　娓　南京师范大学法学院博士生

俞荣根　西南政法大学行政法学院教授

黄源盛　台湾辅仁大学法律系教授

姚中秋　北航人文社科高研院教授

李玉生　南京师范大学法学院教授

韩业斌　盐城师范学院经济法政学院讲师

贾永健　河南大学法学院副教授

董宇宇　《中央社会主义学院学报》编辑

周东平　厦门大学法学院教授

李勤通　厦门大学法学院博士研究生

任文利　北京青年政治学院东方道德研究所副研究员

魏　敏　华东政法大学科学研究院助理研究员

段晓彦　福建江夏学院法学院副教授

周　瑾　中国艺术研究院中国文化研究所副研究员

马清源　北京大学历史系博士研究生

苑　青　河南省司法系统工作人员

张宏斌　中国社会科学院世界宗教研究所研究人员

赵路卫　湖南大学岳麓书院博士研究生

富　瑜　哈佛大学世界宗教研究中心访问博士

李建江　河南理工大学文法学院副教授
王祎茗　中国政法大学法学院博士后研究人员
赵　峰　中共中央党校文史教研部副教授
陈　明　首都师范大学哲学系教授
朱汉民　湖南大学岳麓书院院长
杨万江　民间儒家学者
顾家宁　北航人文社科高研院讲师
邢　琳　许昌学院法政学院副教授

目 录

"儒家法政传统的源与流"专题

导言：发明治道源流　传承儒家法政/陆　娓　3

修齐治平、德礼政刑：礼法传统中的治道智慧
　　——俞荣根访谈录/俞荣根　陆　娓　李相森　9

人性·情理·法意——亲亲相隐制的传统与当代/黄源盛　26

给法治以恰当位置——儒家之法治观/姚中秋　47

论治国方略的创造性转换
　　——从"德主刑辅"到"法主德辅"/李玉生　韩业斌　59

儒家"义务对等"型法正义思想及其异化反思/贾永健　73

孟子治道观之理路辨正/董宇宇　86

论传统治道中君罪的形成与消解/周东平　李勤通　103

中国古典士人政治——基于钱穆先生的阐释/任文利　115

儒家"有治人无治法"思想的吏治实践——以清初钱粮考成为中心/魏　敏　129

民初大理院民事裁判中的"礼"/段晓彦　145

思想与学术

居间运度——形而中学申衍/周　瑾　163

构造禘祫——论郑玄之推论依据及特点/马清源　186

从平城到洛阳——北魏政权合法性与文化主体性的认同/苑　青　张宏斌　201

遗民与降臣——宋元之际明道书院山长的选择困境/赵路卫　213

行动瑜伽与无为——《薄伽梵歌》与《道德经》的行动思想对比/富　瑜　222

收回航权的法制保障——南京国民政府海商法研究/李建江　234

婚姻谁主——清末民初主婚权制度变革之省思/王祎茗　248

现代中国的语境变迁与传统文化的整体定位/赵　峰　262

读书与评论

《中国乡贤》序/陈　明　283

回归经典，复兴中华文明/朱汉民　285

宪政儒学的视野与脉络/杨万江　292

道、学、政之间的政治思想史书写/顾家宁　301

方法与意义——语用诠释学视角下的儒家法文化/邢　琳　309

编后记　315

"儒家法政传统的源与流"专题

导言：发明治道源流　传承儒家法政

陆 妮*

一

师者，所以传道授业解惑也。作为一名讲授传统法文化的青年教师，我却时常感到困惑。在初始的光景中，我也许只是为教而教，但在轻车熟路后，却不由得开始思考"为何而教"的问题。事实上，我自己目前还是一名在读法律史博士生，也时常耳闻目睹同侪对于自身职业和专业的疑虑。

带着教与学的双重困惑，我求教了从事传统法文化教学研究数十年，同时深度参与当代立法司法实践的俞荣根先生。先生答道："唐律自初创至完备用去近四十年时间，明朝用了三十年，清朝更是用了近百年才完成这个过程。如果从自汉而始的正统思想的转换时间来计算，历时更是久远。可是，近年来有些学者却认为，当今中国的法制已经趋于完备。从传统的经验来看，似乎并没有那么容易。这就是我们教习传统法文化的原因！研习传统，是为了传承文化。"

"研习传统，是为了传承文化。"我似乎有所得，进而回念起钱穆先生的语录："断断无一国之人相率鄙弃其一国之史，而其国其族犹可以长存于天地之间者。"

---

* 陆妮，南京师范大学泰州学院法学院讲师，南京师范大学法学院博士生。

我国数千年弦歌不息的传统文化绝非一蹴而就，而且历经千年风霜磨洗更显光芒璀璨。近年来时人倡言民族复兴，但唯有传承传统方可复兴中华。而我们每个人，其实都应当是传统文化的传承者。也许在岁月的星辰大海中，我们今日之教与学不过沧海之一粟，但正是在此种薪火相传与代际接力中，我们的文化得以传承。在这个过程中，也许大部分人一辈子都是平庸而寂寞的，但我们的努力构成了文化传承的根基。这就是我们的文化使命，也是我们的信念源泉。

思虑至此，当《原道》辑刊征集第29辑专题时，我便不自馁于后学晚辈，自告奋勇提出以"儒家法政传统的源与流"为主题组稿，以期为发明传统治道理论实践、传承儒家法政经验智慧略尽绵薄。此种设想得到刊物执事与学界师友的大力支持，于是有了这篇专题文稿。在进入专题之前，作为组稿者照例应有一番交代，于是我写下了这篇专题导言。

二

首先解题。所谓"治道"，即"治理之道"，大则治国平天下，小则修身齐其家，要旨不外乎公共事务之妥善处理，而内含着优良秩序之追求。我国传统治道源远流长，而以儒家治理主张为核心，或者说，儒家治理主张构成了我国传统治道的核心代表。而儒家治理主张本身，是一个礼乐政刑综合为用的整体，并不独以法政为面相。因此，仅就"儒家法政"而言"传统治道"，不免有矮化窄化之嫌。但考虑到传统治道首在治国理政，治国理政要在良法美政，今时今日更以法治为治国之基本方略，故仍以"儒家法政传统的源与流"作为切入。同样的道理，本篇导言"发明治道源流传承儒家法政"之标题实为互文之修辞，要在以儒家法政而管窥传统治道，于治道脉络而省思法政古今。

解题之后，再就传统治道与儒家法政之源流略陈管见。

上古时代，尧舜开启华夏治道统绪。历山之典如同后世风草之喻，暗示了华夏治道的重"德"属性，亦即德行先于政令，有德始有位，无德即失政。三代之时，政令出于宗庙，治理之道"明德"而"慎刑"。此时"德""刑"皆备，且"德""刑"尚相通。东周列国，礼崩乐坏，王道式微，"道术为天下裂"，百家皆以"治道"为核心竞相标榜争鸣,其中以儒、法两家影响最甚。

儒家治道理论是对上古"明德""明刑"治道的传承与升华。儒家强调"德","德"为"为己之学",以"亲亲、尊尊、尚贤"为体,此为"内圣";而"内圣之德"要求统治者治理国家时"为政以德",以达"正德、利用、厚生"三目,此为"外王"。"德"通过"礼乐"教导而成,遵"礼"方为有"德",违"礼"即为"违法",须通过"刑"进行惩罚。故而,后世多称儒家治道之核心为"德治""礼治""人治"。法家的治道理论则强调"法"在治国理政中的首要性与客观性,"为政以法",要求"不别亲疏,不殊贵贱,一断于法",通过严刑峻法予以压制,维护社会秩序稳定。彼时尚有主张"无为而治"的道家和"尚贤""非攻"的墨家等,但其后世影响皆不如儒、法两家。

公元前221年,嬴秦统一天下,延续秦国自"商鞅变法"开启的"法治"策略,专任刑罚,严刑峻法,并在政治、思想、文化上将其推向极致,终致"二世即亡"。汉兴,统治者吸取前朝速亡教训,恤民"苦秦久矣",采用黄老思想,奉行"无为而治",以轻徭薄赋、约法省刑之治,"与民休息",社会经济得以恢复发展。至武帝时,天下安定,诸政待新,遂"举贤良方正"招纳贤士。董仲舒对以"天人三策",武帝纳其所谏,"罢黜百家,独尊儒术",遂定儒家为正统思想,传统治道也由此上升到新高度。此时的儒家已有别于先秦儒家,其以先秦儒家治道理论为本原,兼采道、法、阴阳诸家精华,而建立起一个新的治道思想体系。由是,"礼法合一"成为接下来两千余年中国传统法政实践的主题与基调。

历经魏晋南北朝丧乱,隋唐重回华夏治道正统。李唐以"德礼为政教之本,刑罚为政教之用",定"德礼"为治国之基,制武德、贞观、显庆、开元等多部礼典以为政事准则,又以德礼为原则制定刑律,所成《唐律》"一准乎礼,得古今之平",被奉为中华法系之圭臬,为当时各国所学习效仿。后世虽经宋、元、明、清几朝政权更迭与社会变革,但以儒家治道传统与法政思想为主体的治国理政模式始终传承延续,中国传统治道也在二千多年的磨合下,渐臻完善。

季清以降,吏治腐朽、武威不在、列强眈眈。清廷忧于内外之困,被迫引进西学,变法修律,传统治道与法政模式开始发生转变。在民族和国家生死存亡之际,志士仁人就治道改革展开激烈论战。尤其"礼教派"与"法理派"就法律应一味照搬西方还是应保留伦理纲常条款发生了诸知朝野的"礼法之争",虽然争论中"礼教派"略占上风,但形势比人强,自晚清以至民国,法制近代化大潮势不可挡,中华法系土崩瓦解,儒家法政传统日益式微,传统治理体系也逐步消融,国家治理开始进入"历史的三峡"而艰难地朝着近现代西方式治理模式转型。

1949 年以后,同样是西来的"革命式"治理之道占据中国历史舞台中央,在留下沉痛教训后于 1978 年始逐渐退场。三十年间,中国已经重回正常发展轨道,经济建设已经成效卓著,文化重建的任务却日益紧迫。

近年来,执政者提出了"依法治国和以德治国相结合"的治理原则。如同欧洲中世纪的罗马法复兴,被抛弃在"历史垃圾堆"抑或陈列在"历史博物馆"中的国学又一次被重新"发现",中国传统治道也日渐重回国人视野。然而,当代社会是以传统中国德治为主,还是以西方视野下的法治为主,抑或是重新探寻一条适合当今中国的"德刑兼备"之道,各方各界却争论不休,甚至有惊呼"专制余毒""死灰复燃"者。不可否认,当今中国无论是在治理结构还是治理内容上,都与传统中国有着天壤之别,"拿来主义"式的照本宣科显然已不合时宜。但同样不可忽视的是,现今中国社会问题层出不穷,经济飞速发展带来了观念上的异化,法律与道德时常背离,甚至常有"依法缺德""依法乱伦"之困境。因此,今日重提"法治"与"德治"相结合,其实是对中国传统治道和儒家法政的再审视,是对中国传统治道文明的重估与重构。其根本意义,在于回采传统治道精华,传承中华文化要义,并因地制宜地解决现世问题。故而,为国家安身立命与长治久安计,作为中国优秀传统文化传承体系的重要环节与面相,儒家法政传统以及涵摄更广的中国传统治道,着实应当加以认真发明与妥善传承。

三

除本导言外,本辑专题研讨以"儒家法政传统的源与流"为主题,荟萃海峡两岸、儒门内外之老中青三代学人纵论治道传承与法政精义的 10 篇文章。

这些文章大致可分为总论与分论两个板块。概括而言,总论部分 5 篇文章主要涉及中国传统治道与儒家法政传统中的某些整体性问题,如礼法体系论、亲属容隐制、儒家法治观、德刑辨证论和儒家正义论问题等。分论部分的5篇文章则分别涉及治道理路、君道伦常、士道担当、吏道实践和司法转型等具体问题，同时兼具时空上的断代性与延展性。以下简介之：

关于中国传统治道的根本性质及其当代传承问题，著名法学家俞荣根先生在接受《原道》访谈时，从儒家治道之根本、中华法系之结构、当代传承之要义三个方面作出解读。他认为，中国传统治道的核心要义就是"良法善治"，从儒家的角度可总结为"修齐治平，德礼政刑"，即从"格致正诚"的为己之学推至"修齐治平"的外王之道，从"德礼"教化的"德治"推至"政刑"惩罚的"法治"。他特别强调，在中国传统治道中"德礼"占据了主要地位，礼统治法、融于法，因此中华法系宜定性为"礼法体系"而非"律令体系"。最后他指出，中国古代法历史悠久，成就卓越，我们应回采中国古代法的历史，破解中国古代法的密码，以"礼法体系"为视角出发，探寻传统法智慧，进而反观并解决现世问题。

关于儒家容隐思想在古今司法中的发展传承问题，著名法律史学家黄源盛先生在专题论文中全面阐述了亲属容隐制在先秦至现代司法实践中的"发展—消失—重现"的轨迹，并高屋建瓴地指出，古今法律运作实践背后是更深层次的价值选择问题，而亲亲相隐就是兼顾"人情"与"公义"之际最符合人性与实际的选择，其价值值得进一步探寻与深思。

关于儒家是否及在何意义上具有"法治观"问题，著名儒家学者姚中秋先生在专题论文中从对儒家治道传统中"法治"的内涵阐述入手，指出"法治"乃儒家治道思想的核心内容之一。他认为，儒家所主张的德、礼、法兼修其实就是从主体与客体的不同角度出发规范人与人之间的关系，而在当代中国只有以完整的儒家治道为本才能实现真正的法治。

关于"德"与"法"在现代治理中角色定位问题，著名法学家李玉生教授和韩业斌博士在专题论文中对传统"德主刑辅"治理思想的成因进行了分析，并着重指出，当今社会与传统中国有着巨大差异，照搬传统治道思想已不合时宜，但应当学习古人处理法律与道德关系问题时的思维经验，以"法主德辅"代替"德主刑辅"，从而形成现代化的国家治理理念。

关于儒家法正义思想的治理功能及其异化问题，青年学者贾永健博士在专题论文中对儒家法正义思想在传统治理秩序建构中的作用提出了异议。他认为，儒家意欲以"五伦""名分相称""十德"等原则与规范塑造一个"义务对等"型正义社会，但最终却异化为"义务本位"的不公正法律制度。

在分论各篇文章中，董宇宇对孟子的治道观做出新的阐释，认为孟子治道观内在理路是以人的"活着"为立论起点，以"仁心—仁政"为根本取径，以情为本进行治道的"观"与"辩"，最终以"事天立命"精神实现从应然到必然的转换。周东平、李勤通分析了"德""公""忠"三重观念与传统君罪观形成与消解之间的内在伦理规则和逻辑脉络，为全面认识传统君道观和君罪论提供了新的视角。任文利则以钱穆先生所论为基础，对古典士人政治成立的可能及其基本形态、士人政府的选举制、士人政府的责任对传统的士人政治进行了重述性探讨。魏敏则将目光继续下沉，以清代钱粮考成制度为关切点，对儒家传统"治人""治法"方略在清代吏治实践中的运用进行细致考察，得出传统吏治以"治人"为本，以"治法"为用的结论。段晓彦进一步将视线拉向近代，以民国初年大理院民事裁判为基本素材，阐述了民初法政人在政治与法治转型之际对传统法文化的继承与发展，并试图从中提炼当今法治转型的借鉴意义。

以上各篇虽然具体角度不同，彼此观点或异，但都体现了当代海峡两岸老中青学人同情理解儒家治道传统的基本立场和追求。我们始终认为，华夏文明源远流长五千年，儒家思想亦经历千年洗礼与磨难，并惨遭近世剧变，但作为中华治道传统之精髓，作为中华民族文化之要义，儒家治道传统或曰法政思想的精髓，仍然可以而且必须在"德治"与"法治"相结合的现代社会中熠熠发光。至于如何实现这一愿景，本辑专题已经做出了一定的努力，但更有赖于社会各界的"坐而论道"与"起而行之"。

修齐治平、德礼政刑：礼法传统中的治道智慧
——俞荣根访谈录

俞荣根　陆　娓　李相森*

编者按：俞荣根先生，1943年生于浙江诸暨，法学二级教授、博士生导师，享受国务院特殊津贴专家，国家有突出贡献专家，曾任第九届全国政协委员、重庆市第二届人大常委会委员和法制委主任委员、重庆社会科学院院长、西南政法大学副校长。多年来，俞先生专注于法史教研与立法实务工作，致力于传统治道与法文化的传承与实践，在儒家思想与中华法系研究上成就卓著，著有《儒家法思想通论》《道统与法统》等学术代表作。借"第七届世界儒学大会"召开和纪念孔子诞辰2566年之机，本刊特约编辑陆娓和李相森博士就"儒家法政思想的源与流"的主题对俞先生进行专访。现将访谈稿整理刊发，以飨读者。

一、良法善治与德礼文明

陆娓（以下简称"陆"）：俞老师，您好！首先感谢您能在这样一个特殊的日子里接受我们的采访，也非常感谢您对《原道》辑刊和儒家文化传承事业的支持与肯定。我们知道，党的十八届四中全会提出了"坚持依法治国和以德治国相结

---

* 俞荣根，西南政法大学行政法学院教授、博士生导师；陆娓，南京师范大学泰州学院法学院讲师，南京师范大学法学院博士生；李相森，南京大学法学院博士生。感谢南京高的律师事务所杨宇剑律师对本访谈所做的贡献。

合"的基本原则,而中国传统治道就是以儒家"德礼政治"为主轴的,因此《原道》29辑的研讨主题定为"儒家法政传统的源与流"。所以,首先想请您谈一谈您对中国传统治道的理解,以及传承传统治道的基本途径。

俞荣根(以下简称"俞")：中国的治道就是如何实现"良法善治"。"良法善治"这个概念的提出,可能意味着我们整个政治、法律的思维都要作出调整,改变以往那种在"人治""法治"两端,以及两者对立中来解读古代中国政治和法制的思维定势。我认为,传统治道确实是以儒家"德礼政治"为主轴的。从其与道统、政统相辅相成的角度谈,可以总结为八个字：修齐治平、德礼政刑。

首先,"修齐治平",即修身齐家治国平天下,是从"为己"开始的。

"为己"之学,是以"社会人"为出发点的。人之本,立根于孝,所以"修身齐家"应从"孝"着手,"修身"的核心价值是"仁",而孝最容易培养"仁"的情感,因此"仁"要从孝培养起。"修身齐家"后才可"治国平天下",因此在中国传统社会中,一个不仁不义、不孝不悌的统治者是很难服众的,这与国外相当不同。美国克林顿和莱温斯基的丑闻如果发生在中国,不管事实真相如何,统治者的形象必然会有所减损,自然不可服众,所以"修身齐家"非常重要。再举一例,我们曾在特定的时期内,存在一种革命的婚姻观,即部分革命者进了城,随即抛弃其在农村的"糟糠之妻",一度还出现离婚潮。这种革命的婚姻观与儒家的"修齐"思想是对立的。我们过去还曾利用这种婚姻观来反传统,但现在看来似乎是不妥的,因为只有"修齐"后才可"治平"。所以回归到"修齐治平"的道路上,显得至关重要。也只有做到"修齐治平",才能对执政合法性、治理方式、执行力等方面有一个较好的铺垫与解释。"得民心者得天下",同理,得民心者才能治天下,才能平天下,才能稳定天下。用武力维稳天下决非长久之计。

其次,在"修齐治平"的前提之下,实现"德礼政刑"的综合运用。

所谓"德"即为德政、德化,是指提升社会的整体道德。当今,道德的分类非常细致,有诸如社会的公德、政府的政德、官员的官德、学者的学德、个人的私德以及职业道德等。而在古代,道德的分类没有这么细致,"德化"就是指提升社会大众的道德。而提升社会大众道德的关键在于为政者的"德"。所以《论语·为政》中强调"为政以德"。"为政者"有政德、官德,才能实施德政,才能以德化民,才能"譬如北辰,居其所而众星拱之"。德政、德化,是最好的善治。但这是儒家的理想政治,并非实然政治。但是,"为政以德"与"以德治国"是有区别的。"德"是无法治人的,"德"只能治己,治己就是要"修身齐家"。这样一来,《礼记·大学》中"格物、致知、诚意、正心、修身、齐家、治国、平天下"的八目即可相通,"格物、致知、正心、诚意"即"格致正诚",实际是修身功夫,而修身功夫又是从孝悌开始,孝悌为本,本直则身修,即以仁义道德修身。因此我们的政道、治道需要从"德"字出发。

陆:您可以详细地介绍一下当代提倡的"以德治国"和古代的"为政以德"之间的不同吗?

俞:好的。其实我国古代是没有"以德治国"这个概念的。我查阅过古代文献典籍,仅有王充在《论衡·自然》中提到过"德治"二字:"夫百姓,鱼兽之类也,上德治之,若烹小鲜,与天地同操也。"显然,这里"上德治之"的含义与我们现在所说的"德治"含义完全不同。最初提出儒家思想核心为"德治"的是梁启超先生。他在1922年出版的《先秦政治思想史》一书中,称儒家为"人治主义""德治主义""礼治主义",称法家为"物治主义"或"法治主义",以及"术治主义"和"势治主义"。但是这里的"人治""德治""礼治"是一种简化的说法。就如博士生导师简称"博导"一样,我姓俞,学生就叫我"俞导"。假如有一个姓俞的导游,似乎也可简称为"俞导",但显然这两个"导"的含义是不相同的。梁启超先生所提"德治"也是一样的,是一个简称。

我们现在提出"以德治国",本意是强化道德教育,提升全社会的道德水平。从这个意义上,将"以德治国"简化为"德治"也未尝不可。毕竟,道德是法律的基础,有优良的道德才有优良的法治。但是将"依法治国"与"以德治国"放在一句话中就似乎略有不妥了。因为,"治"字在古汉语中是个多义字,除了"治国"外,还有"治学""治医""治身"等等。"治国"的"治"是统治、管理的意思,而"治医"是医病的意思,"治学"就是读书做学问的意思,"治身"则是修身的意思。它们没有一个可以解释为统治、管理。前面说过,"以德治国"的"德治"只能治己,不能治人,本意是执政者严以律己修身,实施德政,以德化民。"德治"的"治"不是拿德去统治、管理的意思,与"法治"的"治"不同。

但把"依法治国"与"以德治国"放在一句话中,这两个"治"字似乎只能作同一种字义来解释,总不能前边的"治"是统治、管理,后边的"治"却成了"修身"养德。这是一个简单的逻辑学问题。如单独提"德治","以德治身",这种说法是可以的,是修身的含义;单独提"以德治国",也是可以的,是强调德政、德化。但"德治"与"法治"、"以德治国"与"依法治国"一旦放在一句话中,在语言文字逻辑上,两个"治"必须解释成为一个概念,就是统治、管理的意思。"依法治国"是指用法律去统治国家,用法律去管理国家。那么"以德治国"呢?也需要解释为统治和管理,以道德去统治、管理国家,这显然是不妥的。

"为政以德"来源于《论语·为政》:"为政以德,譬如北辰,居其所而众星拱之。""为政以德"包括两方面的含义,一是为政者要有"德",为政者要以德治身;二是为政者要施惠于人民,实施德政。两者互参互证、密不可分,但后者可以包含前者。何为"德政"?"德政"就是"仁政","德政"的内容须与时更新,"德政"的本质是万古不易的,那就是人民的福祉。古代"德政"的最高境界是"民本",包括"导德齐礼"、轻徭薄赋、省刑慎罚、对民"富之""教之"、使民有恒产、优待老弱病残等等。"德政"的前提是自身要有德,及自身要端正。子曰:"政者,正也。"为上不正,焉能正人?因此,"为政以德"本意是正"官风"、扬"官德"、惠民生。从现实的官场看,汲取儒家"为政以德"的思想资源很有必要。"为政以德"就要"以德治官",有了"以德治官"才谈得上"以德化民",提升社会道德。当然,"治官"也不能光讲"德治",还是要有刚性的法律规范。这就是另一个问题了。

陆:刚才您谈到了"德",那德礼政刑与您所说的"礼法"是什么关系呢?

俞:德礼政刑的治道就是古代中国的"礼法之治"。德礼政刑不是任何社会都能行得通的。换句话说,只有在古代中国的礼法社会中才能实行德礼政刑的治道。我们知道,法律是从习俗和道德规范中逐渐分离提升出来的。这种分离至今仍在进行中。如直到上个世纪七十年代,美国还制定了《从政道德法》,把一部分政德、官德从道德中分离出来提升为法律。在我国,随着反腐的进一步制度化、法制化,也必将会有越来越多的从政道德上升为法律,诸如官员的"财产申报法""退休官员优待法"之类是迟早要出台的。

回过话头再来说"礼"。中国古代圣贤创造了"礼"这样一个概念来命名当时社会的行为规范体系，现在想来真是聪明加高明，体现了极高水平的文明。礼既是道德，也包括习俗，又是法律，混沌一体。夏商周三代，礼外无法，出礼入刑。进入战国、秦、汉，一部分规范从礼中分离出来上升为法律，这就是人们津津乐道的法制改革。其时有《宪令》《法经》等的出现。从睡虎地出土的秦简来看，其法令部分的内容大多可归属于现在的刑事法。其后的汉《九章律》、曹魏《新律》、晋《泰始律》等一路下来，都保持这一趋向，即将刑事法从礼中分离提升为历朝正律，但其他的行为规范仍以礼的形式运行。这些行为规范多为现在所说的宪法、民事法内容。其中，如王位继承、朝仪、朝贡、朝觐、祭祀、宾仪等属前者，如分家析产、婚丧嫁娶、承嗣、立继、田土房产买卖等属后者。简言之，历代正律是引礼入律，以礼率律，礼法合一。但正律并不是古代法的全体，而是律外有礼。总起来说，仍然是礼法体制。

礼法体制下的治道依然是德礼政刑：德以导之，以礼约之，政以制之，刑之惩之。礼法体制下的治道有两个显著的特点：一是德礼政刑综合为用。现在有种说法叫"综合治理"，其中也许汲取了古代治道智慧。再一个是道德与法律的高度相应和相辅相成，古人称之谓"礼之所去，刑之所取"。这也值得今人学习借鉴。如今的某些领域，"法"与"德"不是相向而行，而是明显相背而行。如《计划生育法》中规定了独生子女制度（采访时《计划生育法》尚未修订——编者注），汉族一对夫妻只能生一个孩子，离婚后再婚者一方未生育者可再生一孩。因此一些人为了不违法又达到多生孩子的目的，选择离婚或假离婚，还制造出许多家庭伤害和婚事案件，严重损坏了社会和谐，伤害了中华民族的传统美德。人们戏讽之谓"依法缺德"。法律与道德相背离，这样法只会是恶法，而非良法。所以不管是古代的"礼法之治"还是现代"法治"，都必须建立在法律与道德相向而行的基础上，这是治道的底线原则。

陆：强调法律与道德必须相一致、相适应，确实至关重要。请您继续谈谈"政"与"刑"的问题。

俞：所谓"政"是指政府管治，相当于我们现在的"行政管理"，包括行政强制、行政许可、行政指导、行政处罚等，现在还有行政服务，古代不可能有。现今

"政"与"刑"两者分得很清楚,行政违法不等于刑事违法。实际古代"政"和"刑"也是有区别的,只不过他们的区分方法较为朦胧,行政与司法不分,行政长官兼理司法的体制长期存在,直到民国时期,包括当时的解放区都还那样。儒家认为,执政者应当告诉百姓"政"的具体内容,并告诫百姓要遵守"政"。孔子说:"不教而杀谓之虐;不戒视成谓之暴;慢令致期谓之贼。"如果不先告知而突然地规定做什么,就等于设一个陷阱让人家去跳,这种"政"就是"虐"政、"暴"政、"贼"道之政。由此也说明,孔子是主张行政公开透明的,他也不反对法律的公布。所谓"刑",即为刑罚。教之以德、约之以礼、强之以政,若还有人意敢为非作歹,则以"刑"对其进行惩处。

"德礼政刑"在周公的时代称为"礼乐政刑"或是"礼乐刑政"。"礼乐"二字,今人也许不好理解,觉得无非是歌唱、舞蹈,怎么成了治道呢。但在文明早期,"乐"的有无与雅俗确实是标志政治文明程度的。那个时代,"国之大事,在祀与戎",祭祀有祭礼,"戎"即出兵打仗,有军礼。祭礼和军礼都有相应的乐来配合。如军队打仗,誓师时有军乐军歌,临阵时闻鼓而进,鸣金收兵,鼓和金便是乐的一种,统一军队的攻防进退步调。那是铁律,违者军法从事。在祭祀活动中,违乐也就是违礼,同样会遭致"出礼入刑"的严重后果。鉴于时代变化,话语环境不同,"礼乐刑政"的治道到春秋时期就逐渐有了"德礼政刑"的新话语。《论语·为政》说:"道之以政,齐之以刑,民免而无耻。道之以德,齐之以礼,有耻且格。"孔子认为治国不应一味用"政""刑","导德齐礼"为先,辅之以"导政齐刑",是他所推崇的治道。荀子在《成相篇》中说:"治之经,礼与刑,君子以修百姓宁。明德慎罚,国家既治四海平。"也表达了"德礼政刑"的意思。这一治道原则到隋唐臻于成熟,《唐律疏议》作了概括:"德礼为政教之本,刑罚为政教之用,犹昏晓阳秋相须而成者也。"所以,我将中国的治道总结为"修齐治平、德礼政刑"八个字。这个治道,既体现了儒家的道统,也与其治统与政统相一致。

李相森(以下简称"李"):您说的"修齐治平、德礼政刑",实际是有一个内外关系的吧?

俞:如果说内外关系,那就是内圣外王之学。"修齐"是内功,偏重于内圣之学,通过"德礼政刑"实现"治平"则可视为外王功夫。不过作为治道,不一定要这么去析分。古人提出"修齐治平",其眼光还是非常独到的。虽然古人并不知晓世界是平的,是地球村,可是"平天下"的观念中却已含有大同的设计。有周一朝,分封天下,诸侯称"国",周天子拥有"天下"。但是周天子的"天下"并没有地域限制,这种"天下"观念已有大同的含义,耐人寻味。如将"天下"观念上升到儒家思想中,从哲学层面上来说,是天人合一的思想;从政治层面来说,是天下归心的思想。关于"天下"观念可去阅读赵汀阳先生的《天下体系:世界制度哲学导论》一书,其中有详细的阐述。总之,要理解中国的治道、政治运作和法律渊源,第一必须把握天人合一的思想,第二是天下本位思想,第三是中庸之道。"仁"的精神,都贯通在这里了。

二、中华法系是礼法系统

陆:牟宗三先生《治道与政道》书中提出"治道"有三种类型,一是儒家德化的治道,二是道家道化的治道,三是法家物化的治道。您认为这三者是否在中国传统治道中皆起到过作用,以及他们的功能和区别是什么?

俞:关于中国传统治道,我的理解有所不同。

首先,在传统治道类型上,中国古代是以儒家治道为主的。记得在一些儒学问题的研讨会上,曾有新加坡和马来西亚的学者提出中国的传统治道就是儒家的"德"和法家的"刑"相结合的治道,认为德化为先,刑罚在后,如德化无果,则通过刑进行惩治。这其实是一种很工具主义的理解。自汉以降,以官方意识形态与官方治理思想形式出现的儒家,是一种以原始儒家为载体,吸收了道家、阴阳家以及法家学说的综合体。如董仲舒的"春秋决狱",是以儒家经义进行司法审理,直接涉足政刑。从汉代新儒家成为思想领域的主导和主流地位开始,"德礼政刑"的治道是其思想体系的组成部分,而不是儒家只讲德礼,不讲政刑,政刑要从法家那里去寻找,去补足。更何况,连先秦原创儒家也并不否定政刑,为孔子所称道的周礼,就包括"礼与刑"。

其次,在中华法系的性质上,中华法系是"礼法法系",而不是"律令体系"。

中国古代法律文化起源于中华文明早期,从文献记载看,西周时期就形成一种"礼法"制度与"礼法"文化。春秋以降,礼崩乐坏,诸侯纷争,王道式微,在五百多年战乱后,刘汉政权重拾礼法文化,中国的思想又提升到了一个新的高度,在政治、司法和法律实施等治国理政领域确立了儒家思想的统治地位。在谈到夏商周三代法制时,中国法制史教材一般是这样叙述的:夏有夏礼,又有禹刑;殷有殷礼,又有汤刑;周有周礼,又有九刑。总之是有礼有刑,对礼刑系统有相当肯定的阐析。而自汉开始,书中却只谈"律",而不谈"礼"。而历朝"正律",实质上是刑事法典,是刑律。那么,礼的系统哪里去了?其实,汉初叔孙通所定《朝仪》,就是礼的系统。《朝仪》规定帝王临朝时的典礼仪式,确认皇帝至高无上的法律地位和权力,提高了皇帝的尊贵与威严感,相当于现今的宪法。《朝仪》属于礼典,而非刑典。其后,有唐一代制定过《武德礼》《贞观礼》《开元礼》。明代有《大明集礼》,它是洪武四年出台的,比《大明律》早定26年,足见朱元璋对礼典的重视。清王朝也一样,有《大清通礼》。这些都属于礼的系统,足见"律外有礼"。我们长期受日本法制史学界的影响,在教材中以"律令体制"为基础进行编撰。殊不知,日本法史学界认为日本在明治维新前是"律令体制",但是否可以用"律令体制"统摄中国法制史,并没有一致的意见。中国从汉魏起有律令,宋代开始代之以律例,权且笼而统之,称之为"律令体系",但这仅仅涉及历朝"正律"体制,亦即从礼中最先分离出来的刑事法律部分。对更为庞杂而且地位更高的"律外有礼"的礼典系统,则未能加以关注。中国法制史教科书按"律令体制"的模式进行编撰,实在只讲到了古代法的一半。因为只讲了一半,也就不能不出现很多讲错的地方。这个问题,我从1983年开始有所觉察,一直追踪研习到现在,总是觉得"律令体制"的提法是片面的、不完整的。当然,"律令体制"的研究也重要,有价值,但是把"律令体制"作为中华法系的唯一载体,用来概括中华法系的全貌显然是以偏概全、一叶障目的。

我以为,中国古代法的特质可用"礼法"来表述。"礼法"不是"礼与法",或"礼+法"。"礼法"是一个双音节的法律概念,它最早出于《荀子》一书。我们借用"律令体制"的词语,中国古代法是"礼法体制",中华法系是"礼法法系"。律典系统只是"礼法"的一个部分,礼典系统也是"礼法"的一个部分,还是更为重要的那个部分。

"礼法体制"由三部分组成。一为礼典，即"礼法"中属于礼的那部分。周礼中现存的《仪礼》，以及汉代的《朝仪》属于早期的礼典。"礼典"一词明确提出则是到隋代之后。对于礼典，历代都非常重视，以唐为例，唐太宗先制《贞观礼》，再定《贞观律》。唐高宗显庆三年（658年）据《贞观礼》修成《显庆礼》130卷，并亲自为序，颁行中外。武后之后，《显庆礼》湮灭，玄宗开元年间（713—741年）又重振礼法体系，新编《大唐开元礼》150卷，颁行天下。礼典是成文的，由礼部职掌。礼典中没有罚责的内容，仍然实行古老的"出礼入刑"的原则。违礼的刑罚的规定在律典中。唐律中有一条"大不敬"罪，是"十恶大罪"之一，包括盗窃御用物品、因失误而致皇帝的人身安全受到威胁、不尊重皇帝及钦差大臣等行为。《唐律疏议》对其作了这样的解释："礼者，敬之本；敬者，礼之舆。……责其所犯既大，皆无肃敬之心，故曰'大不敬'。"据此，严重的违礼便可以入"大不敬"罪。其《职制》律中还有一条规定："诸祭祀及有事于园陵若朝会、侍卫，行事失错及违失仪式者，笞四十。"凡是在祭祀、朝会、侍卫中"声高喧闹，坐立不正，不依仪式，与众乖者"，都会受到惩处。礼典中明确规定有各种祭祀、祭孔大典、敬祖尊师的仪式，即便是皇帝在祭天时都需戒斋沐浴。司礼、执事人如违反仪式，将祭祀之物、礼器弄错或打乱，就是"行事失错及违失仪式"罪。

二为律典，即历代皇朝的正律，也就是所谓的"律令体制"。律典是刑事法律，包括现在法律分类中的刑法和刑事诉讼法。曾有一种说法，以为唐律中有关惩处民事行为和经济行为的条款很多，因而是"民刑不分"的。其实在那个时代，经济与民商事违法行为的入罪门槛要比我们现在低得多，这是与生产力的发展水平和法制文明程度相关的。例如，古代"借钱不还"属于刑事犯罪。在社会文明早期，商品社会的经济发展十分薄弱，一方欠债不还，不但会造成严重的经济和社会后果，而且违背了儒家的诚信之道，有严重的主观恶意。所以，那些有罪化的民商事违法行为条款，仍是刑事法，不是民事法。

"礼法"的第三部分为习俗、习惯、家法族规等民间"活法"。它们无处不在，无时不有，也无人不晓。这是礼法社会中的"无法之法"。

陆：您这里提到的"礼"是否可理解为"礼之仪，礼之义，礼之制"之中的

"礼之制"？另外"礼法体制"与"礼法之治"之间又是什么关系呢？

俞： 关于第一个问题。"礼之仪"是礼的外在仪式，是程序性规定，包括礼仪的编程、形式、序列，仪仗或礼器的规格、多寡、大小，乐舞和乐器的种类、规模等，如孔子时代有"六佾舞"与"八佾舞"的区别。这一整套规定就是"礼制"，看起来繁文缛节，但却是制度性规定，是礼典。礼制中最重要的是有关朝议、朝觐、朝贡、王位继承、王室婚姻、祭天祭地祭泰山祭孔祭祖等规定，这些是有关整个国家制度的具有如当今宪法性地位的礼制，其所要宣示的是皇帝制度"奉天承运"的神圣性、至高无上的地位，及其统治的合法性。而这一切便是隐藏在"礼之仪"中的"礼之义"了。《周礼》中有"官制"的规定，《唐六典》中有官制的规定，而唐律的《永徽律》中却没有，因为它属于礼制的内容而非律令的内容。关于《唐六典》的性质，我还是赞同钱大群先生的观点，《唐六典》不是当时实际行用的"行政法典"，而是制度的汇编。

关于第二个问题。前面说过，中国古代社会是礼法社会，中国古代法是"礼法体制"，中华法系是一个"礼法法系"，它的治理方法和治理模式就是"礼法之治"。然而"礼法之治"与"礼法合治"是有区别的，"礼法合治"是在"律令体制"话语系统中的说法。律和令是法，"引礼入法"，"礼法合一"，礼融入法中，成为法之魂。如"礼"中的八议制度、五服制度进入刑典。于是便有唐律开宗明义的那句话："德礼为政教之本，刑罚为政教之用。"德礼之教和律法（刑罚）之惩并用，这就是"礼法合治"。这一说法也没有错，但不全面。别的不说，至少缺乏宪法性的内容和规范民间"细故"的民事法的东西，这些成文的或不成文的制度对古代中国的治理不但不可或缺，而且至关重要，它们都包容在"礼法"之中。况且，"礼法合一"的律令法本身也是"礼法"。所以，把古代中国的治理模式表述为"礼法之法"，可能比"礼法合治"更符合实际一些。

其实，我国从先秦开始就是"礼法之治"。法在礼中，"非礼无法""出礼入刑"，这是先秦的"礼法之治"状态。汉以后则是依礼定律令，但律外有礼，即律令之外还有礼典。礼典是帝制统治的根本大法，是其"礼法之治"之本。此外，民间如何交易、如何占有之类的民事法律关系，以及在交易、占有中产生纠纷，称为"细故"，细故的处理由民间习俗、习惯法调整。这又是"礼法之治"的一个重要方面。我们曾到川西岷江上游的羌族聚居区做过实地调研,发现羌族地方契约与徽州契约之间,除了错别字与异体字不同以外,格式上没有什么两样。可见,在古代礼法社会环境中,"礼治之治"的效力是很实实在在的。

陆：这也就是在我国传统法律中为何没有一部较为详细的民事法律规范的原因吧？

俞：是的。有一种说法是我国传统民法较为落后,一直没有民法典。我有一个反向思维：泱泱大国,如此大的国土、如此多的人口,居然不需要一部成文的民法典来规定频繁复杂的民法行为,民事秩序基本上不乱,民事纠纷的救济和修复功能还比较强韧,奥妙在何处？就在它的礼法制度。民众依照礼法的规则去做,不需要具体的民事法律条文规定,也可使得社会民事秩序得到有效规范。所以中华法系不仅仅是一个成文的法系,它还有大量的不成文的"无法之法",而是一个成文法和不成文法相融合的法系。

三、回采中国古代法的历史，破解中国古代法的密码

陆：您认为我们应当用什么样的态度去对待传统法文化,又应该如何从传统中借鉴一些优良的制度,运用到现代社会中呢？

俞：中国古代法的历史是一个开采不尽的富矿,面对现代法治建设这一系统工程,我们应当认真对待礼法传统,需要"回采中国古代法的历史"。说句不太中听的大实话,我们尚未破解古代法的遗传密码,所以还需加上一句："破解古代法的遗传密码"。试想,如仍以"律令体制"的思路去思考,能破解古代法的遗传密码吗？所以一定要独辟蹊径。

我们在法学研究上受西方话语的影响过重,用西方法的标准衡量传统的法律和制度,不能不闹出一些自贬自损的痛心事和揪心事,丧失了"自我"。我过去提出了一些辨误性观点,如孔子反对铸刑鼎,并不是反对法和公布成文法；不能用"人治""法治"对立论来评析儒法两家,中国古代法律思想和制度史上并不存在一条"人治""法治"对立的主线,如此等等。当时我是一个问题一个问题地来考证、辨误,但总觉得有些零敲碎打,有目无纲。后来终于有了总体上的了悟和把

握，意识到中国古代法是"礼法"，是一种"礼法体制"，跳出了"律令法""律令体制"的框范，似觉得有那种忽然开朗的感觉。通过礼法和礼法体制去认知，感到上述那些问题能够迎刃而解。过去研读一些上个世纪初期的著作，都是那种某学科开创性的著作，但觉得在涉及法律史的一些具体问题时，有拿西方的事例来比照解释的现象。如认为罗马古代法是铸在铜表上，我国有晋国铸刑鼎，两者公布成文法的方式是一样的。包括冯友兰先生的哲学史著作中也是这样解释的。这也许与当时流行的欧洲文化中心论有些关系。再如，当时一些法律史论著引用梅因的《古代法》，说是以刑事法为主的国家，其法制都是落后的。而所谓的"律令法""律令体制"之说正好给自己戴上一顶落后的帽子。因为"律令法""律令体制"正是以刑事法为主，"以刑为主"，"民法不发达"，很适合梅因的判断。许多把中国古代法妖魔化和不正确的评价，就是这样得出来的。

因此，回采法的历史的过程中，一定要先破解我们古代法的遗传密码，下力气寻找中国古代法的"自我"。我以为，"礼法""礼法体制"是我们的一种"自我"，也是去打开密码的一把钥匙。我试举几个例子加以说明。

一是关于中国古代社会的法是以什么为本位的问题。曾有一种观点认为西方是权利法，以权利为本位，中国传统是义务法，以义务为本位。到1980年代中期，我有所怀疑，是否存在只有权利没有义务，或只重权利而轻义务的法？恐怕没有！当然也不存在只有义务没有权利，或只重义务而轻义务的法。任何一种法制，权利与义务总是相对应的。其实，在传统民法系统中，中国的民事权利和义务是统一于户，统一于家庭的，这个家庭的代表就是户主，社会学上称家长。我们过去认为，家长享有权利，子女只有义务，这是依照西方民法的个人本位观点来说的。在西方民法体系中，权利和义务统一于个人。中国古代是户本位，即家庭本位，权利与义务是统一于户，统一于家庭的，而不是落脚到家庭中的每一个自然人。户主也就是家长作为"户"的代表来行使"户"的权利，并承担义务。户也是行政相对人，政府征税征兵以户为对象，譬如征兵时几丁抽一，依户计算，只找家长，不找个人。这就是中国的家产制度。中国的家产制度要求户主要继承上辈人留下来的家产和荣誉，传承祖宗血脉，将其发扬光大，不能败家，否则你就失去了作为户主的权力与资格了。就如同《走西口》中的田耀祖，他正是败家子的典型体现，最后隐姓埋名跑到西口外，死在那里，再也不能回来了。这叫开除族籍。中国传统的家谱中，无论是哪一家的家谱，都不会有败家子的记录和犯罪的记录，因为败家子会被开除户籍、族籍，开除族籍就不能归葬祖茔，死了就是孤魂野鬼。这种惩罚方式比刑法还厉害，这就是中国古代的家产制度的体现。你们看看《刀客家族的女人》的电视剧中，族人最害怕的是开除族籍、死后不得葬入祖茔。因此，中国传统中的许多问题，用礼法观点去破解，就比较清楚了。

现在对于传统文化，要求一开始就分清精华与糟粕。其实很难做到。首先，你的评价的标准的选择不一定对。如果用西方那些标准来与中国来对比，显然不合适；其次，会受到时代和认知条件的局限。我们现在对传统文化的评价就与10年、20年前不一样，与"文革"时期更是大不相同。试想，再过10年，我们的观点改进了，方法改进了，精华和糟粕的标准还会一成不变吗？显然是会改变的。况且，精华和糟粕正如阳和阴，相互交织，你中有我，我中有你，许多情况下是难以截然分离的。世界上极阴极阳的事很少见，纯粹精华或纯粹糟粕也不多。例如亲亲相隐，初入法史学行道时，我也曾经接受、赞同过"亲亲相隐"是糟粕这个观点，觉得它不正是以义务为本位的体现吗？！后来从家本位和家产制来认识这个问题，觉得不能这样简单化。"亲亲相隐"是国家法律对血亲伦理和人性的尊重，是国家公权力对家庭私权的谦让。一个帝王统治的国家能够允许你的家庭如此伸张你的权利，现在来看，难道能把它全盘归属于糟粕吗？显然不能。对家庭伦理和权利有这样的敬畏和谦让，恐怕在那个时代的全世界法制史上都很罕见，很了不起。

李：在当下市场经济，商品化程度如此发达的社会中，家产制是否还能存在呢？

俞：台湾就市场经济非常发达，但现在仍保留着土地的家庭所有制，即一定程度上的家产制。如果田地中有祖坟，这家台湾农户是不会将田地租给大资本实行农业产业化的，这就是家产制的体现。我们农村的发展还是需要大资本的投入，把农民的土地租过来统一管理、统一经营，实行农业产业化，但并不意味着一定要使农民失去土地。农民应享有土地所有权，成为长期的地主，同时将地面权、地底权分开进行处理。地底权就是土地的所有权，地面权就是土地经营权、收益权，地底权是农民的，而地面权是可以转让的，农民可以长期出租土地给大资本经营，就能有效解决现阶段土地征收的种种问题。

古代已经有这样的智慧来解决这个问题。明清时代的土地有田皮、田骨的区分，这都是基于土地属于农民所有。所以并不一定要像我们那样，把土地所有权收归集体，那样一来，土地也不值钱了。如果每家每户拥有土地所有权，随着市场化经济的发展，农村人大多进了城镇，土地无人耕种，农民也自然愿意租地。因此社会变化的结果最后还是土地资本化经营。

陆："礼法体制"下中国古代法还有哪些值得重视的治道智慧呢？

俞：先说说道德与法律关系的问题。中华法系无论在理论上，还是立法和司法实务上，都强调德与刑相向而行、相辅相成。虽然道德与法律的内容随着时代的改变而改变，但是两者是相向而行的这一原则是不可改变的。不能说道德是道德，法律是法律，法律可以违背道德。正如我刚刚所说的为了多生孩子却又不违法，只能通过离婚达成目的的例子，也就是人们说的"依法缺德"。即使是在西方以个人为本位的权利观下，也不会允许为了获得某种私利侵害子女的利益。这种的法律背离道德，导致有人"依法缺德"的事还不只是计生法。如拆迁中，为了多分到一套房，有人想方设法把自己的户口拆分，甚至想出夫妻离婚或假离婚的法子等，其间也成了官员腐败的温床，追根究底还是有关拆迁法规和拆迁政策出现了问题。我们修改前的《刑事诉讼法》第48条中，规定犯罪嫌疑人的家属必须出庭作证。这显然是背伦理反亲情的。2013年颁布实施的新法对此进行了小修小改，规定"被告人的配偶、父母、子女"可以不出庭作证，这是由"革命法学和法制"向"治理法学和法制"跨出的一小步，尽管不到位，但体现出对传统和家庭伦理的一定尊重。我们的侦查部门往往拿惩治犯罪作为牺牲道德伦理，乃至背离亲情和人性的理由，这是站不住脚的。美国大法官霍姆斯说过一句话："罪犯逃脱法网与政府的卑鄙非法行为相比，罪孽要小得多。"社会信仰危机和道德严重滑坡令人十分忧虑，深究起来，法律与道德相背离，是一大根由。这是我们立法亟待解决的问题。我们应当汲取礼法传统中法律与道德相向而行的法律智慧和治理经验。

再一个，关于法的起源和本质的问题。在我们法理学的教材中，常依据恩格斯《家庭、私有制和国家的起源》中关于国家和法起源的论述，认为国家和法是"阶级矛盾不可调和的产物"或"阶级斗争的产物"。但如果你去阅读原著,会发现恩格斯的原意并非如此。原著中,恩格斯认为:"国家是社会在一定发展阶段上的产物","是一种表面上驾于社会之上的力量,这种力量应当缓和冲突,把冲突保持在'秩序'的范围以内"。法律就是维持这样一种"秩序"的规范。可见,国家与法是不同阶级、不同利益集团维持在一个共同体下的需要,是"斗"而"不破"的产物,所谓的"不破"就是"和"。因此法律是"和"的产物,而不是一个劲地"斗"的产物。儒家早就有了关于国家与法是"和"的产物的观点。《国语·郑语》中说"夫和实生物,同则不继",《论语·子路》中说"君子和而不同,小人同而不和"。"和实生物"的"物"指万事万物,包含了"和"实生国家、"和"实生法。这是中华法文化关于国家和法律起源的天才的猜测,体现出我国古代礼法思想的光辉。

还有,关于法律公平原则体现的问题。我想以科举制为例。科举制是中国古代法公平原则的最好体现。科举制度历时1300年,产生700多名状元、近11万名进士、数百万名举人。它不仅有严格的实体正义规则,而且有看得见的程序正义细则,从而形成公开考试、公平竞争、择优录取的人才选拔制度,可谓公平、公开、公正。西方的文官制度也曾借鉴中国科举制度的智慧。美国著名学者顾立雅认为,科举制度是"中国对世界的巨大贡献",其重要性远超过四大发明。到宋代为止,科举制度的法律已经非常齐全,几乎形成了一部法典式的法律规范体系。但由于科举制度属于礼法制度,归礼部管而非刑部管,所以我们按"律令法"编撰的法制史教材中基本未提及,非常可惜。其实,科举制度就是古代的考试法,古代教育法,甚至是古代的人才选举法。所以,中国古代法的智慧是很丰富的,有许多东西值得我们去学习和借鉴。在社会变迁中,制度中的规范性硬件是可以断裂的,这种断裂对法律文化的传承当然有影响,但也不会大到要命的程度。因为制度体现的文化是断裂不了的,根基还有,一息尚存,就会"春风吹又生",况且文化这个东西是能够死而复生的。

最后,还是想说说"无讼"思想的问题。《论语·颜渊》中说的"听讼,吾犹人也,必也使无讼乎"这句话,近些年来有各种各样的解读,有的说法把弯子越绕越大。其实,"听讼,吾犹人也",是指依法听讼的审判原则和程序问题。意思是,就具体案件的审断来说,我孔子也跟别的审判者一样,只能按照审案的程序依法处断，没有什么不同。"使无讼"并非不准告状，或压制诉讼，而是依据法律，公正办案，使得无免责情由的违法者知耻而退。诚然，就具体案件的解决办法而言，也包含各种渠道的调处息讼方式，包括庭中调解。

关于调处息讼的制度，现在西方叫"非诉讼解决机制"。我们20世纪90年代介绍这个制度时，认为很不得了。其实它与中国古代调处息讼机制异曲同工，是我国礼法体制中古老久远而又深厚的传统。《周礼》中有"调人"制度，明代有"申明亭"制度，都是很好的例证。记得文化大革命时期，认为调解是"阶级调和论"，是和稀泥。上个世纪80年代初期，一些人写文章强调法制意识和诉讼权利，狠批"无讼"，给调解扣上"泯灭人民诉权"的大帽子。为什么我们总是对自己的传统不尊重，甚至泼脏水呢？往往要西方人说好才改变态度呢？可能是受西方文化价值一元论的影响太深了，失去了文化自我和自信。

李：您刚刚提到我们的传统是"无讼"思想，但是在清代则出现了"健讼"的情况，那么我们古代究竟是"无讼"还是"健讼"？

俞：这个问题在学界有讨论，有人说是"无讼"，有人说是"健讼"。实际上"健讼"的观点是用一个局部性的东西来代替一个整体性的东西，比如各地发现了一批司法档案，数量非常庞大，都是打官司的，据此认定当时是"健讼"。但是，你是否想过，第一，档案反映了上升到官府诉讼层面的案件，但更多的纠纷是没有上升到诉讼层面的。第二，大部分诉讼档案的记载都很简单，这是为什么？我曾阅读过巴县档案，档案中大部分的民事诉讼的案件都很简单，连判词都没有，因为他们在下面就已经化解掉了，只不过是登记在那里。所以不能只是根据一地一县的司法档案就说他是"健讼"。中国人递个诉状往往是要打个面子官司而已。

李：如果官府"批"了他，就会觉得自己有理。

俞：是的，是存在这种心理的。中国古代土地纠纷非常多，农民视土地为命根子，所以寸毫必争。但是这些纠纷不完全是经济的原因，而是因为他们认为土地是祖宗留给我的家产，我不将祖宗的产业败掉。

陆：这又回到您刚才说的家产制度。

俞：对。因为土地上的一草一木都是祖宗留给我的，所以不能丢、不能让，否则别人会认为我是不肖子孙，也无法向后人交代，这是家族观念在起作用。所以必须要争，这就是"细故"纠纷多的一大原因。那么产生纠纷后如何解决呢？如果村里的长老出来调解，说你不是不肖子孙，双方要"和为贵"，气量要大一些，他就会有面子，也就算了。如果实在调解不了，才会需要官府说句话，这样他就可以免掉不肖子孙的包袱。这便是礼法体制中"细故"纠纷的生成和解决机制，不能简单用"健讼"观念去看问题。

四、对青年学子的寄语

陆：谢谢俞老师接受我们的访谈。经过与您的交流，我觉得作为一个青年法史学人，需要走的路还很长，肩上的担子也很重，所以希望俞老师能给我们青年学子一些勉励与教诲。

俞：现在肯下功夫研究法律史的人不多了，你们的坚持令人欣慰。我觉得年轻人一定要有创造性，不能人云亦云，"尽信书不如无书"，因此一定要独辟蹊径。当今，整个中国，法制史、法律、法学都到了转型时期。我所说的转型包括两个方面，一个是从革命法学、革命法制向治理法学、治理法制转型，第二个是从移植法学、移植法制向特色法学、特色法制转型，这些都需要你们年轻人去实现。这种转型非常重要，它要求你们不光要有理论，还需要有实践。

现在司法界对传统法文化也逐渐开始正视，在前不久召开的一个研讨会上，我看见一份厦门地方法院的法官提供的论文，他们依据当地家产制度、继承制度的地域性惯习来处理案例，收到案结事了的效果。这是对礼法传统的尊重和继承，也说明这个传统可以被现代化。这些类似的问题慢慢地都会被大家发现和发扬。总的来说，中国对自己的传统和文化还是要有自信。你对自己的文化都不自信，那还有什么值得你自信？文化不自信是现在最重要的问题，特别是司法文化、法律文化的不自信，我们毕竟走了一个多世纪移植西方法制度的路，形成了一定的新制度、新观念。寻找自信还是要走老路，要去"回采历史"，"破解密码"。为这两个转型提供礼法传统的文化资源，使得那些移植中获得的新制度、新观念有深厚的文化土壤。你们任务任重而道远！

人性·情理·法意
——亲亲相隐制的传统与当代

黄源盛[*]

[内容提要]

　　历史告诉我们，不分中外，专制皇权时代刑律的首要任务是充当"治民之具"，它是统治者支配人间社会秩序的一种手段，传统中国法文化中的"亲亲相隐制"并非是一种可以由个人支配的"权利"，毋宁说，它是基于维护伦常秩序为目的而赋予子民的一种"义务"。而当今刑法的主要功能强调"法益保护"，在于保障人类社会生活的利益与群体生活秩序的基本价值。现行的"亲亲相隐制"除了因袭传统维护人伦亲情的的理念外，它另具有保障基本人权以及强调"人性尊严"的重要意涵。

[关键词]

亲亲相隐　期待可能性　人性尊严

一、序言

　　在中国法制历史上，有两则常被人提及的经典法理"公案"，一则是《论语》上记载孔子与叶公论"直"与"隐"的实例，探讨的重点是"伦理亲情"与"礼刑"

---

[*] 黄源盛，台湾辅仁大学法律系教授，"中研院"历史语言研究所兼任研究员。

冲突的考量:"叶公语孔子曰:'吾党有直躬者,其父攘羊而子证之。'孔子曰:'吾党之直者异于是,父为子隐、子为父隐,直在其中矣。'"(《论语·子路》)

在上述引文中,至少有两种对"直"的理解方式,一是法家思想叶公的观点,指出人父攘羊而子证之,完全没有徇私护短的行为是"直";一是儒家代表孔子的观点,指父为子隐、子为父隐的行为才是"直"。

另一则是孟子与其徒弟桃应的对话,孟子对法律与伦理的两难问题,也有独到的看法,与前述孔子的"父子相隐"之例前后辉映,在仁德与政刑相济的前提下,孟子遭逢一个伦理与法律难以双全的困局:"桃应问曰:'舜为天子,皋陶为士;瞽瞍杀人,则如之何?'孟子曰:'执之而已矣!''然则舜不禁与?'曰:'夫舜恶得而禁之?夫有所受之也!''然则舜如之何?'曰:'舜视弃天下犹弃敝屣也。窃负而逃,遵海滨而处,终身欣然,乐而忘天下。'"(《孟子·尽心上》)

面对学生如此尖锐的提问,孟子干脆地回应,虽然只是简短的对答,孟子把儒家对亲情伦理的坚持作了明确的交代。

人民有违法行为,从"法律之前,人人平等"的立法精神来讲,不宜因身分关系而有不同的对待,自应鼓励其他人民告发,但就人性挣扎的价值抉择言,则或不然?此时,该何去何从?这是耐人寻味而值得深思的课题。而揆诸中国历代法制规范,自汉以迄清末,有关亲亲相隐制几乎代代相沿,少有更动;至于台湾百年多来的刑事法中仍多所保留,甚至外国绝大多数国家的立法例,似乎也选择了亲亲得相为容隐的立法政策,何以致之?

要进一步追问的是,亲亲相隐制起源的历史背景为何?容隐制进入刑律规范的立意何在?容隐制存在于传统中国及当代的台湾刑法,垂二千余年而不辍,其根本原因是什么?1949年以后同属华人文化圈的中国大陆何以舍弃亲属容隐制?今后的走向会是如何?以比较中外的立法例看来,容隐制的社会意义和价值是什么?从两岸华人社会最近的修法动向,又如何理解家族伦理与国民伦理之间的消长关系?凡此大哉之问,本文拟从刑法文化史与当代刑事法学的观点,一方面着重在规范流变的史实描述;另一方面从史观诠释其背后的理论基础,并试图寻绎其历史与时代的双重意义。

二、晚清以降华人社会亲亲相隐制的常与变

"亲亲相隐"又称为"亲属兼容隐""同居相为隐""亲不为证""亲亲得相首匿"等,系指法律对于有特定亲属关系之人,允许相互隐瞒犯罪而不追究或减轻其刑事责任的规定;不仅有罪可以相互庇护,甚至不准相互告发或作证。这种"亲亲相隐"的思想在先秦时期还只是停留在儒家的道德层面,直到汉宣帝时始著之于令,东汉时,律中已有"亲亲得相首匿"之条。[1]及至李唐一代,逐步落实为《唐律》中完整的具体规范;继之而起的宋元明清历朝,大致相沿未替,洎乎台湾的现行刑法及刑事诉讼法中仍存留其遗绪。

清光绪二十八年至宣统三年间(1902—1911),清廷进行了一场亘古未有的变法修律,从此延续了二千多年的中华法系退出历史的舞台,引进的是崭新的近代欧陆法系,此其间,有关亲亲相隐制是否随之而有变化?

(一)台湾有关亲亲相隐制的百年进程

由专制皇权迈向民主共和,国体虽更,而有关亲亲相隐制的精神,却依旧分别体现在刑事实体法与程序法中;不过,为呼应社会结构的急剧变迁,法律规范也随之作了些许的调整。

1. 刑法中的规范

民国肇建以来,刑法历经三个阶段,一为民元(1912)的《暂行新刑律》,一为民国十七年(1928)的《中华民国刑法》(旧刑法),以及民国二十四年(1935)的《中华民国刑法》(现行刑法)。其中与亲亲相隐有关的规定,大致仍留存下来,详细内容列表如次:[2]

---

[1]《公羊传·闵公元年》何休注引汉律云:"论季子当从议亲之辟,犹律:亲亲得相首匿。"《唐律》此条,即沿自汉律。

[2] 本表之制作,参阅黄源盛:《晚清民国刑法史料辑注》,台北元照出版有限公司2010年版,上册第443页,下册第951、954、957、1341、1342页等。

法典或草案	内容	备注
民元（1912 年）《暂行新刑律》第 180 条	犯罪人或脱逃人之亲属，为犯罪人或脱逃人利益计而犯本章之罪（藏匿人犯及湮灭证据罪）者，免除其刑。	此条内容与 1911 的《钦定大清刑律》完全相同。
民国十七年（1928）《中华民国刑法》（旧刑法）第 168 条	亲属犯第一百六十二条所列举之罪（内乱罪、外患罪、公共危险罪、强奸罪、杀人罪、强盗及海盗罪），而不报告者，免除其刑。	该条的立法理由云："亲属容隐，人情之常，本法免除其刑。"
民国十七年（1928）《中华民国刑法》第 177 条	亲属图利犯人或依法逮捕、拘禁之脱逃人，而犯本章之罪（藏匿犯人及湮灭证据罪）者，免除其刑。	立法理由与第 168 条同。
民国十七年（1928）《中华民国刑法》第 183 条	意图保存自己或亲属之自由、名誉而犯第一百七十九条之罪（伪证罪）者，免除其刑。	草案有图利亲属而犯藏匿犯人及湮灭证据罪，免除其刑之规定，图利犯人犯本章之罪（伪证及诬告罪），事同一例，故增列本条。
民国二十四年（1935）《中华民国刑法》第 162 条纵放或便利脱逃罪	纵放依法逮捕拘禁之人或便利其脱逃者，处三年以下有期徒刑。配偶、五亲等内之血亲或三亲等内之姻亲，犯第一项之便利脱逃罪者，得减轻其刑。	1912 年《暂行新刑律》及 1928 年的"旧刑法"对亲属间犯本罪者，均无特别规定；1935 年刑法以亲亲相卫，人情之常，虽触法禁，可责性较轻，爰增设"得减轻其刑"之规定。
民国二十四年（1935）《中华民国刑法》第 167 条亲属间犯藏匿人犯及湮灭证据之罪	配偶、五亲等内之血亲或三亲等内之姻亲，图利犯人或依法逮捕拘禁之脱逃人，而犯第一百六十四条（藏匿人犯或使之隐避、顶替罪）或第一百六十五条（湮灭刑事证据罪）之罪者，减轻或免除其刑。	1912 年《暂行新刑律》第 180 条与 1928 年"旧刑法"第 177 条有关本罪之规定，其法律效果皆为"免除其刑"，1935 年刑法修改为"减轻或免除其刑"。

2. 刑事诉讼法中拒绝证言规范的昔与今

民国以降，刑事诉讼法史也历经三个阶段，一为民国十年（1921）的《刑事诉讼条例》，一为民国十七年（1928）的《刑事诉讼法》，另一为民国二十四年（1935）的《刑事诉讼法》；其间，有关亲属间拒绝证言的规定，于 1945 年、1967 年及 2003 年分别作了部分的修订。列表如下：

法典条号	内容	备注
民国十年（1921）《刑事诉讼条例》第 105 条（拒绝证言）	左列各人，得拒绝证言：一、为被告之亲属者，其亲属关系消灭后，亦同。二、为被告之未婚配偶者。三、为被告之法定代理人、监督监护人或保佐人者。	民国十年（1921）十一月十四日教令第三十九号公布
民国十年（1921）《刑事诉讼条例》第 107 条（拒绝证言）	证人恐因陈述，致己身或其第一百零五条之关系人受刑事追诉者，得以拒绝证言。	
民国十年（1921）《刑事诉讼条例》第 111 条（拒绝证言）	讯问证人，应先调查其人有无错误，及与被告有无第一百零五条之关系。证人与被告如有第一百零五条之关系者，应告以有拒绝证言之权利。	
民国十七年（1928）《刑事诉讼法》第 98 条（拒绝证言）	左列各人，得拒绝证言：一、为被告之亲属者，其亲属关系消灭后，亦同。二、为被告之未婚配偶者。三、为被告之法定代理人、监督监护人或保佐人者。	民国十七年七月二十八日国民政府令制定公布全文 513 条，同年九月一日施行。
民国二四年（1935）《刑事诉讼法》第 167 条（拒绝证言）	证人有左列情形之一者，得拒绝证言：一、现为或曾为被告或自诉人之配偶、五亲等内之血亲、三亲等内之姻亲或家长、家属者。二、与被告或自诉人订有婚约者。三、现为或曾为被告或自诉人之法定代理人，或现由或曾由被告或自诉人为其法定代理人者。 　　对于共同被告或自诉人中一人或数人有前项关系，而就仅关于他共同被告或他共同自诉人之事项为证人者，不得拒绝证言。	2003 年"刑事诉讼法"第 180 条（拒绝证言）作了重大修正。 　　证人有下列情形之一者，得拒绝证言：一、现为或曾为被告或自诉人之配偶、直系血亲、三亲等内之旁系血亲、二亲等内之姻亲或家长、家属者。二、与被告或自诉人订有婚约者。三、现为或曾为被告或自诉人之法定代理人或现由或曾由被告或自诉人为其法定代理人者。 　　对于共同被告或自诉人中一人或数人有前项关系，而就仅关于他共同被告或他共同自诉人之事项为证人者，不得拒绝证言。
民国二四年（1935）《刑事诉讼法》第 172 条（拒绝证言）	讯问证人应先调查其人有无错误及与被告或自诉人有无第一百六十七条第一项之关系。证人与被告或自诉人有第一百六十七条第一项之关系者，应告以得拒绝证言。	

(续表)

法典条号	内容	备注
民国二四年（1935）《刑事诉讼法》第173条	证人应命具结，但有左列情形之一者，不得令其具结：一、未满十六岁者。二、因精神障碍不解具结之意义及效果者。三、与本案有共犯或有藏匿犯人及湮灭证据、伪证、赃物各罪之关系或嫌疑者。四、有第一百六十七条第一项或第一百六十八条情形而不拒绝证言者。五、为被告或自诉人之受雇人或同居人者，于侦查中讯问证人得不令其具结。	民国三四年（1945）《刑事诉讼法》第173条（修正条文） 证人应命具结。但有左列情形之一者。不得令其具结。一、未满十六岁者。二、因精神障碍不解具结之意义及效果者。三、与本案有共犯或有藏匿犯人及湮灭证据、伪证、赃物各罪之关系或嫌疑者。四、有第一百六十七条第一项或第一百六十八条情形而不拒绝证言者。五、为被告或自诉人之受雇人或同居人者。于侦查中讯问证人得不令其具结。

综览自1921年以迄2003年间的历次"刑事诉讼法"的进展，最大的变化是2003年的部分修订，虽然特定亲属间仍然可以拒绝为被告作证，这是证人的权利；但如果证人愿意放弃拒绝证言权，依"刑事诉讼法"第186条第一项之规定，仍应令其具结，具结就必须要说实话，不说实话，就论以伪证罪。在此之前，旧的规定是，即使出庭作证，不必令其具结，证言不实也不为罪，亲亲相隐余情仍在。与旧法相比，新法对于是否作证，法律交由特定亲属自行决定，决定作证，就要说实话；传统的亲亲相隐，基于人情义理，不宜说实话，也不宜认罪，是依循伦理亲情关系决定行为的对错标准，而新的修订，其主张理由显然有了折衷的转向。

要问的是，不论新旧规定，何以特定亲属间得拒绝证言？其法理依据何在？理论上，为了发现真实并追诉犯罪之目的，一般国民原则上皆负有出庭作证的义务；但是，法律终究来自人间，不能违背人性，何况，发现真实也不是刑事诉讼法程序唯一之目的。由于法治国家的刑事诉讼程序，承认有其他可能优于发现真实的价值，因此，经过不同价值的相互权衡之后，拒绝证言的制度于焉产生。据此，在特定的情况之下，为了维护某些特定的价值，在刑事诉讼程序进行中乃容允免除证人的陈述义务，而且是证人重要的权利。

不过，法与时转，伴随着经济的发展，台湾已由农业社会转为工商业社会，生活方式出现重大转变，人口流动快速，家庭结构也由早期的大家庭制衍化为小家庭式,传统宗族关系的重要性已大不如前,亲等关系较远者可能久未联络或并不亲近,况当今社会所重视的价值也有所改观,倘因特定身份即享有概括、完全的拒绝证言权,等于免除证人的作证义务,其目的必须是为维持亲等较为亲近的特定身份关系,范围不宜过大。"刑事诉讼法"乃于2003年2月做了重大的修正,第180条第一项得拒绝证言的对象,除了配偶仍维持外,原本五亲等内的血亲改为直系血亲、三亲等内的旁系血亲;三亲等内姻亲改为二亲等内的姻亲,大大限缩了拒绝证言权人的对象范围。

依同法第180条第二项规定:"对于共同被告或自诉人中一人或数人有前项关系,而就仅关于他共同被告或他共同自诉人之事项为证人者,不得拒绝证言。"意即特定身份关系之证人,对于其他无关系之共同被告或共同自诉之事项,不得拒绝证言。其次,依同法第181条规定:证人恐因陈述致自己或特定身份关系之人受刑事追诉或处罚者,亦得拒绝证言。论者对此曾说:"证人与被告或自诉人有上述之特定身份关系者,基于法律不强人所难的道理,得拒绝证言,以免身处人伦与法律交战的窘境。此种拒绝证言,或多或少基于实体真实发现的想法,虽然真实发现并非这些条文要保障的首要价值。证人为替近亲被告脱罪,而为虚伪证词,乃人之常情,在所难免,如果强令这些证人具结作证,不但强人所难,也有碍真实发现,结果可能不是'大义灭亲',而是'大亲灭义'。因此,纵使证人不拒绝证言,法官对于其证言证明力之评价,必须特别谨慎。"[1]

而依过往司法实务运作的经验来看,证人若放弃拒绝证言权,其证据虽具证据能力,但该证词的证明力问题,仍须由法院依自由心证作判断。

(二)1949年之后中国大陆亲亲相隐制的绝灭与重构

如上所述,亲亲相隐制在传统中国历经了二千余年的衍变,直至当代台湾依然存续。反观中国大陆,1949年中共建政之后,立法机关曾在1979年的《刑法典草案》第二十二稿中规定:"直系血亲、配偶,或者在一个家庭共同生活的亲属窝藏反革命分子以外的犯罪分子,可以减轻或者免除处罚。"[2]后来,由于认为这条规

---

[1] 参阅林钰雄:《刑事诉讼法》上册,作者2013年自刊,第544-546页。
[2] 参阅赵秉志主编:《妨害司法罪》,中国人民公安大学出版社2003年版,第196页。

定体现了"封建残余"的保守思想,被认定为儒家思想中纯属"消极因素"的部分,断言它"是为了维护封建伦常和家庭制度,巩固君主专制统治。"[1]是属于所谓的"封建糟粕"而被删除,从此,亲亲相隐制退出了大陆法制历史的舞台。

目前,《中华人民共和国刑法》第305条规定:"在刑事诉讼中,证人、鉴定人、纪录人、翻译人对与案件有重要关系的情节,故意做虚假证明、鉴定、翻译,意图陷害他人或者隐匿罪证的,处三年以下有期徒刑或者拘束;情节严重的,处三年以上七年以下有期徒刑。"此外,同法第310条规定:"明知是犯罪的人而为其提供隐藏处所、财物,帮助其逃匿或者作假证明包庇的,处三年以下有期徒刑、拘役或者管制;情节严重的,处三年以上十年以下有期徒刑。犯前款罪,事前通谋的,以共同犯罪论处。"可以看出,对窝藏、包庇罪的规定都没有对行为主体是特定亲属的情形做出例外的规定,亦即现行刑法并没有采纳亲亲相隐原则,而是将亲属与其他人的隐匿行为等同评价。此外,在2012年之前,《中华人民共和国刑事诉讼法》第48条规定:"凡是知道案件情况的人,都有作证的义务。生理上、精神上有缺陷或者年幼,不能辨别是非、不能正确表达的人,不能作证人。"[2]这意味着,犯罪嫌疑人、被告人的亲属只要知道案情,同样应当作证,这是绝对的法定义务,若有违反,必须承担相应的法律责任。

揆诸历史,如此"大义灭亲"的情景确实在中国大陆文革期间广泛地出现过;当时,或受阶级斗争观念所左右,或基于一种虚妄的政权滑落的恐惧感,大力宣扬"亲不亲,阶级分",道德上要求"大义灭亲",法律上规定亲属"互证其罪"。一时内,父子乖离、夫妻反目、兄弟成仇的案例历历耸人听闻,造成伦理道德和人文素质的民族性大倒退。[3]实际上,包庇和窝藏行为大多发生在亲属之间,尤其是在农村和偏远地区,亲属关系比较绵密,法律意识薄弱,包庇和窝藏犯罪行为人的机率较高,这种情况往往导致犯罪行为人获罪,其家属也因为犯下包庇或者窝藏的罪名一并沦入牢狱。不禁令人起疑,这样的作为真的会有益于"法治社会"的建

---

[1] 参阅《中国大百科全书 法学》,中国大百科全书出版社1984年版,第475页。
[2] 2012年3月《中华人民共和国刑事诉讼法》修正,本条的规定条号次移为第60条,内容依旧。
[3] 参阅梁玉霞:《传承与移植的失却——对我国亲属作证义务的反思》,《中外法学》1997年第4期。

设？真的能达到法律的儆戒作用？即使犯罪人家属迫于各种压力到庭作证，这样的证词证据力又有多高？对于提高司法效率有无帮助？很清楚，前述立法显然偏重于社会安全、国家利益的考量，而在一定程度上有意忽略人民的个人权利，甚至忘却了"人性"尊严，而这种忽视却又恰恰增加了社会的不稳定因素，使法律处于一种"不和谐"的尴尬境地。如此观念一旦形成，人们最原始的人伦理念是否因此遭到破坏？人与人之间的温情是否不再？社会的和谐是否不再？人类基本道德底线是否将陷于土崩瓦解？

1979年的大陆刑法、刑事诉讼法可说是在"文革"极左思想的产物，直到90年代的新刑法、新刑事诉讼法仍因其旧。吊诡的是，历史似乎总在正反侧三面关系间循环着，自20世纪90年代后期以来，随着整个政治社会大环境的逐渐改变，亲亲相隐制这项本已经湮没几十年的基本原则，又被中国大陆的学界重新发掘和审视，从而受到了越来越多的关注，尤其在法史学、哲学、伦理学乃至刑事法学界的研究领域中一直有着持续不减的讨论热度。[1]

2004年，大陆所谓"人权入宪"，对于"法治建设"有了新的期许，加上佘祥林、赵作海等一些属于刑讯逼供"毒树之果"的重大错案曝光，[2]且其逼供的对象都有家属在内，从而社会各界要求修改《刑事诉讼法》证据制度的呼声不断，为此，有关亲亲相隐制的规范，经过学界及实务界的多方议论之后，考虑到强制被告人的配偶、父母、子女在法庭上对其进行指证，不利于家庭关系的维系，终于有了新的转向，在2012年3月的《刑事诉讼法》第188条第一款作了突破性的修订："经人民法院通知，证人没有正当理由不出庭作证的，人民法院可以强制其到庭，但是被告人的配偶、父母、子女除外。"

不过，需留意者，修改后的《刑事诉讼法》所赋予被告人的配偶、父母、子

---

[1] 详参郭齐勇主编：《儒家伦理争鸣集——以"亲亲互隐"为中心》，湖北教育出版社2004年版。其中，从法史学观点为中心的文章有范忠信：《中西法律传统中的"亲亲相为隐"》《容隐制的本质与利弊：中外共同选择的意义》《"亲亲尊尊"与亲属相犯：中西刑法的暗合》等篇，分别见该书第601–635、636–663、664–713等页。另参阅邓晓芒：《儒家伦理新批判》，重庆大学出版社2010年版，以及郭齐勇主编：《〈儒家伦理新批判〉之批判》，武汉大学出版社2011年版等。
[2] 有关佘祥林、赵作海案，详参陈旗：《湖北佘祥林案件的反思与点评》，《中国法律评论》2014年第2期。另参阅黄志：《从赵作海案看刑事错案的成因及预防》，《法制与经济》2010年第10期。

女的祇是出庭作证豁免权,对于这些证人仅仅是不得使用强制到庭的措施,并未赋予其拒绝证言权。[1]

何以传统中国亲属兼容隐得以入律且垂诸久远?何以古往今来世界各主要国家的立法例也有类似的规范?本来,刑律是以惩罚犯罪为根本目标,而竟公然承认庇恶容奸的合法性,其理安在?当今的刑法学理论又如何看待此等事?

三、儒家家族伦理思想法律化的理念与价值

帝制中国,从李唐一代的《唐律》起,受"礼本刑用"的立法原则所主导,[2]而"亲亲"正是儒家思想的重中之重,亲属兼容隐乃基于礼经"亲亲"之义,为了维护家庭与宗族的敦睦和谐,为了维护伦理纲常的正常运作,乃直接体现于刑律之中;但是,当"亲亲"与"尊尊"相互冲突时,法律就弃前者而保后者,即规定某些直接危害国家政权的犯罪不适用亲亲相隐原则,《唐律疏议》的《名例》和《斗讼》两律明确指出,谋反、谋大逆、谋叛及一些其他有缘坐的罪都不在容隐之列,其后的宋、元、明、清诸朝也都有类似的明文。从这些规定可以看出,亲亲相隐的适用范围是透过"小奸",严惩"巨蠹",以求得作为社会基干之家庭与宗族的敦睦和谐,进而换来整个社会机体的长治久安;此不惟不与律的基本精神相违背,且恰恰体现出律的基本精神。[3]

---

[1] 中国大陆《刑事诉讼法》于1979年7月1日由第五届全国人民代表大会第二次会议通过,1996年3月17日第八届全国人民代表大会第四次会议第一次修正。2012年3月14日,第十一届全国人民代表大会第五次会议为第二次修正。参阅胡云腾:《2012年大陆刑事诉讼法修正主要内容概览》,收于《中国大陆法制研究》,台湾"司法院"2013年印行,第277页。
[2] 所谓"礼本刑用",其用语来自"德礼为政教之本,刑罚为政教之用"这句话的启发,而考其实质内涵有二:其一,礼、刑虽是两种社会生活规范,但礼是刑的精神真谛,刑律的功能是在辅助礼教的不足。申言之,"礼"为法制的终极目的,"律"只不过为实现"礼"的一种手段。其二,刑以礼为指导原则,刑律的内容是从礼教中取得价值的。礼不但高居于律之上,并且深入律文之中,使礼的规范法律化,形成所谓"出礼入刑"的礼法,以上详参黄源盛:《汉唐法制与儒家传统》,第180页。
[3] 参阅刘俊文:《唐律疏议笺解》上册,中华书局1996年版,第470页。

儒家主亲亲，以亲亲为人之本。[1]《论语·泰伯》说："君子笃于亲，则民兴于仁；故旧不遗，则民不偷。"《孟子·离娄上》又说："人人亲其亲，长其长，而天下平。"孔子主张"子为父隐"，原意或不在于"攘羊"一事不必受罚，而是强调为人子者在伦理亲情上的"正直合理"。西汉自武帝采纳董仲舒罢黜百家之议后，既表彰儒学，政治上又标榜以孝治天下，因此如教之所施，为法之所禁，怎可不变法而从教？宁可为孝而屈法。无怪乎汉宣帝要下"子首匿父母等勿坐"诏，而为日后的律令所吸收而予以法制化，乃有所谓"亲亲得相首匿条"。

以本文一开头的孔子与叶公的对话为例，论者以为：在处理一个社会问题时，应该特别注重其后果对于社会整体的影响；允许特定亲属间有罪相互容隐，固然会增加案件发现事实的困难；但是奖励关系亲密之人互相举发，将会使他们互相猜忌、疑惧，无法扶持依赖、分工合作，最基本的社会组织将因此而瓦解；而社会组织是人类生存的前提条件，有了它才能谈人生的其他目的，所以维护这样的社会组织，应该是司法的终极目标。司法者固然应该辨明个案里的"直"与"不直"，但是，更应顾全社会整体的和睦；只有在这个状态之中，"直"才有其意义，所谓"直在其中矣"，应该是这个意思。[2]

也有论者，从另一个角度加以解析，叶公所言的"直"是"事实之真"，而孔子是从"合理合宜"言"直"，保住"人伦价值"之善，价值是透过具体的"分、义"而完成。不同的人面对同一件事，分显不同的责任与义务。因此，不能直接以"证人攘羊"为直，而应该依各人的"分、义"，分判"证"才能显直，或"隐"才为直。因为"爱亲"出乎天性，而"证父攘羊"并非人子的职责所在，并且将伤害父子恩情，若说："父为子隐、子为父隐"，岂不是抹煞事实之真？

再以孟子"窃负而逃"的例子来说，桃应从孟子的答复中至少获得三点重点说明：[3] 1. 父子是天伦，无可改变；天子则是后天的名位，有可变性；2. 舜先弃天子之位，然后窃负其父，并非凭天子之权位以救父；3. 大舜不假借天子之权而

---

[1]《礼记大传》云："人道亲亲也"；《中庸》云："仁者人也，亲亲为大。"并以亲亲为天下国家九经之一。
[2] 参阅张伟仁：《天眼与天平——中西司法者的图像和标志》，台湾《法制史研究》第 20 期。
[3] 参阅蔡仁厚：《孔孟荀哲学》，台北学生书局 1984 年版，第 60 页。

恪尽人子之孝，皋陶不枉曲国家之法而恪守臣子之义。

负父逃于海滨的例子，是"亲情伦理"与"义道"如何两全的问题？人是无法从亲情伦理中松脱的，所以"义道"的发挥必须照顾到人的这一层局限；戕害亲情伦理的正当性，将使得"义道"不伸。[1]这是孟子论舜弃帝位选择窃负而逃的理由，是孟子发挥圣人用心的极处？

世人常将上述孔孟二例，来作为"亲情伦理"与"法律"或"公共伦理"相抗诘的案例。其实，不妨做另一角度的思考，此两例似乎更适于用来探讨"法律"或"义道"如何保留涵融"亲情伦理"的问题。申言之，作为中华法系法规范的一分子，亲亲相隐制之所以得以延续二千余年，实是基于儒家家族本位思想的传统文化所致；在以家族为本位的传统文化中，家族的核心和灵魂人物是尊长，尊长代表了整个家族，尊长可以代表多数家族成员处理家族内的一切事物，整个家族内部讲究"亲亲"；对于外部，整个家族被视为了一体，容隐之所以成为当时家族成员的法定义务，是因为统治者要维护整个家族整体的利益。伦理家族本位和以《唐律》为典范"礼本刑用"的思想自始至终贯穿了整个传统中国的法制，这就形成了亲亲相隐制能够常存的历史文化基石。

儒家伦理思想既是传统中国社会的主流价值，因此，与这一思想相适应的亲亲相隐原则被大多数国人所接受，历来反对者极为罕见，秦汉以后较著名的似乎只见两人。一位是西汉的桑弘羊，在汉昭帝始元六年（公元前81年）召开的"盐铁会议"上，御史大夫桑弘羊以朝廷代表身份，与贤良文学之间展开了"亲属相隐"与"族株连坐"的争论，贤良文学要求废除"首匿相坐之法"说："今以子诛父，以弟诛兄，亲戚相坐，什伍相连，若引根本之及华叶，伤小指之累四体也。如此，则以有罪反诛无罪，无罪者寡矣。"[2]

桑弘羊则从法家依法用刑、严刑重罚的思想出发，反对亲属间可互相隐瞒犯罪的规定。他所持的理由一为：犯罪的亲属最知情，"一室之中，父兄之际，若身体

---

[1] 蔡仁厚：《孔孟荀哲学》，第301页。
[2] 汉桓宽《盐铁论·周秦第五十七》载贤良文学认为："自首匿相坐之法立，骨肉之恩废而刑罪多矣。"《四库全书》子部法家类《管子》"轻重"篇新诠要求"恶恶止其身"，允许"亲属相隐"。详参桓宽撰，张敦仁考证：《盐铁论》卷10，台湾商务印书馆1970年版，第102页。

相属,一节动而知于心",亲属间负有监督守法的责任;"居家相察,出入相司。父不教子,兄不正弟,舍是谁责乎?"二为实行诛连可以达到预防犯罪的作用,使罪犯知道"为非,罚之必加而戮及父兄,必惧而为善"。

另一位反对者为清代的袁枚,他在《读孟子》一文中严厉抨击亲亲相隐制,言及孟子回答其弟子问题时说的"窃负而逃"是不知"废法之不可"这一道理;也批评后周世宗对其父于市街中无端杀人"知而不问"的做法,"不宜以不问二字,博孝名而轻民命也",袁枚说:"柴守礼杀人,世宗知而不问,欧公以为孝。袁子曰:'世宗何孝之有?此孟子误之也。孟子之答桃应曰:"瞽瞍杀人,皋陶执之,舜负而逃"。此非至当之言也,好辩之过也。'荆昭王之时,石渚为政,廷有杀人者,追之,则其父也;还,伏斧锧,死于王庭。渚尚知废法不可,而舜乃逃而欣然,是不如渚也。三代而后,皋陶少矣!凡纵其父以杀人者,皆孝子耶?彼被杀者,独无子耶?"〔1〕对于上述袁枚之议,近人杨鸿烈认为:"这话很为有理,儒家过重家族'亲亲'主义,不顾整个社会的福利,确是一大缺憾。"〔2〕此等说法,是耶?非耶?颇堪玩味。

四、从比较立法例看家族伦理与国民伦理的消长关系

太阳底下似乎并无太多新鲜事,相同的人性挣扎与价值抉择,不只传统中国法有,民国乃至台湾的刑事法有,外国立法例也有,只要有"人"的地方就会出现同样的问题,所谓"法者,非从天降,非由地出,发乎人性,合于情理者也"。跨越时代,跨越国度的法规范如果不约而同地出现类同性,一定有它的道理在。

远的来说,古罗马从中世纪起,罗马法中就有了"亲亲相隐"的明文,亲属之间不得互相告发,否则将丧失继承权,也不得令亲属作证。具体来讲,有关亲亲相隐的规定,一是家属、子女不得告发家长,若未经许可而告发父母或保护人者,

---

〔1〕 参阅袁枚:《小仓山房文集》卷23《读孟子》。
〔2〕 参阅杨鸿烈:《中国法律思想史》,台湾商务印书馆1993年版,第159–160页。

任何人可对其提起"刑事诉讼";二是父亲对于犯罪的子女有权责负庇护。[1]

就近现代欧陆法系的各国立法例观之,诸多国家不管在实体法或程序法上,大都有体现亲亲相隐制,例如,1810 年的《法国刑法典》第 137 条、第 248 条;1994 年的《法国刑法典》第 434 - 1 条、第 434 - 6 条、434 - 11 条,迄今依然存留;1871 年和 1953 年的《德国刑法典》第 258 条,1994 年 10 月修正公布的《德国刑事诉讼法》第 55 条等也延续至今。至于东方社会的《日本刑法》,在 1947 年刑法修正前,深受传统中国儒家"父子相隐"的思想,以及参酌欧陆法系相关立法例的精神,于第 105 条规定:"犯人或脱逃人之亲属,为犯人或脱逃人之利益而犯前二条(第 103 条藏匿犯人、第 104 条湮灭证据)之罪者,不罚。"惟第二次世界大战后,基于一律不加处罚,未免过于重视家族伦理,而疏于考量国民的义务;也虑及此等行为期待可能性较小,其责任相对减轻,同时受到英美法的影响,乃将其法律效果从"不罚"改为"得免除其刑"。虽然只是小小地更动几个字,仍隐含着重大的义涵。[2]公布于 1948 年的《日本刑事诉讼法》第 147 条也规定亲属间的拒绝证言权,于今亦然。[3]

法国、德国和日本的刑事法典规定,特定范围内的亲属和关系密切之人享有拒绝作不利于亲人陈述的权利,倘有藏匿者得以减轻或免除其刑。如此的立法用意显然在于尊重人性尊严、个人权利和维护社会关系的稳定,借以防止司法专擅而伤害亲属之间的和谐情感。

至于英美法系的国家,1935 年制定的美国《联邦证据法》第 501 条仅概括规定:"除美国联邦宪法、国会所制定法律或联邦最高法院依其法定职权制定之规则另有规定外,有关证人、自然人、联邦政府、州政府或其下级机关之拒绝证言权,

---

[1] 就亲属间相互告发犯罪的规定与家长能否对犯罪之子女应予庇护,详参[古罗马]查士丁尼:《法学总论》,商务印书馆 1989 年版,第 193、209、223 等页。
[2] 参阅[日]团藤重光:《刑法における封建性の駆逐 - 刑法の一部改正についての批判》,收于氏著《刑法の近代的展开》,东京弘文堂 1947 年版,第 244 - 246 页;[日]前田雅英:《刑法各论讲义》,东京大学出版会 1998 年版,第 516 - 517 页。
[3] 参阅[日]土本武司:《日本刑事诉讼法》,董璠舆、宋英辉译,台北五南出版公司 1997 年版,第 66 页。

应由美国法院依理性及经验解释之普通法原则规范之。"[1]立法者既将有无拒绝证言权的问题委由法院依普通法原则（Principles of the common law）处理，美国法院乃透过个案，依上诉制度所累积的实务见解来产生规范。

而根据美国联邦最高法院解释："当配偶一方愿意出庭对配偶被告作不利陈述时，不论其动机如何，该夫妻和谐关系已不存在，于此情形赋予配偶被告拒绝证言权，只会阻碍司法正义，并无保护夫妻和谐关系之效益，故不应赋予被告该权利，而只有证词将不利于配偶被告之配偶证人才有权主张拒绝证言。"[2]依此见解，无论配偶拒绝证言权系采取何种形式，仅于刑事诉讼程序中被告为证人之配偶的情形下才可以主张，且仅对不利于被告之事项才有拒绝证言权，换言之，配偶证人对于有利于被告之事项并不能主张拒绝证言权。目前美国多数州的作法仍不限于婚姻关系存续中所发生的事项，即便就婚姻关系发生前所已知之事项，夫妻仍得于婚姻关系存续中主张拒绝证言权。[3]不过，依美国宪法的规定，证人就自己受刑事追诉或处罚之事项，虽有拒绝证言权，[4]但被告之父母、子女及其他亲属均无此项权利，纵使因其陈述有致父母子女或其他亲属受刑事诉追或处罚之危险，亦无拒绝证言权。[5]

要言之，在美国联邦制度下的配偶拒绝证言权，其立法目的主要侧重在维护婚姻的和谐关系，仅适用于配偶一方为被告的刑事诉讼程序中，而其权利持续期间也仅限于婚姻关系存续时。对于美国的亲属拒绝证言权，是否有必要扩大其范围，有赖日后司法机关的阐释，而问题的关键在于何种亲属身份关系值得赋予拒绝证言权？例如，与自己最亲近之关系对象通常即为父母子女，此双方间的秘密沟通，基于人类天性与社会观感，赋予拒绝证言权加以保障，其牺牲司法裁判的公平正确性是否可被允许？

再举英国为例，1898 年的《刑事诉讼法》明确规定，在一般刑事案件中，被

---

[1] Federal Rules of Evidence, Rule 501.
[2] See, Trammel v United States. 445 U. S. 40. 53 (1980).
[3] 参阅吴巡龙：《新刑事诉讼制度与证据法则》，台北新学林出版公司 2005 年版，第 249 – 250 页。
[4] U. S. Constitution, Amendment V.
[5] 参阅吴巡龙：《新刑事诉讼制度与证据法则》，第 255 – 257 页。

告的配偶可以作证，但只能当辩护证人，不得强迫其作证。[1]如果被告不让配偶出庭作证，控诉方也不得对此加以评论。如此规定，可以看出，拒绝作证是一种权利而非义务，其亲属当然可以抛弃；此外，作辩护证人，是有利于其特定亲属的行为，明显也寓含有亲亲兼容隐的用意。

从立法理由考察，近代欧陆法系国家之所以赋予特定亲属的拒绝证言权，其根据主要或着眼于欠缺期待可能性的法理。而英美法系国家则基于夫妻间和谐关系，特定亲属间不能成为免责事由；由此，关于亲亲相隐中的范围界明显有其差异，有的侧重于共同生活，有的侧重于血缘关系。一般而言，欧陆法系国家得容隐的亲属范围较英美法系国家广泛，德国法包括已订婚者、现为或曾为配偶者甚至同性伴侣、直系血亲或二亲等内姻亲。日本刑事诉讼法规定为配偶、三亲等内之血亲、二亲等内之姻亲或与自己曾有此等亲属关系之人，而英、美两国亲亲相隐仅限于配偶之间。倘与我国相比较，日本立法例仅以避免自己的配偶有受到追诉或入罪之虞时，才赋予拒绝证言权，不同于我国只要具有配偶关系即得就任何事项拒绝证言。而美国夫妻只能于婚姻关系存续期间主张配偶拒绝证言权，婚姻关系消灭后即失去保护婚姻和谐的目的，不得主张该权利，就这一点也与我国配偶拒绝证言权于婚姻关系消灭后仍得主张者有所不同。

五、当代刑法中的期待可能性理论与亲亲相隐

19世纪末叶，刑法学理中出现所谓"期待可能性"者，系指行为人面临违法行为之际，是否尚有得期待"选择其他适法行为"之可能性或余地，倘无此可能性，则对行为人不能予以非难或论究其责任。换种说法，可能期待行为人避开该违法行为，行为人竟违反此项期待而为该违法行为，即应就其行为负刑事责任。反之，不能期待行为人不为该违法行为时，行为人如为违法行为，即不必就该行为负

---

[1] 英国《刑事证据法》(The Police and Criminal Evidence Act, PACE 1984 s. 80) husband and wife privilege. See Arch bold. Pleading evidence & practice in criminal cases, 41sted. London: Sweet & Maxwell, 1982. pp. 876–878.

刑事责任。从而，期待可能性乃为责任发生的根据，而期待可能性的不存在，则成为一般性超法规的免责事由。[1]德国法院在1897年间于所谓"劣马脱缰案"（Leinenfaengerfall）的判决中，即就行为人因迫于生活，不敢拂逆雇主之命，隐忍驾驭顽马，以致劣马脱缰奔逸，而撞伤行人的案件，以过失在于雇主，而宣告驭者无罪。[2]20世纪"规范责任论"学说兴起，期待可能性理论随之受重视，[3]此说认为，责任并非仅对结果之认识及认识可能性之心理事实的本体，而是事实与规范的具体结合关系；自规范立场对事实所加之非难可能性，乃为责任的本质。行为人违反规范义务而为违法行为的决意，此种心理状态，即为责任非难的根据，然并非一有违反义务的意思，即应负责；必须衡诸社会上一般正常人处于行为人行为时所处的地位，在客观上亦均会出于不得已而违反义务之决意时，始予以行为人责任的非难，此种非难可能性，应依期待可能性的原理来决定。

用通俗的话说，此即本于"法律不强人所难"的法理而来，是很贴近人情义理的法律观念，具有高度的人性冷澈观察及浓厚的人情味。它体现了法律对于人性的关怀与尊重，落实了刑法保护基本人道的精神，使民众更容易接受并且遵守"平易近人"的法律。当发生个人利益与他人利益或社会利益相冲突之际，法律不能对个人的"牺牲精神"存有过多的奢望，毕竟为私、为亲的趋利避害心理是人的真性情，过多与人性相悖的指望，徒使法律沦为白纸黑字而已！

前面提过，从当今欧陆法系各主要国家的立法例看来，几乎都可以从期待可能性理论找出亲亲相隐的影子，我们会发现，对于大多数人而言，当其特定亲属有犯罪行为时，往往会情不自禁地予以包庇或容匿。法律不可能期望一般人能作出告发亲属犯罪、不藏匿犯罪亲属、为亲属作有罪证明等行为。因为亲属间的情感是与生

---

[1] 关于期待可能性的体系地位如何，日本刑法学界见解分歧：将期待能性视为故意、过失要素（团藤重光），将期待可能性之存在视为个别独立之责任要素（大冢仁、西原春夫），将期待可能性之不存在（期待不可能性）视为责任阻却事由（平野龙一、大谷实、曾根威彦、川端博、前田雅英）。参阅前田雅英：《刑法总论讲义》，第378-379页。

[2] 该案详见德国帝国法院判决，RGSt30.25. 以上间接引自苏俊雄：《刑法总论》第Ⅱ册，作者1997年自刊，第312-313页。

[3] 20世纪由德国佛兰克（Reinhard Frank）、歌德舒密德（James Goldschmidt）、雷劳顿泰（Berthold Freudenthal）、艾伯舒密德（Eberhard Schmidt）诸学者的相继著论与研究发展，而以此"期待可能性理论"为中心概念的"规范责任论"，逐渐获学界的支持。

俱来的，而与国家利益的关系则是后天的；可以说，亲亲相隐源自人的本性，这种情形值得以"同理心"相待，行为欠缺责难的可能性，理应得到一定程度的容忍。正如日本刑法学者大冢仁所说："期待可能性，正是想对强大的国家法律规范面前喘息不已的国民脆弱的人性，倾注刑法同情之泪的理论。"[1]

"法者，缘人情而制，非设罪以陷人也。"亲属之爱是万爱之源，亲情是一切人类难以割舍的情感羁绊，作为规范人类社会行为的法律，必须满足人类这一感情上的基本需求。在传统的农业社会里，亲亲相隐制捍卫着家庭的人性本能，维系着个人赖以生存的家庭之稳定，落实人性的关怀，满足亲情纽带的根本。而在近代理性刑法产出后，也出现所谓的"期待可能性理论"；可见刑法是以规范人的行为为内容的，任何一种刑法规范只有建立在对人性的科学理论的基础上，只有符合人性、符合人情之常，它的存在与适用才具有本质上的合理性。作为一种人类营共同社会生活的法律规范，不可能不考虑"法律不要求不可能"此一基本原则。而亲亲相隐正是体现人之所以为人的基本要求，是从捍卫亲属的人性本能角度出发，将一些个案的司法价值让位于家庭关系的和谐与稳定，避免近亲之间置于指证犯罪的尴尬处境，展现了法律的文明和人文关怀的精神。

或许可以这么说，由"人性论"所导出的亲亲相隐制，其意义在于法律重视人的本身，以及人赖以生存的家庭，宁愿在惩处犯罪上作出一定的牺牲和让步，以减少作为社会基础的根干倾倒，避免可能由此而导致的人性异化，从而让夫妻反目、父子互质、兄弟相残等不忍卒睹的场景出现。再说，从伦理道德的角度看，人也不可能义无反顾地舍弃亲情，否则可能会为此付出惨重的代价。试想，如果夫妻之间被迫成为庭上证言，婚姻可能继续吗？如果人们一旦涉讼就要在"大义灭亲"的旗帜下随之舞动，人类社会所倡导的"老吾老以及人之老""幼吾幼以及人之幼"的和谐状态何以维持？亲亲相隐恰好是法律在人情面前，在伦理面前作出的谦让，其目的在于"屈法以伸情"，所谓"宁法让三寸，勿理亏一分"，或是此意！

理论上，赋予证人拒绝证言权，可能会有以下两个缺点：一、妨碍发现真实。盖证人有拒绝证言权，证人即得拒绝陈述其所知之重要事实，如证人所知足以影响

---

[1] 参阅［日］大冢仁：《刑法论集》，东京有斐阁1978年版，第240–241页。

判决结果，竟仍许其拒绝证言，将造成错误的判决结果，影响公平正义。其二、妨碍司法效率，在司法程序中证人主张拒绝证言权，必然造成当事人与证人间的争执，法院也必须裁定解决此一争执，不但造成诉讼程序的延宕，也会耗费司法资源。[1]实际上，证人若与诉讼当事人有配偶或近亲关系而强令作证，不惟破坏家庭亲属间的和谐，证人亦难免碍于伦常而袒护包庇，作虚伪陈述的盖然性高，因此，相较于追求正确的司法裁判正义，对于有特定亲属身份关系之证人与当事人间的家庭和谐关系，似乎更值得保护而不应被牺牲，这也许是承认"拒绝证言权"的用意所在。

虽然，证据的证明力与可采信度均取决于证据的真实性，而现实上，让亲属之间相互指证的罪行，其证言的证明力与可信度都不免受到强烈的质疑。而要解决其中的两难，亲亲相隐制或是一种不得不然的选择。正如晚清来华担任修律顾问的日本法学者松冈义正所说："证人为原告或被告之亲属，或为原、被告配偶之亲属时，其所以得能拒绝证言者，诚以为证言之结果，不仅有害亲属之和谐，而且如为不利亲属之证言，终为人情所不忍，强使为之，自有违反善良风俗及陈述不实之弊害，故法律承认有此关系之证人具有证言拒绝之权利。"[2]这段话颇为中肯，也与期待可能性理论有异曲同工之妙。或许有人会质疑，亲亲得兼容隐会导致对一些犯罪的放纵，承认拒绝证言权终将妨害真实发现，殊不知，若不承认拒绝证言权，当事人可能一开始即不会为任何陈述，不能说因为拒绝证言权而导致证据的丧失；再说，若无拒绝证言权的保护，当事人在具结后也未必会据实陈述，即有可能为虚伪的陈述，反而会妨碍真实的发现，孰轻？孰重？

六、结论

天理、人情、国法，是人类社会生活的相互因素，也是社会国家所赖以维持的必要条件，人是有感情的动物，感情是由天理而来，如依据人情和天理以共营生

---

[1] 参阅王兆鹏、张明伟、李荣耕：《刑事诉讼法》下册，台北承法出版公司2012年版，第343页。
[2] [日] 松冈义正：《民事证据论（上）》，张知本译，上海法学编译社1937年版，第260页。

活,那是人类所向往的理想社会。究其实,法律关系毕竟是人与人之间的关系,既不能将人视为物,又不能将人升为超人;因此,"律"要合乎"理",只有深得"幽理之奥",才能够制定为法律;"法"是"尽理"的结果,也就不能逆人之情、拂人之性,撇开人情而专事法律,又怎能满足人性的需求?而亲亲相隐制就是在法律规范之下,求其适乎情理,合于人性而已!

以儒家思想为主流而建构的传统中国法学思想,讲求"天人感通",人文社会世界的秩序要与宇宙自然的秩序相契应。很显然地,它企图体现出天理、人情、国法三位一体的综合法理观。在传统的法学原理结构中,反映在三层秩序的概念之上,即采取永恒的宇宙存在规则之"道",规范人类行为自然的伦理与道德秩序之"礼",以及治世衡乎之国"法";而其思想渊源,又无不肇基于宇宙存在原理的"天理"或"天秩"概念。以"天理、人情、国法"的综合法理观,衡之于亲亲相隐,则在法制上表现出顾及国人心中"情理法"三事并举的道理。申言之,宇宙自然的秩序也体现在人与人之间的关系上,特定亲属之间的亲情也是一种客观的秩序,是一种自然正义的代表,也就是传统中国所说的"天理";当法律与人性有了冲突,甚至法律不容于天理时,亲亲相隐制或许可以在其间发挥缓冲的润滑作用。

历史告诉我们,不分中外,专制皇权时代,刑律的首要任务是充当"治民之具",它是统治者支配人间社会秩序的一种手段,传统中国法文化中的"亲亲相隐制"并非是一种可以由个人支配的"权利",毋宁说,它是基于维护伦常秩序为目的而赋予子民的一种"义务"。而当今刑法的主要功能强调"法益保护",在于保障人类社会生活的利益与群体生活秩序的基本价值。现行的"亲亲相隐制"除了因袭传统维护人伦亲情的的理念外,它另具有保障基本人权以及强调"人性尊严"的重要意涵。

众所公认,法律是一门人文社会科学,它的价值是多元的,没有绝对权威式的对错,只有相对的价值抉择。就诉讼领域来说,刑事诉讼程序的进行虽然是一种以找出过去发生的事实真相为目标的认识活动,不过,发现真实并非刑事诉讼法的唯一目的,国家社会乃至家庭的健全,系于多项因素,诉讼结果固然重要,但仍有其他价值需要一并考量。讲穿了,诉讼所追求的价值无非是实体价值、程序价值和人文社会价值。问题是,当这三者相冲突时,该如何作选择?亲亲相隐制正是法律在权衡这一利益冲突时所作出的无奈抉择,这种抉择尽管不是最完美的,却是最符合人性的、最务实的。立法者倘若选择了亲亲相隐,牺牲了个案事实真相,这样的代价或许还是可以获得多数人的认同?

值得进一步关注的是,台湾于2003年修正后的"刑事诉讼法"虽仍延续了过往伦理亲情关系的考量,特定亲属得决定是否要为亲人作证;但是,一旦选择要出庭作证,就要具结,就不许作伪证,说实话似乎与亲情关系同等重要,这种由侧重传统"家族伦理"转向近代"国民伦理"的立法思维,调整了传统的价值观,企求"人情"与"公义"兼顾,为价值冲突提供了新的出路选择,这是法理自觉发展的结果?或是对传统价值的创造性转化?还是对屈法以伸情的退让?值得再思量!

给法治以恰当位置

——儒家之法治观

姚中秋[*]

[内容提要]

从儒家看法治，或者儒家与法治的关系这个主题，初步有三点看法：第一，儒家是主张法治的，相反，法家与法治南辕北辙。第二，法治仅为儒家治道之一端，而绝非全部。只有在此完整的治道中，法治才能正常运作。第三，百年中国追求法治的过程实际上是反法治的。通过对上述三点的论述，得出结论为：中国如欲得到法治，就必须回归儒家；以儒家为本，中国才有真法治。

[关键词]

儒家　法治　儒家法治观　儒家治道　法治建设

一、儒家主张法治

儒家是主张法治的，而且，在中国的思想和政治传统中，儒家对法治的坚守是最为完整的，也是最为顽强的。相反，法家所主张的治国之道应该说是反法治的，

---

[*] 姚中秋，北京航空航天大学人文与社会科学高等研究院教授。本文据作者在弘道书院主办的"儒家与法治"思想对话会（中国人民大学国学院2015年12月1日）的发言整理补充而成。

跟我们现在所追求的法治精神相悖反的。这是我的第一点看法。

人们通常以为，法家或许与法治有关系，那为什么我说法家的治国之道是反法治的？我想根本原因在于，法家对国家权力采取某种程度上的神化立场，其所构造的所有法律都是为了维护国家的统治，尤其是为了确立和维护最高统治者至高无上的权威。这一点，在《商君书》《韩非子》中清晰可见。

这就是反法治的。今天我们说法治，隐含了一个非常重要的前提，那就是，法律是用来约束和限制国家权力的。当然，不仅仅是约束和限制，也有界定——界定国家的权力，规范国家的权力，约束国家的权力，使之不为掌权者所滥用，使统治者不能运用权力随意地侵害普通民众。这应该是法治之要义。所以，当我们探讨一个制度是法治还是非法治时，最重要的标准，在我看来是，如何处理法律规则与国家权力之间的关系。处理方式各种各样，极端而言不出两种：一种是法家所代表的，其基本立场是，权力生出法律，所有法律都是皇帝的命令。当然，这是一个最极端的说法，但确实可以代表法家的基本立场。皇帝是全部权力的拥有者，其主要任务就是颁布法律，并驾驭官僚执行这套法律。这样一套严密的法律体系当然在追求自己的目标，这个目标就是确定和维护皇帝的权力，并且让皇帝的权威最大化，让国家的利益最大化。在法家看来，维护国王-皇帝的权威不受任何损害，是保持社会政治秩序稳定的关键所在。

这样的法律当然难以保障民众的自由和尊严。法家理论确实可以塑造秩序，但很难说，这个秩序是法治的，相反，我们看到的是不受约束的权力，当然也就有权力的广泛滥用。所以，按照法家义理建立的宪制，也即秦制，不二世而亡。

与法家相反，恐怕也与很多人的印象相反，儒家从根本上来说是主张法治的。为什么这样说？若简单疏理一下儒家认为可用于社会治理的规则的来源，就能明白这一点。重点是理解"礼治"。显而易见，"礼"不是统治阶级颁布的，"礼"是在民众生活中自发地生成的规则。总之，礼不是统治阶级颁布的命令。不是统治阶级颁布的，而又形成了一套规则体系，其实，这是一个优势，优势之一在于，它很难侵害百姓、民众的利益——因为它是自发形成的，它之所以成为一个规则，主要是因为大家都接受它。大家之所以接受它，基本上可以推定是因为它不侵害人们的利益，更多地是达成个体利益之间的协调。

这一点，哈耶克在《法、立法与秩序》一书中论述"公道的行为规则"（just rules of conduct）时，予以反复强调。哈耶克关心的核心问题是，什么样的法律是公道的或者是正义的？哈耶克用生成渊源作为标准进行判断：如果是由一个人或者一群人制定一套规则，这套规则通常会反映这个人或这一群人的利益偏向，因而是不公道的。在哈耶克看来，民主制度下议会制定的法律，通常是不公道的，因为，投票支持者必定只是局部，哪怕是多数，也只是局部。在哈耶克看来，最为公道的行为规则体系，就是在漫长的时间过程中、通过无数个人们自发的交易、合作的活动而形成、生成的规则。哈耶克青睐英格兰普通法，他认为，普通法是公道的规则体系。三代之"礼"，儒家反复论说之"礼"，恰恰就是这样一套规则，普通法类似于礼。当初我研究英格兰普通法，最大的受益是，找到了理解礼之门径。后来，在《华夏治理秩序史》[1]中，基本上依据哈耶克的普通法法理学解释礼，当然，有所损益。礼治与英格兰的普通法之治之间，高度类似。

由此，我们就可以理解儒家主张恢复礼治的用意所在。最简单地从这一点就可以看出，儒家的治道思想其实包含了法治。

当然，在这个地方我要补充一点，很多人对儒家观念有误解，比如说儒家主张人治、德治、礼治，通常有一个含义：儒家不重视规则，儒家重视的是情感、教育。儒家当然非常重视情感和教育，但儒家绝不会傻到不重视规则。其实，"礼"就是规则，"义"则是规则的基础。儒家是高度重视规则的，只不过，它所重视的规则不是（或者不仅仅是）国家权力颁布的规则。儒家给我们提供了更为健全的多元规则合作治理的观念：可以有多种规则同时发挥作用，伦理规则、习惯性规则、以及国家颁布的规则，可以在不同层次上、不同领域中、以不同方式，综合发挥作用，各种规则分工而合作，相互支持，甚至也可以相互制约。

恰恰因为儒家主张多元的规则治理，其中有大量的规则，或者说其中的主体规则不是国家制定的，所以，它构想的规则体系比法家所主张的规则体系更为公道，更为正义。因为，法家的核心主张是，除了国家颁布的法律之外，其他规则都无效，不准在社会中适用，如果用一个词来描述法家的政治思想，那就是以国家为中

---

[1] 参见姚中秋：《华夏治理秩序史》第2卷《封建》，海南出版社2012年版。

心,相反,儒家的治道理念则不以国家为中心,而是多中心的。

在儒家思想中,更重视社会的自组织,每个社会自组织发挥治理作用,所以,我曾经说,宗族就是公民社会组织。[1]很多朋友受不了,但仔细想想确实如此。这些组织也在制定规则、执行规则,这些规则通常注意维系社会秩序。归根到底,儒家相信每个人的主体性,其治道基础是个体的自我治理,每个人在社会秩序、塑造、形成、维护的过程中都发挥自己的作用。儒家把自治推进到了不可分的最后:个体。因此,《大学》以修身为本,"自天子以至于庶人,一是皆以修身为本",这就是社会治理的基础。这完全是自治的理念,法治的理念,也是宪政的理念,甚至比西方更为完备、丰富,且又避免西方思想和制度中的诸多弊病。

总之,儒家向来是主张法治的,而且,传统中国社会就是以法治的方式运作的。只要我们深入中国社会的治理脉络中,就能看到,在这个社会中,所有的事情都有规则,而且基本上是公道的规则,并且,这套规则得到了有效的实施。至关重要的是,在规则实施过程中,国家权力是审慎的,或者是受到约束的,这就是法治。如果是法治,那就是宪政,因为,宪政只是意味着,国家权力由法律予以规范、约束,这是美国学者麦基文的定义。[2]所以我想,今天讨论中国建立法治的治理方式,可能我们要做的工作,至少是其中之一,是返回,是恢复,而不是建设,不是移植。我想,这点不仅在义理上可以成立,并且在实践中是经济的。

二、法治仅为儒家治道之一端

上面我已说明,儒家主张法治。但马上我要补充说明,这也就是我的第二个观点,法治只是儒家治道之一端。这是什么含义?意思是说,儒家重视法治,但儒家绝不认为,只靠法就能塑造和维护优良的社会秩序。我想,这是儒家比现代人高明的地方,也是儒家比法家高明的地方。

---

[1] 参看姚中秋:《重新发现儒家》,湖南人民出版社2012年版,第44–58页。
[2] "宪政有着亘古不变的核心本质:它是对政府的法律限制;是对专政的反对;它的反面是专断,即恣意而非法律的统治。"[美]C. H. 麦基文:《宪政古今》,翟小波译,贵州人民出版社2004年版,第16页。

我们可以看一下历史。历史上有过儒、法之间的竞争，首先是法家的理论家辅导秦君王建立了一套制度，秦制基本上是按照法家理论建立起来的一套制度。这个制度固然让秦得以得天下，但是，秦以武力扫灭六国后只过了十四年，其政权就崩溃了。为什么？接下来的历史是，汉武帝尊儒、尊孔、尊重士人，逐渐建立了一套文化政治制度，其核心是学校制度、选举制度，以及由此而形成的儒家士大夫群体和士人政府，由此构成一套完全不同于秦制的宪制，我称之为儒家士大夫与皇权共治体制，在《国史纲目》中有专门分析。[1]尽管中间有王朝的兴衰变换，但这套体制维持了两千多年。为什么会有这样的生命力？为什么一个那么短暂，一个那么漫长？

我想主要原因在于，儒家看得更为全面。法家相信，治理社会，就靠约束人们的外在行为之明确的规则体系，而且，这套规则体系是由单一的中心颁布出来的，统一适用于所有人，不管这些人之间有什么区别、有什么多样性，也不管其有什么样的价值、信念，全都不管，就是皇帝颁布一套刑律，强制而普遍地适用于国内所有人。最糟糕的是，它只靠这个，而断然拒绝其他东西，除法律之外，道德、伦理等等都不能发挥作用。所以，秦始皇把儒生坑了，因为秦制不要教育，不需要美德，只靠法律，结果，它不能正常地生存。

秦制迅速灭亡的道理其实很简单，大家只要自我反省一下即可。我们自己的生活，不管是公共的还是私人的，有多少是靠法律？有多少不是靠法律而是靠其他更为柔性的规则？以及靠我们的自觉？靠法律，当然是少数。一个人的正常生活，也许只有5%靠国家颁布的法律来规范，剩下95%，不靠法律来规范。法家的理论却是，只管住那5%，其他95%都放弃了，结果就是，不能维持秩序。因为，你有太大的盲区，因为你太傻，拒绝了很多本可以发挥作用的东西。

儒家比法家高明的地方在于，认识到了人的多样和复杂性，认识到了社会的复杂性，认识到了社会治理的复杂性，所以，儒家从多个角度思考人和社会的治理问题，它尤其重视人，以人为中心来思考，综合运用各种可用的手段。儒家与法家的区别在于，儒家比法家大。从渊源上说，法家本来出自儒家，只是把儒家政体结构

---

[1] 姚中秋：《国史纲目》，海南出版社2013年版，第260－274页。

中的一部分放大成为全部，那就必然要出问题。

《论语·为政》中，孔子提出自己的为政思想，也就是社会治理之道："道之以政，齐之以刑，民免而无耻；道之以德，齐之以礼，有耻且格。"在这句话里，孔子并没有说，不要政、不要刑，不要国家的引导，以及国家所颁布的一套法律体系。不是这样的，孔子的意思是，仅有这一套是不够的。治理社会，首先要致力于社会的基础性治理，也即德和礼，旨在唤醒每个人的生命自觉，每个人都努力向上提升自己，本身就不会作恶了。

但孔子没有天真地以为，每个人都可以做到这一点。所以，还要"齐之以礼"，需要一套规则来规范人的行为。但是，这套规则不是皇帝颁布的，它是社会自发形成的，因而是比较有效的。礼就像空气一样，随处都有，人从一生下来，就习这个礼，就在生活中把它习得了，不需要上法学院才懂这些。我们跟着爷爷奶奶生活，姥姥给我们讲的故事中间就有礼，就有德的教化。由此我们知道，碰见什么事该怎么做，碰见什么人该怎么对待他，这就是"齐之以礼"。

有了德和礼作为基础，政、刑运作的成本就会很低。秦的制度是，所有事情靠政和刑，如此，警察忙得过来吗？法官忙得过来吗？忙不过来。所以，儒家提供了比较完整的社会治理之道，因为是完整的，所以是有效的。法家是蒙着眼睛看社会，看得太狭窄，盲区太多，其所形成的那样一套社会治理之道，不能说没有用，但漏洞太大，用处非常有限。儒家则睁开眼睛看社会，看的比较全面，所以，形成了一个综合运用各种手段塑造和维护良好社会秩序的义理。

具体来说，儒家重视规则的作用，重视规则之治，首先让礼充分发挥作用，也不排斥刑。事实上，后来，儒家士大夫为官，首先就是司法官，当然会用刑。但他们在用刑的时候，也会进行教化，就是《尚书·大禹谟》所说的"以刑弼教"。因而，在儒家那里，法治只是丰富的治道体系中之一端，而不是全部。在儒家看来，教化才是第一位，治理社会，首先要让人有道德，知道自我提升，自我约束。在此基础上，法治才可以较低成本正常运转。

所以，儒家把法律之治装入一个完备的治理体系中，法治在其中只是一件工具而已。看起来，法治没有那么重要了，但其实，这是给法治找到了一个恰当的位置，归入这个位置上，法治才恰恰可以正常运转、发挥作用。如果放大法治的功能,以为法治万能,反而是给法治施加一个自己无法承担的重任,把它压垮。在儒家义理中,谨守自己本分的法治,才是可能的、健全的法治。

当然,我知道,人们对儒家的质疑,恰恰就这里。我们现在有太多的法治主义者。法治当然好,但变成"主义",就跟其他主义一样可憎。不幸的是,今天,法治主义者,滔滔然天下皆是。这些法治主义者说,你们儒家竟然在讲法治之外还讲德治,竟然认为德比法更重要,你们这就是反法治!

我们需要探寻一下,儒家为什么这么想。最近和一些朋友在读《诗经》,我们在读《诗经》的过程中,对于中国人的信仰及由信仰所生发出来的社会治理之道,有那么一点点心得,我可以简单报告一点,有助于回答这个问题。

首先,我们确定一个基本事实:西方人的信仰或者在哲学中所设想的世界本原,一言以蔽之是"上帝",是有人格、有位格的神,西方人信神。中国人最根本的信仰或者最高的敬仰对象是天,中国人敬天。由此就可以进行推论。

要搞清楚一点,上帝和天究竟有什么区别?他们都是最高的,都是创生者、创造者,都是最高的存在。那么,根本区别在哪儿?有很多区别,我们最近读书时发现,最根本的区别是:上帝言而天不言。[1]

上帝言,所以上帝不断地向人间颁布律法,而且上帝的存在就是他所颁布的律法本身。大家去看基督教的经典,你会发现,上帝一直在说话,上帝说的话都是律法,都是 law,《耶经》里,law 这个词反复出现。由此我们可以理解,在这样的文明中,人们是在"信仰"法律。上帝是律法,信上帝就表现是信上帝的律法。受此思维方式影响,西方人"信仰"法律。所以,西方社会完全可以仅靠法律维护社会秩序,因为人们对于法律确有崇拜之情感,法律的约束力确实极强。我自己总觉得,这种心智,有点法家社会的味道,这是一个过于冷冰冰的社会。

可是,中国人信的是天,天有一个最根本的特点:天不言。天不言的社会后果是,天不向人们颁布律法。那么,中国的法律或者更准确地说,规则,是怎么来的?《周易·系辞》说"天垂象,圣人则之"。"天垂象"显示出一些形式,也即

---

[1] 关于这一问题的详尽论述,可参看姚中秋:《中国治道探源:敬天与人文之治》,《人大法律评论》2015 年第 2 辑,法律出版社 2015 年版。

"文",文就是规则,但范围比法律广得多。人间的圣人是法天象而立人伦。这里最简单的含义是:法不是天的话,归根到底,规则、包括法律,都是人自己制定的,不是神颁布的。所以在中国,规则、法律没有神圣性,不存在信仰什么法律、信仰什么规则的事情。

那么,在中国,在天之下,规则、法律如何发挥效力?必须靠人的内在自觉和道德,唤醒人们的道德感,他们就能认可规则,把规则化在自己的身上。所以,在中国,确实,法律的地位不如在西方,这是事实。我们要面对这个事实,因为,你不可能改变这个事实。如果你忽略了这个事实,以法治作为唯一的社会治理手段塑造秩序,注定了你会失败。

儒家清醒而深刻地意识到了这个事实,我刚才说到天不言,孔子就说过类似的话,"天何言哉"。所以,在孔子的论述中,言始终是不重要的,重要的是行,因为,天也就是行而不已,如孔子所说:"四时行焉,百物生焉,天何言哉。"[1]道家同样也认为,言不重要,反而要摆脱言。整个中国思想都有一种倾向,轻视言,这跟西方思想完全相反。既然如此,儒家就认为,治理社会,不能迷信法律,而应重视德,所以《礼记·乐记》中提出社会治理的整全方案是,"德礼政刑四达而不悖,王道备也",这就是王道的基本框架,你能耐再大,也跳不出去。你以为自己跳出去了,实际上是你犯了一个错误。

今天,当我们谈论法治的时候,我们需要明白,自己是在哪儿谈论。不错,西方可能确实是以法治为根本的,但是,我们毕竟不是在为人家西方建设优良社会秩序,而是为中国。中国为塑造和维护良好社会秩序,确实需要法治,但中国法治的结构,跟西方会是完全一样的吗?在儒家义理中,或者说在相当程度上在传统中国,确实有法治,但其结构、模式,跟西方不一样。我想说的是,这个法治模型可能更契合于中国人的信仰以及由此信仰所塑造的生活形态,包括中国人的性情。当我们置身于古今中西纠葛之处境时,我们需要主体意识的自觉。我们要明白的是,我们的使命是在中国文明框架中建立法治,而不是在真空中,更不是在西方文明框

---

[1]《论语·阳货篇》载,子曰:"予欲无言。"子贡曰:"子如不言,则小子何述焉?"子曰:"天何言哉?四时行焉,百物生焉,天何言哉?"

架中。如果是西方人，确实可以谈谈光秃秃的法律之治，而在中国，你就必须给法律之治架构在道德的基座之上，否则，法律无以为治。你骂国民劣根性也没有用。这也就引出另一个话题。

三、法治建设歧路及其救治

接下来，我讨论自己的第三点看法：从儒家看，现代中国百年建设法治的努力，在大方向上错了。如果我们真想得到法治，就需要回到正确的方向。

错在哪儿？错在国家主义迷信，因而自以为构建现代社会秩序的很多努力，从根本上是反法治的。过去一百年，从清末开始，我们的精英群体就有一个念头：救亡图存，追求富强。出于这个动机，精英们进行法律变革，他们觉得，传统法律不能让中国富强，怎么办？把中国法律重新、全盘制定一次，当然是由政府统一颁布法律。

从清末开始，中国法律的生成方式发生了根本的变化。以前，有大量法律是自发形成的，并且由社会组织自我执行。这是一个多中心的社会治理体系。但现在，法律则全部由国家颁布，国家就是一部法律流水生产线，比如，清末，生产出一部又一部法律，试图全盘管制人们生活的方方面面。在此意图背后，我们清晰看到了国家权力迷信，精英们试图用国家权力规定现代中国人该过什么样的生活方式。我认为，这是法家式的法治路线。也就是说，百年中国其实走的都是法家路线。为什么半个世纪前，有批孔运动，又有评法批儒运动？都是有来由的。

可以说，现代中国一百多年来，精英、包括知识精英，普遍都信奉法家，大家都是现代法家，追求富强，其实就是法家的基本目标，现代中国，有几个人不是呢？相应地，差不多所有人都迷信国家权力，都或明或暗地主张，国家通过制定法律，重新塑造生活，以实现现代化。比如，中华民国建立起的一整套法律体系，基本上也是依赖法家的心智而制定出来的规则体系，旨在以国家权力规定一套现代的国民生活方式，强加于国民。换言之，过去一百多年来，法律只是工具，是实现现代化的工具，而不是以人民为主体，在顺应人民生活方式的基础上，改善人民的生活。我们要问，这样的法律，跟人民之间是什么关系？不客气地说，这样的法律是在奴役人民，而非引导人民、改善人民，这个法律从根本上来说是精英用于统治人民的一套工具。不能不说，现代法学家，不管其知识上有什么流派，价值上有什么差异，其实都是法家。

今天的问题尤其严重，因为，以前的法学家好赖还读过中国经典，在家里，或者在学校，因而知道仁义礼智信，或者人皆有恻隐之心。今天的法学家在学校基本没有学习过中国典籍，相反，他们差不多都成长于反传统的教育文化环境中。他们反感中国文化，试想，他们怎么可能把握中国人的人心？他们也从来没有留意过中国人是怎么生活的。现在要制定民法典了，那么，这些忙着起草民法典的专家们，想没想过做一个中国人的民商行事行为习惯调查？没有。他们也不准备体认中国人的人心。他们忙着背诵德国民法典、日本民法典，坐在办公室里闭门起草。我们要问，这样的民法典会让人民的生活更美好，还是破坏人民的生活？这是一个根本问题，值得反思。

法律究竟是服务于人民，还是凌驾于人民之上改造人民？这是一个根本问题。当然，这个问题不光存在于法律领域中，整个中国的政治都不能免于这样的质问：法律的目的究竟是什么？政治的目的究竟是什么？怎么回答这个问题，取决于我们自己能够树立健全的心态。费孝通先生在20世纪30-40年代说过一句话：现在中国精英制定了一部又一部法律，然而，这些法律不是在维护秩序，而是在破坏秩序。[1]此后大半个世纪过去，这个问题还在。比如，我们的《婚姻法》，按我的看法，其实是"婚姻破坏法"。乡下农民都有婚俗、婚礼，也即缔结婚姻的一整套规则，但《婚姻法》里提到过其中的哪个环节吗？一点也没有，完全是人为地为纵欲的青年男女们制定了一部《婚姻法》。这样的《婚姻法》不可能在青年男女之间塑造出持久的夫妻情感或者塑造出良好的婚姻环境，所以他们轻易地离婚了。现在更麻烦了，"《婚姻法》解释三"基本上就把家庭当成搭伙吃饭，随时可以撤走，而且带着自己的家什。这样的《婚姻法》还不如没有。我有时偏激地说，我们现在所制定的很多法律，还不如没有。没有法律，人们可以按照习惯做，有了法律，

---

[1] 费孝通先生说："现行的司法制度在乡间发生了很特殊的作用，它破坏了原有的礼治秩序，但并不能有效地建立起法治秩序"，见费孝通：《乡土中国》，上海世纪出版集团2007年版，第55页。

赶走了习惯，人们反而不知道怎么做。

根据我有限的观察，不能不说，中国现代法学从一开始就背对着中国文明，立法者从一开始就是要用法律全盘塑造他心目中的现代生活方式，所以中国的现代法学和法律从一开始就走上了反文明、也反法治的道路。现在，我们要回去，最重要的是我们的心态、心智、法学的思维方式以及立法的心智要回去。回去的含义是谦卑，放低姿态，把自己放在生活之下。刚才任锋教授讲了一句非常好的话：法律是生活之表达。用法律的语言表达生活形态、生活方式。所以，法学家要做一个工作，法学家要像科学家一样。我翻译过一本书，叫《法律与自由》，意大利学者布鲁诺莱奥尼所写，其中有一句话，后来哈耶克引用了这句话，他说，法学家相当于科学家，科学家的工作是发现 Law，不是发明、创造、改造 Law。法学家也类似，就像科学家，在国民生活中发现他们中间的法律，然后以系统、而且是国民能够理解的方式表达出来，最后由国家执行。[1] 人民需要这样的法学家，要维护社会秩序，就需要这样的法学。

我们的法学应当走出法家陷阱。战国、秦汉之际，法家在礼崩乐坏之后的后封建时代，建立了一个广土众民的社会治理骨架，但法家犯了一个巨大错误，以为能够创造一种社会生活方式。它的目光太狭窄，所以失败了。百年现代中国，差不多也是走了法家之路，也是建立了一套新的社会治理架构，但同样面临很大麻烦，社会始终不能稳定下来。我们知道，秦之后，西汉中期汉武帝的更化，这是在一定程度上复归，回到秦以前，三代之治，在政和刑之外，请回了德和礼。今天，恐怕也同样需要一次复归，需要清除国家中心论，重新确立德和礼在社会治理中的基础性作用。

也就是说，过去一百年，为了富强，我们被迫走上法治之路，中国人被整合到国家控制体系中，很多人也迷信法治；那么到了今天，我们在免于危亡的危险后，应当寻求更为柔性、有人情味，从而合乎中国人天性的社会治理之道，所以，我们需要回到儒家，回到"德礼刑政四达而不悖"的状态。在这样的社会模式中，法治会找到自己的合适位置，在此位置上，法治既能发挥作用，又不会僭越；同时，

---

[1] 参看［意］布鲁诺·莱奥尼：《自由与法律》，秋风译，吉林人民出版社2004年版，第87页。

其他治理机制也会发挥作用。对中国人来说，单靠法律不足以塑造一个良好的社会秩序，德、礼都要发挥作用。

四、结语

百年中国在建设法治的努力过程中始终有这样一个思考方式：西方人已给我们树立的法治典范，中国人必须老老实实地做小学生，学习人家的法治、政治等等。今天我们讨论儒家与法治，我相信，这个题目一出来，讨厌儒家的人不用说了，在他们看来儒家是没有资格讨论法治的。即便喜欢儒家的人，所关心的问题也只是，怎么样让儒家思想适应法治。基本不出这两种立场。我认为，这个看法在有的时候是可取的，但大部分情况下是不对的。

文明是本，法治只是让文明繁荣的工具。儒家扎根于中国古典文明，又塑造了过去两千年的中国，因而对今日中国而言，儒家是本，法家是末。事实上，儒家的治理之道完全可以包容法治，并且为法治之正常运作构筑人心与社会的基础。在西方，法治有其宗教和宗教所塑造的人心基础，才得以正常运作；在中国，这个基础只能由儒家提供。撇开儒家谈法治，撇开儒家所塑造的人心建设法治，都是缘木求鱼，甚至南辕北辙。

所以，我的结论是：在中国，要做一位好的法学家，就得先做儒者；要塑造和维护良好秩序，就需要回向儒家社会治理之道。我们必须走自己的路，但走路，我们首先要上道。不上道，走得越快，越危险。道在何处？道在尧舜禹汤，道在孔子，道在几千年的中国社会治理实践之中。

论治国方略的创造性转换

——从"德主刑辅"到"法主德辅"

李玉生 韩业斌[*]

[内容提要]

中国传统"德主刑辅"思想萌芽于周公提出的"明德慎罚"思想,经由孔子、孟子、荀子、董仲舒等古代思想家的继承、改造和发展,最终形成了"德主刑辅"的治国思想。基于传统"德主刑辅"思想的不足并受其思维方式的启发,反思当前学术界的"德法合治"观点,本文提出应当实现治国方略从"德主刑辅"向"法主德辅"的创造性转换。"法主德辅"论主张当代中国必须坚持依法治国,同时发挥道德对国家治理的辅助作用。"法主德辅"论契合于道德分层理论,其依托的制度背景是我国实行的社会主义市场经济和民主政治制度。"法主德辅"论有助于克服形式法治的局限性,形成现代国家的治理理念。

[关键词]

德主刑辅　法主德辅　治国方略　法律与道德

在现代社会,法律与道德依然是实现国家治理和社会控制的两种重要方法。但

---

[*] 李玉生,南京师范大学法学院教授、博士生导师;韩业斌,盐城师范学院经济法政学院讲师。本文系国家社科基金重大项目(14ZDB127)子课题和江苏省第四期"333工程"科研项目(BRA2015267)的阶段性成果,同时获江苏高校区域法治发展协同创新中心项目的资助。

如何处理两者之间的关系,在理论与实践中仍然歧见纷呈。耶林说过,"法律与道德的关系问题是法学中的好望角;那些法律航海者只要能够征服其中的危险,那再也无遭受灭顶之灾的风险了。"[1]同样,在实行依法治国,建设社会主义法治国家的当代中国,如何合理地处理法律与道德的关系问题仍然是一个不容忽视的重大课题。众所周知,中国古代在如何对待法律与道德关系上形成了"德主刑辅"的治国思想。受其启示,在全面推进依法治国、建设法治中国的今天,我们可以提出"法主德辅"的思想,以进一步明确法治在治理国家中的主导地位和道德在建设法治中国进程中的辅助作用,实现中国传统法律文化的创造性转化。[2]那么,为什么要实现治国方略由"德主刑辅"向"法主德辅"的创造性转化?这一治国方略有何现实意义?这是本文研究的主旨所在。

一、传统"德主刑辅"思想的形成及其意义

从历史上看,"德主刑辅"思想萌芽于周公提出的"明德慎罚"思想,中间经由孔子的具体提倡,又由孟子、荀子、董仲舒等古代思想家继承、发展和改造,最终形成了"德主刑辅"治国思想。这一思想曾被中国古代统治者长期奉为基本的治国策略,同时也决定了我国传统法律文化的基本性格和基本特征。

周公在吸取夏商灭亡教训的基础上,提出"明德慎罚"思想,告诫西周统治者要注重德教,慎重使用刑罚,以免重蹈夏商覆辙。所谓"明德"是指尚德、敬德;慎罚,即谨慎地使用刑罚,避免滥酷。要求刑罚得中,"不乱罚无罪,杀无辜",以免"怨有同,是丛于厥身"(《尚书·无逸》)。"明德慎罚"思想包含推崇德政和慎用刑罚两层意思,明德是慎罚的精神主宰,慎罚是明德的法制体现。

孔子在继承周公"明德慎罚"思想的基础上,较为明确地提出了德礼为主、政刑为辅的观点。他说:"道之以政,齐之以刑,民免而无耻;道之以德,齐之以

---

[1] [美]罗斯科·庞德:《法律与道德》,陈林林译,中国政法大学出版社2003年版,第121–122页。
[2] 参见林毓生:《中国传统的创造性转化》,三联书店2011年版,第18–19页。

礼,有耻且格。"(《论语·为政》)意思是用政令和刑罚这种强制手段来治民,只能使人民暂时免于犯罪,却不能使人民感到犯罪可耻;只有以德礼为治,才能使人民有羞耻之心,而从内心归服。这句话被后人认为是孔子主张"德主刑辅"的依据。从这段话中,虽不能得出孔子主张放弃刑罚手段的结论,但相对来说,他是偏向于德礼。首先,刑罚与德礼相比,孔子认为德礼是根本。他曾说过:"礼乐不兴,则刑罚不中",意思是刑罚必须以礼乐为依据,否则就不会得当。其次,从适用效果来说,孔子认为,刑罚不如德礼,刑罚只能惩办于犯罪之后,而"德化"与"礼教"却能防患于未然,即所谓"礼之教化也微,其止邪也于未形,使人日徙善远罪而不自知也"。(《礼记·经解》)再次,从适用顺序来说,孔子主张先德后刑,先教后诛,反对"不教而杀",认为"不教而杀谓之虐,不戒视成谓之暴,慢令致期谓之贼"。(《论语·尧曰》)所以在一般情况下,孔子总是强调道德教化,主张以德为主,以刑为辅,这就是他首倡的"德主刑辅"说。孔子的"德主刑辅"思想要求统治者在治国方略上,必须正确处理治本和治标的关系,处理好道德与法律的关系,高度重视道德在国家治理中的作用。

孟子从儒家思想的基本立场出发,继续强调道德教化,主张先德而后刑,并针对当时各国的统治者滥用刑罚的现实,提出"省刑罚、薄赋敛"的主张,反对严刑峻法,反对法家的重刑主义,反对株连。孟子说:"善政不如善教之得民也。善政,民畏之;善教,民爱之。善政得民财,善教得民心。"(《孟子·尽心上》)《荀子》一书对德刑关系有两处最明确的论述。一是《成相》篇的"明德慎罚,国家既治四海平"。一是《议兵》篇的"故厚德音以先之,明礼义以道之,……然后刑于是起矣"。前者是直接借用周公的思想,后者是荀子自己的发扬,讲的是"先德后刑"。故一般认为,中国古代的德刑关系理论正是经过荀子之手而由西周"明德慎罚"的笼统原则发展到"先德后刑""德主刑辅"的法思想模式的。

西汉大儒董仲舒以先秦儒家学说为中心,吸收法家、道家、阴阳家以及西周天命神权观中有利于帝制统治的思想因素,在继承先秦儒家德刑关系思想的基础上,用"天人感应"说、"阴阳五行"学说及人性论加以论证,明确提出"刑者德之辅"的观点,进一步使"德主刑辅"思想得以理论化、体系化。在德刑关系问题上,董仲舒认为"刑""德"不是并重的,它们分别相当于自然界的"阴""阳",

既然自然界喜爱"阳"而厌恶"阴",所谓"天之任阳不任阴,好德不好刑","阳贵而阴贱,天之制也"。(《春秋繁露·天辨人在》)因此,对于宣称秉承上天意旨来统治人间世界的统治者来说,治理国家也必须"大德而小刑",贵"德治"而贱"刑治"。所谓"王者承天意以从事,故任德教而不任刑","刑者不可任以治世,犹阴之不可任以成岁也;为政而任刑,不顺于天,故先王莫之肯为也"(《汉书·董仲舒传》),所以圣明的统治者应当奉行"德主刑辅"的原则。

董仲舒认为,"德治"是天下唯一的"大治之道"。"圣人天地动、四时化者,非有他也;其见大义故能动,动故能化,化故能大行。化大行故法不犯,法不犯故刑不用,刑不用则尧舜之功德,此大治之道也。"(《春秋繁露·身之养重于义》)在他看来,施行"德治",仁政教化大行于天下,违法犯罪的行为就没有了;没有违法犯罪,就不用刑罚,于是天下太平,这就是"大治之道","国之所以为国者,德也……是故为人君者,固守其德以附其民"。(《春秋繁露·保位权》)故治理国家也必须实行"德主刑辅"。

自从董仲舒明确提出"德主刑辅"理论并被汉武帝确立为治国方略以后,中国历代统治者均奉行不改。唐代统治者认为,"德礼为政教之本,刑罚为政教之用,犹昏晓阳秋相须而成者也。"[1]南宋理学家朱熹继续阐发"德主刑辅"思想。他在《论语集注》中说:"愚谓政者,为治之具;刑者,辅治之法。德、礼则所以出治之本,而德又礼之本也。"[2]换言之,从德礼与政刑的关系来看,德礼为政刑之本,是政刑得以确立和实施的根据。因此治国必须德礼为本,政刑为末;德礼为主,政刑为辅。直到清朝,统治者也认为,"刑为盛世所不能废,而亦盛世所不尚",[3]治理国家主要依靠纲常礼教。当然,由于面临的社会形势不同,不同时期的统治者贯彻"德主刑辅"治国方略的程度也不一样。如明初朱元璋认为治乱世需用重典,就提出"明刑弼教"的新德刑关系论。实际上是在坚持德主刑辅的前提下,更加注重发挥刑罚的作用而已。

总之,中国古代"德主刑辅"思想的形成,特别是其在汉代上升为治国方略

---

[1]《唐律疏议》卷1《名例》,刘俊文点校,中华书局1983年版,第3页。
[2] 朱熹:《四书集注》,岳麓书社1987年版,第76页。
[3]《四库全书总目》卷82《史部·政书类二》,中华书局1965年版,第712页。

以后，对于巩固传统的帝制统治，维护社会秩序的稳定起到了十分重要的作用。正如有学者指出的："德主刑辅原则是中国历史上统治阶级统治经验中最大最重要的一个方面，它成了中国奴隶主及封建地主阶级在统治方法上实行自我更新的一个表现。这个原则最直接的结果是一定程度上缓和了社会的矛盾，中国封建社会能延续那么长时间不能说与这一点无关系。"[1]"德主刑辅体现了中华民族重视对社会秩序要综合治理、要治本和治标相结合的辩证思维。中国是世界五大文明古国中的唯一仅存者，深厚的历史积淀无疑使中国的执政经验比其他任何国家都要丰富，这是中国对人类的一大贡献。"[2]因此，作为一种治国方略，"德主刑辅"思想值得我们进一步深入研究。

二、"法主德辅"论的提出

虽然中国传统的"德主刑辅"思想在治理国家中发挥了十分重要的作用，特别是它要求统治者必须以身作则，率先垂范，加强个人的道德修养；也要求统治者治理国家时应当实行德政，做到"薄赋敛、省刑法"，不能穷奢极欲，巧取豪夺。在中国历史上的某些历史时期，统治者也确实一定程度上做到了，创造了一些所谓"盛世"。但是，在当代中国所处的新的历史条件下，治理国家能否继续沿用传统的"德主刑辅"思想？我们认为答案应当是否定的。

首先，传统"德主刑辅"思想的不足。在我国古代"德主刑辅"思想及其指导下的政治法律实践中，其缺点也是十分明显的。一方面，传统"德主刑辅"思想在理论上过于夸大了道德教化所能发挥的功能，具有"道德万能"或泛道德化的倾向。它把国家治理寄托于统治者自身的道德修养以及对人民的道德教化，寄托于统治者施德政，行仁政。与此相应，传统"德主刑辅"思想又对法律持有一种深深的怀疑和轻视态度，认为法律是一种必要的恶，是靠不住的，不到万不得已的时候，是不能用的。法律（主要指刑法）只是为德治服务的辅助手段，为了帮助

---

[1] 钱大群：《中国法律史论考》，南京师范大学出版社2001年版，第514页。
[2] 郝铁川：《德主刑辅是古今中外执政经验的总结》，《法制日报》2014年10月22日。

道德教化，才实施刑罚。因此，法律只有在辅弼道德教化的意义上才有存在的价值。这就必然导致道德统率法律，凌驾于法律之上，导致道德至上而不是法律至上，法律缺乏独立的品格和地位。

另一方面，在"德主刑辅"思想指导下，中国古代统治者始终强调为政以德，治国以礼，这样，治国安邦的政治法律问题就演变为统治者的个人道德修养和是否行仁政的问题。遇到法律问题，统治者往往既可以依法行事，又可以法外裁量，执法司法活动既需要体会"法意"，注重依法办事，又需要兼顾"人情"，使法意与人情调合无碍，做到情理法兼顾。尤其是在严格的君臣等级名分之下，实行所谓"法欲必奉，故令主者守文；理有穷塞，故使大臣释滞；事有时宜，故人主权断"。（《晋书·刑法志》）对下要求严格依法办事，而作为最高统治者的皇帝则可以法外裁断，法外施恩。最终在整个社会的心理结构中铸下了权力至上，蔑视法律，厌讼耻讼的深深烙印。正如有学者在研究中国古代治国之道时指出的："秦汉以后的儒法合流，除与时势变迁和统治者经验日益丰富有关之外，更在其自身能合的内在性质，亦即'人治'的共同本质。就先秦儒法之争而言，儒家务德，只是极度轻视法律政令的人治；法家务法，乃是只信奉权谋威势而不屑于说教的人治。二者携起手来，就叫作德主刑辅，明刑弼教。"[1]因此，传统"德主刑辅"思想"种下的是龙种，收获的是跳蚤"，长期奉行"德主刑辅"的结果却导向了赤裸裸的人治，这就是中国历史的现实，也是传统"德主刑辅"思想的最大弊端。

其次，对当代中国"德法合治"论的反思。自从我国确立依法治国，建设社会主义法治国家的目标以后，如何处理法律与道德的关系，如何看待道德在国家治理中的地位，就成为摆在学界和治国者面前的一个重要问题。对此，学界展开了热烈的讨论，发表了许多研究成果。其中，许多学者对"法治"与"德治"相结合的治国手段进行了大量的论证，形成了"法治"与"德治"如车之两轮、鸟之两翼，相辅相成、不可偏废的观点。这就是所谓"德法合治""德法兼治"论。

笔者认为，虽然在功用上，法律与道德相互补充、相辅相成，但是在治国方略的选择上，道德只能处于辅助地位，而不能超过法律或者和法律同等重要。正如有

---

[1] 梁治平：《法辨：中国法的过去、现在与未来》，中国政法大学出版社2002年版，第106页。

学者指出的："正如法的功用不等于法治，道德的功用也并不就意味着道德的统治，道德与法在功用上的相辅相成，并不当然地导出德治与法治作为治式的不可偏废……根本上我们不认同的是把德治作为与法治并行的治式，而不是不承认道德具有法不可替代的功用这一事实；根本上我们不认同的是将德治与法治并构中所隐含的对于法治作为一种制度品德的无视和否认，而不是如德治论者那样将法治无'德'作为理论前设。"[1]如果说中国古代实行过"德治"，那么，这种"德治"与"德主刑辅"治国思想就是同义语。前已论及，这种传统意义上的"德治"已经被历史证明实际上就是"人治"。退一步说，即使"德治"可以成为一种治国方略，"德法合治"或德治与法治相结合的观点在理论上也是不彻底的。因为把道德和法律同时作为治国方略，必然存在一个以谁为主的问题，或者必须明确两者各自的作用范围，否则，逻辑的不彻底必然引起实践的混乱。

其实，从我国改革开放以来的国家治理发展来看，依法治国或者"法治"已经被确立为国家的治国方略。党的十八届四中全会进一步就全面推进依法治国若干重大问题做出了决定。其中虽然提出必须"坚持依法治国与以德治国相结合"，但这是在全面推进依法治国前提下的相结合，实际上是要求在坚持依法治国的前提下，充分发挥道德的辅助作用。

第三，传统"德主刑辅"思想的借鉴。伯尔曼在分析西方法律历史传统的时候指出，在法律的历史中，很多表征了早期形成阶段的西方传统的基本法律制度和概念经历了这种传统在后来的革命变化阶段而仍然存活下来，这是一个关键的事实。[2]一个法律传统之所以保存下来，必定有其合理性，原因之一就在于它是社会诸方面因素和条件的权利要求的体现。我们必须重视我们的传统法律文化，从中吸取有利的因素，以辅助社会主义法治国家建设。

我们认为，"德主刑辅"作为中华法律文化的传统之一，虽然我们已经不能完全照搬和实行，但其处理法律与道德关系的思维方式对当代中国的现代法治建设却具有借鉴意义。因为原封不动地回归到"德主刑辅"的时代已经不可能，传统

---

[1] 孙莉：《德治及其传统之于中国法治进境》，《中国法学》2009年第1期。
[2] 参见［美］伯尔曼：《法律与革命》第2卷，袁瑜琤、苗文龙译，法律出版社2008年版，第389页。

"德主刑辅"思想所依赖的基础——自然经济、帝制体制、宗法家族制度等作为国家和社会的整体制度已经不存在了。但是我们可以从古代思想家处理道德与法律关系问题的思维方式中受到启发，在德法关系上明确提出"法主德辅"思想，以实现中国传统法律文化的创造性转化，用于指导我国目前的法治国家建设。

基于以上分析，我们提出"法主德辅"的治国方略，使国家在治国方略上实现"德主刑辅"向"法主德辅"的转变。"一种治国方略的确定，治国手段的选择，最终的依据在于这一手段对于国家治理与秩序维护所能发挥出来的效用。"[1]我们提出"法主德辅"的观点，主要是指，从治国方略或从国家治理的角度而言，应该以法律为主，实行法治，因为通过法律可以有效地维护公民的权利，可以抑制国家权力的滥用，并使各种社会矛盾纠纷在法定的程序上得以解决。当然这并不是说不要道德或道德不重要，作为较高层次的道德规范可以使人们向更高的生活迈进，可以辅助法律的有效运行。换言之，治理国家应当以法律为主，道德建设固然重要，但是不能提高到治国的高度，可以起到辅助作用。

三、法主德辅与道德分层论的契合

当代法学界，人们在讨论法律和道德的关系问题时往往把道德分成两个层次，即维持社会存在的基本部分和非基本的部分，基本部分应该属于法律调整的范畴，非基本的部分则和纯粹道德有着密切的联系。

在西方，耶利内克早在1878年就提出，法律是最低限度的伦理的观点。他认为，道德可分两个层次，即"最低限度的伦理规范"和"伦理的奢侈"。最低限度者就是维持社会秩序所必不可少的道德；高层次的道德，就是虽为社会所赞赏但并非必不可少的道德。应该把前者变成为法律，因为这是"最低限度"的道德，一般的人都能做到，但不应把后者变为法律，因为多数人做不到。[2]

正像耶利内克把道德分为两个部分那样，英国分析法学派的代表人物哈特在批

---

[1] 马作武主编：《中国传统法律文化研究》，广东人民出版社2004年版，第152页。
[2] 参见［美］罗斯科·庞德：《法律与道德》，陈林林译，第147－148页。

判德富林"道德崩溃"命题的基础上,也把道德分为两个部分:即维系社会存在所必须的基本部分和非基本部分,如诚实信用、遵守诺言、公平处置以及禁止盗窃、诈骗就是道德的基本部分。在这些问题上,法律责无旁贷地要进行强制;而类似于同性恋、卖淫则属于非基本部分。对非基本部分的背离,并不会导致社会的崩溃。他指出:"所以,非常清楚的是,离开了对禁止伤害他人的行为的法律做出反映和补充的道德,这个社会将难以为继。但这里依然没有证据表明,这样的一个理论是正确的:那些背离了传统性道德的人,从其他方面来看,就是一种对社会的轻视。而事实上,更多的却是相反的情况。"[1]

美国自然法学家富勒提出的愿望道德和义务道德的划分也颇具有道德分层的意味。如果说愿望的道德是以人类所能达致的最高境界作为出发点的话,那么义务的道德则是从最低点出发。[2]形象一点说,愿望的道德是向上的道德、求善的道德,义务的道德是向下的道德,不为恶的道德。富勒特别反对这样一种说法,就是愿望的道德只关涉个人,义务的道德关涉他人。富勒认为,两种道德背后都关涉到人与人之间的社会关系,也就是说,无论是愿望的道德与义务的道德,都要以社会关系作为参考框架。愿望道德是关于社会更高追求的行为,即使没有实现,也不会受到社会的谴责。而义务道德是维护社会秩序正常运转所需要遵守的准则,因而违反他们,不但会得到社会舆论的谴责,而且还会得到法律的制裁。

美国法学家博登海默同样也认为,可以把道德价值区分出两类要求和原则。第一类包括社会有序化的基本要求,它们对于有效地履行一个有组织的社会必须承担的任务来讲,被认为是必不可少的、必要的,或极为可欲的。避免暴力和伤害、忠实地履行协议、协调家庭关系,也许还有对群体的某种程度的效忠,均属于这类基本要求。第二类道德规范包括那些极有助于提高生活质量和增进人与人之间的紧密联系的原则,但是这些原则对人们提出的要求则远远超过了那种被认为是维持社会生活的必要条件所必需的要求。慷慨、仁慈、博爱、无私和富有爱心等价值都属于第二类道德规范。那些被视为是社会交往的基本而必要的道德正当原则,在所有的

---

[1] [英]哈特:《法律、自由与道德》,支振锋译,法律出版社2006年版,第50页。
[2] [美]富勒:《法律的道德性》,郑戈译,商务印书馆2005年版,第8页。

社会中都被赋予了具有强大力量的强制性质。这些道德原则的约束力的增强，当然是通过将它们转化为法律规则而实现的。禁止杀人、强奸、抢劫和伤害人体，调整两性关系，禁止在合意契约的缔结和履行过程中欺诈与失信等，都是将道德观念转化为法律规定的事例。[1]

德国学者魏德士从道德作为法的条件和目标的角度谈论法律与道德的关系。他认为，达到具有约束力的、原则上得到承认的社会道德的最低限度是法的必备条件。换句话说，法律秩序发挥作用的前提是，它必须达到被认为具有约束力的道德规范的最低限度。作为法之目标的道德，在自由的宪政国家，只有社会伦理原则的核心部分才受到法的保护。人们常常称之为"伦理的最低限度"，它由法律强制实施。[2]也就是说，无论作为法的前提或条件的道德，还是作为法所保护的目标的道德，都应该是社会道德的最低限度。同时他还认为，要求法与道德合一是极权主义制度的标志。

笔者以为，在讨论道德规范分层时，我们应该把低层次的道德规范剥离出道德领域。也就是说，当我们在讨论法律和道德关系问题的时候，只需就法律与较高层次的道德规范的关系进行研究，因为低层次道德规范和法律规定内容是重合的。这样做同时还可以明确法律与道德在国家治理过程中孰轻孰重。作为维持社会控制的基本手段法律应该处于主导的地位，而较高层次的道德，可以起到有效的辅助作用。这也正是我们提出的"法主德辅"理论的重要依据。

当然，正像有学者指出的，这种讨论的路径也有许多需要说明的问题。比如低层次的道德和高层次的道德划分的具体标准是什么，这个标准如何统一、具有可操作性。哪些道德属于高层次的道德，哪些道德属于低层次的道德。只有明确这些问题，才能厘清道德法律化的限度和界限，从而把较低层次的道德纳入法律调整的范围之中，把较高层次的道德排除出法律调整。这也是我国古代思想家长期没有讨论清楚的问题，常常使一些较高层次的道德法律化，从而导致法律不能实施。中国古

---

[1] 参见 [美] 博登海默：《法理学：法律哲学与法律方法》，邓正来译，中国政法大学出版社2004年版，第391页。
[2] 参见 [德] 伯恩·魏德士：《法理学》，丁晓春、吴越译，法律出版社2013年版，第179-181页。

代的道德原则，比如君使臣以礼，臣事君以忠；君君、臣臣、父父、子子；父子有亲，君臣有义，夫妇有别，长幼有序，朋友有信；父慈、子孝、兄良、弟悌、夫义、妇听、长惠、幼顺、君仁、臣忠等等。其中大都属于较高层次的道德原则，转化为法律以后，实施起来困难重重。

四、"法主德辅"依托的制度背景

诚然，我们提出"法主德辅"的治国方略，既是对历史传统的转化性继承，也符合现代法学与道德哲学有关道德分层的理论。但是，"法主德辅"论的提出，更是与我国当前正在发展着的经济、政治制度有着深厚的内在联系。

（一）完善社会主义市场经济要求实行"法主德辅"

可以明确地说，推动法律传统创造性转换的社会条件是多方面的，其中最重要的来自于现代市场经济的强大推动力量。新型的现代法律传统只有在现代市场经济的基础上，才能够确立和建构起来。因此，实现治国方略由"德主刑辅"向"法主德辅"的创造性转变，其最深厚的动力来自于社会主义市场经济的充分发展。马克思在《资本论》中曾深刻分析了市民社会商品交换与法律的内在联系，指出："商品不能自己到市场去，不能自己去交换。因此我们必须找寻它的监护人，商品所有者。……为了使这些物作为商品彼此发生关系，商品监护人必须作为有自己的意志体现在这些物中的人彼此发生关系，因此，一方只有符合另一方的意志，就是说每一方只有通过双方共同一致的意志行为，才能让渡自己的商品，占有别人的商品。可见，他们必须彼此承认对方是私有者。"[1]这里，马克思揭示了商品交换所必须具有的三个基本条件和相应的法权要求：一是必须有独立的商品"监护人"，即所有者。这一法权要求意味着必须在法律上确认所有者的法律地位，确立所有权方面的法律制度。二是商品交换者意思表示一致。只有商品交换的双方意思一致商品交换方能实现。这种意思表示一致的行为是通过契约实现的。这就意味着在法律上必须建立债和契约制度。三是商品交换是平等主体之间的经济运作行为。在交换

---

[1]《马克思恩格斯全集》第23卷，人民出版社1972年版，第102页。

过程中，交换双方必须互相承认对方是把自己的意志渗透到商品中去的平等的人。因此，"商品是天生的平等派"，这种平等的实质乃是等价交换。我国现在正在大力发展和完善社会主义市场经济，特别强调市场在资源配置中发挥决定性作用。因此市场经济中内蕴的法权关系，比如所有权制度、契约自由制度、主体平等制度等，这些都需要法律进行调整。所以市场经济就是法治经济。而道德只能对市场经济活动进行道义上评判，对遵守或违背市场经济制度的情形予以赞同或否定的评价，而不能对违背这些制度的行为予以有效的制裁。因此，我国正在发展的社会主义市场经济中蕴含的权利关系正是我们提出"法主德辅"说的最重要的理论根据。

（二）不断发展和完善的社会主义民主政治

我国实行的是人民当家作主的社会主义制度，为了实现人民当家作主，就必须充分发扬社会主义民主，继续推进并深化政治体制改革，不断发展和完善社会主义民主政治。按照十八届三中全会《决议》的要求，加强社会主义民主政治，必须保证人民当家作主，坚持和完善人民代表大会制度、中国共产党领导的多党合作和政治协商制度、民族区域自治制度及其基层群众自治制度，扩大公民的有序政治参与。这些制度包括保护公民的权利，少数服从多数，建设法治政府，实行权力相互制约等现代民主制度的重要原则。这些民主制度的改革完善都需要法律尤其是宪法及其相关法律的规制。正如董必武所说，宪法是国家的根本法，它规定我国的社会制度、政治制度、国家机构、公民权利义务等带根本性质的问题。[1]社会主义民主政治制度的完善必须依靠宪法及其相关法律的设计与调整。而道德在规范民主政治制度的运行方面则显得比较乏力。因此，从发展和完善我国社会主义民主政治的角度来讲，也要求实行"法主德辅"治国方略。

五、"法主德辅"的现实意义

我们认为，实现治国方略由"德主刑辅"向"法主德辅"的转变，具有十分

---

[1]《进一步加强法律工作和群众的守法教育》，《董必武法学文集》，法律出版社2001年版，第219页。

重要的现实意义。

(一) 克服形式法治的局限性

近代以来一些西方法学家信奉和倡导形式法治理论，以区别于实质法治。形式法治理论不考虑法律的内容是什么，也不关心法律是善法还是恶法，而只思考法律在形式上或体制上的要求。这些形式上或体制上的要求通常包括：法律是可预期的、法律保持相对稳定、法律不溯及既往、司法机关保持独立、政府受治于法等等。按照形式法治理论，只要某个社会的法律制度符合这些形式上或体制上的要求，这个社会就存在法治。但是形式法治理论仍然没有办法摆脱以道德的观点对法律进行评价，在倡导形式法治过程中，如何处理道德问题，如何摆脱"恶法亦法"的道德困境，在这个问题上凸显了形式法治的局限性。[1]而实质法治理论则强调法律的实质内容和价值取向，认为人们所追求的法治，应当获得大部分人的遵守，同时遵守的法律本身应该是良法，而不应当是恶法。因此，与其信守具有很大局限性的形式法治，不如提出"法主德辅"观点，以克服形式法治的局限性，明确在法治建设过程中，并不是不要道德，或者道德不重要，而是说也要发挥道德评价在克服形式法治局限中的作用，校正法治发展的方向。只不过作为社会治理手段来说，道德处于次要地位，起辅助作用而已。

(二) 形成现代国家的治理理念

美国法学家庞德认为从文明发端至今，社会控制的主要手段经历了从道德、宗教到法律的演化，在16世纪以后，法律已经取代宗教和道德而成为主要的社会控制的手段。庞德进一步认为，"在当前的社会中，我们主要依靠的是政治组织社会的强力。我们力图通过有秩序地和系统地适用强力，来调整关系和安排行为。此刻人们最坚持的就是法律的这一方面，即法律对强力的依赖。"[2]

因此，虽然法律和道德都是一种社会控制、国家治理的手段，但根据社会发展的阶段性和我国当前的实际情况，应当主要依靠法律来治理国家，并赋予法律以至高无上的权威，任何组织和个人都不能凌驾于法律之上，都要依法办事，这无疑具

---

[1] 参见高鸿钧等：《法治：理念与制度》，中国政法大学出版社2002年版，第750－751页。
[2] [美] 罗斯科·庞德：《通过法律的社会控制》，沈宗灵译，商务印书馆2010年版，第12页。

有重要的意义。当然，治理国家是一项十分复杂的活动，涉及到政治、经济、军事和文化等多方面的内容，不可能仅仅使用一种方法。况且，依法治国本来就不排斥运用其他手段，只要求其他手段的运用都不得与宪法和法律的规定相冲突。[1]当前我国正在构建社会主义法治体系，因而更有必要发挥其他社会控制手段特别是道德手段的作用。我们提倡"法主德辅"，就是主张在承认法治是治国理政基本方式的同时，还要注重道德对安邦定国的辅助作用，从而更好地推进国家治理体系和治理能力现代化。

---

[1] 参见秦前红：《依宪治国：法治的灵魂》，《暨南学报（哲学社会科学版）》2014年第11期。

儒家"义务对等"型法正义思想及其异化反思

贾永健[*]

[内容提要]

自始至终,儒家法思想都将世俗人际"正义"作为其终极价值追求。它以"五伦"宗法关系为主干,依据"名分相称"的公平原则,运用"礼法"在各社会主体间对等分配宗法义务——"十德",意欲塑造一个"义务对等"型正义社会,形成了其法正义思想体系。然而在传统法制史中,它却异化为了"义务本位"的不公正法律制度。这并不能否定儒家法正义思想的自洽存在,但警示儒家不可忽视"民主共和政体"对法正义实现的前提意义。儒家法正义思想的构建与异化启示当下法学理论:人民牢牢掌控立法权和社会各阶层充分参与立法,是法正义充分实现的前提条件;不必迷信"权利",通过对等分配"义务",亦可达致正义;诊疗当下"权利迷信"所致的"私欲膨胀"问题,气质迥异的儒家法正义思想必可大有作为。

[关键词]

儒家 义务对等 法正义 立法权

---

[*] 贾永健,河南大学法学院副教授,法学博士。本文系河南省教育厅人文社会科学研究项目"现代宪法的困境与出路:从公民控告权的法理基础切入"(批准号:2015-QN-006)的阶段性成果。

长期以来，主流法学理论往往将我国以儒家法思想为指导思想的传统法，概括为"义务本位"型法，即我国传统法制以规定被统治者的义务为主要内容，并附以残暴的刑罚手段来保障这种义务的履行。它违反了权利义务的公平分配原则及人道原则，因而是不正义的法。由此进一步得出结论，儒家法思想亦是"义务本位"型的，亦是不公平不正义的法思想，不存在法正义论，只是代表并维护封建统治阶级利益的法律学说。[1]认定我国传统法为"义务本位"型法并斥为"残暴不义"之法的观点，具有一定的文本依据，但仍存在"以今人观念苛责古人"之嫌。如若以此推定作为指导思想的儒家法思想，也是"义务本位"的、"毫无公平正义"可言，就存在理论上的"武断"。但它至今仍主导着法理学界对待儒家法思想的认识和态度，遮蔽了儒家法思想中蕴含的巨大理论价值。因而为进一步研究借鉴儒家法思想来推动现代法理学的完善，有必要廓清这个法学理论问题：儒家法思想是否包含有"法正义"思想？那么首先要解决的一个前提问题是，儒家思想中有正义论吗？或者说正义在儒家思想中处何位置？

一、儒家思想的终极关怀：人与人关系的"正义"

众所周知，儒家是较早以人为中心、以人与人的关系为重心的古代思想学说。对人、人事的关注，始终是儒家思想的全部主题。儒家的仁学就是以人为本位的学说，"仁者，人也"（《礼记·中庸》）。俞荣根教授就认为："在中华民族发展史上，仁的思想有着突出的地位。孔子，则是仁学思想体系的创始人。仁，是我国古代关于人的学说。"[2]其实在孔子生活的春秋末期，"重人""贵人"的思想观念开始兴起。社会舆论对非人道的人祭、人殉的普遍谴责，以及公元前384年秦献公颁布"止从死"法令，以法律形式对该行为的禁止（《史记·秦本纪》），"表明人们对人神关系的认识发展到了一个新的高度——由神为主转变为以人为主。社会发

---

[1] 参见郑成良：《权利本位说》，《政治与法律》1989年第4期；张文显：《从义务本位到权利本位是法的发展规律》，《社会科学战线》1990年第3期。相关反思见俞荣根：《礼法传统与良法善治》，《暨南学报（社会科学版）》2016年第4期。
[2] 俞荣根：《儒家法思想通论》，广西人民出版社1992年版，第202页。

现了人，人发现了自身的价值"，表明了当时"人的解放已成为时代的趋势，人的地位和价值得以提高，一个人文思想勃兴的灿烂时代开始了"。[1]

孔子顺势而动，创立了专注人与人关系的仁学——儒学。[2]对《礼记·中庸》中"仁者，人也"一句，郑康成注："'譬如相人偶之人。'数语足以明之矣。春秋时孔门所谓仁也者，以此一人与彼一人相人偶而尽其敬礼忠恕等事之谓也，'相人偶'者谓之人之偶也，凡仁必于身所行者验之而始见，亦必有二人而仁乃见。"[3]儒家思想中作为五德之首的"仁"，乃是一个人与人的关系概念，本身就内涵有他人以及人我关系的维度，恰构成了儒家伦理的基础。[4]与西方现代政治学说以"自我"为中心、以"单个人"为出发点的特征形成鲜明对比，儒家思考和建构其政治学说的着眼点是"偶数人的关系"，其中心单位乃是"群"这种政治性组织和结构。[5]所以，儒学实为处理"人与人关系"的世俗政治学说。作为儒家核心价值的"仁"，本质乃是其所追求的人与人关系的一种"正义"状态，或者说是实现人我关系正义的基本准则和最高原则。

因此可以说，实现人与人关系的正义，才是儒家思想的终极追求。为落实这个正义目的原则，儒家法思想才形成了"义务对等"型的法正义思想。

二、儒家法正义思想的特质：义务对等

儒家为塑造一个正义社会，将古代社会结构抽象概括为"五伦"宗法关系，并以"五对"社会主体为主干，编织"礼法"之网来对等分配相应德性义务，从而形成了自己的"法正义"思想。

（一）儒家法正义思想的主体结构："五伦"宗法关系

儒家法思想中的"法"，最核心的初始含义即为"宗法"，俞荣根先生谓之

---

[1] 俞荣根：《儒家法思想通论》，第202–203页。
[2] 孙实明：《孔子的仁学及其现代价值》，《孔子研究》1991年第1期。
[3] 阮元：《揅经室一集》，中华书局1985年版，第157页。
[4] 柯小刚：《古典文教的现代使命》，上海人民出版社2012年版，第94页。
[5] 赵明：《先秦儒家政治哲学引论》，北京大学出版社2004年版，第19页。

"宗族伦理法"。[1]在古代中国,"宗法是传统政治法律思想文化的核心概念",[2]宗法精神是贯穿社会结构一切领域的根本观念。[3]因此,宗法关系也成为儒家概括古代中国社会关系的基本概念。

"宗"在古代汉语中,谓之始祖、祖先,[4]进而指由同一始祖繁衍而成的群体——宗族,所谓"同祖为宗"。"宗,尊也,为先祖主也,宗人之所尊也。"(《白虎通德论·宗族》)"宗法",顾名思义,就是"以宗为法"或"以宗子为法",其基础乃是依据血缘区分的长幼、嫡庶、远近等亲属关系。[5]在原本意义上,"所谓'宗法',即以血缘为纽带调整家族内部关系,维护家长、族长的统治地位和世袭特权的行为规范";[6]所谓"宗法关系",原指以血缘关系为基础的家族关系。

后来"宗法关系"通过"政治拟制"突破血缘家族关系而扩大为社会政治关系。古代中国氏族社会后期,在部族之间频繁的征伐战争中,某一族姓强势胜出、一统天下而建立了早期的国家,该族姓之宗法关系基本上也就被完整保留下来。这样,"家"的扩大形成了"国",即所谓"国家"。梁启超先生就此评曰:"凡国家皆起源于氏族,此在各国皆然。而我国古代,于氏族方面之组织尤极完密,且能活用其精神,故家与国之联络关系甚圆滑。"[7]这样,氏族(宗族)首领也即是国家的统治者,出于自然的经验惯性,其所用以治理氏族(宗族)以实际血缘为基础的宗法关系结构,通过比附、拟制方式也被用来概括地缘为基础国内社会关系结构。由此,"宗法关系"的适用领域以及含义都得以大大扩展,乃至成为了主导古代中国政治法律建构的一个核心概念,其"基本含义是以家族作为伦理、政治、法律等诸类理论的推理基础,而以尊尊亲亲、内外有别为核心原则建构社会结构以及人与人关系"。在此意义上,"中国传统的政治、社会结构可以称为宗法结构,

---

[1] 俞荣根:《儒家法思想通论》,第132–140页。
[2] 梁启超:《先秦政治思想史》,东方出版社1996年版,第49页。
[3] 冯尔康主编:《中国社会结构的演变》,河南人民出版社1994年版,第237页。
[4] 参见王力等编:《古汉语常用字字典》,商务印书馆2007年版,第519页。
[5] 曾宪义、马小红主编:《礼与法:中国传统法律文化总论》,中国人民大学出版社2011年版,第61页。
[6] 张国华:《中国法律思想史新编》,北京大学出版社1998年版,第25–26页。
[7] 梁启超:《先秦政治思想史》,第44–45页。

而传统制度所建构的人与人关系都可成为宗法关系"。[1] 它包含两个层次：一是核心内层的"家"，根据实在血缘形成的社会关系，二是外层的"国"，根据拟制血缘形成的社会关系。

之后，"宗法关系"从"家"到"国"的演进理路，完全为儒家所继受并进一步发扬。第一步，儒家首先就从以实在血缘关系为核心的家庭宗法关系出发，将其抽象为三伦社会关系："父子、兄弟、夫妻"，相对应的宗法德性就是"父慈、子孝、兄良、弟弟（悌）、夫义、妇听"（《礼记·礼运》）。然后第二步，家内的宗法关系通过比附和拟制的方式，扩展到国内的政治社会关系——君臣（官民）关系和朋友关系。后者是人为比附和创设的新血缘关系——拟制血缘关系，即以"父子"比附"君臣（官民）"，以"兄弟"比附"朋友"。所以有"君父""臣子""四海之内皆兄弟"的说法。冯友兰就评论说："家族制度过去是中国的社会制度。传统的五种社会关系……其中有三种是家族关系……君臣关系可以按照父子关系来理解，朋友关系可以按照兄弟关系来理解。通常人们也真地这样来理解的。"[2] 这样，社会宗法关系也从三伦发展为完整的五伦：君臣、父子、夫妇、兄弟、朋友。《礼记·中庸》就讲：君臣也，父子也，夫妇也，昆弟也，朋友之交也，五者天下之达道也。这"五伦"宗法关系就成为儒家建构法正义论的理论主干，即儒家法围绕"五伦"宗法关系的主体——"五对"社会主体，公平对等地科以相应义务，形成所谓"十德"。

（二）儒家法正义的基本要素："十德"义务

与上述对社会关系的概括路径类似，儒家对社会义务的对等分配包含从"家"到"国"的两个步骤：第一步，对作为核心社会关系的"三伦"家庭宗法关系：父子、兄弟、夫妻，对等赋以相应宗法义务或德性——"六德"，即"父慈、子孝、兄良、弟弟（悌）、夫义、妇听"（《礼记·礼运》）。第二步，以家庭宗法德性比附国家和社会宗法德性。在儒家看来，从"家"到"国"的过渡或者比附是如此自然而"圆滑"，[3] 以致"家与国的核心伦理原则——忠和孝，根本上也是

---

[1] 毛国权：《宗法结构与中国古代民事争议解决机制》，法律出版社2007年版，第10页。
[2] 冯友兰：《中国哲学简史》，北京大学出版社1996年版，第240页。
[3] 梁启超：《先秦政治思想史》，第45页。

相通的，孝为忠之本，是忠的基础。"[1]故"有子曰：'其为人也孝弟，而好犯上者，鲜矣；不好犯上，而好作乱者，未之有也'。"（《论语·学而》）

因此，儒家参照以"父子"比附"君臣"，以"兄弟"比附"朋友"的宗法关系扩展理路，也相应把宗法德性扩展到两种拟制血缘关系"君臣和朋友"上。换言之，儒家认为，"君臣和朋友"关系欲达致正义，"君臣"关系就应当秉持"君仁、臣忠"德性，"朋友"关系则应崇遵"长惠、幼顺"德性。[2]这样，"五伦"社会宗法关系：君臣、父子、夫妇、兄弟、朋友，就各自对应十种德性或义务。"父慈、子孝、兄良、弟弟（悌）、夫义、妇听、长惠、幼顺、君仁、臣忠"（《礼记·礼运》）的"十德"义务，就是儒家法正义的基本要素。儒家看来，如若社会全部五伦宗法关系秉持各自宗法德性、各社会主体能够忠实履行各自宗法义务，社会就能达到"父子有亲，君臣有义，夫妇有别，长幼有序，朋友有信"（《孟子·滕文公上》）的正义状态。这就是儒家法所努力塑造的理想社会。

那么，这种正义秩序具体依赖什么才能得以实现呢？答曰：礼法。

（三）儒家法正义的实现路径："礼法"

在宗法关系通过"政治拟制"由家而国得以扩展之时，宗法伦理也由"家法"扩展为"国法"——最早体现为儒家所推崇的"周礼"。根据梁启超的研究，周礼是适于同姓总族的宗法扩大适用到异姓族间关系而形成的国家大法："周人自厉行此制，于是'百姓'（即不同姓的宗族——引者注）相互间，织成一亲戚之纲，天子对于诸侯，'同姓谓之伯父，异姓谓之伯舅'（《王制》），《诗》有之：'岂伊异人，兄弟甥舅。'（《伐木》）其大一统政策所以能实现者半由是。此制行之三千年，至今不变。我民族所以能蕃殖而健全者，亦食其赐焉。以上所言者，异族相互间之关系也。若夫同族相互间，更有所谓宗法者以维系之。"[3]因此，"周代礼制的核心，是确立血缘与等级的同一秩序，就是把父、长子关系为纵轴，夫妇关系为横轴，兄弟关系为辅线，以划定血缘亲疏远近次第的'家'，和君臣关系为主轴，君主与姻亲诸侯关系为横轴，君主与领属卿大夫的关系为辅线，以确定身份等级上下

---

[1] 葛兆光：《古代中国文化讲义》，复旦大学出版社2006年版，第39页。
[2] 冯友兰：《中国哲学简史》，第240页。
[3] 梁启超：《先秦政治思想史》，第45页。

的'国'重叠起来"。[1]

后来儒家将"礼"发展并"概括为以'礼、名、分'为核心概念的周礼和宗法制度"。[2] 以"礼"为主干,辅之以"法和律",形成儒家奉为建构国家和社会正义秩序的基本规则的儒家法——"礼法"。[3]

"礼法"就是儒家法正义思想的所谓"法",其价值目标就是保障各社会主体履行各自宗法义务,匡扶宗法正义,最终形塑一个正义社会秩序。正所谓"礼义以为纪,以正君臣,以笃父子,以睦兄弟,以和夫妇"(《礼记·礼运》)。因此晏子就说:"父慈、子孝、兄爱、弟敬、夫和、妻柔、姑慈、妇听,礼也。父慈而教、子孝而箴、兄爱而友、弟敬而顺、夫和而义、妻柔而正、姑慈而从、妇听而婉,礼之善物也。"(《左传·昭公二十六年》)"礼法"就成为儒家法正义所赖以实现的基本路径。它由儒家思想所宣扬、完善和传承,并有儒生所提倡并实践。在此过程中,传统中国包括家庭关系、政治社会关系在内的全部人与人的关系,都被"礼法"向着儒家心中的法正义所"一体"塑造。[4]

(四)儒家法正义思想的公平原则:"名分相称"

之所以说在儒家思想中儒家法追求的是公平正义,之所以说儒家思想存在法正义论,根本的是因为儒家法始终遵循公平原则根据社会主体身份来对等分配义务,即社会各主体的"名"与"分"严格对应。

在儒家的"礼法"中,每个人都有着血缘(实在血缘和拟制血缘)关系所决定的身份:君臣、父子、兄弟、夫妻、朋友——名,相应的身份分别相应承担着不同的对等宗法责任——分,即父慈、子孝、兄良、弟弟(悌)、夫义、妇听、长惠、幼顺、君仁、臣忠。而且,这些身份及责任之间存在着"贵贱、尊卑、长幼、亲疏"等不平等的等级差别。[5] 每个人恪守着所具身份决定的差等义务和职责,安分守己,卑贱要服从尊贵,做到"君君、臣臣、父父、子子、兄兄、弟弟、夫

---

[1] 葛兆光:《中国思想史》第1卷,复旦大学出版社2001年版,第34-35页。
[2] 吴稼祥:《公天下:多中心治理与双主体法权》,广西师范大学出版社2013年版,第175页。
[3] 俞荣根:《儒家法思想通论》,第151-153页。
[4] 见金观涛、刘青峰:《兴盛与危机——论中国社会超稳定结构》,法律出版社2011年版,第31-52页。
[5] 见《瞿同祖法学论著集》,中国政法大学出版社1998年版,第315页。

夫、妇妇",就是正义的个人;在人与人不平等的基础上形成的社会"差序格局",就是正义的社会秩序。如瞿同祖先生所言,"'物之不齐,物之情也',儒家认为这种差异性的分配,才是公平的秩序"。[1]

儒家法正义思想中社会主体各等级身份之间义务对等的"名分相称"原则,实际蕴含着人与人之间的"平等"思想。它主要体现为"位尊者和位卑者各自所负义务在理论上是对等的",即与卑位者的"忠、孝、敬、柔、悌、听、顺"等义务相对等的是位尊者的"仁、慈、爱、良、和、惠、义"等责任。儒家之礼中,"尊卑"二方的义务和责任互为条件、互为前提,并无先后高下之分,是需要一体履行、一体实现,方合正义。"君君、臣臣、父父、子子"(《论语·颜渊》)意谓:"若要以君臣父子之礼待之,前提必须是受礼之人是个合格的君臣父子……礼首先是相互的责任、教育和提高,然后才是权利和权力"。[2]君父不仁,虽处"君父贵位"、有"君父尊名"亦非君父,自然不能享受臣子带君父之礼——"忠孝";反之亦然。如此"义务对等"关系如梁启超所言:"儒家五伦成立于相互对等关系之上,实即'相人偶'的五种方式。"[3]

如果人与人义务完全对等,实际上在义务上人与人就是平等的。那么相对地,在权利上也必然是平等的。人与人权利义务平等,在法律上就意味着人与人就是平等的。只不过在儒家法思想中,"法律面前人人平等"体现为"礼法面前人人对等负有宗法义务"。因此,儒家法思想的"名分相称"原则,表明儒家法在理论上是公平的和正义的,儒家法思想内涵有法正义论。

考察儒家法的正义论至此,则不得不提醒上文论述的一个重要限定:仅从思想理论上来说。换言之,若从思想理论体系意义上说,儒家法的核心价值是正义,儒家法思想包含着法正义论内容。然而,理论不能等同于现实。理论是一回事,其应用到现实中的结果则可能是另一回事。

---

[1] 《瞿同祖法学论著集》,第308页。
[2] 柯小刚:《古典文教的现代使命》,第5页。
[3] 梁启超:《先秦政治思想史》,第91页。

三、儒家法正义的遗憾：传统法制的"义务失衡"

中国法律制度史表明，当儒家的法正义思想运用到法律现实中后，儒家法的理论和现实就发生了严重脱节和巨大反差。"义务对等"的法正义思想原则，并没有成为现实的法律原则。

（一）"义务对等"异化为"义务本位"

儒家法正义思想将"义务"作为形塑正义社会秩序的基本手段，在此思想指导下的传统法律制度也主要将"义务"作为调整社会关系的手段，将"宗法义务"作为法的主要内容，并对附加了严厉的制裁手段。"凡是违背这些义务的便是违法的有罪的。"[1]以儒家法思想得以集中运用的《唐律》为例，其所严厉惩处的最严重十种犯罪行为——"十恶"中，位于前列的"谋反、谋大逆、谋叛和大不敬"，都是为保障"忠"这个政治关系中的宗法义务得以履行；其后所严厉惩处的"恶逆、不孝、不睦、不义和内乱"等犯罪，则直指"孝、顺、悌、听"等其他宗法义务。由此可知，传统法律虽将宗法义务转化为了法律义务，但是其对法律义务的规定，并未遵循儒家法正义思想所要求的"义务对等"原则。在法律上，统治者与统治者的义务严重不对等。法律所实际规定的义务主要是被统治者（位卑者）的义务，所制裁的对象也主要是作为大多数人的被统治者（位卑者）。正是在此意义上，以儒家法制度为主体的中华法系就被现代学者称为"义务本位"型法系。俞荣根先生对此解释道："说中华法系及其法心理属于义务本位，并非指它们不讲权利，而是权利义务在主体那里被割裂了。在中国古代，权利和义务统一于社会共同体——家庭或国家，其中一部分人以国家或家庭的名义占有了别人的权利。于是在国家和家庭之内，少数人享有权利，而大多数人只有尽义务的份。"[2]传统法律制度的"义务本位"特征，恩格斯从阶级分析角度曾有深刻阐述："它几乎把一切

---

[1] 俞荣根：《儒家法思想通论》，第19页。
[2] 俞荣根：《儒家法思想通论》，第21页。

权利赋予一个阶级,另一方面却几乎把一切义务推给另一个阶级。"[1]由此可见,"义务对等"的儒家法正义思想并未导致一个"义务对等"的公正法律制度,更未塑造一个公平正义的社会秩序。从理论到现实,儒家法正义思想发生了扭曲和异化。这未尝不是儒家法思想的一个重大遗憾,让人扼腕叹息之余不禁深思:何以会发生这种异化?

(二) 立法权是决定法正义思想实现效果的关键

国家法律是立法者制定的,一个国家的法律怎样规定,取决于立法者的意志。古代中国,立法权掌握在作为少数人的"君、官"等统治者手中。在传统宗法社会关系中作为统治者的"君、官"都是居于尊贵地位,属于位尊者;被统治者的"民",则居于卑贱地位,属于位卑者。虽然儒家法正义思想对等赋予二者与其身份相称的义务,但是国家立法权由作为统治者的尊贵阶层所独享,处于被统治地位的位卑者丝毫不能参与国家立法。因此国家法律规定义务时,必然完全倾向于立法者即位尊者的自身利益,主要规定的是被统治者或者是卑贱人的义务以及统治者和位尊者相应的特权。

"孝"是被儒家视为家庭关系中的位卑者所应负的首要宗法义务;而政治关系中位卑者的首要德性义务是"忠"。'忠'和'孝'都是卑对尊、贱对贵所应承担的首要宗法义务。因此,在传统法律中,"'刑三百,罪莫重于不孝'(《吕氏春秋·孝行览》),据说是商代就有的法律规定。秦汉大一统封建君主专制制度定型以后,以'孝'和'忠'为核心的'三纲五常'即是大伦,又是大法。到隋、唐的法律中,'不忠'、'不孝'被定为不得赦免的'十恶'大罪"。[2]位卑者的宗法义务几乎都被上升为法律义务,并且对该义务的违背被视为严重犯罪受国家严厉制裁。与此相对比的是,位尊者所对等承负的宗法义务几乎没有上升法律义务,其违背宗法义务危害位卑者时所受法律制裁要轻得多,甚至根本不属于国法调整范围。以"官民"关系为例,儒家法正义思想中官对民所负的宗法义务或德性是"仁",相应地民对官的义务是"忠"。民若不忠,侵害了官,在《唐律》中就"罪莫大

---

[1] 恩格斯:《家庭、私有制和国家的起源》,人民出版社1999年版,第184页。
[2] 俞荣根:《儒家法思想通论》,第19页。

焉",所受惩处严重于凡人相犯,甚至会入"十恶不赦"之罪;而若官不仁,侵害了民,在《唐律》中官员可以依官品地位及与皇帝血缘的亲疏,分别享有议、请、减、赎等特权,甚至还会发生"官官相护"而不了了之。[1]

由此可见,儒家法正义思想中位卑者的"忠、孝、敬、柔、悌、听、顺"等义务,几乎都被国家法律规定为法律义务,违背该义务就会受到国家法律的严厉制裁;而其中与之相对等的位尊者"仁慈、爱、良、和、惠、义"等责任,并没有转化法律义务,而至多只是作为一种道德义务。若位尊者违背该义务,只承担很轻的法律责任,甚至几乎没有什么不利后果。儒家法正义思想中位尊者的德性义务,最后就沦为一种道德宣教、空洞口号乃至虚伪粉饰。

虽号称以儒家思想作为立法指导思想,但中国传统法制并未不折不扣落实儒家法正义思想,而是以一种"选择性"态度强化落实"位卑者"义务而无视或遮掩"位尊者"所应负担的对等义务。因此,儒家法正义思想主张的各社会主体间的"义务对等"原则并未成为传统法制的核心立法原则,"君为臣纲,父为子纲,夫为妻纲"的"义务偏重"观念才是其实际主导理念。由此,儒家法正义思想的"对等"宗法关系在现实中被扭曲为一种严重"不平等"的权力服从关系,理论上社会各主体间的"义务平衡"关系在现实中异化为严重的"义务失衡"关系。

综上可知,国家立法权由某一部分社会主体(作为统治者的位尊者)所独享才是儒家法正义思想发生严重扭曲和异化的根本要害。立法权的掌控乃是决定法正义论实现效果的关键。法律实际规定谁的义务,并以国家强制力保障谁的义务得以履行,就看立法权掌握在谁的手中。

立法权属于国家治权。"立法权掌控"(由哪些人掌控?一个人、少数人还是多数人?)这个法理学问题,在政治学中,恰是属于"政体"问题范畴,即国家最高治权的掌控问题。亚里士多德在《政治学》中对古代城邦政体进行分类采用了两个标准,其中一个就是城邦最高治权的掌控情况。最高治权的掌控者可以是一人,也可以是少数人,又可以是多数人。"政体(政府)的以一人为统治者,凡能照顾全邦人民利益的,通常称为'王制(君主政体)'。凡政体的以少数人,虽不

---

[1]《瞿同祖法学论著集》,第 237–248 页。

止一人而又不是多数人，为统治者，则称'贵族（贤能）政体'……以群众为统治者且能照顾到全邦人民公益的，人们称它为'共和政体'。"[1]

"义务对等"的儒家法正义如欲完全实现，那就需要社会各主体共享国家立法权，是谓"共和"；需要处于卑位且占大多数的被统治者得以分享和掌控国家立法权，是谓"民主"。在"民主（人民）共和"的政体下，国家法律才可能会公平对等社会各主体，对等规定相应义务并保障义务的实现。

这恰是儒家法思想的相对薄弱之处。儒家实现法正义的路径，并不是如古希腊亚里士多德那样着眼于寻求最合适的完美政体（perfect regime），[2] 而主要寄希望于统治者（位尊者）的道德自觉，寄希望于位尊者通过"格物、致知、诚意、正心"的自我修炼，自觉到天道正义及自身所负的道义责任，从而自觉履行宗法义务、践行正义准则，最终塑造正义的家庭、政治和社会秩序，即"修身—齐家—治国—平天下"之路（《大学章句》）；儒家强调"民为邦本、本固邦宁"（《尚书·五子之歌》），指出"民为贵，社稷次之，君为轻"（《孟子·尽心下》），阐述"传曰：'君者，舟也；庶人者，水也。水则载舟，水则覆舟。'此之谓也。故君人者，欲安，则莫若平政爱民矣"（《荀子·王制》），亦不过是告诫和提醒统治者要替民做主、为民做主，而非要民自己做主。

漫长的千年历史证明，"法正义"寄望于人的道德理性自觉来实现，终究是靠不住的。即使某些历史时期，有贤君明相、君子圣人"以天下为己任"，忠实履行道义责任，践行正义准则，但终究不能扭转传统法制偏离法正义的整体历史趋势，没能改变儒家法正义思想在现实中最终流于空泛和空想的历史结果。

四、结语

总而言之，无论现实如何，仅从理论上来说，儒家法思想具有公平正义性，儒

---

[1] [古希腊] 亚里士多德：《政治学》，吴寿彭译，商务印书馆1965年版，第136页。
[2] 陈金全、梁聪：《古希腊法律思想的形成与演进》，《暨南学报（哲学社会科学版）》2006年第1期。

家存在法正义理论是不可否认的；若其"义务对等"原则能完全变为现实，最后通过设置义务所塑造的社会，未尝不是一个完美的正义社会。

　　反思儒家法正义思想的构建及其异化历史，或可得出如下法理启示：第一，权利和义务只是法律调整社会关系的手段，法通过"对等公平"地赋予各社会主体以法律义务，也能塑造一个正义社会秩序。第二，权利和义务须平衡对待，不可偏重和偏废其一。义务本位的传统法制固然存在诸多弊病，权利本位的现代价值观被偏激推崇后所导致的"狭隘私欲膨胀、罔顾法律责任和公共利益"等不良后果，也正日趋成为威胁社会秩序和正义根基的严重问题。对此，诸多论者已经反思：权利本位只不过是理论家虚构出来的一个现代法理"迷信"。[1] 而倡导"义务对等"的儒家法正义论，与尊崇权利本位的现代法正义论，特质截然对立。对当前权利本位所致的社会问题，若从对立面的儒家法思想出发予以观照，其病灶剖析必然更为清晰，其病象诊疗和矫正思路也必更为宽广。这就提示了一个未来儒家法思想研究应当亦可大有作为的重要课题领域。最后，儒家圆满的法正义思想在现实中的扭曲异化亦启示当下：社会公众牢牢掌控立法权和各阶层充分参与立法，是法正义充分实现的前提条件。实现法正义，仅有法律理论上的完美设计还是不够，还应着眼现实政体的完善和审慎改良。当前，人民共和的国家政体已经确立，充分实现法正义已经具备了根本前提；而法学研究者更应着力谋思设计和完善落实人民共和政体的具体法治机制。

---

[1] 对现代"权利神话"的深刻批判，可参见[美]麦金太尔：《追寻美德：道德理论研究》，宋继杰译，译林出版社2011年版，第88－89页。

孟子治道观之理路辨正

董宇宇[*]

[内容提要]

　　孟子治道观的理路是：真正以人类总体的生存实践（而非转而以某种概念）作为起终点，"仁者，人也"是人面向现实生存悲剧性的自证；从多个维度揭示仁心—仁政这种根本的应然状态与治道取径，超越制度设计、进入信仰世界而积极推动经世立制；以情（情景、情感）为本对生存实践中各种问题进行"观"与"辩"，从而保证治道因时制宜地源源生成；基于人类总体的必然要求，以超越现实、"事天立命"的精神把政治与情性的应然当作必然。这种理路表明了孟子哲学的高度与价值，也是其人道气势与人格力量的重要原因。

[关键词]

　　人类总体　自证仁心　仁政以情　为本立命

　　中国哲学总体上不注重抽象思辨，而是以切实切身的"治道"为核心，从"政"与"性"两个相关维度进行展开。先秦诸子的治道观往往既是深思人类命运

---

[*] 董宇宇，《中央社会主义学院学报》编辑，文学博士。本文获中国人民大学"统筹推进世界一流大学和一流学科建设"专项经费支持（项目批准号：16XNL008）

的思想成果，同时表现出强烈的人文情怀，儒家在这方面是最典型的。孔子思想不但具有哲学突破的伟大意义，更应作为校准种种哲学的普适真理，而对孟子的治道思想，在儒家内部也有一定争议。古今学者对《孟子》的探讨多矣，但鉴于孟子哲学的重要性与复杂性，在孟子治道观根本理路及相关一系列巨细问题上仍须细辨，方能对其属性、高度及价值作出确切充分的揭示。

一、"仁者，人也"：人对治道的自证

孟子哲学一般被分为论"性"与"政"两部分，这种分法自有其合理性，但这两方面有共同的立论起点，那就是人类总体的生存发展问题。这是一个必须重新强调的基本事实。

"当尧之时，水逆行，泛滥于中国。蛇龙居之，民无所定。下者为巢，上者为营窟……尧舜既没，圣人之道衰。暴君代作，坏宫室以为污池，民无所安息；弃田以为园囿，使民不得衣食。邪说暴行又作，园囿、污池、沛泽多而禽兽至。及纣之身，天下又大乱……世衰道微，邪说暴行有作，臣弑其君者有之，子弑其父者有之。"（《滕文公下》）[1]孟子以这段充满情感与辞采的史证再现了人的悲剧性。人"活着"所面临的威胁就是自然，包括外在的自然界与内在的自然性。"天下之生久矣，一治一乱"，悲剧性是永恒的，这是人要解决的根本问题，也是孟子哲学的立论起点。孟子随即指出："禹抑洪水而天下平，周公兼夷狄驱猛兽而百姓宁，孔子成春秋而乱臣贼子惧。"人就是这样一代代悲壮地生存并发展着，悲剧性反而彻底激起人的主体性，故孟子以排比递进的句式对此作了强烈渲染。

若忽视上述立论起点，对孟子哲学属性、高度与价值的认识就有不足。盖古今中西的伟大哲学在根底上都应围绕人的"活着"而展开，是否真正以之为起终点乃关系着这种哲学包括治道观的彻底性、开放性、真理性与普适性。西方哲学转而将脱离实践情理、概念化的"神""理""我"等作为思考的起终点，无论是追求先验甚至超验的本体，以有限的认识、逻辑等来推求真理，进行制度设计来指导生

---

[1] 本文凡引孟子原文，均据杨伯峻：《孟子译注》，中华书局1983年版，不再一一注释。

存,以语言为"存在的家",凡此种种思路在根本上已入歧途,阻碍了开放的治道生成。人类生存是一自然过程,历史实践是建立规则与价值之本,内在真切的生存体验才是"治道"的依据。儒家对此报以最深的哲学关切,理当成为中国哲学的主干,孟子论政与性也都是为解决这一问题,并基于此形成其内在系统。先秦以降不少哲学论著又为经典散文,《孟子》一书尤为典范,盖文学的本质是生存的情感和理想,哲学的本质是生存的探询与智慧,二者必然相通,前者需后者赋予深度,后者需前者赋予活力。

中国哲学自与实践密不可分,哲人亦积极关注治道。孟子毕生心系天下,既因为个人与人类的命运息息相关,更由于他有着以人道为己任的情志。其所处时代"圣王不作,诸侯放恣,处士横议,杨朱、墨翟之言盈天下……仁义充塞,则率兽食人,人将相食",再次出现了乱世险象。人类能否走向光明、现实问题能否解决、天道能否给予保证、人类能否把握天命,实则都有严重的不确定性。对人类命运的悲剧意识是人格境界的表现,故孔孟终身处在心忧天下的状态。更深层的原因还是与中国文化没有外在超越的特质有关,盖"天"和"人"都不提供任何保证,人的一切都是无常、无定、无靠的,人被毫无来由地'抛'在世界上,抗争或屈服实则皆无对象,而陷入绝对的虚空。上世纪有不少学者认为中国缺乏悲剧意识,实则绝对意义上的悲剧意识正是在中国文化。[1]孟子"亦欲正人心,息邪说,距诐行,放淫辞,以承三圣者",故此"予岂好辩哉?予不得已也"。他在鲁时自云"吾之不遇鲁侯,天也。臧氏之子,焉能使予不遇哉"(《梁惠王下》),《公孙丑下》"孟子去齐"几章尤能表现道不行时那种深沉伟博的壮志悲情:

"千里而见王,是予所欲也;不遇故去,岂予所欲哉?予不得已也。予三宿而出昼,于予心犹以为速,王庶几改之。王如改诸,则必反予。夫出昼而王不予追也,予然后浩然有归志。予虽然,岂舍王哉?王由足用为善。王如用予,则岂徒齐民安?天下之民举安。王庶几改之,予日望之。"[2]

充虞路问曰:"夫子若有不豫色然。前日虞闻诸夫子曰:'君子不怨天,不尤

---

[1] 参见冷成金:《唐诗宋词研究(修订版)》,中国人民大学出版社2013年版,第165页。
[2] 以下凡引《孟子注疏》据北京大学出版社1999年版,凡引《四书章句集注》据中华书局1983年版。

人。'"曰:"彼一时,此一时也。五百年必有王者兴,其间必有名世者。由周而来,七百有余岁矣。以其数则过矣,以其时考之则可矣。夫天,未欲平治天下也;如欲平治天下,当今之世,舍我其谁也?吾何为不豫哉?"

朱熹赞曰:"圣贤行道济时,汲汲之本心;爱君泽民,惓惓之余意","圣贤忧世之志,乐天之诚,有并行而不悖者。"(《孟子集注》)又《滕文公下》云:"若夫豪杰之士,虽无文王犹兴。"孟子正是要面向现实生存悲剧性,毅然独力担起人类的生存,这种与人类总体相互支拄的历史责任感与宗教使命感,使《孟子》一书最富于充沛的情感与气魄。盖人必须选择基于人类总体的"活着",建立超越性价值来解决问题、弥合困境,亦即自己毅然崛立。

人类总体的"活着"能够作为价值基础是由于:宇宙从现有历史来看保证了人的生存,实际是提供了让人类自求治道的可能;人类总体有着动物性的生本能与群居性,个体心理是人类实践中生成、具有社会客观性的,因此为生存而务求治道是人类必然的共同选择;历史实践证明人有能力激发自身能量而建立治道,但历史同时充斥着负面现象,人选择前者作为历史的本质,也必然选择走向光明的未来;个体的生存系于人类总体,其意识、情感也产生于人类生存实践中与历史理性作用下,故价值建立也必然与治道有关;意识发展到一定高度就会进行形上追询,在暴露生存困境的同时要加以弥合,只有超越性地融入人类总体才能获得价值归宿;人类存在是哲学存在的前提,哲学也必定以治道问题作为思考的边界与核心,这是一种哲学具有合法性的前提。

孟子指出:"仁者,人也。合而言之,道也。"(《尽心下》)"仁"就是"人"的本质,核心即人类总体意识,"道"就是生成这种本质。对内在的自然性,使之与社会性双向积淀,培养情理融合的人性心理,故曰"人之异于禽兽者几希,庶民去之,君子存之"(《离娄下》);对外在的自然界,依靠这种人性(主要是知识与道德),毅然崛立于天地间,确立不恃外在超越的主体性,故曰"仁,人之安宅也;义,人之正路也"(《离娄上》)。"仁"与"道"就是以人的"活着"为方向和标准,在每个情景中随宜生成有利生存、合于情理的状态,亦保证其至高绝对的合法性与合理性,作为评判各种现实事物的依据。人生来未必是有价值的,却是必须有价值的,其道理是不这样则人类总体不能存在发展,反言之这是人类生存发展必然的共同选择。这是不能用理论或事实来证明，却是基本的实践理性、辩证逻辑；这种立论方式是儒学乃至中国哲学的基础、根本、核心与精要，也理应是最彻底和开放的普适真理。"仁者，人也"在绝对虚空中选择生存而进行自证，自证是中国文化中极其突出和重要的现象。盖选择治道是由生本能决定的，这是人类总体必然的共同选择，而与具体的现实情形无关；悲剧意识是价值建构的重要方式，其兴起和展开激发了价值的自觉与绝待，使人认识到必须自己建立价值并进行体认；悲剧意识与价值建构的深微联系就在人的自足性，人正是要超越现实功利因果，自己建立超越性价值，"为天地立心，为生民立命"。回顾《孟子》开宗就这样写道（《告子下》"宋牼将之楚"一章当与合参）：

孟子见梁惠王。王曰："叟，不远千里而来，亦将有以利吾国乎？"孟子对曰："王何必曰利？亦有仁义而已矣。王曰：'何以利吾国？'大夫曰：'何以利吾家？'士庶人曰：'何以利吾身？'上下交征利，而国危矣。万乘之国，弑其君者必千乘之家。千乘之国，弑其君者必百乘之家。万取千焉，千取百焉，不为不多矣。苟为后义而先利，不夺不餍。未有仁而遗其亲者也，未有义而后其君者也。王亦曰仁义而已矣，何必曰利？"（《梁惠王上》）

上述自证亦是孟子这段话的内在理路：第一，治道是根本的唯一的"利"，某国、某人之"利"便在其中，一切思考都应以此为起终点。不称之曰"利"，更严格划定它与那种以私害公之"利"的界线，一是赋予它神圣性，二是不使私欲有可乘之机。故孟子第一句话就是"正名"，斩然论定"亦有仁义而已矣"。第二，"则国危矣"是站在梁惠王以及大夫、士庶人的共同立场，实则是说要保证人类总体的根本利益。这种痛陈利害，是以反证法确认了"仁义"是人生存的必然选择。人生来未必"有仁义"，却必须"有仁义"，否则人类不能生存发展，正是儒学立论的根本理路。第三，"不夺不餍"揭示了欲求无限与条件有限的根本冲突，人的悲剧性实在于此。"有仁义"则积极地靠自己"立命"，对无限欲求与有限条件进行双重超越。这一必然选择，就是面对悲剧性所激发出的人性（建立价值）与主体性（保证生存）。第四，"则国危矣"是站在人类总体来立论，但用于具体现实则有推导之嫌，逻辑上是不严密的，不如说是从人类根本利益来动之以情。孟子哲学（更确切地说是"思想"）正有此特质，它是为人的生存指路而尽到哲学家之根本使命，而不在建立所谓理论体系，故亦不排除一定的文学性。

二、"仁心—仁政"的治道取径

治道是人生存与价值的核心，先秦哲学以政治哲学为主。战国时期随着氏族制度解体，彻底"礼崩乐坏"，故孟子不再以"仁"释"礼"，直接提出"仁政"说。他并未提出具体可行的治国方略，其伟大贡献就在以实践理性与治道自证的思维进行观照，悟出或规定了天人运行的应然状态，从根本上给政治注入"仁"的内容，指出政治的本质是"保民"，故曰"保民而王"（《梁惠王下》）。盖政治是人"活着"的必然要求，却势必造成一定的异化，必须不断改善才能保证其合法性与合理性，而"民"应是指代人类总体，"民为贵，社稷次之，君为轻"（《尽心下》）的观念有着永恒的先进性，在当时尤为振聋发聩。君子要"务引其君以当道，志于仁而已"（《告子下》），以至"孔子三月无君，则皇皇如也，出疆必载质"（《滕文公下》）。孟子不无夸张地这样描述治道的意义："城郭不完，兵甲不多，非国之灾也；田野不辟，货财不聚，非国之害也；上无礼，下无学，贼民兴，丧无日矣。"（《离娄上》）而仁政的目标就是他多次描绘的"王道"：

明君制民之产，必使仰足以事父母，俯足以畜妻子，乐岁终身饱，凶年免于死亡。然后驱而之善，故民之从之也轻……五亩之宅，树之以桑，五十者可以衣帛矣。鸡豚狗彘之畜，无失其时，七十者可以食肉矣。百亩之田，勿夺其时，八口之家可以无饥矣。谨庠序之教，申之以孝悌之义，颁白者不负戴于道路矣。（《梁惠王上》）

尊贤使能，俊杰在位，则天下之士皆悦而愿立于其朝矣。市，廛而不征，法而不廛，则天下之商皆悦而愿藏于其市矣。关，讥而不征，则天下之旅皆悦而愿出于其路矣。耕者助而不税，则天下之农皆悦而愿耕于其野矣。廛，无夫、里之布，则天下之民皆悦而愿为之氓矣。（《公孙丑上》）

汤居亳，与葛为邻，葛伯放而不祀……汤又使人问之曰："何为不祀？"曰："无以供粢盛也。"汤使亳众往为之耕，老弱馈食。葛伯率其民，要其有酒食黍稻者夺之，不授者杀之。有童子以黍肉饷，杀而夺之……为其杀是童子而征之，四海

之内皆曰:"非富天下也,为匹夫匹妇复雠也。"(《滕文公下》)

治道的核心方面都已涉及,构成一完备体系,"然而不王者,未之有也"。该体系之架构已有不少论著作了阐明,务须补充的是,这既非乌托邦"设计",亦非为集权者"一制度",超越制度而没有抽象设计的危险,而是以文学的语言描述符合人类根本利益的必然要求与应然状态,这种永恒的治道理想具有唯一合法性,提供着经世立制的指向与动力。还有一点,孟子说:"以佚道使民,虽劳不怨。以生道杀民,虽死不怨杀者。""霸者之民驩虞如也,王者之民皞皞如也。杀之而不怨,利之而不庸,民日迁善而不知为之者。"(《尽心上》)盖王道正是"道法自然",绝不是强推僵化的仁义律令,然则道家对儒家的某些批判不攻自破。

"无为而物成,天之道也。"(《礼记·哀公问》)就"道"而言,是以人类总体为旨归与观照,"极高明而道中庸"地在实践中生成规则与价值,"道"仍在于"情",而非抽象、外在、形上、固化的存在;就"政"而言,是把为政以德与无为而治的融合作为社会理想,既保证整体的生存、秩序、和谐,又保证随其所宜、自然而然、万物独化;就"性"来言,是个体情理交融、"为仁由己"地建立价值归宿,并以道德的方式对社会产生积极影响,最高境界则是随处充满、德配天地;就"教"而言,是通过人类总体意识的自觉,亦由圣人的立法垂教,最终还是靠自证,以上述境界为指向而不断提升。

大化流行本无所谓生死动静,但道法自然的运动才能保证生命的自然生长;包括人在内的万物生灭无常,但总体上生生不息;天地运动与万物生生并无绝对联系,但前者又保证了后者;万物生生与个体亦无必然联系,但在时行物生中安顿了个体的生存与价值。这其实是人在人类总体高度观照下,通过"立命"把自然而为的"四时行焉,百物生焉"建构为应然的存在方式。它既是理想的生存及政治状态,也是理想的社会及生活状态,还是理想的生命、情感及价值状态,更提升为理想的宇宙状态。故《尽心上》又曰:"夫君子所过者化,所存者神,上下与天地同流,岂曰小补之哉?"道家强调"静",即"无为而无不为",又讲"飘风不终朝,骤雨不终日",意在不把飘风骤雨看作"自然";儒家则面向从实相与全体,不把飘风骤雨排除在外,又自证了"天行健,君子以自强不息",即自然积极地时行物生。正因为人在宇宙间悲壮地"活着",儒学乃对生存及宇宙赋予一种伟大的肯定情感,"天地之大德曰生"而人"可以赞天地之化育",正是儒家从天人之际的高度对生存的礼赞。

但现实去王道如此遥远,"不仁而在高位,是播其恶于众也"(《离娄上》),这使《孟子》充溢着义愤。"狗彘食人食而不知检,途有饿莩而不知发"、"此率兽而食人也";为争城与复仇,"糜烂其民而战之","驱其所爱子弟以殉之"。(《梁惠王下》)"今之所谓良臣,古之所谓民贼也","为君辟土地,充府库"是"富桀","为君约与国,战必克"是"辅桀"。(《告子下》)孟子因此"说大人则藐之,勿视其巍巍然"(《尽心下》),面诤曰"四境之内不治,则如之何"(《梁惠王下》)、"君有大过则谏,反覆之而不听,则易位"(《万章下》)、"君之视臣如土芥,则臣视君如寇雠"(《离娄下》)、"闻诛一夫纣矣,未闻弑君也"(《梁惠王下》),使齐宣王"顾左右而言他"、"勃然变乎色"。这种强烈而广泛的批判是从反面来推动治道,与庄子相成而更富于积极激进的人道主义色彩。

由于作为王道现实基础的氏族制已解体,孟子转而根本性地提出"仁心—仁政"的治道取径。君在具体情景中体察治道之应然,才能充分培养仁心;以此仁心恰到好处地处理现实,才能实现仁政。孟子强调"以不忍人之心,行不忍人之政,治天下可运之掌上"(《公孙丑上》)、"君仁莫不仁,君义莫不义,君正莫不正。一正君而国定矣"(《离娄上》)。他举例齐宣王见衅钟之牛觳觫而舍之,指明是即"不忍","举斯心加诸彼而已。故推恩足以保四海"。(《梁惠王上》)这仍是指出仁心—仁政的根本取径是唯一必由和必然的,激发这种信仰来作为"行不忍人之政"的动力。由于仿佛略去了推行仁政的整个过程,全然依赖于仁君与人治,在义理和实践上都是不通的,以至有学者认为:"子思孟子一派明显地夸张心理原则,既重视血缘关系,又强调人道主义和个体人格,成为孔门仁学的正统……孟子把孔子的'推己及人'的所谓'忠恕之道'极大地扩展了,使他竟成了'治国平天下'的基础。一切社会伦常秩序和幸福理想都建筑在这个心理原则——'不忍人之心'的情感原则上。"[1]这种说法就有一定偏颇,盖《离娄上》就明言"今有仁心仁闻而民不被其泽,不可法于后世者,不行先王之道也"(《离娄上》),"先

---

[1] 李泽厚:《新版中国古代思想史论》,天津社会科学出版社2008年版,第31、39页。

王之道"还在于"行",亦即在实践中合理地制度化,建立以德为本的礼法合治。

还需展开的是,仁心—仁政不仅对君而言,亦即"仁"要成为普遍存在与情感选择,仁心与仁政相生相成,治道才可能实现。其结构与运作还须大人君子修德辅政,"格君心之非","反覆之而不听,则去"(《尽心上》),而且"亲亲而仁民,仁民而爱物"(《尽心上》),"中也养不中,才也养不才"(《离娄下》),"先知觉后知,使先觉觉后觉"(《万章下》)。而民的位置则是"得民心者得天下",居上者既要"所欲与之聚之,所恶勿施尔也"(《离娄上》),还要"仁言不如仁声之入人深也,善政不如善教之得民也"(《尽心上》)。《离娄上》又进一步指出:"道在迩而求诸远,事在易而求诸难。人人亲其亲、长其长而天下平。"这就将"天下平"落实在"人人亲其亲、长其长",每个人都是仁心—仁政的主体,以大同理想时刻激起经世立制的强大精神力量。

作为君子,"君子所以异于人者,以其存心也。君子以仁存心,以礼存心"(《离娄下》),核心概念就是"心",孟子此处确有夸张心理原则、高扬道德人格主体性的"唯心"倾向,但此"心"是对现实的救治与超越,是内圣外王的统一,与后来理学家所曲解的"古之学者惟务养情性,其他则不学"(《河南程氏遗书·伊川先生语四》)迥异。君子将具体历史阶段看到的人类总体作为思考并解决一切问题的根本依据,人类总体的"活着"一方面是价值追求的目标,故而有外王;另一方面是建立价值的基础,故而有内圣。也就是说,君子靠自己为人类的发展进行立命,修身、垂教、济世都充满了历史责任感和宗教使命感,个体的人格境界乃具备了本体意义。它应合了人类发展的绝对律令,与"天"同在;它是自然而然的,却又达到了"随处充满,无少欠阙"的人格境界。

三、治道的"观"与"辩"

"行之而不著焉,习矣而不察焉,终身由之而不知其道者,众也。"(《尽心上》)"道"就来自"众"的经验,其目的和作用就是促进人的存在发展;但"众"没有"道"的自觉意识,圣贤要使之"知其道"。舜与周文王相隔"千有余里""千有余岁","得志行乎中国,若合符节","先圣后圣,其揆一也"(《离娄下》），其间"心传""道统"绝不是有某种一成不变的治道模式，而是有一种一以贯之的治道思路，精要就在以情为本、随宜而行，既以此建"制"，又以此行"权"。

郭店楚简被誉为"改写中国思想史的典籍"，有 14 篇儒家文献填补了"孔孟之间"的空白，《性自命出》就是极其重要的一篇，"道始于情"一句尤为关键。孔子指出"人能弘道，非道弘人"，"人"是根据"情"来"弘道"；道家老子讲"道法自然"，所谓"自然"还是"人"根据"情"来为自身立法。人类发展的必然要求和人的本质规定性必须以"情"为依据，"情"也必须符合这种要求与规定性，这是一种双向积淀、螺旋上升的关系；"情"由于与人的生存需求直接相关，为价值进行最真切最开放的自证，因此处在根本地位。

"性"是人的本性，"情"是"性"无限丰富的现实形态。某种意义上"情"是人的本质属性，现实存在的就是随时自然产生的鲜活情景与情感，没有"情"则一切都是抽象空洞、无意义、将归于虚无的。人在现实中种种"七情六欲"都是正常的，也会选择治道以保证自己生存，否定之则无从培养健康的人性心理，治道最终是为了满足"情"，"情"是探讨治道应然的起点与指向。同时要在治道的观照下进行规定，"情"的内容必然要人化和提升。第一，"情"的产生受历史理性的支配，是自然性与社会性的交融，也必定选择指向治道的价值；第二，对具体事物的执著要在更高理性的观照下，往建立超越性人格境界的方向培养新的心理结构，以免对人类及个人产生消极作用。而道的起点在于人类真切的亲身实践与内心体会，从而开放而正确地源源生成。"道"在实践情景中由"情"而生，一物一事各有必然应然之"道"，要以摆脱外在观念的本真情感来贴近现实情景，在每个情景中贯彻"道始于情"的建构方式；在人类生存这一"极高明"观念的观照下，在实践中彻底发扬人最原初的合理性与主体性，以"道中庸"的方式推动历史实践，人的精神归宿也就在这一过程本身。

因此针对各种具体问题就务必进行"观"与"辩"，保证"道"的随宜性、合法性而据守制高点。孟子自称"予岂好辩哉，予不得已也"，似乎时时在评议、辩论，且莫撄其锋，"资之深，则取之左右逢其原"（《离娄下》），关键在此。《孟子》较少《论语》那般还原从容生动的"言""语"情景，其充沛情感不如说是来自上述制高点的气势和力量。由"情"出发而为治道"立法"的哲学才具价值，这也正是孟子"观"与"辩"的准则。例如对齐宣王伐燕一事，他是这样"观"与"辩"的："为天吏，则可以伐之。"（《公孙丑下》）"取之而燕民悦，则取之"，"取之而燕民不悦，则勿取"。"今燕虐其民，王往而征之，民以为将拯己于水火之中也，箪食壶浆，以迎王师。若杀其父兄，系累其子弟，毁其宗庙，迁其重器，如之何其可也？"（《梁惠王下》）标准即燕民的"悦"与"不悦"，正是情景与情感。齐王不遵其教，结果"燕人畔。王曰：'吾甚惭于孟子。'"

其一是依据生存实践的具体情景，做到"极高明而道中庸"以恰到好处地作用于情景。《离娄上》有段极其精彩的论难："淳于髡曰：'男女授受不亲，礼与？'孟子曰：'礼也。'曰：'嫂溺则援之以手乎？'曰：'嫂溺不援，是豺狼也。男女授受不亲，礼也；嫂溺援之以手者，权也。'曰：'今天下溺矣，夫子之不援，何也？'曰：'天下溺，援之以道；嫂溺，援之以手。子欲手援天下乎？'"淳于髡就是以巧言善辩著称的，所设圈套可谓环环相扣，孟子却使之迎刃而解，尽显其道德与思想的圆融无碍。淳于髡待孟子说出"男女授受不亲，礼也"，欲以"嫂溺则援之以手"驳之，孟子断然表示"嫂溺不援，是豺狼也"，然后才论"嫂溺援之以手者，权也"，盖"礼之用"就是保证生存，害生则违背情理也不是"礼"。第二回合则是淳于髡抓住这个"权"，责孟子"亦当从权以援之，不可守先王之正道也"，孟子则谓"乃欲使我枉道求合，则先失其所以援之之具矣"。（《孟子集注》）"权"（秤砣）是"称物轻重而往来以取中者"，"权而得中，是乃礼也"（《孟子集注》）。一者"礼"是神圣的，"权"不是不择手段的实用主义，甚至不是"反经合道"；二者"礼"是开放的，恰是以"得中"的"权"来实现，亦即实事求是地进行处理。《论语·子路》云"言必信，行必果，硁硁然小人哉"，孟子以"大人者，言不必信，行不必果，惟义所在"（《离娄下》）解之，正是强调"义"的随宜性。"权"与"义"的典范就是孔子，盖"可以速而速，可以久而久，可以处而处，可以仕而仕，孔子也"，"孔子，圣之时者也。孔子之谓集大成"（《万章下》）。圣人就是"人伦之至"，正如"规矩，方员之至也"（《离娄上》），"至"不同于"范"，宗圣恰是要宗其"权"与"义"。

其二是依据情理融合的人性情感，培养这种人性情感，尤其是"亲亲""仁民""爱物"。《梁惠王上》载:"王立于沼上,顾鸿雁麋鹿,曰:'贤者亦乐此乎?'孟子对曰:'贤者而后乐此。'"这就不经意地置换了"乐"的内涵,又对举文王"古之人与民偕乐,故能乐也"和夏桀"民欲与之偕亡,虽有台池鸟兽,岂能独乐哉",使"乐"从"欲"当中超拔出来,赋予它关乎人类存亡的终极意义。以下几章与梁惠王、齐宣王论"好乐""好勇""好色""好货"等,与此同一理路,逻辑上确有强词、重言之处,但恰是一种辐辏修辞,使情理融合的"乐"呈现出对一切"欲"的统驭。与此相反,对於陵仲子,孟子则是从血缘基础、心理原则出发,责其不近人情。"人莫大焉亡亲戚君臣上下"(《尽心上》),於陵仲子却"以兄之禄为不义之禄而不食也,以兄之室为不义之室而不居也,辟兄离母"(《滕文公下》)。故孟子直斥"仲子恶得廉",讽刺惟有"上食槁壤,下饮黄泉"的蚯蚓能"充仲子之操",又重言"若仲子者,蚓而后充其操者也",对这种似是而非、僵化不堪的所谓道德深怀反感。

孟子多次将杨朱与墨子并提,盖当时"天下之言,不归杨,则归墨"(《滕文公下》)。"杨氏为我,是无君也;墨氏兼爱,是无父也。无父无君,是禽兽也……"(《滕文公下》)是说将"兼爱"与"为我"推到极处,势必陷入僵化的"理"、滥化的"欲"而丧尽人性情感,"邪说诬民,充塞仁义"以至"率兽食人,人将相食"。关于"逃墨必归于杨,逃杨必归于儒"(《尽心下》),《孟子注疏》云:"墨翟之道,兼爱而无亲疏之别,最为违礼;杨朱之道,为己爱身,虽违礼,尚得不敢毁伤之义。"盖"为己"还有可能互利以自利、推己而及人,纵不能迷途知返,尚可以社会契约来维持运转;"兼爱"则尽失血缘基础和心理原则,反以功利主义的"兼相爱,交相利"(《墨子·兼爱中》)论证,更不能建立人性与人道,只有通过集权"一制度"来推行。孟子同时批判杨墨,就是要求情理融合。

"情"(情景、情感)作为人间关系和人生活动的具体状态,被原始儒家认为是人道甚至天道之所生发。[1]荀子谓"天不为人之恶寒也辍冬,地不为人之恶辽远也辍广,君子不为小人之匈匈也辍行"(《荀子·天论》),同样是从生存及悲剧性立论。人要改造自然("天人之分")就必须组成社会("群"),要维持群就必

---

[1] 李泽厚:《人类学历史本体论》,天津社会科学出版社2008年版,第200页。

须有"礼"（规范秩序）来改造人性，为改造自然与人性就必须"学""伪"。问题是荀子突出强调规范秩序，相对忽视了"礼"还有因人情、立人格的一面，故失去了孟子那样的情感色彩，极易滑入僵化的政治意识形态。

"道始于情"是中国哲学的根本思维与核心观念，中国哲学以此为内核进行展开。其属性与价值在于：一种哲学是否以"情"为基础，决定了长期来看它能否保证人的现实生存和心灵安顿，故亦决定了它自身的价值，在此意义上中国哲学无疑是最富于真理性与普适性的；中国哲学有着紧密严整的内在系统性，这种体系在传统语境中是一不言而喻的事实，历代论者故不必在形式上支离重叠地强行分割出本体论、宇宙观、政治哲学、心性哲学等，今人亦不能据西哲框架来看待中哲；"道始于情"贯穿着我们的历史实践，许多不同提法实则都是围绕这一核心，研究中国文化必然归结于此，却很难通过概念系统来把握或从理论上进行穷尽；这种思维往往诉诸文学语言而非逻辑体系，许多命题在"道始于情"理路上都是互通的，其深刻的内在依据需要我们阐释，而不存在过度阐释的问题。

四、"事天立命"与所谓必然论

一种观点认为孟子哲学有着把应然当作必然的逻辑问题："以不忍人之心，行不忍人之政，治天下可运之掌上"等语，有所忽视历史与道德的背反；把"性善"视为先验理性，对"善"等二级概念作了过多的推导与设定。但要注意的是，与西方"太初有言"、"语言是存在的家"等不同，"言"在中国哲学中不属于一级概念，孟子一些观点并非严格的学理，而是基于实践理性的理想与规定。盖中国哲学中人类历史实践是最终实在，价值理性是在人类历史实践中建立，但在具体情景中二者统一而难分先后，"道"生成于又保证着实践，体现于又贯穿着实践，因此亦可立足于"道"对实践进行规定。真实历史中当然有大量不合理的现象，人要超越现实进行扬弃，从中设定什么才是治道视域下"政"与"性"的应然状态，乃建立道德化的历史本体和历史化的道德本体，在这一意义上才能"以事言谓之史，以道言谓之经。事即道，道即事"（《传习录》上）。

"三代之得天下也以仁，其失天下也以不仁。天子不仁，不保四海；诸侯不仁，不保社稷；卿大夫不仁，不保宗庙；士庶人不仁，不保四体。今恶死亡而乐不仁，是犹恶醉而强酒。"（《离娄上》）孟子反复陈说此意，每以"必"和"未之有也"等语强调其客观必然性。其实证如："武王之伐殷也，革车三百两，虎贲三千人。王曰：'无畏！宁尔也，非敌百姓也。'若崩厥角稽首。""盆成括仕于齐，孟子曰：'死矣盆成括！'盆成括见杀。门人问曰：'夫子何以知其将见杀？'曰：'其为人也小有才，未闻君子之大道也，则足以杀其躯而已矣。'"（《尽心下》）他甚至以价值判断取代了事实判断："尽信《书》，则不如无《书》。吾于《武成》，取二三策而已矣。仁人无敌于天下，以至仁伐至不仁，而何其血之流杵也？"（《尽心下》）在回答"尧以天下与舜，有诸"等问题时，都是据"理"曰"否"（《万章下》），较少确凿考辨。这与其说是史学，毋宁说是文学。如果视为哲学，则是从人类总体的高度来看，盖人类的"不仁"必然导致"不保"，用于具体事件则是基于人类总体的必然要求进行规定，是即"立命"，而不是将这种必然机械地照搬到具体事件及个人命运上的道德宿命意识。人的生存及其创造的一切都是从宇宙而来，宇宙给人提供了在实践中建立"道"而自谋生存的可能，天是人在漫长的历史中建立起来的一种物质和精神的依托，人把人道提升为天道，把人类总体的必然寄于天，因此"天"的重要内容就是人类总体的必然。"命"是"天"的现实状态，因此具有超越偶然的品格，但人类总体只是一个概念，"命"具体到现实存在的个体身上就受条件制约而有了偶然。君子"知命"是超越具体事件的偶然，奉行人类总体的必然，坚信人类总体的光明前途，又对现实坎坷有着清醒认识。故《吕氏春秋·恃君览·知分》云："命也者，不知所以然而然者也。人事智巧以举错者，不得与焉。故命也者，就之未得，去之未失。国士知其若此也，故以义为之决而安处之。"[1]

孟子并未选择性忽视了那些与道德史观相背的事实，他对历史非道德的一面有着清醒的认识：公孙丑问"以文王之德，百年而后崩，犹未洽于天下"，孟子曰"天下归殷久矣，久则难变也""尺地莫非其有也，一民莫非其臣也，然而文王犹方百里起，是以难也"（《公孙丑上》），"时"与"势"就有历史对于道德的滞后

---

[1] 陈奇猷：《吕氏春秋新校释》，中华要籍集释丛书，上海古籍出版社2002年版，第1356页。

性;滕文公问"齐人将筑薛,吾甚恐",孟子曰"昔者大王居邠,狄人侵之。去之岐山之下居焉,非择而取之,不得已也。苟为善,后世子孙必有王者矣。君子创业垂统,为可继也。若夫成功,则天也。君如彼何哉?强为善而已矣"(《梁惠王下》),就是以悲剧精神来超越历史与道德的背反了。

滕是间于齐楚的一个小国,其灭国的命运在所难免,孟子主张恢复井田制、三年之丧就是针对滕国(《滕文公上》),此举绝无"诸侯有行文王之政者,七年之内,必为政于天下矣"的空想,他从未说过要在天下试行,只是"强为善"以校正现实,为天下提供一种"王道"追慕。"五霸者,三王之罪人也。今之诸侯,五霸之罪人也。今之大夫,今之诸侯之罪人也。"(《告子下》)历史与道德有着背反,但"今之诸侯"是客观形势、必然趋势,孟子并无实行复古改制之意,"言必称尧舜"(《滕文公上》)只是将历史积淀的合理因素(如氏族制的民主与人道主义)重新积淀在现实,也是一种交流或抗争的语言策略。此为评述孟子政治哲学的绝大关键,务须审辨。

更大的问题是他的性善论。历史上性善论与性恶论各执一词,孔子只说"性相近也,习相远也"(《论语·阳货》),"性"是在人类生存的历史实践中生成的,孟子却有了抽象玄思、先验理性、预设内容,在义理与实践上或有问题:第一,"性"本难言,《告子上》即使反复陈说,打了许多比方,仍不易明。人生来未必"性善","性善"是人生存的必然要求,而非自然存在,孟子犹是此意,描述成"犹水之就下"却会歧解,有违历史与逻辑。除了要警惕盲目自信和忽视"性恶",更要警惕苛求"性善"与内容僵化。第二,"性"是自然性与社会性的双向积淀,人的生本能和自然性是其基础,将自然性规定为"性也,有命焉,君子不谓性也"(《尽心下》),若政治意识形态化,"仁义礼智"与"天道"的"性"就可能僵化,与此"性"无涉或相背的就被"克"去,推到极处就难免"以理杀人"。

与此相关还有四端说。第一,孟子将"恻隐""羞恶""辞让/恭敬""是非"之心定为"仁义礼智"之"端",合称"四端",又举例"乍见孺子将入于井,皆有怵惕恻隐之心",证明"人之有是四端也,犹其有四体也"(《公孙丑上》)。但此"心"仍是在历史与现实中培养的,"犹其有四体"便有歧义,理解成先天本有便不妥。第二,"性"是根据具体情景与情感而生成,不断培养,在各情景中有不同的"端"共同作用,由"端"而"性"是虚灵的。以"情"为"端"而"性"是必然要求,但不能抽象地设定为先验理性,也不能抽象地列出"四端",有些特定情景和情感中它们恰可能与"性"无涉甚至相背。

性善论在学理上是有违情本思维的,但事实上孟子并未忽视人的自然需求与"善"的具体情景:"善"有超越感性、理性凝聚的一面,感性生命、自然人性的主题在先秦远未突出,孟子认为自然性"君子不谓性"而绝非是"恶",基于自然需求的"使民养生送死无憾"是"王道之始"(《梁惠王上》);"善"仍有"人皆有之,贤者能勿丧耳"(《告子上》)的问题,故曰"集义所生""求其放心",其内容也是具体的,"取诸人以为善"(《公孙丑上》)也包括"善"是随宜生成的这层意思。有趣的是,韩非从"匠人成棺则欲人之夭死"得出"利在人之死"(《韩非子·备内》),因此要在利害关系上树立君主专制的绝对权威;孟子却从"矢人唯恐不伤人"得出"术不可不慎"(《公孙丑上》),那就仍是具体情景中培养人性情感的性善论。宋明理学片面发展了性善论,其"天理"有超验、僵化之弊,造成对感性生命的压制,但这不该由孟子负责。更重要的是,性善论从立命的视角来看又是极其合理的。从人类总体来讲,人未必性善,却必须性善;把应然当作必然和实然,恰是情感与理想的"逻辑",可以激起校正现实的热情与信心;不容置疑地规定"性善",尤能净化心灵、树立人格,在此基础上才能产生自立自足的人格本体。对治道的自证是以本真的心灵体认人类总体的应然状态,因此生命过程既是根据个体心灵的自由体认来进行的,也是按照人类总体的应然状态来进行的;治道又提升为宇宙本体的运行方式,对其体认又融于当下的内心追寻,在生命过程中获得强大的价值支撑与归宿;这生命过程只是自然而然的,同时却又是对人生及历史价值的建构,是自足而且即现象达本体的。

原始儒家以治道为起结点,以情为本,建立了系统的思维方式。"为使此情有所着落,建立起天、命;为使此情得以培养,建立起道、教。这是一个以情为核心,由现实践行到形上超越、以形上超越观照现实践行的完备的哲学—文化体系。

这一体系是人的归依,也最终落实到人,人完全可以在其中得到永恒。"[1]并且在人类文明史上,这种治道大概是唯一可能"理性的信仰":它建立在人类总体基于生本能的必然共同选择上,"情"是对生本能的提升,是自然而必然的;它建立在"情"的真切自证而非"理"的推论上,可以作为价值归宿,是鲜活而亲证的;这种价值是在现实基础上以人类总体为目的来执着而超越,不是宗教悬设或概念推导出来的"绝对",是现实而理性的;人类存在是哲学存在的前提,人类总体对建立价值来说就是不朽的,"天"就是超越现实、不需也无可质问、至高、具有宗教性功能的信仰,是超越而至上的。

五、结语

总之,孟子治道观是以人的"活着"为立论起结点,提出仁心—仁政的根本取径,以情为本进行治道的"观"与"辩",以"事天立命"精神把应然当作必然。这种治道观关系着孟子哲学的高度与价值,也是其人道气势与人格力量的重要原因。

---

[1] 冷成金:《"向死而生":先秦儒道哲学立论方式辨正——兼与海德格尔的"为死而在"比较》,《中国人民大学学报》2012年第2期。对"天""命"的解释亦参见该文。

论传统治道中君罪的形成与消解

周东平　李勤通*

[内容提要]

　　君罪指君主所犯下的罪恶。中国古代的君罪起源甚古却又逐渐消解。其中，德、公、忠等观念在君罪的产生与消解中扮演着重要角色。德与罪一体两面，君德的存在意味着违德则为罪，它从观念与制度两个层面形成对君权的制约。公则有两面性，一方面公与君有所差异，君主以私害国公则为罪；另一方面公与君在某种条件下合二为一，罪君则害公。忠则最大限度地消解着君罪，忠君将君主及其政权的保存作为政治运作的中心，君罪意味着对君主及其权力的否定因此受到压制。三者的形成及其影响差异，与专制统治的产生或深化有着密切关系，但君罪又保持了一定的独立性而并未完全被消解。

[关键词]

　　君罪　德　公　忠　专制制度

---

* 周东平，厦门大学法学院教授、博士生导师，历史学博士；李勤通，厦门大学法学院博士研究生。本文为国家社会科学基金项目"论佛教对中国传统法律之影响"（项目编号：11BFX012）的阶段性成果。

所谓"君罪",是指君主所犯下的罪恶,并因此而应承担不同形式的责任。在中国古代罪的发展历程中,君罪理念起源甚古却逐渐消解。以信史为征,西周灭殷以来,君罪就成为朝代更迭的重要合法性依据。《逸周书·商誓解》载周武王曰:"今在商纣,昏忧天下,弗显上帝,昏虐百姓,奉天之命。上帝弗显,乃命朕文考曰:殪商之多罪纣。"因商纣王有罪,故天命讨之。学者早就注意到中国古代政治文化中尊君与罪君的双重特征。"所谓'罪君',即批评、非议君主,抨击暴君暴政,甚至主张君主为罪恶之人,主张革除弊政,剪除无道,推翻暴君,乃至改天换地。"[1]罪君的前提是君罪,其根源则在于天命秩序的独立性和政治制度的公道性。然而与尊君相比,君罪理念在古代政法文化中的地位显得轻薄,尽管君主仍然在一定程度上受到冲击,但罪已经逐渐专指臣民之罪了。从商周之际开始的君罪理念之所以发生如此重大变化,与古代政法文化的发展有着密切关系。其中,德、公、忠三者所代表的政法理念对于君罪的形成与发展起到重要作用。本文试图分析此三者与君罪的关系,以解释君罪的发展历程。

一、传统治道中"德"的要求与君罪的形成

罪与德是一体两面的概念,君罪是君德不彰的反映,故君罪即君主不德之表现。君罪的形成来自于西周对殷商灭亡的反思。西周自己一方面将殷商灭亡的原因总结为"听信妇人、疏于祭祀、疏远旧贵族、用人不当、废弃法典、穷兵黩武、外服背叛等"。[2]另一方面,则将称自己的灭殷行为是顺天命诛罪君,如《逸周书·商誓解》载:"上帝弗显,乃命朕文考,曰殪商之多罪纣。"又载:"昔在我西土,我其齐言,胥告商之百无罪,其维一夫。"在西周看来,殷商灭亡的原因在君不在民。因此所谓"听信妇人"等就是君罪的表现。反过来,也正是对君罪的反思,成为西周建立起德的统治观念的原因之一。

德的内涵是多层次的。在政治层面,"德是一个综合概念,融信仰、道德、行

---

[1] 张分田:《中国帝王观念》,中国人民大学出版社2004年版,第12页。
[2] 宫长为、徐义华:《殷遗与殷鉴》,中国社会科学出版社2011年版,第62页。

政、政策为一体。依据德的原则,对天、祖要诚,对己要严,与人为善。用于政治,最重要的是保民与慎罚。"[1]无论是保民还是慎罚,"西周人的'以德配天',其核心就是处理'王——民'关系,也就是通过取得百姓的爱戴而赢得天命,就是保民赢得天命。"[2]《说文·人部》:"保,养也。"周公理念中,"'保'的动作对象分别为'赤子'、'子'、'民'、'口民'、'小人'、'殷民'、'小民'"。[3]故养民则关注民生。一旦失去民心,天命必将转移。天命、德为君主提供了行为准则的基础,行为准则又通过制礼乐表现出来,这就从理念到制度构成君主的行为范式。行为范式的有效性,来自于天命无常的理念与朝代更迭的潜在威慑。

这种君罪思想对政治思想的发展有重大影响。第一,它是君主自我反思的理念基础。《左传·庄公十一年》载:"秋,宋大水。公使吊焉,曰:'天作淫雨,害于粢盛,若之何不吊?'对曰:'孤实不敬,天降之灾,又以为君忧,拜命之辱。'臧文仲曰:'宋其兴乎。禹、汤罪己,其兴也悖焉;桀、纣罪人,其亡也忽焉。且列国有凶,称孤,礼也。言惧而名礼,其庶乎!'"掌握政权的卿大夫也有相同的表现。如《左传·襄公三十一年》:"赵文子曰:'信。我实不德,而以隶人之垣以赢诸侯,是吾罪也。'"在君罪标准客观的情况下,君主是否获罪取决于他们是否做出相应的行为,而并非来自主观判断。这样,君罪就比较明晰、可靠,君主也就能以之来反思自己的行为。第二,它构成对君权外部评价的基础。在君罪理念下,君主并非不可替代,君主的地位与其行为评价有着密切关系。周人很早就根据这些标准讽刺不尽职的君主。[4]而思想家们则语气更为激烈。《墨子·尚同》曰:"是故选天下贤良圣知辩慧之人,立以为天子,使从事乎一同天下之意。"而儒家更因之形成道统观念,其"是由周公、孔子、孟子等至圣先师所布,并为历代儒者所献身的精神之'统',是不变的'师'之'统',或曰'教统'"。[5]更为根本的是道统确立了儒家行为规范在评价君主行为上的功能与地位,"以师儒统道,具有限

---

[1] 刘泽华主编:《中国政治思想史》先秦卷,浙江人民出版社1996年版,第24页。
[2] 徐进:《德在西周政治中的运用于神权法的衰落》,《法制与社会发展》1997年第5期。
[3] 马育良:《保民而王:一个充满温情的王政话题》,《孔子研究》2002年第4期。
[4] 参见孟天运:《先秦社会思想研究》,人民出版社2012年版,第186—192页。
[5] 陈劲松:《传统中国社会中"道统"的功能及其式微》,《天津社会科学》2006年第1期。

制君权、从道不从君的意义。"[1]尽管道统由韩愈提出而为朱熹完善，但实际上先秦儒家已经走在这条道路上，并以其标准评价君主的行为。《孟子·离娄上》云："争地以战，杀人盈野；争城以战，杀人盈城。此所谓率土地而食人肉，罪不容于死。"因此，在君罪明晰的情况下，臣民可以以之评价君主。第三，它构成政权传承的禅让模式与革命模式的基础。在君罪观念下，君权的传承是有条件的，有罪而不得为君。故周厉王被逐而孟子有暴君放伐论。"暴君背弃仁义而作恶，无异于'率兽而食人'，孟子视为严重的犯罪行为。"[2]从制度设计层面则有禅让与革命。《左传·文公十八年》载："昔帝鸿氏有不才子……少皞氏有不才子……颛顼有不才子……此三族也，世济其凶，增其恶名，以至于尧，尧不能去。缙云氏有不才子……天下之民以比三凶，谓之饕餮。舜臣尧，宾于四门，流四凶族……是以尧崩而天下如一，同心戴舜，以为天子，以其举十六相，去四凶也。"尧禅让舜有其功绩对比的原因，但对君罪的描述不显。曹魏代汉的理由在这方面比较典型，群臣提出："今汉室衰，自安、和、冲、质以来，国统屡绝，桓、灵荒淫，禄去公室，此乃天命去就，非一朝一夕，其所由来久矣。"君罪引致天命，而天命导向禅让。同时，对于君罪，臣民亦可以革命。上承周革殷命，《孟子·梁惠王下》载："齐宣王问曰：'汤放桀，武王伐纣，有诸？'孟子对曰：'于传有之。'曰：'臣弑其君，可乎？'曰：'贼仁者谓之'贼'，贼义者谓之'残'。残贼之人谓之'一夫'。闻诛一夫纣矣，未闻弑君也。'"面对秦皇暴政，当时有人提出："因天下之力而攻无道之君，报父兄之怨而成割地有土之业，此士之一时也。"（《史记·张耳陈余列传》）又据《旧唐书·李密传》，李密称隋炀帝："罄南山之竹，书罪未穷；决东海之波，流恶难尽。"皆君罪而致革命。

　　细数君罪观的影响，其关键点就是承认君权存在的目的并非仅在于维系统治。西周提出君罪的观念，是为从根本上说明西周灭殷的合理性以及保持政权的长治久安，但其产生的影响却远超于此。从商到周，政治焦点发生从神事到人事的改变，人事的中心就把民放到重要地位。由此，民本观念应运而生。而"在民本思想下，

---

[1] 蔡方鹿：《中华道统思想发展史》，四川人民出版社2003年版，第259页。
[2] 马作武：《先秦法律思想史》，中华书局2015年版，第103页。

吾国原始期之神（天），绝非如他族之奉为上帝，高不可仰。超于万有之外，其命令无论为善为恶，皆得服从，视君王为天神化身，以行使神之无上权威；而是与普通之平民同一好恶、同一性情者。君主纳于万有之内，非为天神之治也。"[1]君主的世俗性使得他本身也非为目的。故《荀子·大略》称："天之立君，以为民也。"故君可换。《尚书·召诰》曰："皇天上帝，改厥元子。"梁启超认为："元子者何？众子之长也。人人共以天为父，而王实长之云尔。元子而常常可以改，则元子与众子之地位原非绝对的。质言之，则人人皆可以为尧舜。"[2]《孟子·万章下》则称天子为人爵，与诸侯大夫无异。《白虎通义》承此称："天子者，爵称也。"《史记·周勃世家》载："盗买县官器。"司马贞索隐："县官谓天子也。所以谓国家为县官者，夏官王畿内县即国都也。王者官天下，故曰县官也。"可知，王亦官也。君罪观在某种意义上将君主工具化，是达成社会治理的重要手段，社会民生则是政治目的。同时，它又遵循着罪的逻辑，从天命、禅让、革命等提出保障手段。由此来看，君罪有其合理性，德的理念也就奠定了君罪的基础。

二、传统治道中"公"观念的发展与君罪的分流

君罪的合理性并非一以贯之，随着政治思想的多元化，君罪逐渐受到冲击。其中，公观念的出现及其发展就已经开始显现这种倾向，不过，公观念在罪君的态度上具有两元性的表现。公字，甲骨文已有之。《甲骨金文字典》认为："甲金文象翁口之形，当为翁之初文。卜辞为王公之公。"[3]《说文·八部》：，"公，平分也。"公意为公平。若从政治角度来看，何为公？所谓公，必然带有公共性，其或指向公共之事，或指向具有公共属性的人。从指称封建贵族的公到指称带有公共性的人或事，公字的内涵经历长时间的发展。"西周时期的'公'使用逐渐广泛，从人指而扩展到属于公的物指和事指，并开始发展为有政治公共性含义的抽象概

---

[1] 金耀基：《中国民本思想史》，台北商务印书馆1993年版，第27页。
[2] 梁启超：《先秦政治思想史》，天津古籍出版社2003年版，第37页。
[3] 方述鑫等编著：《甲骨金文字典》，巴蜀书社1993年版，第53页。

念。"[1] 与公相对的是私,《说文·禾部》:"私,禾也。"段玉裁注:"盖禾有名私者也。今则叚私为公厶。仓颉作字。自营为厶。背厶为公。"《韩非子·五蠹》载:"古者苍颉之作书也,自环者谓之私,背私谓之公,公私之相背也,乃苍颉固以知之矣。"公具有与私的对立性,这种对立导致的结果是废私立公的出现,且这逐渐成为主流。"诸子从不同角度和不同理论出发都导致一个大致相同的结论,这就是'无私'、'灭私'、'弃私'、'废私'。"[2] 从公、私对立政治思想出发,君罪产生两个不同的方向。

首先,相对于国家而言,君为私。"周之封建,使国重于君,公侯之身轻于社稷,故无道之君不免诛放。"(《晋书·刘颂传》)国重君轻,内含公、私之分。公与君之间的隔阂由来已久,即使如主张极端专制制度的法家早期也会赞同君利并非国利的主张。[3] 同时,制度上也会有所区别,如汉代的财政就分为国家财政与帝室财政,这体现了君主的公、私两面性。[4] 君主拥有公和私的两面性,而公是对君主的要求。《汉书·盖宽饶传》载盖宽饶上书引《韩氏易传》称:"五帝官天下,三王家天下,家以传子,官以传贤,若四时之运,功成者去,不得其人则不居其位。"《史记·孝文帝本纪》索隐:"官犹公也,谓不私也。"因此,君权的目的是为社稷民生,也即为公共性目的。从这种意义上来看,公观念实际上是德观念的进一步展开。在国公君私的影响下,君主不得以私害公。《史记·淮南王列传》称:"周公杀管蔡,天下称圣。何者?不以私害公。"作为为公的君主,其地位并非万世不易,也不应私相授受。《礼记·表记》载:"君天下,生无私,死不厚其子。"《礼记·礼运》载:"天下为公。"孔颖达疏:"'天下为公',谓天子位也。为公,谓揖让而授圣德,不私传子孙,即废朱均而用舜禹是也。"前文已经指出禅让观是君罪模式的有机组成部分。一旦君主以私害公,那么他将受到谴责。极端如黄梨洲《明夷待访录·原君》称:"后之为人君者不然,以为天下利害之权皆出于我,我

---

[1] 刘泽华:《春秋战国的"立公灭私"观念与社会整合(上)》,《南开学报》2003 年第 4 期。
[2] 刘泽华:《春秋战国的"立公灭私"观念与社会整合(上)》,《南开学报》2003 年第 4 期。
[3] 吴付来:《废私立公——法家公私观的道德价值取向》,《安徽师范大学学报(人文社会科学版)》1999 年第 1 期。
[4] [日] 加藤繁:《中国经济史考证》第 1 卷,吴杰译,商务印书馆 1959 年版,第 25–26 页。

以天下之利尽归于己，以天下之害尽归于人，亦无不可；使天下之人不敢自私，不敢自利，以我之大私为天下之大公"，是为"天下之大害"。故"皇帝作为统治者的正当性，在于他可以被期待具有公共性或者公平性，哪怕这种公共性与公平性只是徒有其表的姿态；否则他就只不过是独夫、民贼。"[1]

其次，在公观念的发展中，公逐渐与君相等同。从发展来看，这当是从侍上为公的理念延伸出来的。《左传·文公六年》载："贾季奔狄。宣子使臾骈送其帑。夷之蒐，贾季戮臾骈，臾骈之人欲尽杀贾氏以报焉。臾骈曰：'不可。吾闻《前志》有之曰：'敌惠敌怨，不在后嗣，忠之道也。'夫子礼于贾季，我以其宠报私怨，无乃不可乎？介人之宠，非勇也。损怨益仇，非知也。以私害公，非忠也。释此三者，何以事夫子？'尽具其帑与其器用财贿，亲帅扞之，送致诸竟。"在这一公私对立的事件中，臾骈选择忠上为公。沟口雄三认为韩非的自环为私有公共性之意。[2]这一判断应该是有问题的。观《韩非子》，私主要是对臣下的评价。尽管如《韩非子·用人》所称："明主之表易见，故约立；其教易知，故言用；其法易为，故令行。三者立而上无私心，则下得循法而治，望表而动，随绳而斫，因攒而缝。"但实际上这种对君主私的评价不过是为实现君主的集权而采取的手段。故，紧接此句，韩非云："如此，则上无私威之毒，而下无愚拙之诛。故上君明而少怒，下尽忠而少罪。"目的性极为鲜明，就是为维护君主之私。所以，己为私，上为公，君主必然是至公。而由于君在多数思想家那里都是实现政治的必然途径，君主的存在是国家不可或缺的。"中国古代思想家普遍认为国家应由一位君主来统治，君主是国家政治之本。"[3]君与国具有一体两面性。当君成为实现国公的必要途径时，君也就成为公的代表。臣民需要尊君灭私。故《韩非子·外储说下》云："外举不避仇，内举不避子。赵武所荐四十六人及武死各就宾位，其无私德若此也。"当君与公本身之间的解析模糊，罪君就相当于罪公，而公本身却具有正当性，那么君罪也就无从谈起了。

君罪的前提是具有一套比较系统的对君主作为的评价标准。公观念的产生发展

---

[1] [日] 沟口雄三：《中国的公与私·公私》，郑静译，三联书店 2011 年版，第 9 页。
[2] [日] 沟口雄三：《中国的公与私·公私》，郑静译，第 9 页。
[3] 张分田：《中国帝王观念》，第 293 页。

丰富了对君主作为的这套评价系统,却又在一定程度上将君等同于这套评价系统。在这一理念中,君的存在有时是手段,有时是目的。这种内在分化一方面承接了德观念对君主的评价系统而延续着君罪观,另一方面则进一步引发忠观念而消解着君罪观。随着忠君观念的日趋盛行,德与公在对君主形成评价的那一面进一步消解了。

三、传统治道中"忠"的盛行与君罪的消解

君罪以君德为前提,以民本为目的。但随着政治观念的发展,两者都受到冲击。而其根源在于古代王权政治的逐渐加强。有学者认为盘庚迁都后,王权专制制度相对原始社会有了较大推进。[1]实际上,西周比殷商王权更为强大。尽管德、罪等观念使得民本成为政治核心,但本质上这些概念的提出是统治者维护统治的方式。理念上,立君为民;实践上,立民为君。为维护统治,西周统治者推进一系列措施。举凡宗法制、封建制都成为巩固统治的手段。在经历礼崩乐坏、诸侯纷争的春秋战国后,为防止"春秋之中,弑君三十六,亡国五十二,诸侯奔走不得保其社稷者,不可胜数"(《史记·太史公自序》)局面的再次发生,秦汉开始向全国范围内推行郡县制。之后历经隋唐立三省六部制,两宋再分宰相之权,朱元璋废相行六部制,清朝则立南书房、军机处,中央集权统治渐次加强。或谓"中国古代的统一国家经历了夏商两代的邦联式统一、周代的分封制统一和秦汉以后的中央集权制统一这样三个阶段",[2]可谓颇有见地。

随着君权的发展,忠君观念也得到发展。《说文·心部》:"忠,敬也。尽心曰忠。从心中声。"段玉裁注:"敬者,肃也。未有尽心而不敬者。"论者认为,忠的概念产生于春秋而非西周,而且它即使在春秋早期已经出现,也只处于初级阶段。[3]而且早期忠的观念并不局限于忠君。忠是美好品德的基本要求。《左传·襄

---

[1] 黄朴民:《简说先秦政治文明的发展趋势及其基本特征》,《浙江学刊》2011年第3期。
[2] 董恩林:《论周代分封制与国家统一》,《华中师范大学学报(人文社会科学版)》1998年第5期。
[3] 张继军:《先秦道德生活研究》,人民出版社2011年版,第192-194页。

公二十二年》载:"忠、信、笃、敬,上下同之,天之道也。"在政治领域内的忠也是上、下双方的共同要求。"所谓道,忠于民而信于神也,上思利民,忠也。"(《左传·桓公六年》)这是上对下的态度。"尽忠以死君命"(《左传·宣公十二年》),这是下对上的责任。但这种双向义务性的观念并未得到均衡的发展。下对上的责任性逐渐成为忠观念的主流,亦即忠君思想日趋发展。从根本上说,忠君思想的发达来自于君主在政治中地位的转变。如前所述,既然认同国家应由一位君主来统治的观念,君主就是国家政治之本但是在德的观念下,君主在理念上并非政治生活的目的。但从法家尤其韩非开始,君主成为政治生活的目的。熊十力称:"通观《韩非》书,对君主制度无半言攻难,对君权不唯无限制,且尊其权极于无上,而以法术两大物为人主得操之。"[1]《史记·韩非列传》载:"秦王见《孤愤》、《五蠹》之书,曰:'嗟乎,寡人得见此人与之游,死不恨矣!'"而纵观《孤愤》、《五蠹》篇,不过教君主统御臣民以利集权而已,是为防止出现"破亡之国,削灭之朝"(《韩非子·五蠹》)的手段。"法家的吏治观则建立在性恶论基础上,以权力中心主义为原则,主张行政安全优先。"[2]《韩非子》全无利民精神,却成为统治者的不二之术。在秦汉王朝的统治下,君作为政治中心从权力实践和权力伦理上都得到加强。尤其"王莽失败后,变法禅贤的政治理论,从此消失,渐变为帝王万世一统的思想。政治只求保王室之安全,亦绝少注意到一般的平民生活"[3]。自荀子、董仲舒时起,儒家的忠君观就开始发展变化。[4]王莽之后,儒家的忠君观也更加走向保障君权的道路。[5]这样的忠君观有三个特征:"君权至高无上,君尊臣卑","君权是绝对的"和"所忠之君只能是一个"。[6]

因此,这种忠君观的发展不仅将君主政权的稳固作为政治生活的中心,而且进

---

[1] 熊十力:《韩非子评论 与友人论张江陵》,上海书店出版社2007年版,第7页。
[2] 秦晖:《传统十论》,东方出版社2014年版,第144页。
[3] 钱穆:《国史大纲》,商务印书馆1996年版,第153页。吕思勉亦称立君为民的观念秦汉时尚有,但两汉之际逐渐消亡。参见吕思勉:《中国社会史》,上海古籍出版社2007年版,第334—336页。
[4] 庞慧:《吕氏春秋对社会秩序的理解与构建》,中国社会科学出版社2009年版,第109页;宁可、蒋福亚:《中国历史上的皇权与忠君观念》,《历史研究》1994年第2期。
[5] 郝虹:《东汉儒家忠君观念的强化》,《孔子研究》2000年第3期。
[6] 宁可、蒋福亚:《中国历史上的皇权与忠君观念》,《历史研究》1994年第2期。

一步提高君主在权力伦理中的功能。君罪观念意味着具有外在评价标准为君主所必守。但忠君观念却将君主推向神坛。《荀子·正论》称:"天子者,势位至尊,无敌于天下,夫有谁与让矣?道德纯备,智惠甚明,南面而听天下,生民之属莫不震动从服以化顺之。"自西周以来,观念上是因德有位,也故因罪失位。但忠君观念下,有位就有德。位与德的关系被倒转。君罪自然消失无踪。君有其位必有其德,与古代对君主的认识之变化有关。商君称王,并不认为自己与天存在血缘关系。周君称天子,孟子称其为爵,与公侯伯子男相类。《大戴礼记·诰志》:"主祭于天,曰天子。"《史记·五帝本纪》载:"帝尧老,命舜摄行天子之政,以观天命。"天子的功能是沟通天命而非上天之子的意思。故吕思勉认为:"曷言乎臣子之权日削也?古代贵族,与君相去固近,即贵臣亦非甚远。何则?君与臣本共治一事之人,其职虽有尊卑大小,其地位实非绝殊,理至易见,而亦事势之自然也。"[1]西周灭商称受命于天,有其神话色彩,但这种受命与上天之子有着极大的差别。在关于文武受命灭商的早期传说中,《清华简·程寤》载:"隹王元祀正月既生魄,太姒梦见商廷惟荆……王及太子发并拜吉梦,受商命于上帝。"[2]文武受命,但并未提及他们本身与天的关系。《史记·高祖本纪》载:"始与项羽俱受命怀王,曰先入定关中者王之。"则可知,受命有承担职责之意。当然,周朝中后期对天命观进行了改造,从前以德配天的观念逐渐改易成天命永固。[3]这使得受命将君主与天的联系更加紧密。实际上,无论从孟子的说法还是《史记·五帝本纪》的记载,都看不出君主与天之间的内在血缘关系。君位与德的关系并未彻底动摇。但《史记·高祖本纪》把汉高祖称之为赤帝之子,开始在君主与天之间建立血缘联系。随着君权的不断加强,天子为上天之子的观念逐渐成型并发展。《礼记·曲礼》疏:"不言王者,以父天母地,是上天之子,又为天所命,子养下民,此尊名也。"[4]

---

[1] 吕思勉:《中国制度史》,第267页。
[2] 李学勤主编:《清华大学藏战国竹简(壹)》,中西书局2010年版,第136页。
[3] 王坤鹏:《两周受命说的初型与衍变》,《苏州大学学报(哲学社会科学版)》2014年第1期。
[4] 尚贤人、非血缘的禅让制度仍然成为王莽代汉至赵宋代后周之间几乎所有朝代更替所选择的模式。见朱子彦:《汉魏禅让与三国政治》,东方出版中心2013年版,第14页。如果天子乃上天之子,那么理论上天子不可禅让,血缘关系岂能如此简单地改变。由此可知,天子乃上天之子的观念当更加晚近。

在这种意义上，刘泽华所言"天子可以说是教主（刘氏认为天子是弥散性宗教的教主——笔者加）最形象的表述。所有的帝王都是天的宠儿，他们的生命本身就具有神性与超人的性质，他们是感天而生的神物，是天人交媾的产儿"，[1]极为确切。而在君圣一体的观念下，君罪就无处容身了。[2]

故后世也对西周以臣灭君取代殷商有所微词。由此延伸出一个问题：如果君主确实作恶多端又当如何？君有罪行却不能罪君，那么君罪自然要有承担者。制度层面，君罪臣担。"从制度思想的角度来看，天人之际主要体现于皇帝与宰相二人身上。皇帝是'奉天承运'，宰相是'协理阴阳'。这就意味着，一旦天象出现了灾异，皇帝和宰相都要承担相应责任。不仅如此，宰相还要替皇帝承担责任。所谓阴阳主要是一种既定的自然秩序。宰相的职责是协调和维持这种自然秩序。如果自然出现灾变或异象，那么就意味着宰相有了过错。"[3]从汉代实践来看，天人感应观念下的灾异降罪由三公来承担。[4]观念层面，君罪则往往臣与女共担。在理念上，奸臣误国论甚嚣尘上，红颜祸水说层出不穷。王船山以"靖康之祸，则王安石变法以进小人实为其本"（《宋论》卷9）称臣罪，而夏亡则罪妹喜、商亡罪妲己、西周王罪褒姒、开元乱罪杨玉环，不一而足。由此，忠君推动君圣一体，而君圣一体最终淡化了君罪的观念。同时，君主也加强了对否定忠君观念的打击。如西汉眭弘认为："先师董仲舒有言，虽有继体守文之君，不害圣人之受命。汉家尧后，有传国之运。汉帝宜谁差天下，求索贤人，禅以帝位，而退自封百里，如殷、周二王后，以承顺天命。"（《汉书·眭弘传》）其委内官长赐上书后，两者皆被杀。君罪从各个层面被否定。不过，从忠君的角度来看，指摘君主之错实际上也是忠的表现，故谏诤之臣层出不穷。但这种忠君观对君罪的肯定是极为薄弱的，且受到其他

---

[1] 刘泽华：《中国的王权主义》，上海人民出版社2000年版，第384页。当然，"夏、商、周三代王朝的创立者的功德、作为，都带有巫术和超自然的色彩"。见张振犁：《中原神话研究》，上海社会科学院出版社2009年版，第179页。不过这些神话色彩还是与上天之子有所差距的。

[2] 刘泽华进一步提出天、道、圣、王四合一的观念。参见刘泽华：《论天、道、圣、王四合一——中国政治思维的神话逻辑》，《南开学报（哲学社会科学版）》2013年第3期。笔者以为此说不甚可取。

[3] 雷戈：《"待罪"的观念意义——后战国时代的官僚意识之分析》，《浙江社会科学》2006年第1期。

[4] 安作璋、熊铁基：《秦汉官制史稿》，齐鲁书社2007年版，第10页。

因素的影响,已经无法与早期的君罪理念相提并论。

四、结语

　　君罪的出现和消失均有其政治目的,而且其政治目的性应有相似之处。前者是政治统治者为防止朝代更迭的自我反省,后者则是政治统治者为防止朝代更迭的外在压制。德、公、忠等观念的发展有着内在联系却又指向政治秩序的不同侧面。当统治者认识到天命无常时,制度的有效性受到质疑,而当统治者认为自身能够最大限度控制社会秩序时,制度的有效性则得到推崇。保障政权的制度与理念也就因为统治者对制度有效性的不同态度而转变。而且这种转变包括次第出现的德、公、忠等理念与古代专制统治的加强有着密切关系。但政治理念往往能够超越其初衷而产生更大影响。德的产生有着保存政权的目的性,却又成为民生等政治理念的基础,而且促进了禅让、革命等观念与制度的发育,并因此影响了整个中国古代的政法理念。因此,尽管君罪逐渐消解却并未消失,并在一定程度上保持了中国古代制度的某些活力。因此,对君罪产生与消解的认识既需要建立在专制制度发展演变的脉络基础上,又需要建立在其所具有的相对独立性上。如此我们才能更加全面地认识君罪,进而认识古代文化。

中国古典士人政治

——基于钱穆先生的阐释

任文利*

[内容提要]

本文以钱穆先生所论为基础,尝试对于中国古典士人政治作一概论。从以下三个层面展开:其一,中国古典政治是君主制下的士人政治,其基本形态为"君臣共治"。"共治",使"家天下"的君主制与"公天下"的士人政治之间维系了某种平衡,同时,二者之间亦存在一定的紧张关系。其二,士人政治的制度基础为科举制,与科举制相匹配的,则有作为"养士"机制的官学教育。其三,官守与言责,是士人政府基本的政治责任。官守,卑而论之,则为分官设职,然职责、责任究极而论,根源于天。言责则是对于政治正当性的考量。以上诸般,乃儒家治道落实于历史现实的表现,对于今日政治治理,亦有启示意义。

[关键词]

君主专制　士人政府　科举制　钱穆　治道

---

* 任文利,北京青年政治学院东方道德研究所副研究员,哲学博士。

晚近以来，对于中国古典政治之"专制论"，甚嚣尘上。而钱宾四先生特发为"士人政治"之论，殊足以振聋发聩。钱先生本自史家出身，富有史识，有较强的历史洞察力，所论亦基于古典政治的基本史实而发。此中不仅有钱先生的历史关切，亦有其现实关切，如综合历史，对于孙中山先生的"五权宪法"的阐释，就有强烈的现实观照。本文则尝试基于钱先生的论述，对于古典士人政治的轮廓作一概观的呈现，于先生一百二十周年诞辰之际，致以特别的敬意。

一、古典士人政治成立的可能及其基本形态

我们知道，秦、汉以降，中国的政治架构是大一统形态下的君主制。晚近以来，多把此形态视作君主专制。钱先生有力地辩驳了这种说法，指出后世虽有君主，然以君主为代表的皇室，并不能形成专制，治理的权力实在以宰相为主导的政府。而皇室与政府的分立，正是钱先生所论士人政治成立的前提。

关于这一点，于分官设职而言，钱先生屡举西汉的六尚与十三曹为言。六尚乃皇帝的秘书处，由尚衣、尚冠、尚浴、尚席、尚食等名义，可见其大致权限，拘于皇室的内部事务。十三曹则为宰相的秘书处，其主管事务则涉及全国一切行政。[1]这是一种静态的划分。宰相于汉为"三公"之一，"三公"之下，又有"九卿"。钱先生亦以自汉之九卿至唐尚书六部的演变，道出皇室与政府形态的动态变化。如钱先生所言，"九卿"，自其原初的名义而言，其初只是皇帝的家务官，然兼管国家相关政务。如太常，就其名义言，乃主管宗庙者，而学校教育亦属太常职掌。即以"宰相"而言，其原初名义也不过是皇帝的管家，而渐管全国政务。从这些名义上，可清楚看到政府最初由皇室中蜕化而来的痕迹。衍及唐代，九卿变而为九寺，且皆成闲职，国家政务则隶于尚书省。而唐之六部尚书，自名义言，已全是政府的政务官，不再与皇室私务发生关联。由汉之九卿，至唐之六部尚书，钱先生谓之为中国传统政治里一"绝大的演变"，[2]以其中所显现的，正是政府与皇室划分

---

[1] 钱穆：《国史新论》，九州出版社2012年版，第87–88页。
[2] 钱穆：《国史新论》，第108–109页。

越来越明确的趋势。

　　关于皇室与政府的划分，钱先生亦以财政收入加以说明。以汉为例，属于大司农者归政府，属于少府者归王室，并谓此一划分，历代大体保持。即便是被黄仁宇称为"宫廷与政府密不可分"的明代政治，[1]以财政而言，隶于户部的太仓库，与居于宫廷的内承运库，这样的划分仍然是非常明晰的。[2]而君主所能直接掌控的，只有内承运库。一般而言，太仓库每年有拨付内承运库的定额，如有额外的需求，君主须再行申请，如此则不能不受政府之节制。万历一朝引发纷争的矿税，正是君主之无节制的诛求不能得到满足，因此令内监、军人四处开矿，所得则直接上缴内承运库，因此遭致政府之反拨。就土地所有形态而言，明代则有"民田"、"官田"与"皇庄"的划分。民田为私有，官田为国有，皇庄方隶于皇室。皇帝能够直接掌控的，只有皇庄。以政府而言，则仍然希望能够裁撤皇庄，如其不能，至少将皇庄的管理权，归于政府，而不隶于内廷。

　　以上是从职权划分、财政收入与土地所有三个层面，所见古典政治中，皇室与政府之间的界限。仅就这一点而言，如钱先生所论，足可以构成对于秦汉以下的中国政治为君主专制说的有力反驳。钱先生进一步有一个颇引人侧目的结论，以为此种政体形态当是"民主政体"，并与现代西方的"间接民权""政民对立"相区别，谓之为"直接民权"与"政民一体"的形态。[3]抛开名言使用上的问题，钱先生所论的意思倒很清晰，就是指士人政府的政权开放性而言。换言之，士人政府的入路，无论是汉代的察举制，抑或后世的科举制，均是向一般民众完全开放的。就此而言，钱先生所论，有其至当的一面。然"民主政体"有其特指，为避免概念的混淆，我们姑不用如此名言指称之。

　　钱先生称古典政治为"民主政体"，是相对于"君主专制""贵族政体"而言的，此中还是有一些问题值得我们思考。回到皇室与政府的划分，在中国古典政治中，与政治或者说国家治理发生关系的，应该是政府。那么，皇室在其中的角色应

---

[1] 黄仁宇：《十六世纪明代中国之财政与税收》，北京三联书店2001年版，第10页。
[2] 明代公共财政与皇室财政分离有一积渐过程，见苏新红：《明代太仓库研究》，东北师范大学2009年博士学位论文。
[3] 钱穆：《政学私言》，九州出版社2011年版，第6—7页。

该如何呢？所谓皇室，应该与政治治理无涉，因为在政治治理架构中，本无其相应的位置。但是，其中有一个例外者，就是君主。就历史现实而言，中国古典政治的君主制，不同于现代西方的君主立宪制。君主立宪制中，君主不直接参与政治治理，是一种完全的"虚君"的形态。当然，这并不意味着君主于政治治理没有任何意义。中国传统政治中的君主，则并非如此。

如钱先生所论，政治治理中，政令的颁布、政府官员的任命，君主皆不能独断，但是，君主至少拥有同意权，乃至于否决权。政令即诏旨，它总是以君主的名义发布。当然，如钱先生所论，诏旨的颁布必经政府的相关程序，[1]其效力乃至正当性才是无可置疑的。与此相对的，则有"斜封墨敕""内旨""中旨"等说法，则是对于君主越过政府发布政令的非正当行为的指称。自政府而言如此，自君主一方而言，诏旨不经君主的同意，更无法成立。用人亦如此，科举乃士人政府之入路，进一步的分官设职、迁转，如钱先生所言，则出于铨选，一般而言，主于吏部，并不直接出于君主。但是，君主的同意权，同样不容忽视。也就是说，君主于士人政府而言，是生发作用的，这就涉及到古典政治所谓"共治"的问题。

"共治""共理""共天下"，是古之士大夫所常言，钱先生弟子余英时先生对此有所揭示。"共治"，有其相应的主体，既谓为"共"，则此主体必然不是单一的。君主自然是"共治"主体的一维，那么，"共治"的另一维是谁呢，"谁与共治"，"谁与共理"？这的确是一个问题。于是，在古典政治的历史现实中，又有所谓内廷、外廷，内朝、外朝。

内廷、内朝，就名言而论，与皇室所指称者有重叠处，但语意指向有所不同。皇室，是一个中性的称谓，内廷、内朝，则不如此。朝、廷，本用于指称君主进行政治治理的公共场所，所谓"爵人于朝，与众共之"，朝、廷本身具有很强的公共性意味。与"内"合用，本身就有一点悖论性的意味。如此，内廷、内朝，所指者乃是皇室内部力量，对于公共性政治治理进行干预。从历史上看，内廷、内朝的构成人员大致有外戚、太监乃至于军人（包括君主之近侍），其共同点是皆为君主之"私人"，各朝各代，又有所不同。

---

[1] 钱穆：《国史新论》，第89–90页。

"与君共理"的另一方如果是内朝、内廷，士人政治的良性运作必然受到阻挠，也必然意味着政治的败坏。内朝、内廷干政，于道理、法理、制度而论，并不具有正当性。与士人政府不同，他们均未有经过公开的选举、考核，参与政治治理，凭借的是君主的"私恩"，私人意志。因此，士人政府发挥作用的关键，是首先要使君主承认这一前提，即"与君共理"的另一主体，只能是士大夫。因此，具于经典中三代时期的伊尹、傅说、周公，是教养君主、蒙养太子的可与"共天下"的士大夫的典型。这一点是有其效力的，历史上内朝、内廷干政之事虽时有发生，但从来不具有政治上的正当性。即便是君主，能够公开宣称的也只能是与士大夫共天下，现实中的与内廷共天下始终是上不得台面的。

而内廷干政之所以时有发生，缘于如此一对矛盾，即"家天下"的历史形态，与"公天下""天下为公"的政治理念之间的矛盾。"家天下"是一种历史现实，所谓"马上得天下"，凭借的是武力。"治天下"则必须"下马"，不仅仅是放弃武力，而且要步入士人政治的正途。"天下非一人之天下，乃祖宗之天下"，"祖宗之天下"，虽不脱"家天下"的窠臼，然犹可使君主放弃"朕即天下"的非分之想。"天下非一家一姓之天下，乃天下人之天下"，此则是一个完全"公天下"的形态。"天下人"这一看似虚悬的主体，最终可能落实下来的极端形态则为"革命"，为"天命"转移，而终失此"一家一姓之天下"。

"公天下"，是古典士人政府的共同政治理念，但要落实此理念，首先要得到君主的认同。落实到政治治理中，即"与君共治"的另一主体只能是士人政府，君主要约束内廷，使其安于管理皇室内部事务的本分，不得僭越干政。如前所论，内廷干政，政治则必然败坏，从历史现实看，也是如此。以历朝历代而论，内廷得到良好节制的无过于宋，宋之士人政治的形态也最活跃、最丰富，最值得我们今日进一步关切。[1]

至此，我们解答了谁"与君共治"的问题，"共治"的另一方必须是士大夫。那么，在"君臣共治"的模式中，君主又是或者应该是一个什么样的角色呢？我们前面提到，传统之君主制，并非现代西立宪君主制意义上的完全的"虚君"，当

---

[1] 钱先生于宋代政治评价不高，研究者已多有指出其失者，笔者在这一点上也不能同意于钱先生。

然，我们并不能因此否定儒家士大夫的"虚君"之理念。如果然是"虚君"，所谓"共治"也就甚属无谓，那只能说是完全形态的"虚君"之下的士人政治。

钱先生、余英时先生均指出，君主的职权主要在于用人，或者说任命宰相，宰相既已任命，则君主可"垂拱""垂衣裳""无为"而治了。并进一步言，宰相任命实亦不能出于君主之独断。如此，则几近于"虚君"。二先生所言，有所区别，余先生是指儒家士大夫的政治理念而言，钱先生则落实到历史现实之中言。我们审视历史现实，君主的形态确乎难说是仅止如此的。

概而言之，就历史现实而论，举凡一切国家法令、政令乃至于官员任用等方面，最终的决断，只能出于君主（一般以诏旨的形式），即便此决断只是名义与形式上的。职是之故，古典政治很容易被视为一种君主专制，关于这一点，前举钱先生观点已有所辩驳。在儒家士大夫的理念中，确实希望行此决断之实质主于政府，而君主只履行形式上的义务。而"政府"一词，在古典语意中，本即指"政令之府库"，"政令所从出之渊薮"，实际所指，就是宰相、内阁，从此亦可见士人政府操实质性决断的职能。

关于这一点，不仅有"虚君"的意味，亦有"尊君"的意味。"君"乃政治治理中的最高权威，故政令等之颁布，名义上只能出于"君"。此颁布实质既出于政府，则政令虽名义上出于君主，但君主可免于承担完全的政治责任。同时，门下或给事中等对于诏旨的封驳，更见名正言顺，切实可行。他们所针对的仍然是政府，而非君主，君于此间可居于无过之地。如此之制度设计，"君"不一定能切实奉行。如官员任用，所谓铨叙，一般主于吏部，明代亦如此。推举相应官员，吏部会列出差额，有正推，有陪推，君主行使其形式上的决断权，依惯例则当点用正推。而万历与朝臣龃龉之时，则专门点用陪推，因此屡遭廷臣非议。

君主有可能打破惯例，突破形式上的决断权，行使实质上的决断权，这是一方面。另一方面，君主的决断权，也有可能旁落于内廷，这同样会引发政治上的灾难。因此，在历史现实中，退而求其次，好的模式是君主参与政府的决断。因此，士大夫们也往往会规劝君主"勤政""亲政"。此"勤政""亲政"，除了君主当履行其礼仪所规定的义务外，如郊庙、社稷祭祀等，还要更多地与宰相、内阁"论道"，乃至由"议事"而共决大政。如此，则君主已实质参与了政府的政治决断。

当然，这种参与更多地应当是听取大臣们处理相关大政的意见、解释，在君臣之间达成共识，形成良好的信任关系，消弭暌违。由此，相关政令的推行，也可能更少地遭遇政治阻力。儒家士大夫所屡屡称道的"明良相逢"，即指此而言。它是所谓"君臣共治"在历史现实中达成的一种良好形态，如此之"共治"关系，则为君臣"相济"。就论者所见，有宋之政治形态，庶几近之。

以上所论，乃中国古典政治的基本形态，如钱先生所言，即为士人政治。如果给它一个限定性说明的话，即君主制下的士人政治。这样一种政治形态，本然具有"家天下"与"公天下"的紧张关系。化解这种紧张关系，就历史现实而论，"共治"是一种良好的模式。以士人政府的"公天下"理念，化解君主"家天下"之诞妄。如此则君臣关系方有可能是和衷共济的，而君主制下的士人政治方可能有效运转。

二、士人政府的选举制：科举制

科举制，是士人政府的选举制度。1905 年，晚清废除科举，士人政府的根基轰然坍塌。自兹以降，直至今日，吾国政治，一直未能找到一个足以替代科举制的选举制度。如此，则现实政治只能在利益博弈的漩涡中浮沉，终究难入正道。对于科举制的评价，其废除似乎已经给了它某种盖棺定论，继之而起的，是对科举制的种种清算。钱先生对于科举制的评价，就其时代而言，亦可谓空谷足音了。

就语词的使用上而言，钱先生将科举制与选举制对称，其中，选举制特指西方现代的民选制。这样的语词使用或易造成语言上的混淆，如钱先生所见，"选举"于中国传统而言，乃一大类，取意于"选贤举能"，科举即其下的一个分类，吏部之铨叙亦可列于此下，科举之前行之有效的汉代察举亦可隶于其下。今日，我们亦可将西方的民选制，隶于"选举"此一大类之下。

选举乃政治治理的基础，古往今来，曾经被广泛使用、并经过长期历史沿革的选举制，不外于中国及儒家文化圈的科举制，以及晚近以来西方现代的民选制。以中国古典政治而论，科举制亦是其较为成熟的宪制之一端。换言之，如果说儒家宪政可以成立的话，科举制可以说是儒家宪政的制度基础。士人政府出身之正途在于此一有客观标准的考试制度，则政府用人，不再具有随人之好恶、与时浮沉的、无准的的随意性,这一点,至为紧要。

前面我们提到过,钱先生以为,士人政治是一种"直接民权"的"民主"政体,他正是基于产生士人政府的科举制而加以立论的。民主与否,我们前面有所讨论,但钱先生说科举制体现的是士人政治的政权开放性,[1]则可谓一语中的。科举制,是通过考试从普通民众中选拔政府官员。在钱先生的历史叙事中,自三代而下,封建贵族制的解体,汉而后,逐渐形成的新的门阀士族,唐以后至宋,则逐渐步入平民社会,科举制,正是与平民社会相伴生、并与其一起走向成熟的。今人好言平等,如果从科举制中解读不出此一层意思,可谓无目。

纵观科举制的历史沿革,历朝历代,有所不同,钱先生对此有所阐明。[2]钱先生对于历代科举制的评价,与评价任何政治制度一样,注重于制度背后之用意的发掘,但他不是唯制度论者,以为凡有一制度,必有其弊,故而在制度沿革之中能美而知其恶,恶而知其美,这正是钱先生相关阐释的优长之处。唯钱先生对于科举考试科目更深层次内容的梳理略嫌不足,下尝试论之。

如钱先生所见,科举最初产生的唐代,诗赋曾是考试的主要内容。至北宋王安石始,"经术""经义"的考试才逐渐替代诗赋,成为科考的重心,一直持续至清。关于这一变化,钱先生以为利弊互见。诗赋工拙易见,然仅凭诗赋声律从政,则既于政事之谙练无涉,亦与品德之高下无干,故而唐代有所谓"进士轻薄"之说。[3]经义文章,降及明清之八股,则流弊滋甚。[4]

笔者则以为,经义取代诗赋,实有其重要意义。科举之用意,乃为政治治理选贤举能。诗赋,当然可以考察一个人的才能,然如钱先生所论,既于德之贤否无涉,亦于政治治理之才能无涉。以"经义"为核心的系列考试内容的设置,则有不同,它所选拔的正是"士人",士之所以为士,亦基于此。值得注意的是,诗赋复见于清之科举,它所取代的是"诏诰表判语"等应用文字与判案技能的考核,

---

[1] 钱先生云:"(科举制)与西方近代由政党操政,方法不同,其为开放政权则一"。见钱穆:《国史新论》,第281–282页。
[2] 钱穆:《国史新论》,第264–282页。
[3] 钱穆:《国史新论》,第273页。经义则不似诗赋声律之客观标准明白易见,"贤否邪正",难以遽辨,同时有可能教天下以伪,欲尊经而反卑之。见钱穆:《国史新论》,第275页。
[4] 钱穆:《国史新论》,第277页。

而清之士大夫歌咏太平的应制诗之泛滥，士风之败坏，未尝不与此相为关联。

科考之"经义"，取材于儒家经典，"五经"与"四书"，清亦纳入《孝经》。从经典中取一句话，由士子们代古人立言，阐发其意。经典所载，无非两个层面：其一，修身以成就君子；其二，儒家政治治理、社会治理之大经大法，或概而言之，儒家之治道。"五经""四书"皆包含着这两方面的内容，析而论之，则"四书"或偏于修身，"五经"或偏于治道。这两方面内容，正是成就士人的必要条件。以明之科举而论，将"四书义""经义"的考核列为第一场，其用意即在此。第二场考试偏于实用，包括论、诏、诰、表与判语。论为史论性、政论性文字，考核的是历史观念、政治见识。诏、诰、表考核的是应用文字的写作能力，有似于今日对官员、公务员文牍能力的考核。判语考核的则是士子对于本朝律令的掌握程度，及司法断案的能力。第三场考核经史时务策，即所谓策论、对策，殿试则专门考策论。策论，考核的则是作为政治家的政治见识。斟酌于经史，裁断于时务。以笔者所见，经此考核为士人政府选拔人才，可谓恰如其分了。至如其间利弊，乃至于制度实行中所可能的产生的流弊，自有可论处，然无损于大体。

至如明清两代，本于"经义"而产生的"八股"文体，则为近人所诟病。更有甚者，以"八股"为整个科举的代名词，简直不知所云。诟病于"八股"者，至为可笑的是指其僵化的文体形式，箝制了文学创作的创造力、想象力。殊不知"八股"本不为考核文学家而设，此为病非其所病。至若指"八股"箝制思想，一种文体形式，似无如许大的魔力。"八股"诚有其弊，其弊仅在于格套化的文体形式。由"八股"此一文体形式，进而质疑其所考核的"四书义""经义"本身，就是倒洗澡水时将孩子一起倒掉了。就"八股"文体自身而言，亦并非全无可取处，能够写好一篇八股文字，也就掌握了写作典雅文言的驾驭文字的基本能力了。只是把它作为单一的、唯一的标准文体形式，问题就出现了。

以上所论，是作为士人选举机制的科举制的基本情况。诚如钱先生所言，凡制度皆有其弊，我们首先须厘清一制度设计的用意之后，再言利弊，方不至于无的放矢。与现代有所不同，古典政治不徒有"选士"，而且有所谓"养士"，这就是古之官学、学校教育。这里包含了两个古今之异。

首先，今日是高度知识化、专业化的时代，教育主要是围绕知识教育、专业教育展开的。古之官学、学校教育，则是专门培养"士子"、"士人"的，也就是培养未来可能的政府官员的，故谓之"养士"。从科举考试的内容而言，同样可以窥见官学教育的大致内容。以今之专业教育为标准评判古之官学教育，难免于错位。今之党校教育，似乎于官学教育有相似处。然今之党校教育，乃为"仕而后学"，与古官学之"学而后仕"不同。故子路曾以为在"民人社稷"之中历练，也就达到为学的目的了，"何必读书，然后为学？"孔子于此颇不取，且谓为如此则"贼夫人之子"，可谓责之切了。为政的前提，乃首先在于以政治责任感为首要条件的政治素质的预先养成，无此而为政，就是很危险的事了，所以明儒王心斋视"未学而仕"或"以仕为学"为"九三"危途。

这里就牵涉到第二个古今之辨，今日有选官，而无古之养士机制。今日无论何种形式的选举，选出的官员并未受过特殊的养成教育。他们同样是自专业教育之途出身，在公共事务中历练，崭露头角，终而经过某种选举形式进入政府。虽不必然，遽而在公共事务、政治事务中历练，与时与世浮沉，其生命形态很可能成为"政客"形态的，如此洵非美事。同时，我们会发现现代政治往往会有如此现象，即便是在民主选举制下，也会逐渐形成一些产生政治家的现代世家大族。且由此世家大族产生的政治家，其政治素养确乎不错。此无他，世家大族的家庭教养，与古之养士或有异曲同工处，易养成出类拔萃的政治人才。如何将古之"养士"，纳入现代教育体系，是值得我们认真思考的问题。

钱先生于古之教育亦颇为重视，其对于教育之日益普及化的历史叙事，亦颇中肯綮。然涉及官学教育时，谈到它与"养士"之间的关联，则以为或不免于流于形式。笔者则以为，古之官学教育，于"养士"而言，至关重要。当然，与此相为辅翼的，则为自宋而来，勃然兴起的书院教育。书院之兴盛，足以纠官学之可能沦于功名利禄之偏，更易于畅发"据于道"的士人的生命形态。至如钱先生所强调的汉之太学，明清之翰林院，对于"养士"的特殊意义，则至为的当。由"养士"，到科举之"选士"，乃至于明清翰林院之进一步悠有余裕的历练，古典士人政府的人才辈出是完全可期的。

三、士人政府的责任：官守与言责

钱先生以为，西方现代政治以"主权在民"为代表，特别关注于政治治理的"主权"何在的问题，中国传统则既不关心于此，也不关心政府的"权力"问题，而更多关注于政府的职能，也就是设官分职的问题。钱先生云："中国传统政治，论其主要用意，可说全从政治的职分上着眼，因此第一注重的是选贤与能，第二注重的是设官分职。"〔1〕科举制是"选贤与能"之事，本节所论，则为"设官分职"之事。在此问题上，钱先生同样具有着敏锐的历史洞察力。如其所论，从一个易见的表象看，中国古典政治之中，行政法典至为发达，这一点，确乎是比较独特的。如被钱先生誉为"最古最伟大最有价值的行政法典"之《唐六典》，乃至明清各朝屡屡修纂的《明会典》《清会典》，亦属于行政法典的范畴。这一传统，我们可以追溯到作为儒家经典的《周礼》。《周礼》又名《周官》，所言亦"设官分职"之事，可视为行政法典之滥觞。这些行政法典，详细规定了某官的职责范围，茧丝牛毛，至为详密。

关于此等"设官分职"，钱先生以"重法过于重人，重职过于重权，……重限制过于重放任"〔2〕等加以概括，道出了其中情事的一面。当然，我们亦须明确，作为成文法的行政法典，乃一朝之"时制"。此"时制"自有其意义在，职事所关，他人不得侵越。此他人，包括上级领导，同样也包括君主。今之行政单位岗位职责于具体事务之外，往往加一"完成领导交办的其他任务"的模糊用语，揆之古之行政法典如钱先生所言，其间之轻重，则正相反对。分官设职，即以行政而论，乃政事之基本体统，它也是君主制下，士人政治得以展开的基本保证。而古典话语中的"政体"，正指此而言。明儒刘蕺山云："朝廷设一官，具一官之职掌。故典衣典冠，各有司存；职详职要，不相假借。此所谓政体也。"〔3〕蕺山此论，正

---

〔1〕 钱穆：《国史新论》，第107页。
〔2〕 钱穆：《国史新论》，第112页。
〔3〕 刘宗周：《刘宗周全集》第3册，浙江古籍出版社2007年版，第173页。

是针对崇祯"事事躬亲"所造成的"上侵下职"的政治局面而言的，蕺山谓此局面为"政体丛脞"。于君主而言如此，以历史现实中的内廷干政而言，准之行政法典，亦从来就不具有制度上的正当性——内廷干政，成何体统？当然，历史现实中的内廷干政，皆假借于君主之威权。君主如此，一般的上下级之间同样如此。职掌所在，上级领导者亦不得干涉。如官员考察，出自吏部，吏部则有专官主之，以考察论，吏部尚书亦不得侵其职。顾宪成即曾于职司考察时，掀起较大的政治波澜，此无关于官职的大小，地位的高下。

以行政法典之设官分职而言如此，更深一层，则涉及其法理依据的问题，自根本而论，它是一个关乎政治责任的问题。官守、言责，所论正为其事。孟子云："吾闻之也，有官守者，不得其职则去；有言责者，不得其言则去。"（《孟子·公孙丑下》）孟子所论，关涉于士人之"出处"，为官而不能履行其正当职责，"去"乃必然，可见士人政治中视此体统至重。此亦士人与政客形态的一大区别，古之士大夫，仕途中如果没有几次请辞，大概是不齿于士大夫之列的。那么，所谓"官守"，根源何在？我们不妨仍举《孟子》中著名的案例来加以解析："桃应问曰：'舜为天子，皋陶为士，瞽瞍杀人，如之何？'孟子曰：'执之而已矣。''然则舜不禁与？'曰：'夫舜恶得而禁之，夫有所受之也。''然则舜如之何？'曰：'舜视弃天下，犹弃敝蹝也。窃负而逃，遵海滨而处，终身欣然，乐而忘天下。'"（《孟子·尽心上》）皋陶作为司法官，将杀人者绳之以法乃其官守、职事，杀人者即便为天子之父，也不例外，天子亦无权禁止。"夫有所受之也"，正是理解皋陶"官守"的根源所在。朱子如此注云："言皋陶之法，有所传受，非所敢私。虽天子之命，亦不得而废之也。"[1]释义允当，然未直接回答"有所受"，受之于谁的问题。孟子在讨论尧舜禅让时指出，"天子不能以天下与人"，舜有天下，乃是"天与之"。此处"有所受"，自可理解为"有所受"于"天"。赵岐注皋陶之"有所受"云："夫天下乃（舜）受之于尧，当为天理民，王法不曲，岂得禁之也。"[2]"为天理民"，多少道出了此一层意思。于天子而言如此，于百官而言亦如此。《尚书》云：

---

[1] 朱熹：《四书章句集注》，中华书局1983年版，第359页。
[2] 赵岐、孙奭：《孟子注疏》，北京大学出版社2000年版，第436页。

"天讨有罪，五刑五用哉。"（《尚书·皋陶谟》）刑出于"天讨"，非人所得而私，此专论司法。《尚书》又云："无旷庶官，天工人其代之。"（《尚书·皋陶谟》）此则并及百官，宋儒蔡沈释之云："人君代天理物，庶官所治，无非天事。苟一职之或旷，则天工废矣，可不深戒哉！"[1]将百官之职事系于"天事"，所强调的正是此意。"天与""天讨"乃至"天事"，落实下来而言，即为根本的政治道义原则，由此道义原则，而有儒家士大夫的强烈的政治责任意识。一部好的行政法典，自当无悖于此道义原则。士大夫们之所以特别关注于出处，就是当自身之职事与道义相冲突时，宁愿放弃仕途，选择退隐。当然，更为积极的办法，则为改变现实，此中就涉及到孟子所说"言责"问题。

如钱先生所云，古典政治的一大特色，则为以"言官"为代表的政治监察机构的设立。我们须强调一点的是，"言责"更为宽泛，它不仅仅是对于人的监察，也是对于政治正当性的考量、审议。故而士人政府之中虽然为此设置专门的"言官"，"言责"同时也是士大夫普遍的职责所在，通过议政，努力探寻政治之正当性。"议政"的载体，比较显见的则为"章奏"。而科举考试所考核的"策论"，亦为此类文字，在政治正当性、道义原则的观照下，探寻合理的治道。

回到"官守"问题，我们说《会典》之类的行政法典，只是一朝之"时制"，其正当合理性是有待考量的。道义原则、正当性原则，有理想主义的意味，儒家于政治而论，也同时是保守主义的。这种道义原则、正当性原则，可能即存于历史先例、惯例之中。一个显见的表象是，"时制"所规定之官名，在士人的话语中，仍然保留着使用其历史旧称的习惯，如称刑部尚书为司寇，明人称内阁大学士为相，称首辅为首相。如此话语，可以使士大夫们以斟酌时制于历史先例、惯例中，最终确立其道义正当性的根源。

从这一点也可以看出，士人政治是政治家的政治。而科举对于"经义""策论"的考核，所考量的是作为政治家的素质，这与今日考取公务员有绝大的不同。而政治家的素质首要在于政治责任，基于"公天下"的政治理念所具有的政治责任意识。以这一点而论，钱先生所论"重法不重人"的弊端自可消弭，而士人政

---

[1] 蔡沈：《书集传》，凤凰出版社2010年版，第30页。

治之关键仍在于作为政治治理主体的"士",前所论"养士""选士",至为切要。当然,如此组成的士人政府有可能是缺乏效率的,不过,以政治的正当性而言,道义、正义,重于效率,这一点应该是毋庸置疑的。

四、结语

综合上述,我们尝试基于钱先生的论旨,揭示了中国古典士人政治的基本形态,君主制下的士人政治,而终将古典政治治理的主体落实到"士人"。这里要厘清的一点是,"士人政治"并不是与"君主制"唇齿相依的关系,士人政治在古典时代,遭逢了君主制,这只是一种历史现实,远非一种必然性。

今日中国君主制的土壤早已荡然无存,我们不必特别藉望于西方君主立宪意义上的"虚君",解决现实中国政治问题。"家天下"意义上的君主制的消亡,倒有可能是"公天下"意义上的士人政治大行其道之时。主导了中国政治两千年的士人政治,于吾国之政治治理而言,具有其先天的优势,士人政府于今日再度复兴,亦并非不可期。当然,他也面对着一些时代的问题。如今日世界之高度知识化,专业化,由此带来政治治理的相对专业化的时势。再如,"天下"格局的打破,"民族国家"的代兴,以"时"而论,士人政治亦须关注于所谓国家能力与治理效率的问题。这是时代的问题,究极而论,古典"天下"观念未必不优于"民族国家"之自为畛域。以上问题,皆为第二序的问题,根源性的问题,仍然是构建基于"公天下"理念的富有责任意识的士人成为政治治理的主体,重建士人政治、士人政府的问题。钱先生曾借孙中山"五权宪法"申说此意,于我们今日之思考,也同样是富于启发性的。

儒家"有治人无治法"思想的吏治实践
——以清初钱粮考成为中心

魏 敏[*]

[内容提要]

儒家强调"人存政举",法家强调"不务德而务法",双方主张的不同在于强调处于决定性地位的是"人"还是"法",但儒家并不否定良法,法家亦不反对为善。在清初制度建设时期,究竟应该"治人"还是"治法",从统治者来看,这个问题的答案并非自明。本文以与国家命脉息息相关的钱粮征收为例,探讨清初相关政策的试错,以考察当时实践中"治法"之困境和随之被提起的"治人"之必然。

[关键词]

钱粮考成 二律背反 吏治 治人 治法

何谓"治人"?又何谓"治法"?时有论者将"治人"等于"人治",将"治法"等于"法治",并举"法治"而贬"人治"。因此,在进入论述之前,需要厘清以下三点。

其一,"治人"与"治法"之间的关系。儒家思想确实常常强调"(贤)人"

---

[*] 魏敏,华东政法大学科学研究院助理研究员,京都大学法学博士。本文系中国法学会比较法学研究会 2015 年度中国比较法学研究课题资助项目"比较法视野下的官僚法:17、18 世纪的中国与日本"的阶段性成果。

的重要性,而法家又确实强调"务法"的重要性,但都并不完全否定对方,而是强调各自在为政中的首要作用。孔子曰"为政在人",孟子言"徒法不能以自行",荀子论"故有良法而乱者,有之矣;有君子而乱者,自古及今未尝闻矣"。这些儒家的经典理论里并没有否定法存在的价值,只不过强调比起良法,君子更为重要。相对于此,法家则认为人生来好利恶害,主张:"恃人之为吾善也,境内不什数;用人不得为非,一国可使齐。为治者用众而舍寡,故不务德而务法",认为圣人治国应该"不恃人之为吾善也,而用其不得为非也"。其要表达的是单单依靠君子不可治国,"务法"才是根本。

其二,近代出现的"人治"="治人"和"法治"="治法"之论述中,亦并不绝对地将二者对立。近代以来,确有学者将"治人"等于"人治","治法"等于"法治"。中国新民梁启超在《先秦政治思想史》中言道:"儒家此种政治,自然是希望有圣君贤相在上方能施行,故吾侪可以名之曰'人治主义'。"[1]萧公权亦认为若将"仁政"视为孔子改进周制之第一大端,而"人治"为其第二要义。[2]虽然两位先生都将"治人"称为"人治",但是,需要注意的是,两位先生并没有由此反对此处的"人治"而只立"法治"。梁启超在其文中言道:"吾侪今所欲讨论者,儒家之人治主义果如此其脆薄而易破耶?果真如世俗所谓'贤人政治'者,专以一圣君贤相之存没为兴替耶?以吾观之,盖大不然",并盛赞儒家之政治精神是与"德谟克拉西"精神一致的,"儒家所谓人治主义者,绝非仅恃一二圣贤在位以为治,而实欲将政治根基于'全民'之上。荀子所谓'有治人无治法',其义并不谬"。[3]萧公权亦在文中强调:"故孔子之注重'君子',非以人治代替法治,乃寓人治于法治之中,二者如辅车之相依,如心身之共运。后人以人治与法治对举,视为不相容之二术,则是谓孔子有舍制度而专任人伦道德之意,非确论也"。[4]可见两位先生对儒家的"治人"·"人治"并没有批判的态度,认为其并不与"法治"相对立。

---

[1] 梁启超:《先秦政治思想史》,中华书局1936年刊行,第78-84页。
[2] 萧公权:《中国政治思想史》,辽宁教育出版社1998年版,第64页。
[3] 梁启超:《先秦政治思想史》,第79页。
[4] 萧公权:《中国政治思想史》,第69页。

其三,"治人""治法"之再定义。近年来越来越多学者避免以"人治"代替"治人"、以"法治"代替"治法",而是以"治人""治法"这一忠实史料的说法进行论述。而对其定义的探讨,管见应以俞荣根所论为宜。俞荣根认为:儒家思想中的"治法"乃"良法","治人"乃"君子",即"能治之人",且"儒法两家,实难以法治人治一刀划断"。[1]

厘清"治人""治法"的概念,否定了其与"人治""法治"的等同,下文将探讨:清初的"治人"与"治法"的具体政策体现为何?儒家和法家各自的这一代表性主张在清初分别遭遇了何种命运?其原因又若何?最后,通过总结清初统治者在吏治中的"治人"与"治法"的实践来分析传统中国"有治人无治法"的合理性。

一、"治法"之困境

(一)清初"治法"之试错

所谓钱粮,即赋税,因既征粮食又征银钱,故名钱粮。因钱粮为一国经济命脉之所需,所以历代对其相关立法格外重视。而所谓考成,即事先制定官员具体工作的完成期限,根据其是否按期限完成而议叙(奖赏)或议处(处分),从而促进官员完成该项工作。[2]从做法上来看,类似今日之绩效评估。

考成并非是清代的创举。具体评价官员的某项工作成效本身的做法,较早就已出现在史料中,如唐代的"户口增减""农田劝课"等(《通典》卷15"选举三")。不过此时考核的结果并不是直接给予惩处,而是作为考课的附属制度,其惩处也通过考课制度实现(考课虽然也是对官员的评价制度,但考课是对官员的全面评价,与考成只重"事功"的性质多有不同)。到明代张居正所实施的考成诸法中,则将其考核的结果独立出来,不再编入考课制度中,而是对每项考核规定其

---

[1] 俞荣根:《礼法传统与良法善治》,《暨南学报(社会科学版)》2016年第4期。
[2] 对考成的定义参考[日]小野达哉:《清初地方官的考课制度及其变化——以考成和大计为中心》,日本《史林》第85卷6号。

惩处。[1]岩井茂树先生将明代的考成认定为"机械性的行政管理制度",认为体现"治法"主义的考成具有的诸特征符合近世社会和国家的要求,对其给予了极高的评价。[2]不过遗憾的是,明代张居正的考成的推行因为其政治上的倒台而被中止,其后大规模的推行则要等到下一个王朝——清的初期。那么,到了清代,考成的命运又如何呢?

早在顺治三年(1646),关于州县官征收钱粮就已经有了考成的定例。其规定:"司道府州县官征收钱粮完欠分数岁终报部查核。完十分者为上等,完六分以上者为中等,完五分以下者为下等,按分数定其殿最。"[3]这是笔者从史料中寻见的清代最早的考成例。到顺治六年(1649),出现了关于招徕逃民和开垦田地制定考成的记录。从明末到清初,由于经历了长期的战乱,百姓逃亡与土地荒芜之甚,已是"查户口百不存十,稽荒田盈千盈万"。[4]顺治帝命令各官员招徕逃民,编入保甲,并将无主荒田给以印信执照:"各州县以招民勤耕之多寡为优劣,道府以责成催督之勤惰为殿最。每岁终,巡按分别具奏,载入考成。"[5]

无论是顺治三年的三分法还是顺治六年的以优劣、殿最载入考成,给人的印象都是较为模糊,随着清代各方面制度的逐渐完备,尤其是户部于顺治七年(1650)开始全面沿袭明制以后,[6]通行有清一代的考成制度的范本式条文开始出现。如顺治十二年(1655)正月制定了钱粮考成则例(见表一),规定关于钱粮征收,布政使、知府、直隶州知州应征钱粮照州县一体参罚。[7]

---

[1] 关于张居正的考成制度参考《张文忠公全集》卷36"陈六事疏"和卷38"请稽查章奏随事考成以修实政疏",明万历年四十年唐国达刻本。
[2] [日]岩井茂树:《明末的集权与"治法"主义——考成法的去向》,《和田博德教授古稀纪念明清时代的法与社会》,日本汲古书院1993年印行,第168、191页。
[3] 东京大学东洋文化研究所藏《定例全编》(康熙五年刊本)卷9"户部完欠劝惩"。
[4] 彭雨新:《清代土地开垦史》第1章,"清顺治时期的土地开垦",农业出版社1990年版,第1-42页。
[5] 《清实录》顺治六年四月壬子。
[6] 参考[日]宫崎一市:《清初における官僚の考成:清初财政史の一驹(1)》,《钏路论集》1,北海道教育大学1970年印行。另,《清实录》顺治七年四月载:"七年正月以后,户部各衙门各照执掌管理,一应催解、岁参、考成、奏销事宜,悉依旧例举行。"
[7] 《清实录》顺治十二年正月。

表一：顺治十二年钱粮考成则例

欠一分	罚俸六个月，照常升转
欠二分	住俸
欠三分	降俸一级
欠四分	降俸二级
欠五分	降职一级
欠六分	降职二级
俱戴罪督催，停其升转，俟完日开复	
欠七分	降职一级，调用
欠八分	降职二级，调用
欠九分、欠十分	革职

从制度设计方面来说，该考成则例将官员征收钱粮的结果按其未完成的百分比（一分为10%，欠一分是指欠10%以上而不到20%，以此类推，下文同）划分为九等，从扣减俸禄到停支俸禄、俸禄降等、降职，最后再到革职。如果说虽然没有全部完成征收量，但只要完成五分以上则只是以俸禄为代价；而未完成的量如果是五分以上九分、十分以下为降职，九分、十分革职。如此，使得官员的钱粮催征直接与其仕途息息相关，至少完成一半的催征量才可以确保自己辛辛苦苦得来的官职。由此，从州县官到布政使就不得不重视钱粮的征收。

但是这一规定似乎并没有达到顺治帝预期的效果，在顺治十四年（1657）三月，江南江西总督郎廷佐上疏"请舒江南三大困"，言"江南官多降调，为钱粮积欠多而考成严也……请将考成规则去其降调之例，重不过革职戴罪，仍令在任，课其成功，必安心治理矣"。[1]赋税重的江南官员多数无法完成考成的事实导致官员更换频繁，反而妨碍了地方政务。于是，同年十月，顺治帝下谕吏部："钱粮系军国重务，有司考成，自不容宽。但近年来参处拖欠，降调纷纭，新旧交代，反误催征。官虽屡更，拖欠如故以后因钱粮降调各官，俱着带所降之级，在任督催，完日开复。"[2]然而，这种让官员暂时留任，以全部征收为复职条件的规定可以看作是

---

[1]《清实录》顺治十四年三月甲寅。
[2]《清实录》顺治十四年十月。并且，同年十二月，有"定户部钱粮考成则例"，并在新定则例中规定欠九分以下俱戴罪督催，完日开复。

中央的让步，其在一定程度上缓解了官员交替给地方执政带来的影响。但这种让步对于催促钱粮征收似乎没有太大益处，于是在仅仅几年后的康熙二年（1663）的地丁钱粮经征州县官考成则例（表二）中，[1]出现了将处罚严格化的倾向。以实际负责征收的州县官为例，除未完成量不到一分以外，最低的处分为降职（上述顺治年间则例是欠五分以上才降职）。同时，只要欠五分以上均为革职，而上述顺治年间的考成则例是欠九分、十分才被革职。

表二：康熙二年地丁钱粮考成则例

不及一分	停其升转，罚俸一年
一分	降职一级
二分	降职二级
三分	降职三级
四分	降职四级
以上俱令戴罪征收	
五分以上	革职

如此严苛的立法是否就能达到其预期值呢？从后来通行清代的地丁钱粮考成例中可以看到（表三：地丁钱粮考成则例），严罚这一方针虽然没有变，但是出现了"初参未完""参后宽限未完""二限未完"这样的词汇。[2]显然，第一次征税期限内的戴罪督催还不能缓解考成给地方官员带来的更替频繁这一压力，需要第二次限期（戴罪督催）来缓解过于严苛的考成。[3]换句话说，需要通过进一步延长征收限期的做法来试图一面防止过多官员的调离导致影响地方执政，一面保证地方税收，这可以看作是中央对催促地方征税的再一次让步。

---

[1] 上述《定例全编》卷9"完欠劝惩·地丁钱粮初参抚司道府州县及署官处分"载："康熙二年定例……"。此处认定该定例为则例的原因为《清实录》康熙二年十二月庚戌，即之前钱粮统一考成，此处考成开始细化，并分别有不同的考成例（内容上大体一致，但在处分方面有细小差别），本文以地丁钱粮为例论述。
[2] 《漕运则例纂》卷15"仓粮考成"之"地丁钱粮考成则例"。该书为清人杨锡绂于乾隆三十二年（1767）所著，乾隆三十五年刊印，江苏广陵古籍刻印社1990年影印。不过，相同内容在康熙五十六年刊印的《定例全编》卷9"完欠劝惩·地丁钱粮初参抚司道府州县及署官处分"和"地丁钱粮限满续参"中可以寻得，因此可以推定该则例在康熙时期已经形成。
[3] 在后面的史料中还出现了三限的说法，因构成与此相同，此处不再赘述。

表三：地丁钱粮考成则例

初参未完		参后宽限未完		二限未完	
不及一分	停其升转罚俸一年	原欠不及一分	降职一级留任	原欠不及一分	照依所降一级调用
一分	降职一级	原欠一分	降职三级调用（若完八、九厘，降职三级留任）	原欠一分，于二限内完八、九厘者	降职三级调用
二分	降职二级	原欠二分	降职四级调用		
三分	降职三级	原欠三分	降职五级		
四分	降职四级	原欠四分以上	革职		
以上俱戴罪征收					
五分以上	革职				

从上文清初钱粮考成的立法经历的多次试错可以看出：考成的条文从模糊到层次分明、从粗放到细致，最后形成了严格处分的同时却又多次宽限的最终形式。严格处分，是督促官员完征钱粮；多次宽限，仍然是以完征为目的，但同时又给了官员回转的余地。严格处分和宽限似乎在此处取得了平衡，那么这一经过试错而得以确立的钱粮考成则例是否实现了其立法目的呢，是否就此达到"治法"之目的——"良法"之确立？以下分别从被施以考成的地方官员和推行考成之法的皇帝两方面的应对进行考察。

（二）考成的客观效果

1. 地方官员：顾考成而累官累小民

如上述，考成之结果直接影响官员的官途，但官员们的考成不仅仅限于当年的钱粮征收（经征），还包括以前年度未收额的征收（带征）。[1]在巨大的征收压力下，州县官采取了各种各样的对策。

作为考成之对策，挪移一词常常出现在史料中。所谓挪移，《六部成语注解》定义为："此项应作某项使用而擅自改为别项之用，则曰挪移。"[2]不过，正如谷

---

[1] [日] 小野达哉：《清代官僚制下における考成と挪移の関係》，日本《東洋史研究》第64卷2号。

[2] [清]《六部成语注解》，[日] 内藤氏据东京加藤氏藏抄本排印，内藤乾吉校订并撰附录，1940年印行。

井俊仁所言，其具体形态应有两种：一种为将此项目挪用至他项目，即《六部成语注解》中所述之挪移；一种是挪新年度征收的钱粮来补之前年度的不足，即"挪新掩旧"。[1]挪移在大清的法律中是被禁止的，《大清律例》规定："挪移出纳，还充官用者，并计所挪移赃，准监守自盗论。罪止杖一百流三千里"。[2]虽然如此，在实践中，挪移却是官员应付考成的一个重要方法，挪移的盛行与考成日益严厉密不可分这一点已经为学者们所指出，小野达哉指出挪移是地方官员变通性地解决财政问题的手段，并正面肯定了其在行政运营中的作用。[3]

不过，挪移虽然在应付考成上有一定效果，但官员挪移本身并不能彻底解决考成，所欠仍需挪移官员补回。若能顺利催征，填补挪移之亏缺，则挪移确实达到变通性解决财政问题之目的，但事实上，挪移容易导致新的问题的产生。

黄六鸿曾论及新官上任时的挪移之害："新官受事以交代为第一务，而惟钱谷为尤要。盖款项繁多，其间有正有杂、有新增有裁扣、有加闰有蠲免，有拖欠有带征，有赦除有流抵，头绪不易。但各项俱有额编，征收起解存留俱有定数，无容混淆。然经手之官，每因上司有紧项催提，未免移彼应此，若此项征比不前，必致拖欠。倘一经蠲赦，则所那（拿，笔者注）之孔无补，本项又难复追，追则奸民辄称悖旨。悬欠往往累官。"[4]清代地方官在新旧任接替的时候，前任需要将自己在任中负责过的钱谷交给后任官员，后任官员确认后上报给上司，这种前后任的交接手续叫"交代"。在交代过程中若不分清各项，乱作挪移，遇所移之项被蠲赦，则无从征收以补足。事实上，清代出现了地方官员间因交代不明，最后不得不以"小交代"的方式互相包庇以求蒙混过关的事例。[5]若挪移，必然需要事后补还，其间因政策变化导致补还无路，则必然累官。

不仅累官，挪移还可能导致累民。官员挪移它项应付了该年考成后往往松懈，

---

[1] ［日］谷井俊仁：《清朝原額主義財政の論理》，［日］岩井茂樹编：《中国近世秩序の形成》，京都大学人文科学研究所2004年印行。
[2] 《大清律例·户律·仓库下》"挪移出纳"。
[3] ［日］小野达哉：《清代官僚制下における考成と挪移の関係》，日本《東洋史研究》第64卷2号。
[4] 《福惠全书》卷3"莅任部二·查交代"。
[5] 《福建省例》"严饬各属革除小交代名目"。

在征收了民欠之后并不将其还于原项,而是另作花销后仍称有民欠,以累小民。雍正帝就曾言道:"或因奏销之时,原有民欠,而顾惜考成,挪移报完。及征收民欠之后,随手花费,未曾还项,遂捏称尚欠在民。"[1]

除了挪移以外,对于已欠钱粮,还有官员通过私征加派的方式来获取多余的钱粮。在钱粮征收中的陋规,如耗羡(火耗)就是一种加派。顺治十五年,工科给事中史彪古奏称:"今之州县,每有一项正供,即有一项加派。"[2]黄六鸿亦言:"凡百姓上交仓粮,正粮之外有加耗、有茶果、有仓书、斗级、纸张、量斛、看仓诸费。及起运水次,又派有水脚、垫舱、神福等费。"[3]耗羡皆有名目,最初加派火耗确实是因为财政制度设置中没有应有的耗羡预算,曾小萍曾有详尽的研究,并高度评价雍正年间的"火耗归公"和"养廉银"的改革。[4]不过遗憾的是,这一改革并没有彻底改变传统中国的私征加派。如岩井茂树所论,在原额主义的财政体系下,无视整个18世纪银的购买力之下降,不扩大正额财政的规模,其实质上相当于缩减了正额财政的规模。而用于补充州县财政支出的"存留银"的削减又催生了私征加派的盛行。[5]实际上,州县官在额征的火耗外又开始另行加派,陋规之问题并没有根本解决,私征加派在有清一代都无法取缔。[6]

总而言之,因惧考成而挪移或私征加派都是清代法律禁止的行为,因此而累及官员和小民并非是考成的初衷。但事实上,为了应付严苛的考成,官员们又不得不通过挪移和私征加派来填补所欠钱粮,累官与累民始终与考成相伴。

2. 皇帝:从善政到恩恤

考成带来挪移和私征加派这一并发症也为统治者所意识。皇帝虽然希图通过考成来达到保证国库收入,但宣布"蠲免缓征"的例子并不少见。[7]并且,其蠲免

---

[1]《清实录》雍正七年二月癸未。
[2]《清实录》顺治十五年十月癸巳。
[3]《福惠全书》卷8"钱谷部·漕项收兑"。
[4] 曾小萍:《州县官的银两:18世纪中国的合理化财政改革》,中国人民大学出版社2005年版。
[5] [日]岩井茂树:《中国近世财政史の研究》,京都大学学术出版会2004年版,第17页。
[6] 如雍正改革后的乾隆十六年的严瑞龙案内,列其私派各府州县之事实。参考《清实录》乾隆十六年四月。
[7]《清实录经济史资料 农业编》第3册(上),北京大学出版社1989年出版,第116-588页。

数目"动至数千百万"。[1]蠲免，即免除之意。所谓"蠲免之制有二，曰恩蠲、曰灾蠲"。其中，恩蠲为"遇国家庆典，或巡幸或用兵，辄免其田赋"；而灾蠲，有免赋、有缓征、有赈、有贷、有免一切逋欠。[2]仅从这些史料上的定义来看很难把握蠲免的实际情形，若从蠲免实例来看则较为清晰。以顺治年间为例，有因圈地、土地荒芜、拨地、旱灾、恩赦而蠲免钱粮的事例（见表四）。[3]除了因国家庆典、巡幸或用兵而蠲免的恩蠲以外，还有土地荒芜、旱灾等灾蠲。另外还有圈地、拨地等因政策变化带来的赋税的蠲免。从表四的统计上来看，顺治年间至少蠲免了12次。总体来看，此时的蠲免虽有因国家庆典的恩蠲，但大多都是因地方受灾或经历变故而推行的免除地方赋役的善政。

表四：顺治年间蠲免表

时间	蠲免类型	时间	蠲免类型
一年六月	圈地、战乱	八年二月	恩赦
二年一月	土地荒芜	十年十一月	旱灾
三年三月	拨地给满洲	十一年三月	水旱灾
三年十一月	冰雹水灾	十二年十月	荒地、蝗灾
六年七月	冰雹	十二年十一月	逃亡、旱灾
八年一月	恩赦	十三年十二月	恩赦

但是这些蠲免并没有使得全国税赋达到"完欠"之目的。康熙二年八月，都察院左都御史龚鼎孳上疏言钱粮"新旧并征"而导致"参罚叠出"，多有官员因以新征钱粮补还非本任内的钱粮——即所谓的带征钱粮，从而导致"因旧欠而滋新欠"，请求"将康熙元年以前催征不得钱粮，概行蠲免"。[4]顺治年间经多次蠲免后到底还有多少积欠？顺治年间的蠲免多为因恩赦、政策变化和灾害等原因，但此处出现了新的蠲免理由——"因旧欠而滋新欠"，这可否成为蠲免的原因？关于这一点，我们可以从康熙三年的谕旨中窥见一斑。[5]在该谕旨中，康熙帝指出：自

---

[1] [清] 王庆云：《石渠余记》，北京古籍出版社1985年出版，第11-12页。
[2] 《清史稿》卷121《志》96"食货二"。
[3] 《清实录经济史料 农业编》第3册（上），第116-118页，第153-154页。
[4] 《清实录》康熙二年八月辛丑。
[5] 《清实录》康熙三年五月庚申。

顺治十年至十七年间的应征钱粮，除去已经下令蠲免的，直隶各省还拖欠银共二千七百万两有奇、欠米七百万石有奇。也就是说积欠超过全国地丁钱粮中征银一年的数目（顺治年间全国地丁钱粮每年征银为二千一百万两有奇到二千五百万两有奇之间，全国地丁钱粮每年征米、麦、豆为五百六十万有奇到六百一十万有奇之间）。[1]对于这笔巨额积欠，康熙帝分别两次进行了蠲免。第一次是康熙三年五月的谕旨中明示："今将自顺治元年以来十五年以前所欠银、米、药材、紬（绸，笔者注）、绢、布疋等项钱粮悉予蠲免。"其原因为：就顺治年间之积欠，之前命令诸王公大臣会议具奏。而其奏中，针对河南、湖广等省所欠钱粮内，有议蠲免者，有仍催征者。对此，康熙认为会带来更多弊端，言道"此累年积欠钱粮，岂尽属小民之故舆"，被蠲免者"假托催征，贪官污吏科派小民，侵吞入己者甚多"。而"追征之时，有将人系狱者，亦有实欠在民难遇恩诏未得尽蠲免者。今将此项严催小民，无故派征，见任官空受处分。……况不肖官役严加追比，反借端多派小民，朕甚悯之"。[2]由此，康熙帝将自顺治元年到十五年以前所欠钱粮全部蠲免。但这显然也不能解决因旧欠带来的新欠问题，翌年，康熙帝又将直隶各省所欠十六至十八年钱粮恩赦，"着照蠲免十五年以前钱粮一体蠲免"。[3]

通过这两次蠲免，康熙帝以怜悯小民的姿态赦免了全国各地于顺治年间（计18年）的所有积欠。这并不属于之前史料所言之典型"恩蠲"（既无国家庆典，亦无巡幸和用兵），暂且称为"非典型恩蠲"。这看似高姿态的恩赦后面却存在一个让康熙帝不得不承认的事实，即：无论催征不催征，百姓都可能受苦。催征，本来所欠就未必都是民欠，可能是地方官员的亏空挪移，但由老百姓买单。不催征，确也会有官员假托催征，勒索百姓。并且，在康熙帝接下来的五十几年的统治期间内，频繁蠲免。按照百濑弘的统计，康熙年间总体免税额达1亿两以上，而乾隆年间至少为3亿两。[4]徐建青根据地方志资料统计，作为全国赋税重地的江苏地区

---

[1]《清实录经济史资料 农业编》第3册（上），第2页。
[2]《清实录》康熙三年五月庚申。
[3]《清实录》康熙四年三月乙巳。恩赦指该年三月丁亥所列"诏内恩赦凡十一条"。
[4][日]百濑弘：《清朝の異民族統治における財政経済政策》，日本《東亞研究所報》第20卷。

在康熙乾隆时期的蠲免约占总额的 20%–30%。[1]如此，对照前文所述康熙年间的钱粮考成定例和则例，原本官员需要完成五分甚至六分以上才可以保证不被革职，若蠲免占 20%、30% 的话，江苏地区的官员完成二三分就可以保证不被革职，看似严格的钱粮考成实际在一定程度上被皇帝的蠲免所架空。

另外，从该谕旨来看，皇帝宁愿蠲免也不愿意免除带征。如同龚鼎孳指出积欠的一个重要原因就是因为带征。上任的官员因负有带征之责任，从上任之初开始就有偿还积欠的义务。若无带征之责，官员催征赋税的任务则可减轻。但是，实际上，清代始终推行带征政策，这固然与清代推行原额主义财政有关，但作为其客观的效果，官员在上任之时就已经被赋予了完征当地积欠这一原罪，而这一原罪只有在皇帝恩赦的情形下才能得以赦免。皇帝此时的恩赦，与其说是顾虑百姓，莫若说是试图以宽宥官员原罪的方式获得地方官员对自己的忠心。作为因庆典、变故或灾事而免除地方赋役的蠲免政策从善政逐渐演变成皇帝个人对地方官员的恩恤制度。

二、治人之为本

除了上文所述对业绩进行考评的考成制度以外，清初在顺治年间就施行了传统中国又一典型的考课制度——考察。[2]以文官为例，清代考察每三年对所有文官进行考核，以京官为对象的被称为"京察"，以地方官员为对象的被称为"大计"。其方法为："考以四格，曰守、曰政、曰才、曰年。纠以八法，曰贪、曰酷、曰疲软无为、曰不谨、曰年老、曰有疾、曰浮躁、曰才力不及"。作为考评标准的四格，其分等分别如下：守为清、谨、平；政为勤、平、怠；才为长、平、短；年为青、中、老。考察结果为"卓异""八法"和"平等"三种。[3]从评价的内容来看，考察与考成确实有重合的部分。

首先是"卓异"，其要求："无加派、无滥刑、无盗案、无钱粮拖欠、无仓库

---

[1] 徐建青：《清代康乾时期江苏省的蠲免》，《中国经济史研究》1990 年第 4 期。
[2] 参考常越男：《清代考课制度研究》，北京大学出版社 2010 年版。另见魏敏：《考满と考察——清代中国文官监督制度の一端》(1)(2)，日本《法学論叢》第 169 卷 5 号、6 号。
[3]《大清会典》（文渊阁四库全书本）卷六"考功清吏司"之"考察"。

亏空银米，境内民生得所，而地方有起色"，其中的"钱粮"、"盗案"等正是考成的对象。反过来说，考成的结果也常常被做为推举卓异的根据。

其次，"平等"的"守"（操守）、"政"（政事）、"才"（才具）、"年"（年力）中的"政"与"才"的内容也与考成有紧密联系。"八法"中的"才力不及"也可以通过考成评价。

但是，虽然内容上有重合，二者仍然有本质的差别。

首先从评价的方法来看，以雍正二年福建浙江总督满保以"八法"参劾下属官员所列情状为例（表五：雍正二年为举行大计纠参闽县"八法"官员）：[1]

表五：雍正二年为举行大计纠参闽县"八法"官员[2]

八法	表述内容
不谨官六名	知县一名，关防不密，出入无忌；典史一名，任役招摇，全无察觉；典史一名，恣肆无常，巡捕懈弛；教谕一名，行止不饬，有玷师范；训导一名，不安职业，难司铎务；训导一名，行检多疏，不循官守。
疲软官一名	才质庸懦，听役指挥
年老官五名	典史一名，精力已衰，难膺巡捕；典史一名，重听倦怠，难任补务；巡检一名，衰年昏眊，有误缉捕；巡检一名，衰老龙钟，巡察难周；巡检一名，已衰暮，巡缉废弛。
有疾官一名	巡检一名，多病卧床，旷误缉务
才力不及官五名	知县一名，才识短浅，遇事迟滞；县令一名，优柔寡断，难膺民社；照磨一名，秉性疎慢，不能任事；典史一名，识暗才庸，不堪驱使；典史一名，懒惰性成，有负职守。
浮躁官二名	典史一名，躁妄乖张，不安职分；教谕一名，轻狂喜事，举动不端。

从表中的表述内容来看，与考成的考核依据具体数字（钱粮考成的税赋的未完百分比）予以惩罚不同，"八法"根据的是官员为官的才能、态度和健康状况的总体评价，与"平等"的四格考注法相同，都是对官员素质的一种综合性的评价，

---

[1]《清代吏治史料 官员管理史料》11 "为举行大计纠参闽县不谨年老疲软才力不及各官"，第6454–6459页。其收录的史料从内容上看多为各大臣的题本，时而能见奏本。并且大多数都盖有满汉并记的"吏科之印"的印章，且偶见错字、漏字。错字直接画线改写，漏字于旁补写，因此影印的应该是由吏科抄写的"录疏"（存于科内）或"史书"（送交内阁）。

[2] 虽曰"八法"，但雍正年间规定随时参劾贪、酷，无须等至三年考察之时，因此雍正年间的三次大计中贪、酷一项所劾官员人数为零。

是儒家"治人"思想的典型代表。可以说，与考成重"事"不同，考察可谓重"人"；考成重量，考察更为重质。

一方面，从二者惩罚的区别可以看出：作为"治人"的代表性制度，考察中的惩罚有其不同于"治法"之考成的特殊意义。"八法"中规定："贪酷"者革职提问，以后永不叙用；"疲软无为""不谨"者革职；"年老""有疾"者休致；"浮躁"者降三级调用；"才力不及"者降二级调用。其与考成的差别在于：其一，考察的惩处中没有出现作为轻微处分的罚俸。"八法"中除了"年老"休致以外，其他均受到降级、革职这两种严厉的惩处；其二，即使同样是降级和处分，二者的意义也不相同。"八法"者事后不可援赦，亦不可以加级或纪录抵销。[1]相比考成的可援赦，可抵销和可蠲免，甚至"戴罪督催"和"完日开复"，不得不说"八法"的惩罚更为严苛，也更具有根本性。也正是因为考察制度具有的这种根本性，决定了它作为国家吏治之大典，通行有清一代。

三、有治人无治法

综上，清初的钱粮考成则例在清初经过多次试错确立了其严罚宽限的内容，但其实效性却值得商榷。尤其是当地方官为了完成考成而铤而走险时，考成的作用则适得其反，事实证明依赖这种特效药反而会带来负面效果。[2]如雍正帝在述及"缉盗难"时言道："如立法稍严，似可防盗犯漏网之虞，杜地方官讳匿不报之患。然……人多顾考成，巧图脱卸，势必有诬陷冤滥之事"，相反，"如立法稍宽，似可详筹缉捕，免累无辜。然又恐州县视同膜外、漫不经心，捕役玩法养奸，盗风愈炽"，由此，"缉盗设法之难也"。[3]事实上，这种二律背反性不限于钱粮和盗案，

---

[1]《大清会典则例》卷11"吏部 考功清吏司"。
[2] 考成的这一性质不仅限于钱粮考成，还包括清初在试错中施行的其他考成的定例、则例。但经过多次试错后，统治者不得不感叹官员贤愚不一，多有官员不能理解考成的真正意义，从而有意识地控制了考成适用的范围，仅仅将考成的适用限制在这种对于中央来说急需解决的要务上，而要实现国家的长治久安，则必须得人。详细参考魏敏：《考成——清代中国文官监督制度的一端》(1)(2)，日本《法学論叢》第171卷1号、3号。
[3]《清实录》雍正五年九月癸亥。

而是在各考成中都可以看到。由此，在施行考成这一制度时，必须考虑其惩罚的"度"。虽然确定适当的"度"很难，中央仍然没有放弃施行考成，其原因在于考成的"特效药"这一性质。考成关系官员仕途，由此势必使得官员在一定程度上迎合朝廷的考成政策，因此，客观上它有调整地方官执政重心的作用。但这种"特效药"并不能从根本上解决问题。若考成太松，不能引起官员重视；过严，不但频发的地方官降职、革职会引发地方政务的紊乱，还不能避免为应付考成而将更多的负担转嫁给小民的危害。不得不说在国力空虚、需要以钱粮为首务的时期，考成有其必然性和必要性（即使牺牲小民的利益也需要执行）。但就算保证了钱粮的征收，也不能就此达到"国治民安"之理想。从这个意义上来说，正如明代郭惟贤认为："（若考成）行之而善，为虞室屡省乃成之遗；行之而不善，则不过一韩非督责之余术耳。"[1]由此，行考成之时，势必要取其最佳的平衡点，而皇帝的蠲免正是对其事后的一种调整，但如上文所述，在实践中，频繁的蠲免又架空了考成。

考成的上述弊端使得统治者不仅慎用考成，也谨慎于扩大其适用范围，典型的例子如社仓。社仓历来为民间自办，储米以备不时之需。清初以来有多位大臣建议由国家立社仓。康熙帝认为"仓粮库帑，设官专理，尚且亏空。社仓所收谷石，交百姓收贮寺庙、亏空又何待言耶"。[2]可见康熙帝深知考成之无力。而康熙帝在位期间亦多次感叹有治人而无治法。[3]至雍正年间，又有大臣奏疏建议举行社仓之法，雍正帝如是回答："总之举行社仓之法，其中实有难者。我圣祖仁皇帝深知其难，是以李光地奏请而未允、张伯行暂行而即罢。……今以平常之谷，为国家之公储，关系己身之考成尚且侵欺挪用，亏空累累，况民间之社仓安能望其尽心经理，使之实贮以济用乎。"最后，雍正帝认为："自古有治人、无治法，必有忠信乐善之良民，方可以主社仓之出入；必有清廉爱民之良吏，方可以任社仓之稽查。"[4]在经历清初的钱粮考成政策之后，两位皇帝均提出有治人而无治法。比起

---

[1]《南京督察院志》卷29"奏疏三 乞大赐蠲恤并查议考成疏"。
[2]《清实录》康熙五十五年十月丁亥。
[3] 从《清实录》来看，康熙年间"有治人，无治法"在其谕旨中至少出现了5次，分别为康熙十二年二月癸酉、康熙十二年十二月辛丑、康熙十八年八月戊子、康熙二十二年四月壬癸、康熙二十七年三月壬午。
[4]《清实录》雍正五年六月。

严法,"忠信乐善之良民"和"清廉爱民之良吏"更为重要,而良吏通过考察制度评价和选拔,"良民"需要"良吏"来教化。

在传统中国,吏治无疑是"治法"的核心内容之一,正如滋贺秀三所述:传统中国的统一王朝从秦到清所采用的郡县制中,皇帝将官僚作为自己治世之手足,为了让众多的官僚毫无差池为自己的统治效命而设定了官僚体系,制定一系列标准,并通过法来保障该体系的正常运作。换言之,这里所谓的法,是一种由君主制定、官僚遵守、百姓仅仅享受其反射性效果的存在。[1]从本文的论述中亦可看出:所谓的"治法"只是保证官僚体系运作的手段,其根本目的仍然是"治人",使之真正成为皇帝之手足。考成之内,严格规定钱粮考成("治法"严),是为了让官员戴罪督催;多次宽限("治法"宽)、蠲免(架空"治法")是为了让官员感恩而忠心于该体系。考成之外,以考察制度为吏治之根本,虽然部分参考考成的评价结果,但从评价时的表述内容来看,其内涵远远大于考成,从惩处结果来看,其意义远远大于考成。总之,严格考成,只是让官员被动地完成皇帝所规定的任务,而更为理想的是与皇帝同心的"手足"。通过蠲免获得官员的忠心是一种方法,而通过考察来寻得"守""政""才""年"皆备、能让"地方有所起色"的"良吏"又是这一方法得以实施的前提。但是,无论如何,百姓始终处于这一亦宽亦严的吏治体系之外,并客观地受到由此带来的各种影响。

---

[1] [日] 滋贺秀三:《清代中国の法と裁判》,日本創文社1984年版,第79页。

民初大理院民事裁判中的"礼"

段晓彦[*]

[内容提要]

  中华法系从法统的外在结构上是一个"礼法"法系。在中华法系解体之后的民初,"礼"依然存续于司法实践中。大理院对"礼"的适用方式有二种,第一为忠实地遵守贯彻"礼"的精神、观念或制度;第二从语词和观念等层面对"礼"进行间接转换。"礼"在大理院民事裁判中承载着寻绎立法意旨的和诠释法理念两个方面的功能。大理院在司法中一方面积极带来新法理,同时又顾及"礼"所代表的传统中国义理和伦理道德规范。在强硬主导改变和尊重人民认同的习惯和传统之间,大理院的地位、作为,值得后人再省思。

[关键词]

礼 中华法系 大理院 民事审判 "民事有效部分"

---

[*] 段晓彦,吉林大学法学院博士后研究人员,福建江夏学院法学院副教授。本文系国家社会科学基金青年项目(14CFX008)、教育部人文社科研究项目"'现行律民事有效部分'及其适用研究"(12YJC820022)、福建省高校杰出青年科研人才培育计划(JAS14307)的阶段性成果。

〔1〕 马小红:《礼与法:法的历史连接》,北京大学出版社2004年版,第76–82页。

"礼"是中国传统文化的核心,更是中国传统法的灵魂。[1]中国古代社会是一个礼法社会,在此土壤上孕育生长并延续四千多年的中华法系从法统的外在结构上说,是一个"礼法"法系。"礼法"是中华法系之"法统"形式,或曰"法统"载体,就其内在的法文化特质而言是"伦理法"。[1]

自十九世纪以来,中国遭受"千古未有之变局",随世运而移转的改革趋势,二十世纪初开始进行法律的近代化,晚清是中国法制变革的关键时期,传统礼法观念与近代西方的法学思想在此交汇冲锋,曾因《大清新刑律》等引发了激烈的"礼法之争"。古老的中华法系面临着解体,并产生巨大而深刻的形变与质变。[2]进入民初,政潮迭起,百废待兴,旧的法律体制被摧毁,新的法制并不完备,在这样一个新旧递嬗的时代,作为中国传统法灵魂的"礼",在中华法系解体之后其命运何去何从?本文从大理院民事判决例中爬罗剔抉出就有代表性的相关判决例50余例,以该等判例为分析对象,考察"礼"在大理院民事裁判中的适用实态,以厘清其独特的时代命运和意义。

一、"礼"之意涵在大理院民事裁判中的体现

对礼之意涵的理解,应从不同的面向把握。关于礼的具体面向,主要有两种观点:第一种观点认为,"礼"分为"礼制(仪)"与"礼义"两大部分。由于"礼"起源于祭祀,祭祀必有其程序和仪式——这就产生了礼的最初规范,或可称为礼制、礼仪,其最大的特点在于"敬"。但祭祀的程序与规范并不是礼的唯一内容,礼自产生后,内容随着社会的发展而不断扩大,人们在长期生活中自然而然形成的风俗习惯成为礼制的渊源。从法的角度,礼制在氏族社会后期及夏商西周时期已经具有了习惯法的性质,夏商西周之后,在保留习惯法性质的同时,礼制中的许多内容转化为成文法条款。"礼义"是"礼制"精神的体现,由于"礼"的特征是强调冥冥之中的神力和血缘的亲情,所以礼义所倡导的是天地人的相通,是源于人

---

[1] 俞荣根:《礼法传统与良法善治》,《暨南学报(社会科学版)》2016年第4期。
[2] 参见黄源盛:《中国法史导论》,台湾元照出版有限公司2012年版,第392–404页。

情的伦理道德。[1]第二种观点认为,礼之意涵应从三方面解析,即礼之义、礼之仪、礼之制。礼之仪、礼之制又简称为礼之器。所谓礼之义,是指礼的义理;礼之仪,是指礼的仪式;礼之制,是指礼的制度。[2]

以上两种观点尽管有二分法和三分法的区别,但其共同点旨在强调对"礼"之意涵的理解要从内在的精神和外在的形式(或制度)两个向度着眼,实无本质之差异。本文采第一种观点,从礼义和礼制(礼仪)两个层面考察"礼"在大理院民事裁判中的体现。

(一)大理院民事裁判体现的礼之"义"

1. 身份差等。儒家讲求爱有差等,追求的是和而不同的秩序,所谓"亲亲之杀,尊贤之等,礼所生",差等秩序必须有一客观标准,作为制定规范的依据,因此"礼"就成为礼教立法的内在逻辑结构,必使人伦秩序井然不紊,尔后方能求其治道。儒家认为物之不齐,乃物之情也;礼本身是达成"有别"的手段,是身份差等的基础。"礼"衍生出的身份差等性,有三个层次的构成基础:第一个为辈分关系,第二个为年龄关系,第三个则是性别关系。[3]也有研究将传统法律身份秩序的差等性可归结为:皇室及官人官亲的优遇;尊长权;男尊女卑;良贱有等方面。[4]而到了民初大理院时期,"礼"的"身份差等"观念仍渗透于司法实践中。试列以下判决(例)略窥一二。[5]

4年上字2433号	无子守志之妇固有为夫立嗣之权,**惟依家务统于一尊之义**,被承继人如尚有直系尊亲属存在者,非得该尊亲之同意,则该尊亲自得主张撤销。(承继编,页275)
6年上字259号	为人妻者有与夫同居之义务,至同居之处所,依现行律别籍异财门载:"祖父母、父母在者,子孙不许分财异居,其父母许令分析者,听"等语,祖父母、父母在者,当然应遵从其祖父母、父母意思定之,故其夫不能有决定之自由。即或于订婚之初,与女家约定同居地点,亦惟于得有祖父母、父母之同意,或祖父母、父母不在时,其夫始有守约之义务。(亲属编,页556)

---

[1] 参见马小红:《礼与法:法的历史连接》,第82-84页。
[2] 高明士:《中华法系基本原理试析》,《中华法系》第1卷,法律出版社2010年版,第18页。
[3] 转引自胡幼慧:《三代同堂——迷思与陷阱》,台北巨流图书出版公司1995年版,第65页。
[4] 黄源盛:《中国传统法制与思想》,台北五南图书出版公司1998年版,第371-396页。
[5] 下引大理院民事判例如无特别说明,均出自黄源盛纂辑:《大理院民事判例辑存》,台湾犁斋社2012年版。引用时仅随文附注编目和页码,不再一一详注,黑体为笔者所加。

（续表）

7年上字1248号	孀妇改嫁，夫家父母依律应先于母家父母有主婚权，若未得夫家父母之同意，母家父母擅为孀妇主婚改嫁者，自非适法。（亲属编，页367）
8年上字371号	律载："若立嗣虽系同宗而尊卑失序者，其子亦归宗，改立应继之人"等语，是无子立嗣，**其所立之人原须合乎尊卑之序**，若违反此项规定，虽同宗之子，亦当令其归宗，改立应继之人，而**不许即以此尊卑失序之人竟立为嗣**。（承继编，页247）
3年上字1092号	凡为人子者，未经其父母许可，或得由审判衙门代其许可之裁判，不得擅自分产异居，律文甚明，不容滋疑。**子尚不能别立户籍、分异财产，则夫妇一体，媳自不能独异**。（亲属编，页72）
3年上字616号	未成年之子之财产，应先尽行亲权之父为之管理，父亡故或失权者，则由其母，而继母在法律上之身分同于亲母，故亦应有代管子产之权。（亲属编，页70）
3年上字610号	妾于家长生存中，既未取得妻之身份，其后纵有亲属扶为正妻之事，在现行律上亦不能发生效力。（亲属编，页69）
9年抗字69号	庶子未成年，其法定代理之顺序，嫡母应优先于生母，苟未经依法剥夺其嫡母之亲权，自不能径由其生母擅代其子为法律行为。（亲属编，页878）

在大理院民事裁判中，无论是关涉人身关系，还是财产关系的处理，均贯彻而这种身份秩序的差等性，尤其是男尊女卑和尊长权的精神体现最为突出。

2. 血缘亲情

"礼"是血缘社会中敬畏天地鬼神的产物，一方面强调人与天地的和谐关系，同时强调血缘亲情，把源于血缘亲情的伦理道德作为"人道"的基础，并强调实践这些伦理道德是人类社会即每一个人人生的最终目的。这也是孔子反复强调"不学礼，无以立""不知礼，无以立也"的原因。鉴于此，《礼记》中多次强调一些礼的制度、仪式是可以随时代的改变而做出修正的，但"礼"的精神即体现人伦道德的"亲亲""尊尊"的"礼义"则是不可改变的永恒原则。[1]在民初这样一个新旧杂沓的时代也不例外。

3年上字186号	此项断定其理由有二：（一）通观现行律例之精神，凡父无别子者，不欲其宗祧有中绝之虞，致与宗祧承继根本存在之本意相背（**祀祖主义**），故不得不采以上之解释；（二）最近亲间能发生过继关系，**尤于家族和平可臻圆满**，此在条例第一例先亲后疏之规定亦已表示法意。（承继编，页28）

---

[1] 马小红：《礼与法：法的历史连接》，第85页。

（续表）

3 年上字 596 号	现行律载："凡娶同宗无服之亲，或无服亲之妻者，各处罚"等语，**律意所在，盖无非重伦序而防血系之紊乱**。故同宗无服之解释，不拘于支派之远近、籍贯之异同，但是有谱系可考，考其尊卑长幼之名分者，于法不能不谓为同宗，而禁其相互间婚姻之成立。（亲属编，页184）
4 年上字 1939 号	**我国家族旧制注重血统，故凡乞养异性义子以乱宗族者，现行律极为厉禁**。即收养在三岁以下者，虽依律得从其姓，而不得立以为嗣，即不能与有血统关系之同宗视为一体。族长在现行法上应以何种资格充当，虽无明文规定，而按之现行律意，**为维系宗系，弗使紊乱起见**，自非异性子之后人所能充当。（亲属编，页934）
4 年上字 168 号	现行律载："招婿养老者，仍立同宗者一人承奉祭祀，家产均分，如未立继身死，从族长依例议立。"**此项条例系为贯彻不许异性乱宗之精神而设，亦当然属于强行法**。（承继编，页56）
4 年上字 500 号	**现行律立继之制本系公益规定，其精神在保持宗祧之不斩，而维持家族之和平**，故凡依法业经成立之继嗣，除合法定条件与被承继人以废继继之权外，不许任情撤废，若第三人则尤无干涉撤废之余地。（承继编，页224）
3 年上字 616 号	现行律载"祖父母、父母在者，子孙不许分财异居，其父母许令分析者，听。"等语，是子孙之分财异居，非经父母许可即为违法。**然人情每又所偏，父母每多爱憎**，若孤子之于继母，庶子之于嫡母，或孀媳之于舅姑，其情同陌路而势难复合，尤故意不许令分析者，则审判衙门斟酌两造之情形，自可依请求用判决以代母若姑之许可而听其分析。（亲属编，页934）

血缘家庭既是中国固有文化生命形态的物质承担者和活力源泉，在此基础上形成的法文化心理首先就具有浓厚的血亲情感。[1]大理院的民事判决中往往把源于血缘亲情的伦理道德作为说理论证的基础。尤其是在婚姻，继承类案件中，"禁娶同宗血亲""维系宗系""家族和平""重伦序""防血系紊乱"，这些体现家族主义和血亲情感的精神和理念往往构成了大理院判决理由中最具说服力的部分。

（二）大理院民事裁判体现的礼之"制"

传统中国，礼与法相融合，"礼"成为法典的灵魂和最高原则，传统中国的律典可谓是"礼化"的法律。大理院的民事法源中，位居第一位的则是《大清现行刑律》中的部分内容即"现行律民事有效部分"。[2]作为"现行律民事有效部分"基础和内容来源的《大清现行刑律》，是帝制中国最后一部传统刑法典，依旧带有深深的"礼"的烙印。就其内容来说，对于维护专制皇权、身份等级及纲常名教

---

[1] 俞荣根：《儒家法思想通论》，广西人民出版社1998年版，第21页。
[2] 参见黄源盛：《民初大理院与裁判》，台湾元照出版有限公司2011年版，第135-182页。

等实质内涵,大部分也维持旧制。例如,该律中仍保留《大清律例》中的议请减赎及十恶等律条,且将违犯礼教的行为列为十恶重罪处理。在其他相关罪名中,原清律的立嫡子违法、妻妾失序、妻妾殴夫、殴祖父母、父母、干名犯义、子孙违犯教令、无夫奸等规定,也仍一一保留。[1]尤其是在婚姻和继承领域,"现行律民事有效部分"的一些条文本身即为礼之"制"的载体。如传统法中用以定亲属范围的"服制"、关于定婚的规定,关于婚姻解除的"七出""三不去"等在大理院判决中多次出现。[2]换言之,大理院对"现行律民事有效部分"一些内容的适用,即为礼之"制"在民初最为重要的实践。笔者研究发现,《大清现行刑律》中的服制图、服制、名例、户役、田宅、婚姻、钱债、市廛、斗殴、犯奸、河防等共11门类被适用。而这些门类中涉及继承、婚姻、田土及债务关系的律文和条例,尤其是继承和婚姻领域,如立嫡子违法条、男女婚姻条、出妻条,占了较高的比例。[3]而这些领域,传统家族主义和伦理仍是其主要的灵魂和精神。

二、大理院对"礼"的适用方式

综观大理院民事判例,"礼"在大理院民事裁判中的适用方式,主要有以下两种:第一种为直接贯彻:即大理院在民事判决中忠实地遵守贯彻"礼"的精神、观念或制度;第二种为从语词、观念层面对"礼"进行间接的转换。

(一)直接贯彻

以大理院 3 年上字第 385 号这一精彩案例为例(亲属编,页 1074 – 1088)。

基本案情:本案上告人薛恩来系过继给薛曾级为后,被上告人薛王氏(在第一审时为原告)为薛曾级之妾,薛曾级亡故后,薛王氏请求确认薛恩来对于薛曾级已无后嗣关系,主张所有家产应统归薛王氏管理,由其另立继嗣。而薛恩来除了

---

[1] 参见黄源盛:《法律继受与近代中国法》,台北黄若乔出版 2007 年版,第 159 – 195 页。
[2] 如大理院 8 年上字 768 号判例,2 年上字第 215 号判例,4 年上字第 1793 号判例,分别参见黄源盛纂辑:《大理院民事判例辑存》,台湾犁斋社 2012 年版,第 442、163、660 页。
[3] 参见段晓彦:《〈大清现行刑律〉与民初民事法源:大理院对"现行律民事有效部分"的适用》,《法学研究》2013 年第 5 期。

主张后嗣关系存在，所有家产应归其继承外，并请求确定如何养赡被上告人薛王氏及其女，以此提出反诉。

重要争点：薛曾级之妾（即薛恩来之庶曾祖母）薛王氏对薛恩来是否拥有废继之权。本案在京师高等审判厅审理时，该审判厅根据《大清现行刑律》"立嫡子违法"条例所规定的"妇人夫亡无子守志者，合承夫分，须凭族长择昭穆相当之人继嗣，无子立嗣，除依律外，若继子不得于所后之亲，听其告官别立"等规定，认为凡夫亡无子守志者，无论为妻、妾，皆属于此处所称的"妇人"，有承继夫分、为夫立嗣的专权。且认为薛王氏有子女，妾是为庄母、庶母，自应称亲，薛王氏虽未取得妻之身分，所生二女既已长成，对于薛恩来为庶曾祖母，为"所后之亲"，依继子不得于所后之亲的条例规定，自应认为有废继别立之权，薛恩来不服，本案上告至大理院。

大理院的逻辑：就本案中薛王氏是否享有废继之权的部分，大理院认为依照既有判例，立继及废继之权只有具备"妻"的身份者才可以享有，妾无立继及废继之权。在推论部分，大理院认为，"妾得否享有废继之权，当先问父妾是否可以称为'所后之亲'。按为人后者为之子，即取得嫡子身份，故为所后父母服斩衰三年，则亲子关系当然以所后父母为限；其对于父妾之生有子女者，虽依律应称庶母，为之服期，然不过仅有亲族关系，参照妾为家长族服图，嫡子曰家长长子、众子曰家长众子，显与其所生子有别，此其明证。则妾对于入继之嫡子，即不得称为所后之亲，彰彰明甚。夫既非所后之亲，则不特不能行使废继之权，即家长、正妻均故，妾欲立继，亦仅能请亲族会议为之主持，妾自身于会议中只占重要地位，并无正妻择继全权。盖立嗣关系重大，除妻得代行择继权外，自应取决于亲族会议，而不容妾有私擅之行为。"大理院并指出，原审京师高等审判厅以律文中妾对于家长亦称夫，遂断章取义认为"立嫡子违法条"所称的"守志妇人"包含妾在内，并认为妾对于嗣子亦为"所后之亲"得享有废继全权，殊属误会，为错误的法律见解。

审理结果：大理院认为薛恩来的上告有理由，将京师高等审判厅的原判撤销。判决上告人薛恩来为薛曾级之曾孙，所有继产归其承受。

本案中最重要的争议点在于是薛曾级之妾薛王氏，对薛恩来是否拥有废继之权。而要解决这一问题，基础点在于如何理解"妇人"，进而如何认定"所后之亲"。上告人及其代理人援用儒家经典、传统律典中"干名犯义"门、服制等中对"妇人"的解释作为论据，证明"妇人"不能作为妻妾之通称进而支撑自己的主张。而大理院在援用《大清现行刑律》"立嫡子违法"条例时，[1]为确定"律意是否妻妾同论"这一问题，大理院最终也以"服制"为其依归。而"服制"可以说是"礼"之中较具有实证性的部分，也是儒家差等主义较为核心的主张。

又如大理院3年上字第226号判例："现行律载'若支属内实无昭穆相当可为其子立后之人，而其父又无别子者，应为其父立继，待生孙以嗣应为立后之子'等语，就此条详为解释，其应为立后之子，若父无别子犹可择立嗣子，待生孙以为嗣，则依当然之推论，其父有别子时，自无不可待生孙以为嗣之理。按之亲亲之义，尤当如是。故其父无别子者，应以现存之人（胎儿同论）为其父嗣，以期宗祧之无中断（祀祖主义）；若其父有别子时，则宗祧不虞中断，本于亲亲之义，自得待别子生孙以继，应为立后之子。是则虚名待继，限于特别情形，仍为现行律所认许。"（承继编，页49）本案中，儒家的"亲亲之道"就出现在大理院判决的理由中。如儒家谓："义者宜也。"《中庸》云："亲亲之杀，尊贤之等，礼所生。"这种等差有序，昭穆相当，各如其分，不齐而齐的理想，构成儒家思想的核心。从以上二例中，可看到"礼"的意涵如何在近代的司法运作中得到运用，也清楚地感受到传统理念的余韵及其对于转型期司法机制的影响。

（二）间接转换

随着近代法学思想和法学概念的影响，"礼"也有被转换的情形。第一种情形为与"礼"相关的语词的转换。大理院8年上字第219号判例："按现行律例无子立嗣不得紊乱昭穆伦序之规定，原为保护公益而设，应属强行法规，其与此项法规相反之习惯，当不能有法之效力。"（承继编，页19-21页）类似的情形，也可从大理院8年上字第394号判例看到："上告论旨虽称，赵姓族中有以孙祢祖之事，而主张赵刘氏以洛胖为梦玉嗣孙系属有效。然现行律例禁止以孙祢祖，乃所以维持

---

[1] 大理院在此援用的是"立嫡子违法"条例四："妇人夫亡无子守志者，合承夫分，须凭族长择昭穆相当之人继嗣。"条例二："无子立嗣，除依律外，若继子不得于所后之亲听其告官别立……"。

我国固有之礼法，事关公益，应有强行效力，不容反对习惯之存在。姑无论所称，赵刘氏欲以洛胖为梦玉嗣孙，系出上告人张赵氏存案时一面之词，未可遽信，即令所称属实，既与前开强行法规显相抵触，亦当然不能有效，自不得以赵姓族中曾有此种违法之事，遂欲援以自解。"（承继编，页 22 – 25）

以上两个案件，原本是大理院面对"现行律民事有效部分"与"习惯"的冲突，本着"有法律即排除习惯"的态度，肯定该案件应适用"现行律民事有效部分"的规定。由于"现行律民事有效部分"中"无子立嗣不得紊乱昭穆伦序"和"禁止以孙祢祖"的规定蕴含着"礼"的意涵，大理院为了加强说服力，将固有的"礼法"诠释为"公益"，这体现了新的历史条件下对传统法观念的新认识。但遗憾的是，固有的"礼法"如何过渡到"公益"，"公益"作为一个继受的法概念，应如何与传统的"礼法"产生连结，传统"礼"的意涵中有哪些可以认定为"公益"，又有哪些是不合时宜者而予以剔除，需要严谨而周密的论证，而大理院在两个案例中并未深究。但深层次的问题在于继受而来的法律概念或近代法学方法的运用，有时可能被用来巩固或改造传统法的概念，特别是概括条款与不确定的法律概念，容易被立法者或执法者利用传统的概念来诠释其内涵，概诉诸某种抽象的概括条款，有利于渐进式的继受。而将"固有的礼教"连结到"公益"的概念，其结果将是巩固传统的礼教思想，在并不否定"固有的礼教"在民初的社会情势下的确可能是"公益"的一个环节，但是两者之间在逻辑上并非包含关系，大理院以"礼"作为法理来运用的时候，没有深切地考虑到"无批判性地接受传统"的态度。本来论证的客观性基础是建立在反迷信、反偏执以及反对无批判性地接受传统的态度上，但这一转换对接过程中体现的"无批判性地接受传统"态度，也有可能成为影响法律继受效果的负面因素。[1]

"礼"被转换的另一种情形则为观念的蜕变。身份等差观念是"礼"之核心要义，而尊长权则是其中的重要内容之一。在家族主义下，家属为家的构成分子，家长或尊长统理全家，握有财产、教令和主婚等权力。如《大清现行刑律》"男女婚

---

[1] 张永鋹：《法律继受与转型期司法机制——以大理院民事判决对身分差等的变革为重心》，台湾政治大学法律研究所 2004 年硕士学位论文，第 52 页。

姻"条例二规定:"嫁娶皆由祖父母父母主婚,祖父母父母俱无者,从余亲主婚。其夫亡携女适人者,其女从母主婚。若已定婚未及成婚,而男女或有身故者,不追财礼。"传统中国社会,婚姻的目的以传宗接代为中心,婚姻所以合二姓之好,不涉及男女本人,只要二姓家长同意其子女的结合,经过一定的仪式,婚事便成立。直系尊亲属,尤其是男性的直系尊亲属,有绝对的主婚权。[1]民初大理院继续将此条作为婚姻要件的规定。2年私诉上字第2号判例表示:"现行律载嫁娶应由祖父母父母主婚,祖父母俱无者,从余亲主婚,是婚姻不备此条件者,当然在可以撤销之列。"(亲属编,页168页)大理院将"现行律"的规定解释成婚姻的法律要件,若欠缺合法的主婚人同意,该主婚人可以行使撤销权。大理院引入了近代民法学中"撤销权"的概念,但法律效果仍然维持"必须得到父母的同意始能生效"这一传统立场,即男女双方仍无法自行自由地决定婚姻的对象。大理院限制婚姻自由,但也有松绑的趋势。5年抗字第69号判例即谓:"父母虽有主婚之权,至于已成之婚约,经当事人双方和意解除,或一方于法律上有可以解除之事由者,断无反乎婚姻当事人之意思可以强其不准解除。"[2]此号判例承认婚姻必须是基于男女双方合意,若男女并无意愿,他人也无法强迫其结婚。

传统婚姻父母之命、媒妁之言虽居关键地位,一旦强调当事人的自主性时,传统权威式微的趋势就已启动,婚姻当事人也逐渐挑战既有传统。在大理院11年上字第1009号判决中,上诉人葛尤氏之女葛阿林于民国二年凭媒张开义、詹巧福、孙大、徐广科等说合,许与本案被上告人符永发为妻,但葛阿林不从,主张婚约不成立,并拒与符永发成婚。本案许婚事实部分并无太大争议,原媒到案证明许婚确属事实,原审江苏高等审判厅受命推事也亲赴两造邻近调查,证实确有订婚之事,第一审与第二审因此判令葛阿林必须履行婚约,命其与符永发成婚。大理院在事实方面虽然如同第一审与第二审的见解,认为婚约确属成立。但指出,"按现行法例,父母为未成年之子女所订婚约,子女成年后如不同意,则为贯彻婚姻应尊重当事人意思之主旨,此项婚约不能强令不同意之子女依约履行",若子女成年后不愿

---

[1] 参见瞿同祖:《中国法律与中国社会》,中华书局2005年版,第5–19页。
[2] 郭卫编:《大理院判决例全书》(民法部分),台湾成文出版社1972年版,第216页。

同意,"惟能向契约当事人,即其订婚之父母请求按契约不能履行之损害赔偿"。因为本案婚约订定时,葛阿林尚未成年,因此大理院认为,婚约应否履行,关键在于葛阿林成年后是否同意追认,第一审与第二审就当事人的意愿并未审察(按:葛阿林讼争时已成年),因此认为葛阿林的上告为有理由,将原判废弃,发回江苏高等审判厅更为审判。(亲属编,页517 – 519)在激进和保守之间,大理院此时的立场非常明确,指出婚姻的本质应尊重当事人的意思。

近代民法体系影响下,婚姻当事人自由意志的彰显和提升,是婚姻关系中平等权理念实现最重要的一环。对主婚权力的限缩,一方面是对尊长权的制约,同时也将婚姻保障与关怀的主体,回归到婚姻当事人上,但这一过程并非一帆风顺。大理院5年上字第1117号判例,大理院指出,"按现行律载'妇人夫丧服满果愿守志,而其祖父母、父母及夫家之祖父母、父母强嫁之者,如未成婚,追归前夫之家听从守志,如已成婚给与完聚'等语,是凡由有主婚权人强嫁孀妇,其婚姻关系究能成立与否,应视事实上已未成婚为断。"(亲属编,页279)在本案中,大理院对于主婚权人强嫁孀妇,婚姻关系成立与否的判准,竟是以事实上已未成婚为断,显然对当事人的意愿毫无着墨。这反映出了在新旧法观念转型时期,大理院对同一问题见解的歧异,也是时代所必然产生的现象。在蜕变过程中,必然会有较新潮激进的看法,也会有守旧安稳的想法,也唯有在此新旧互相激荡交流的过程中,蜕变的过程才会更为顺利,而蜕变的结果才会更加完美成熟。

三、"礼"在大理院民事裁判中的功能

(一)寻绎"立法意旨"

立法意旨是指存在于法律基础的客观目的,不仅显示出法规范的实用性基础,也包括探求法规范的伦理性意涵。[1]在大理院民事判决中,"礼"承载立法意旨的寻绎这一功能,主要体现在两个方面:第一是作为法律解释的论据。通常是在关涉到《大清现行刑律》"民事有效部分"的适用时,"礼"的思想或观念通常作为法

---

[1] 参见黄茂荣:《法学方法与现代民法》,台北作者自刊2002年版,第501 – 505页。

律解释的论据,用以探寻"现行律"律(例)文的立法意旨或者作为立法意旨之体现。以下三个判例为例。

7年上字第298号判例:"现行律男女嫁娶之主婚,并举祖父母、父母者,所以别于余亲而言,若祖父母、父母俱在而又系同居者,自应由父母主婚,惟依家政统于一尊之义,亦应得祖父母之同意,否则祖父母、父母得以撤销婚约。"(亲属编,页323页)

8年上字234号判例:"本院按异性乱宗之限制,无非为尊重血统保护同宗起见。故违反此等规定,亦惟同宗中之有承继权者,始得告争,否则审判衙门不能以违背强行法规之故,遽为过当之干涉。"(总则编,页80)

8年上字371号判例:"律载'若立嗣虽系同宗而尊卑失序者,其子亦归宗,改立应继之人'等语,是无子立嗣,其所立之人原须合乎尊卑之序,若违反此项规定,虽同宗之子,亦当令其归宗,改立应继之人,而不许即以此尊卑失序之人竟立为嗣。"(承继编,页427)

以上三个判例,礼所蕴含的身份等差和家族伦理观念则成为《大清现行刑律》"民事有效部分"相关律条的立法意旨。

第二种情形体现为立法意旨的寻绎常常变成类推适用的一个中介。

10年上字861号判例谓:"无子立嗣,若因近支无昭穆相当之侄择立远房,是否应有一定之限制?先亲后疏,在现行律尚无明文,惟查现行律就近支立继既以服之亲疏为次序,而择立远房又须在近支无人可继之后,则远房确有亲疏可查者,自亦应以其亲疏为择立之先后。"(承继编,页490)本案中,要解决"择立远房立嗣,是否有顺序的限制?"这一问题,由于"现行律"并无明文规定,大理院在此以"现行律中"关于近支立继的顺序的"服之亲疏"为类似点,由此类推出远房立嗣亦要遵循亲疏的次序。

4年上字951号判例谓:"现行律载'祖父母、父母在者,子孙不许分财异居,其父母许令分析者,听'等语,是祖父母、父母、对于子孙之分财异居,有允许与否之权,非子孙之所能专擅者。子妇之于翁姑亦事同一例,其分财异居应得翁姑之允许。"(亲属编,页77)此号判例大理院把祖父母、父母、对于子孙的尊长权作为中介,由此类推到翁姑对于子妇之间财产关系的处理。

再看 5 年上字 1116 号判例："无子立嗣者，所遗财产应归嗣子承受，至所继人可否以遗产全部遗赠于人，现行律上虽无明文，但查该律男女婚姻条例载'招婿养老者，仍立同宗应继之人承奉祭祀，家产均分'等语，又立嫡子违法条例载'义男、女婿为所后之亲喜悦者，听其相为依倚，（中略）仍酌分财产'等语，可知无子立嗣，乃所以奉承祖宗烟祀，非仅为所继人之利益而设，故所继人自宜为之留相当财产，俾嗣子得维持生计、供奉祭祀。……"（承继编，页834）本案要解决的难题是无子立嗣的情况下，所继人可否以遗产全部遗赠于人？大理院从"现行律"的"男女婚姻"条例和"立嫡子违法"条例的规定探寻出无子立嗣的立法本旨在于"奉承祖宗烟祀，非仅为所继人之利益而设"，以此为基点，得出"所继人自宜为之留相当财产，俾嗣子得维持生计、供奉祭祀"的结论。

（二）诠释"法理念"

传统的"礼"除了作为立法本旨理解外，也常被大理院判决作为法律理念运用。法律理念主要是指蕴含于法律规范中的实质正义、合目的性及法安定性等三大要素。〔1〕以 5 年上字第 1048 号判例为例，"许嫁女再许他人已成婚者，依律虽以仍归前夫为原则，然法律为维持家室之和平，并妇女之节操计，尚希望其女得以终事后夫，故于律文末段特附以'前夫不愿者，备还礼财，女从后夫'之规定，律意所在彰然甚明。则审判衙门遇有此项诉讼案件，自应体会法律精意之所在，先就此点尽其指谕之责。"（亲属编，页479）大理院在该判例中诠释为何要对现行律中"许嫁女再许他人已成婚者，仍归前夫"这一原则进行突破，而采"前夫不愿者，备还礼财，女从后夫"的特别规定，阐释这样处理的内在法律理念即为"法律为维持家室之和平，并妇女之节操计"，而这正体现了文末特别规定中所蕴含的实质正义，基于此，"仍归前夫"已无任何实质意义。

大理院 9 年上字第 1124 号判例："现行律载有妻更娶，后娶之妻离异归宗，至于先娶之妻能否以其夫有重婚事实，主张离异，在现行法上并无明文规定，惟依一般条理，夫妇之一造苟有重婚情事，为保护他一造之利益，应许其提起离异之诉，以资救济。"（亲属编，页807-810）该判例赋与先娶之妻提起请求离婚之诉的权

---

〔1〕 ［德］拉德布鲁赫：《法学导论》，米健等译，中国大百科全书出版社1997年版，第4页。

利,即是贯彻法文规定意旨的合目的性考虑下的结果。

在开进与保守之间,如何维持法的安定性,是大理院推事们面临的重要课题。以大理院4年上字第1907条判例谓:"孀妇改嫁或童养媳出嫁,未经有主婚权人主婚者,除有主婚权人得请求撤销婚姻外,并准孀妇或童养媳撤销,但当事人于改嫁缔婚时如达于成年而表示情愿者,则不得自行主张撤销。盖主婚之制本为尊重尊长权并保护当事人之利益而设,自尊长权言之,如未经其主婚,应认其有撤销之权,自不待言;而自当事人之利益言之,主婚之人盖系关系较为亲密之人,主婚既有一定,自可藉以杜绝希图分产者之干预嫁事,而得保全其孀守或择良改嫁之志愿,固当然应认主婚人能有撤销之权。惟当事人如果已达成年,改嫁缔婚确系出自情愿,并无受人诱胁之事实,而主婚之人又并未主张撤销,固无准当事人撤销之必要。"(亲属编,页471)大理院5年上字第717号判例谓:"凡妻受夫重大侮辱,实际有不堪继续为夫妇之关系者,亦应准其离婚,以维持家庭之平和而尊重个人之人格。至所谓重大侮辱,当然不包括轻微口角及无关重要之詈骂而言。惟如果其言语行动足以使妻丧失社会之人格,其所受侮辱之程度至不能忍受者,自当以重大侮辱论,如对人诬称其妻与人私通,而其妻本为良家妇女者,即其适例。"(亲属编,页686–689)

以上两则判例,前者面对的是"孀妇改嫁或童养媳出嫁时婚姻(未经主婚权人主婚)的效力"问题,后者是关于"妻受夫重大侮辱时是否准予离婚"的问题。民初一个不可忽视的事实是,法律渐将伦理意义上的人格与法律意义上的人格区分开来,虽然曾引起广泛的论争,当事人自由意志或自主人格的提升是当时比较明显且不可逆转的趋势,大理院在法律理由中表达了"保护当事人之利益"和"尊重个人之人格"的理念,但同时又肯定了"尊重尊长权"和"维持家庭之平和"的传统立场,而防止过于激进的变革会破坏法的安定性成为大理院考量的重点。

四、结语

作为中国传统法的灵魂的"礼",并没有随着中华法系的解体而尘封于历史,相反却继续存续于民初新时期的司法实践中:体现"礼"之精神的条文或由此衍生的新的法律理由被援用；"礼"之精神和观念本身也成为法律论证的实质根据，无论是寻绎"立法本旨"还是诠释"法理念"，都是大理院和当事人运用"礼"的主要任务，也是"礼"在大理院民事裁判中承载的主要功能。在此过程中，大理院一方面顾及传统中国的义理和伦理道德规范而对"礼"直接援用，另一方面积极带来新法理，从概念到观念，对"礼"进行间接的转换，从而实现与现代法的对接与融合。尤其是在涉及受传统法文化影响最深的部分，特别是在冲击核心价值的领域（如在亲属和继承领域），大理院在裁判中并不贸然扭转，往往选择妥协、微调的方式，期间的挣扎、渐进的改变，自为理所当然的结果。

沈家本曾言："变法难，变法的观念更难。"[1]大理院虽为新时代的法院，然法文化并非一朝一夕轻易改变。尤其是在民初这样一个固有秩序并未随着民国肇建而完全改变的时代里，其裁判活动不可避免会受到"礼"的影响。或许会因此谴责大理院守旧，但从另一角度审视，过于激进的改变，可能造成人民对法律、审判的不信任，或抑制尚未成熟的经济秩序。在强硬主导改变和尊重人民认同的传统之间，大理院的地位、作为，值得后人设身处地于过去的时空范围再省思。

---

[1]《清朝续文献通考》卷244，光绪28年条。

思想与学术

思想と人格

居间运度

——形而中学申衍

周 瑾[*]

[内容提要]

道与器,《易传》用以称谓形而上者、形而下者。一系列新诠由字眼句脉入手,旨在贯通形而上下。徐复观标举形而中学,颇具启发意义,可以变通引申之。呼应显形隐象,人与物交互为体而妙合于技。根源乎大化,本原艺术居间运度,道器乃得联绵协调,随其调节而迭互涌兴。

[关键词]

形而中学 道器 技 艺术 居间 运度

一、引曲

居行于天地之间,先民俯仰往还,自始即依循观象察形、远近取予之方,又模拟又创造,呼应天地运化之道,创制人世间之器世界。器具联类不穷,其制作与功用,遵循道之法式,体现道之效验,器具载体实乃大道之迹化。大道默寓乎殊器之规制、性能,通由实际使用与象征布置,从不同方向、侧面得其彰显。

观物而取象,制器以尚象,先民由之兆示大道生化。器—象—道,道器交济,

---

[*] 周瑾,中国艺术研究院中国文化研究所副研究员,哲学博士。

联体贯理；物—卦—人，物我同构，应感起兴。以"道""器"为名，分谓"形而上者"与"形而下者"，此表述不应割裂对待，否则必断上下为两截，甚至绝然剖判两个世界，例如现象与本质、经验与超验。时空一体生化，又会合又派衍，亦消逝亦持存。上游与下游，通源别流；波峰与波谷，相倾互推。是故形而上下之曰道曰器，隐显交济，息息关乎人境物情之万千意象，攒簇烘染而连属指引。

缘循大化之浑运，变通推衍前贤所谓"形而中学"，意在化解虚理与实体之对峙，消融抽象与现成之偏执。然非生硬楔入上下两层，强行为之搭设中介，此举仍未摆脱外在拼接，为层级架构所宰制，终究无助于融释抽象、溶消现成。返归一体诸态之相变，呼应显形隐象，人与物交互为体而妙合于技。扎根导源乎大化，本原艺术居间浑然运化；随其自如调节，道器得以协调，联绵会通、循环成全。

二、形而上与形而下

《庄子·天下》云："《易》以道阴阳。"郭店楚简《语丛》云："《易》，所以会天道、人道也。"《易经》推阐天道，敷显人道，阴阳交变无尽，会通天人之际。《易传》云："一阴一阳之谓道""生生之谓易，成象之谓乾，效法之谓坤"。高天包覆万象流行之条律，乾阳刚健，专定又直遂；厚土呈献万物蕃育之楷范，坤阴柔顺，翕敛又辟启。大道生化变易而有所兴立，贯达天地人三才，"立天之道曰阴与阳，立地之道曰柔与刚，立人之道曰仁与义"。日月推移，阴阳乃彰，象兆天道也；山高水长，刚柔遂别，体示地道也；群己交通，仁义得备，理喻人道也。天地人相须相待、共生共化，涌现人境物情千姿万态；人与物交感于天地间，卦画由之连贯涌现。物—卦—人，联绵协调于取象设卦活动，据以参赞天地、调适人世。人与物往还造就，卷入大道而开出殊器。

《易传》对举道器，称谓形而上者、形而下者："是故形而上者谓之道，形而下者谓之器，化而裁之谓之变，推而行之谓之通，举而措之天下之民，谓之事业。"陈鼓应释曰：有形之上，道无形象可见者，亦即《易》理；有形之下，器有形象可见者，亦即万象万物处于乾坤天地间。裁即创制，化即转化，均为双向运动过程，道向器转化而创制（生产）器物，器向道转化而创制（总结）规律。道器相互化裁，此义推行于万事万物，触类旁通，堪称通达；应用于天下百姓日常生活，建立伟大功绩，堪称鸿业。[1]

经由形而上下之对举，"道器"成为一对关联范畴，然而在较长时期内并未得到重视。[2]魏晋流行"体用"范畴，实质乃名教与自然之辨。直至唐代孔颖达《周易正义》，才得到详细诠说。"'是故形而上者谓之道，形而下者谓之器'者，道是无体之名，形是有质之称。凡有从无而生，形由道而立，是先道而后形，是道在形之上，形在道之下。故自形外已上者谓之道也，自形内而下者谓之器也。形虽处道器两畔之际，形在器不在道也。既有形质，可为器用，故云'形而下者谓之器'也。"[3]这段论述具体推衍如此：1. 道与形，分为上下层级，道命名无体，处于形之上，形称谓有质，处于道之下。2. 形与道就像有与无，有生于无，形依道立，无在有先，道在形先。3. 形虽位居道器两边之间，却不构成"道—形—器"三层级，因为形在器不在道。4. 形内而下者，可称为器，从有质有形之物以成其器用，器就相当于形之特定呈现状态。5. 道在形之外、形之上，器在形之内、形之下，此形而上下模式，可以表示为"道"—"形/器"。

孔颖达主要从有无关系着眼，[4]唐人崔憬诠解道器之形而上下，多从体用关系入手，理路、结论便自不同。"凡天地万物，皆有形质。就形质之中，有体有用。体者，即形质也；用者，即形质上之妙用也。言有妙理之用，以扶其体，则是道也。其体比用，若器之于物，则是体为形之下，谓之为器也。假令天地圆盖方轸，为体为器，以万物资始资生，为用为道。动物以形躯为体为器，以灵识为用为

---

[1] 陈鼓应、赵建伟注译：《周易今注今译》，中华书局2005年版，第643页。
[2] 郑玄注解"有形""无形"关系，从侧面涉及如何理解形而上之道。《易纬乾凿度》之"有形生于无形"，郑玄注曰："天地本无形，而得有形，则有形生于无形矣，故《系辞》曰：'形而上者谓之道。'"见［日］安居香山、［日］中村璋八辑：《纬书集成》上，河北人民出版社1994年版，第10–11页。
[3] 《周易正义》，《十三经注疏》，中华书局1980年版，第83页。陈少明指出，孔颖达以有无、先后关系理解道器，不免有引《老》入《易》之嫌，容易导向轻器、甚至弃器立场，而与《易传》取向大相径庭。见陈少明：《说器》，《经典世界中的人、事、物》，上海三联书店2008年版，第214页。
[4] 孔颖达从有无维度论道器，然亦不乏体用维度，参见《周易正义》卷首，《十三经注疏》，第8页。

道。植物以枝榦为体为器，以生性为道为用。"[1]这段论述可如此推衍：1.万物有其形质，皆为实在之本有。2.具备形质之物，若从体用关系把握，体即该物之形质，用即其妙理之用，处于形质基础之上。3.妙理之用立基于形质之体，转而扶持、辅助实体，此妙用即道。4.实体之物与其妙用之理，关系类似于器与物，器乃物之已成器者，物乃尚未成器者，由此可说实体即形而下，亦即器。5.体、器，物质存在也，道、用，功能运用也，前者为载体，后者为属性。

在孔颖达那里，道乃无形之规律，器乃有形之器具，道为原理，器为应用，道规定器、指导器；崔憬则把道器理解成载体与功能，器乃有形之物质存在，道乃无形之属性妙用，道之基础在器，反过来又扶持器，器为实体，道为作用。在崔憬这里，天地之间不存在无，万物皆实有，由此前提出发，道立基于器，成为器所附带之性能与妙理；而孔颖达预设有生于无，器用由道体派生，乃其显发与应用。孔崔进路之别，或可勉强比作"观念决定存在"与"物质产生意识"。就双方架构而论，可谓各存疑难。形而上之道、形而下之器，孔颖达划为道与形两界，形而上下两边丧失均衡对应，形与形而上之间距，性质便迥异乎形与形而下之间距；形与器几乎成为异名同义，由此竟可推导出形即形而下，遂不得不自陷于矛盾。崔憬谓万物皆有形质，形质即体，妙理即此体上之用，既然如此，物与体皆为形质，两者便不应有上下之别；但又以器与物比拟体与用，体作为形质在此却降到形质以下，有形质之物却提到形质以上，均与前文矛盾，难免错位之感。

形而上下之道器观，唐代以后渐受重视，宋明道学家论析甚夥，并且普遍与心性、气、阴阳等范畴相联系。蒙培元概括为数条基本线索：张载、王廷相、戴震，以物质实体及整体运动为道，以其所生成之具体存在为器；陆九渊、王守仁，以心即主体观念为道，以物为器；二程、朱熹，以自然与道德原则为道，以其所表现之具体事物为器；罗钦顺、王夫之，以具体规律为道，以实气具体存在即事物为器。[2]形而上与形而下之间，诸家多偏于重道轻器，惟王夫之尽器贯道而统之于一

---

[1] 见[唐]李鼎祚：《周易集解》，引自[清]李道平：《周易集解纂疏》卷8，潘雨廷点校，中华书局1994年版，第611页。
[2] 蒙培元：《理学范畴系统》，人民出版社1989年版，第54页。

形,"上下无殊畛,道器无异体";[1]器乃道之载体,道乃器之本体,道器交与为体。"形而上者隐也,形而下者显也",[2]船山以隐显诠释形而上下,卓见特出,而今更放光彩。

三、字句演释

形而上之道、形而下之器,其关系究应如何领会,现代以来新解迭出,各阐胜义。或抉发哲理内涵,考察其历史演变,探寻其现实意义;或从技术制作、工艺活动入手,着落于实践感与创造力。时彦之学理探研,可举数家为例。

杨国荣认为,"形"即实在世界,有此实在世界乃有上下之分;形上与形下,道与器,皆内在于此而成为不同表现形式。[3]弟子陈赟精诠船山道器论,以隐显(幽明)为基本视野。"形而上者谓之道,形而下者谓之器。""一阴一阳之谓道。"《易传》这两句表述,"之谓"、"谓之"有别,戴震对此早有详细考论,然而仅从语法学层面展开,未能进入存在论之域。船山切入实体(天)与主体(人)之关联,区分两种句式:前者关乎"什么",指向对象实体之实际情况;后者关乎"怎样",乃主体出于实践目的,对不同存在方式给予规定、分辨。在王弼、朱子、高拱那里,这种区分已有端倪,但船山更联系于知行之辨,道器就成为主体显现存在之方式,然其本身不可分割。张载谓《易传》讲幽明不讲有无,船山继承发扬之,以隐显诠释形而上下,使其成为不可见与可见之关系,须经主体现实知能活动才可界定。真实存在,无非隐显之动态统一,主体凭借自身在世知行会通隐显:以其自诚之思合会诸官,由可见通往不可见;以其感性实践进入器世界,不可见遂转化为可见。隐显会通,双向互动,船山由此抵御崇无贱有、贵上贱下之惯性模式,中国原初智慧形态可望恢复。[4]

从关键字词深透疏解着手,重新理会文意,转换诠释路向,思想之本真面貌乃

---

[1] 《周易外传》,《船山全书》第1册,岳麓书社1988年版,第1027-1029页。
[2] 《读四书大全说》,《船山全书》第6册,第490页。
[3] 杨国荣:《存在之维:后形而上学时代的形上学》,人民出版社2005年版,第48页。
[4] 陈赟:《回归真实的存在——王船山哲学的阐释》,复旦大学出版社2002年,第66-102页。

得敞显。有别乎陈赟以船山思想为立论根据、运思路线,柯小刚基于中西话语比较视野,批评以"形而上学"翻译 metaphysica,谓其歪曲中国之"道",丧失形而上下之道器论本意。内在于"裁—推—举措"之大化趋势,道器微妙贯通,体用一如,其灵活关系生动体现于形而上下之"而"。作为道枢,虚词"而"跳出上下固定区分,自始即保持道之根性,差异运作又源初同一。"而"即"以",有转折有顺承,"已"又"不已",更与"巳"相关,活象巳蛇已成形又变化不已。形以上非形之上,不已之形已上也;形以下非形之下,已形之不已也。而上一而下,形成一不已,由不断逸出遂开启道器间之变—通—事业而一以贯之。道开辟不已,乾动不息;器作为形迹,实乃道之化迹。[1]

诠释视野从隐显(幽明)退化为有无(宾主),陈赟谓船山已点出佛教影响;形而上下蜕变为形之上下,柯小刚联系到印欧思想(佛教)之本体现象两分。返归《易传》原文,于"谓之"、"而"以外呈现别样景观。"乾坤,其《易》之缊邪。乾坤成列,而《易》立乎其中矣;乾坤毁则无以见《易》。《易》不可见,则乾坤或几乎息矣。是故形而上者谓之道,形而下者谓之器,化而裁之谓之变,推而行之谓之通,举而措之天下之民谓之事业。"黄庆萱联系前后句脉考索其蕴:1. 形而上下以形为中心。注者多忽略形,甚至等视形器。2. 形为乾天坤地之形象。道即《易》道,形乃天象地形之省称,亦即乾坤在天成象、在地成形之形象;前后文方能以"是故"系连,注者多未深究。3. 道成形而道在形,形生器而道在器。道为太极,形为乾坤两仪,生发四象八卦六十四重卦三百八十四爻一万一千五百二十策,以应万物之数。4. 道器互有先后。崔憬以器为实体、道为妙用,注重天地万物实情;船山谓制器则道先器后,用器则器先道后,关乎化裁推行举措通变事业。5. 向上归纳,一阴一阳相反相成运化,名之曰道;向下落实,阴阳交感化育具体事物,名之曰器;居于道器之中,乾坤天地之形象,省称曰形。[2]

黄文之附识,提及林安梧以"形著"解"形"。林安梧又以"具体化"(embodied)

---

[1] 柯小刚:《形上学与形而上学:道学与形而上学的先行预备性考察》,《思想的起兴》,同济大学出版社 2007 年版,第 207–224 页。
[2] 黄庆萱:《"形而上者谓之道,形而下者谓之器"析议》,刘大钧编:《大易集释》上卷,上海古籍出版社 2007 年版,第 386–394 页。

名之，亦即体现、彰显。形而上，溯其源于道也，世间事物具体形著过程得以上溯本源；形而下，委其实于器也，落实到世间彰显为具体实在之物。形著活动，双向施行而生生不息。任何器物之构成，有赖主体对象化活动参与造就，即所谓"名以定形，言以成器"，由之成为定象，并因主体统摄活动而成为器物。溯于道而委于器，自下往上依次展开五层级：言（语句记忆），构（结构把握），象（图象想像），意（心灵指向），道（总体根源）。[1]

诸家皆从字眼入手，依自身理路灵活诠解。陈赟以"谓之"为突破点，柯小刚紧扣"而"予以发挥，黄庆萱、林安梧于"形"各有所见。黄庆萱更依循原文之意脉，提请注意"是故"系连前后文句；乾坤两卦之枢轴作用遂得呈露，形而上下双向并举不致遗失居中之形。诸家创见各擅胜场而可包贯综通：1. 区分"谓之"与"之谓"，形而上下不离在世视野，由此展开易见之"显"与难见之"隐"，凭借投身其内之运思践行，显隐幽明得以会通。2. 依循"而"之生动变换、微妙贯通，达道成器活动葆有体用贯通一如之根源活性，道非本质理念，乃变易不已之化行，器非固定形器，乃已成形又变化不已之化迹。3. 以"形"为形著、体现、彰显、具体化，具"体""体"现上溯其源、下委其实之行动，凸显自觉与能动。4. 象天法地之人，由天象地形提炼根源形象，藉以展开世界理解，"形"乃道所蕴、器所禀，上连天地运化之道，下接人世制作之器。5. 形而上下之道器，陈论带来主体人身知行及隐显视野，柯论带来生化律动之交互贯通，林论带来具身实践能动、得力，黄论带来根源形象居中贞立。6. 各以一语概括之，就呈现而言：视野—经脉—劲道—形象；就行动而言：投身—赋灵—着力—造形；就风格而言：均衡—活泛—充实—简练；就优长而言：方位感—可能性—行动力—精准度。

会通诸家之论，化合一派浑整境域，综汇体知、体行而展开。1. 主体以其自觉活动，投身于观照与联想、模拟与创造。2. 根源形象（乾坤阴阳）从中涌现，联类推衍，兆示变易流行千姿万态。3. 以根源形象为灵脉活枢，主体上溯幽隐而通达运行不已之道，下委显明而开启化迹已成之器。4. 根源形象处乎道器隐显交

---

[1] 林安梧：《人文学方法论：诠释的存有学探源》，台北读册文化事业有限公司2003年版，第125 - 129页，第155 - 161页。

会之中，唤醒主体感通物象之知行活动，与道往还而与器周旋。

四、"形而中学"

形而上下之道器论述，倘若不究心于关键字句，而径从思路架构入手，补足其虽未明言却隐含待发之"中"，当能别开生面。徐复观谓中国文化可谓"心的文化"，人生价值实根源于在己之心。"道"乃天道；"形"即身体，指人而言；"器"，为人所用之器物也。以人为中心，天道在人之上，器物在人之下，人心处于人体之中。按原意补全其语：形而中者谓之心。"心的文化"、"心的哲学"，应讲成"形而中学"。[1]阐以中庸之道，中国道理与生活、生命相连，不同于柏拉图形而上学、萨特形而下学。形而中学自生命体验得来，又返回生活得其验证；落于实践并推而广之，社会大众皆能实行。[2]

否定意见来自丁四新，断言"形而中学"根本不能成立。第一，字解无据，形字在战国中期不专指身体。第二，标准错讹，形（身体）作为划界标准无从安放。第三，不合传统，易学主流以形为形质，以形上为抉定其体之道理，以形下为形质依据道理以成器用，不容形中插足其间。[3]陈立胜搁置字义诂训，由身体现象学肯定"形而中学"之先声意义，为免落入现成物理生理层面，建议阐发生存论而非机械论之身。形乃绽出、不在场之身，心弥漫周身；天地万物为身（实体）所体（体现），体于此形（身）所开显、敞亮之"中"域。[4]

"形而中学"虽遭遇批评、商榷，以形之上下解释形而上下也落入故辙，"在人体之中"云云尤显板滞，然此说仍启发良多。形而上下之对举，上下所据以引发之形，皆不无可能触类思及"中"；形毕竟介乎道器之间，不可径直等同于器。

---

[1]《心的文化》，李维武编：《徐复观文集》第1卷，湖北人民出版社2002年版，第31-33页。

[2]《中国人文精神与世界危机》，李维武编：《徐复观文集》第1卷，第176-177页。

[3] 丁四新：《方法·态度·心的文化——徐复观论治中国思想史的解释学架构》，李维武编：《徐复观与中国文化》，湖北人民出版社1997年版，第417-418页。

[4] 陈立胜：《王阳明"万物一体"论：从"身－体"的立场看》，台北"国立"台湾大学出版中心2005年版，第11页注18。

再就常人习见而言,上有理念之宰制,下为器物而竞逐,或执抽象、或执现成,或执意识、或执身体;欲化解此僵硬座架与偏执立场,"中"之潜能自不待言。

既以"形"为基准"而上""而下",拈出"形而中"一语,并非不可理解。向上(未形之隐)达于道,向下(已形之显)接于器,显隐双向互动,回旋涌兴中域之浑全,此间尚潜藏更多构形。鞠曦独创"承诺推定法",道器关系以《易》卦承诺主体而推定,"形而中者谓之卦,形而中者谓之人","形上和形下统一于形而中之主体,形式为卦,承诺和推定者是人"。还可推定时空作为阳爻阴爻,太极生两仪也。[1]此说甚独特。然以"卦"解"形",又云"形而中者谓之卦",无异于表示"卦而中者谓之卦"。黄庆萱也近似于以"卦"解"形",亦即乾坤两仪体现天地形象,却未据此推导卦乃"形而中",故可避免此矛盾。至于"形而中者谓之人",凸显主体之施行,颇契合陈赟以主体知能活动显现存在;但陈不主"形而中学",亦未据此诠说人居道器之中而会通上下。

植基于陈赟之论,尚东涛以道器为主体在世之面向,不可分割。道器互成,形为中介,亦即显现、显露。形而上下均规定于人,形与人获得同一;人又限定于技术,形而上下乃现实归结于技术,"'形'即技术",技与形一样内禀动词义。主体有两种存在方式:"形而下"(对象化),由道向器转化,物化也,生成人工造物;"形而上"(非对象化),由器向道转化,非物化也,总结自然规律。双向转化以技术为中介,规定于技术,亦即中介之形,"形而中者谓之技'"。技变则道器变,技不变则道器不变,"'技'高于'道'和'器'"。[2]以动词义"显现"解读"形",可呼应林安梧之"形著";谓"技""形"均兼名词与动词义,可呼应陈立胜所谓有体(实体)、能体(体现)之"身一体"。道—技—器,以人之实践为中心展开双向转化:技进于道,以技制器。该架构本身合理,不违古典奥义,且贴近实际经验;以技统摄道器,尤能彰显技术运用之现实意义。然诠"形"为"技",又云"形而中者谓之技",则无异于"技而中者谓之技"矣。

形而中学诸论,皆由"形"开显生命向度。若不再坐实形字,敞开灵活态势,

---

[1] 鞠曦:《中国之科学精神》,四川人民出版社1999年版,第162-177页。
[2] 尚东涛:《形而中者谓之技——一种理解技术的可能路向》,《自然辩证法研究》2006年第3期。

蕴含丰厚意味,惟"象"可胜任此中枢活用。侯敏谓形即《易》象,作为中介联系形而上下。道即其所尽之意、所明之理,此乃观象知理;依其体现之情状,具体成形为器,此乃制器尚象。[1]贡华南从字源详考象形之别,形已定而不变,对应视觉之见;象源于气,现而未形,发为全身心之感,指向物本身之时空一体。象可观可想、可味可感,依类感悟感推,亦似亦续不已。立象乃取其法、契其机,己与物交感共兴于象以立,融入其内,循乎生机而偕化。象兼具形状精神,道与象交互为一。诸象亦通而为一,寻象外之象以求通象,象内到象外、此象至彼象,通达整体无限之大象。[2]形象之异,象之活势深蕴,一一道来,阐讲甚精。形上形下转换为象内象外,上与下或主宰或受制之僵硬嵌合,亦转换为圆转通导、柔和推达。以象贯通内外本末,持之无往不利,此解甚圆妙,然而贬形稍过,或失乾天坤地成象成形之旨。以形为固定已成不变,亦缺乏能动,似未合形著、体现、彰显、具体以成诸义。虽然,象之意蕴究可引为资援,融入道器论以完善"形而中学";再借隐显(幽明)相蕴之妙,衍绎形与象之显隐互寓。

五、显形隐象

"谓之""形""而",字眼精解通释,各有创获。开启"中"之向度补足全局,潜在空间充分拓展。道器由"形"引发,此枢纽援"象"入内,隐显互转,意蕴更丰。"是故"系连前后句脉,承启作用甚为关键。黄庆萱独辟蹊径,释"形"为乾坤天地形象。此论或致异议,然未始不可变通引申,由以曼衍微曲。

"乾坤,其《易》之缊[径]邪。"乾卦坤卦至阳至阴,乃《易》道必由之径、深蕴之府。"乾坤成列,而《易》立乎其中矣。"乾坤排成队列,《易》道乃得兴立于其中。引而申之,以两卦为基础,奇偶错综布演无穷卦形,交互贯列如矩阵,可收卷亦可扩展;卦形含藏卦象而涵映万物,据以指导制器造具,器具不违阴阳刚柔之义,自亦有《易》道存焉。"乾坤毁则无以见《易》。《易》不可见,则

---

[1] 侯敏:《易象论》,北京大学出版社2006年版,第204-222页。
[2] 贡华南:《味与味道》,上海人民出版社2008年版,第187-200页。

乾坤或几乎息矣。"乾坤两卦与《易》道互为保障,不可或缺。《易》道至简又至繁,凝缩于总纲,遍存乎细目。两卦倘遭毁弃,《易》道便无从察见、无由显现;《易》道若不得其法以见(现),两卦便形存实亡,难以卦形卦象承载大道、映显万物,法象所制之器当然更不得存。"是故形而上者谓之道,形而下者谓之器。"是故,以是之故也,因为这般缘故(原由),是字统指前文之意旨。依前文所述乾坤与《易》道关系为端由,引申后文之形而上下云云,则两卦与"形"之联系可知。

乾坤两卦关乎形而上下之论,朱子已有揭示,"卦爻阴阳,皆'形而下者',其理则道也"。[1]陈鼓应谓,"〈乾〉〈坤〉两卦象为《易》理之载体,《易》理为道,〈乾〉〈坤〉为器";道在有形之上,无形象可见,器在有形之下,有形象可见。[2]寻绎原文前后关联,以乾坤两卦为形而下之器,以《易》理为形而上之道,确不违义旨脉络。然若径直认定,器有形可睹、道无形难见,形器程度略异、性质却同,形与器一起区别于无形象之道,这样理解似有滞碍。器既与形同,岂可称谓形而下;形既与器同,焉能据以分道器。是故此译仍从"有无"理解"道器"。陈赟认为形上形下乃隐显之别,不应化约为有无,否则必致贵上贱下、崇无贱有。[3]余治平亦谓器非形,也不可能等于形,否则《系辞传》有何必要以"形而下"指称器?[4]柯小刚评断形器异名同义之谬,近乎"无形之物谓之道,有形之物谓之器",径可简称"无形,道也;形,器也",使原文之"而上""而下"皆成多余。[5]化解"有—无"、"道—形/器"僵硬格式,或宜变通推导,让形居乎道器之中而包合统贯之。复引入形与象之微妙关联,形乃卦形呈显,亦即乾坤两卦及其所代表、派衍之众卦;卦形隐含卦象,亦即天地之象以及阴阳推移变化无穷之象。奇

---

[1] [宋]朱熹:《周易本义》,廖名春点校,中华书局2009年版,第242页。
[2] 陈鼓应、赵建伟注译:《周易今注今译》,第642–643页。
[3] 陈赟:《回归真实的存在》,第82页。
[4] 余治平以"器"为物自身,本体之物、自在之物也,超乎感觉之外;"形"乃其呈现于感觉经验系统之样态,色声香味触是也;"道"更为格式化,乃世界万物在人心思维之抽象形式。见余志平:《道、器、形之间——中西哲学形而上学的通汇》,《现代哲学》2004年第3期,第63–65页。
[5] 柯小刚:《形上学与形而上学》,第216–218页。

偶错综成列，显形也；阴阳变化无方，隐象也。上溯其源（源泉/本根），向幽隐持续卷入，通往万化生生不息之大道运行；下委其实（果实/流委），向显明不断展出，发为众卦指导制作之化迹成器。

"见乃谓之象，形乃谓之器，制而用之谓之法。"形（著明、彰显）取动词义，与见（化现、可见）对应，故不可遽谓名词之形等于器、低于象。陈鼓应注译：象显现在天而可感知，日月雷电也；器成形在地而可触摸，山泽动植也；由此制成日用器物供人使用，依法类推之法式也。[1]若依此译，象特指天象，器特指地上万物，以及根据天象地器所制器具。其实无论在天在地皆属自然物象，为先民所取，器则专指人工器用。经由取象活动，主体客体互化，物象心象连属绾合。卦形卦象显隐互嬉，生于造形取象实践，往来曲通心（心曲心向）物（物曲物宜）之间，上下曲贯道（天然道行）器（人为器具）之间。

庞朴谓六十四卦皆象，为宇宙动态，形容万化生成变动，非道非器、亦道亦器，道器经此中介得以关联；阴阳为其基元，一阴一阳，极言往复之动。万事万物亦有象，具体之阴阳也，乃元阴阳之投影。又谓形器异名同实，象高于形，形而上下之间更有形而中者，谓之象。形上形下以形为坐标，意在强调道无形、器有形，并不表示形在上下之中、道器之间。[2]以阴阳元象为中介，"道—象—器"联络宇宙一体，其说甚善。然严判形象之别，形器异名同实，便落入"有无"之窠臼。一体三相遂断作有无两截，失却自身一以贯通之畅达，动态平衡亦遭损坏，不能缘循中转而相向呼应。关键在形，究与器异名同实耶，或与象同类异趣耶。倘依一贯为旨归，注重内在匀称之美、协洽之善，不妨引申转化为卦形奇偶错互、卦象阴阳参涉，而上（隐幽）为道，而下（显明）为器。

显形隐象互变，贯注以阴阳虚实、奇偶刚柔，道器亦兼阴阳之性。两相比较，道为阳，乾行（"天行健"）乾动而流行不息；器为阴，坤处（"地势坤"）坤静而

---

[1] 陈鼓应、赵建伟注译：《周易今注今译》，第634页。
[2] 庞朴：《阴阳：道器之间》、《原象》，《一分为三：中国传统思想考释》，海天出版社1995年版，第75–76页，第231页。

安处得宜。[1]就生命原型以喻，乾为大通道，健行畅通；坤为大容器，厚载包容。一阴一阳往复推移，大道深隐至极而恒运不息，可谓"不易"。乾坤两卦交感，提炼自天覆地载、万化纷纭，显发奇偶连断之形，隐含阴阳消长之象，联翩引申众卦变形变象，呼应物象流变与心象迁易，可谓"变易"。生活器具莫不合乎阴阳虚实、奇偶刚柔，仿若大道之载具与化迹，显眼又称手，简便且实用，可谓"易简"。道—象/形—器，向上向下悠摇纵贯，道隐微而广大，器显著而切近，中间地带显隐过渡，形象联绵起伏摆荡。卦形卦象居间显隐互转，个人如此臆解，由《易传》原文变通引申得来，更可联想象征符号若虚若实，表示易睹之器，暗指难测之道，成为生命绵络之指称与指代、指示与指引。神圣符征介乎道器之间，汉字尤称典范，不仅落实于书写形迹以尽言，而且默运其法象万物之原力与本能，化为言外之象以规范、指引语言。汉字系统犹如神秘符箓，排列成矩阵，综贯为族谱，屈伸起伏而涵演万物；字形（形迹）字象（象蕴）互媾，俨然卦形卦象另一版本。[2]

生化之网，弥纶万有，纽带绵延系连，关节迭互衬映。大道弥时弥境，浑全整一又切分细化，通乎至宏而深入极微。所有场域无论大小皆可喻以器，天地亦体示化工浑凿之器也。形与象显隐交织，涨落舒卷于宏微场域，或发乎形示、或含于象兆，或显为器状、或隐入道朕。人与物联动协调而妙合于技，主体客体互体也。艺以进道、术以制器，感达无量场域运化不已，浑成天地艺术之自运。

六、人与物互体于技

形而上下之曰道曰器，其得以引发者形也，象与之俱存。上下统之乎一形，以

---

[1] 陈鼓应谓"地势"本作"地执"，执因形近而讹为埶，又变为势；地执即地处、地静，执又通蛰，静也。陈鼓应、赵建伟注译：《周易今注今译》，第42页。
[2] 李泽厚谓汉字系统乃中华文化源头符号，地位崇高神圣，成为永生历史经验之权威凝结。文字即本物，甚至成为神本身，主宰语言而非相反。见李泽厚：《即用即体的汉字：三论中华文化的源头符号》，《明报月刊》2005年9月号。雷德侯（Lothar Ledderose）呈示中国文化"模件"体系，《易》卦与汉字系统堪称典范。见［德］雷德侯：《万物：中国艺术中的模件化和规模化生产》，张总等译，党晟校，三联书店2005年版，第5-25页。

乾坤卦形最为直观显现，内隐天地覆载施受之象；进而推演诸卦错综成列，涵衍卦象变化无方。形（卦形画符结构）与象（卦象动态含意），显隐互构、阴阳交媾，符征与态势表里化合，作为中转而中处乎道器交互转化之中。

显形提炼自万事万物，完形构架浮显也；隐象融渗于万事万物，纯象意蕴潜葆也。庶类升沉、品物流行，人投身于世间万化兴歇，卷入互动协作之湍流，缘循事物本身脉络牵属而有所施为，亦观照亦联想，又效法又创造。作为具身发心之能动者，人从物类汪茫大海打捞完形构架，感会纯象意蕴。人与物往还施受，显形得以呈显，隐象得以索隐，编织一条生动纽带：身形心象—卦形卦象—物形物象。运作于此造形取象过程，以道器称谓形而上下，道行自尔隐藏乎神机，器具比然显发于利用，道隐而器显也。大道至简，普在天地间，随触可感、随遇可显；殊器繁多，引类不穷，习熟于器具络属系联之网，往往熟视无睹、习焉不察。道与器兼综显隐简繁，仿若正反相成然。各禀正反合体，道器又互为正反呼应。

卦形卦象从造形取象活动得来，沉淀而升华，能所往复，成就形象显隐。生发于人之投射与提取，源于人之通视域而由以识视；归属乎物之敞开与庇藏，根乎物之涌现域而因以呈现。人凭借思行活动，铺展处身视野，物类既流散又汇聚，错综涌现幅员与纵深，位序与层次。物形显示状貌，径直呈露眼前；物象隐蓄态势，窥入其形乃得契会，物形物象显隐有别。调子悄焉变化，形象显隐反转。境象参合以显，生动鲜活，直观便可感得；生命原形隐匿其中，运作于不知不觉。物形物象隐显交互，人之身心亦然。身量身段轮廓分明，体露金风；心象心曲含藏于内，既深且微，易变而难测。习常皆知身形心象一显一隐，待得移步换景，心显而身隐。心光投射、灵府澄映，所照之处纤毫毕现，无所遁形；身影投入绵野，潜感氛围、默会兆象，全体综汇周遭境况。身为心奠基，反溯源于心源；心为身引流，复植根乎身根。周身沉潜而体证，厚若扎根培土，寓托品象之群落；全心超拔而意会，畅如导源疏浚，牵引形势之脉络。身心互根互源，波峰波峋起伏相依，坡洼坡梁俯仰相应。意识与身体之对抗，于焉涣然消融矣。物形物象，显隐相生相转；身感心领，隐显互成互换。人与物又各以其隐显合体，递相映带彼此之隐显呼应。

人有身心交媾，物有形象互衬，人物显隐可分别言之。论其样态，人多隐意而含于虚灵，物则显发为实体，人隐而物显也。论其运作，人以知行彰显能动品格，万物潜通缘会，隐伏其周遭联系，人显而物隐也。人乃天地灵明发窍所在，样态灵动而虚隐，异乎物之实有；行动禀得自觉，异乎物之默运潜行。倘从显域、正面加以烛照，人之收放取予，辐射又辐凑，扩散又拢聚，弥布其视察触探之幅展，浑化为虚晕弥漫，随遇而晕染；诸物与人相遇，随缘际会于晕圈乃从晦暗浮现，呈其形而兴其象。然若冥会于隐域与背面，物之联类曲畅、结缘周遍，本身就饱含富藏之能、厚蓄之德，辐合又辐散，弥合又弥散；物既承受人之施为，转而培育地基、烘托氛围，人亦接受其簇拥与包合、推荡与牵引。人与物互为归属、相与托付，诚乃授受一如。人之见（今音建），为物赋形授意，建构经营意象；物之见（今音现），承受人之取予，随即涌现形势气象，物情寓示人意。反覆此见，物以其自发涌现，反身视见、托显人之性状，人受物拥卫如受围观，得以委形而趋向自然。人与物授受交构、隐显互形，构即媾，远近沟通、来回遘遇也，形即构形，形著、体现也。形之在人，体现为主动赋形观象，同时承托于物类围拥环抱；形之在物，显形现象而匿形隐象，既有待人给予揭示、展露，又潜运其默化之能以助人受形。

人与物互根互源，同根分枝又连理，通源别派又合流。人以物为体，返本于自然，神与物游而身与物化；物以人为体，万物向人荐灵托身，自然本身满溢情意。"目既往还，心亦吐纳"，"情往似赠，兴来如答"，人得物之馈赠而回赠反馈，物得人之召唤而回应反响。人与物交互为体，呼吸往复，居中涌现完形纯象，游移于道器隐显过渡之中间地带。道—象/形—器，此层级座架遂转换为态势迭替推移，冰融为水、水蒸为气，气凝成水、水结成冰。显形隐象，中处于道器互动、人物协作，栖居于时境交融，此乃千变万化之"中"，似左似右、若前若后，随势转化莫定。通道屈伸沟通，道与时之喻也；容器张缩包容，器与境之喻也。显形运行如曲谱，隐象孕育若画图，曲式反而隐，图式反而显。万物派衍脉络牵引之势，兴发苞朵攒簇之能。人之身心全体亦动亦静，本就兼备气脉通道与脏腑容器；人之生死全程亦行亦处，自发浮现道路与家宅，轨迹与场域。

显形隐象，狭义为卦形卦象，广义为符形兆象，来自人境物情之交相为体；物形身形与物象心象互动，依符形兆象以呈现，由造形取象活动而形著、象示。人与物互体于此浑成运作，从中孕育本原之技，远取物而近取人，环舞联属不穷，好比随物演卦、即身撰符，演撰乎道与器、人与物之中。技即艺、术，艺主融会而术主专精。陈徽考释字源，技即巧，巧字从工，工字本义为矩，曲尺、工字尺也；引申为持具施工者，又为操作技能高超。百工运百技施行百物，技体现人与物之内在默契，蕴含生存体验，成就物也成就人；非为展现操作之巧，而应通达于道，导向天人己物之通融。此义体现于术字，从行，由道路引申为达道、通行之所由，亦即途径、方法。艺字本作埶，从丮、坴，丮为持种，坴为土块，由亲手种植引申为培育、涵盖。技之本质在通达（"术"）与涵养（"艺"），"其所达者，道也；其所养者，德也。"[1]此分疏甚精。若从显形隐象出发，观以形而上下，又呈别样理脉。造形制器以术，人施展其术与形游戏，制作手段多样，操作手法巧妙。观象修道以艺，人兴发其艺与象涵容，初觉平淡无奇，深入体会乃潜感道象。术近于器，反以其通导之势，呼应道之行；艺近乎道，反以其涵育之能，呼应器之用、德之蓄。术显而艺隐，技居于术艺之中、隐显之中，一体三态犹如光谱过渡转化。

　　人与物交互为体，活脉与灵枢在技。杨儒宾举道家思想阐抉身体技艺，谓其由技进道，主体不求宰制客体，客体亦非静待主体凝视之物，主客一体呈现，化入整体场域浑然成为具体之思与行。人身扎根于风土场域、文化传统，主体得其先行奠基乃能生成，可谓"体而无体"，循主客两端往复游动于场域氛围。[2]胡伟希以"技进于道"阐发道器合一，人真正成器，与万物无对无隔，制器用器皆成为艺术游戏，与器游戏于器世界。[3]人化身入物，物托身于人，主客互体恍似交换其体，并且交互体现、实现，合乎道而应乎器。技涌现于主体客体互体之中，转而参综其协作共兴。人以其联觉通感，携技进入风物连类包贯，从中把握物形、打捞物象；技之样态方法莫不根源于物，妙运此合乎物情物势之技，回身观物用物，近乎物之自观自用。物类受人以技感知、利用乃至改造、重塑，人之能力与气质随技术运用发生变化，其自我塑造深受技术影响。物类之特性与偏向得技揭示，却因局域凸显而障蔽其余；人之潜能与原力由技开发、拓展，然其生存样态、生命维度亦被规导。技受限于人与物之互体，转而规定人物互体之限度。

---

[1] 陈徽：《致命与逍遥——庄子思想研究》，复旦大学出版社2011年版，第89-94页。
[2] 杨儒宾：《技艺与道——道家的思考》，陈明、朱汉民主编：《原道》第14辑，首都师范大学出版社2007年版，第255-268页。
[3] 胡伟希：《原器》，《河北学刊》2014年第6期。

居于人物之间，技溯乎幽隐而通达大道成化，启乎显明而开辟器物适用。任何技艺，均可比拟立卦生爻，外效法而内摹仿，又联想又创造，经由取象造形活动，展演完形结构，葆养纯象含意。修习体道用器之技，自反于亲证道器一如，可谓技之自我成全也，感应物类而构拟、联想，化合身心而兴发、沉潜。先圣明示"游于艺"，以六艺涵养德能、导引情志，进而有效参与事用、物用。后代士子游艺有成，无论吟诗行文作书习画，亦或起舞度曲弈棋练武，均似取象造形演卦般，俯仰迎送，成器造道。技艺达于极诣，臻乎道器协济、人物浑融，艺事游刃有余，恍惚技艺自行生长而天然合度，不期然化入万化盈缩消息之大艺。

七、"度的艺术"

人乃天地心，亦为天地具体而微之身，身心一体，涌没于联类结缘之运化，与远近表里互通声息。人与物交互为体，俱处乎将形未形之际，既能动又待塑，相向敞开可能。主客内外互体于取象造形之技，技亦处乎似成未成之际，绾合道器一体协运，牵一发而动全身。技之妙用在度，亦即道与器、人与物之相互协调。

道，导也引也行也，喻示生生大化流行，体现于人之引道以导行。大道之行，变易无方而恒久不易，变与不变之际却可为人测度，触类推想其易知与简能。引道而行，有所导有所向，面临歧岔有所抉择；与物盘桓，须得细心把握分寸，依时机节候予以揣度。分寸即度（音渡），揣度即度之。应物制器，因应自然物类之性状，由以制成人工器具，器又代指人之器量器局器识。方圆大小、厚薄钝锐，质地刚柔糙润，文理粗疏细密，皆属器具之规制与性状也，各有品格矩度；随人之善用与否，器具寿命效能自有限度。制器造具，于材料之质体、形理与分寸，均须巧为衡度，审视其曲直，忖度其形势，因时因地施行工序，遂其宜而尽其性。制器如此，树人亦然。培育人材与自我教育，可喻以成器，本身有其成长之次序节度；"君子不器"，乃可成就大器。人行天地中，钟灵毓秀、葆韫神光之宝器也，器宇材具风度合称器度。人之生息劳作，与他人往来人世，与万物交通于大道川途，"鱼相造乎水，人相造乎道"，迭互投入器具之制造使用。人与物交互为体而妙合于技，往来迎送、俯仰周旋，仿佛设卦观象、演卦造形，艺事充满分寸节律之度。

道器相即，人物互体，神思笃行与显形隐象交融，"度"居中运度，指向形势之反身指引，参综意蕴之潜在综合。

李泽厚重视劳动操作与实践活动，物质生产与科技发展，首倡"度的哲学""度的艺术"，标举"度"（而非"有""无"）为人类学历史本体论第一范畴，兼具本体性与操作性。经由度之把握，让自在之物从隐蔽中涌现，自身品格能力亦得以塑造培养。度即"掌握分寸，恰到好处"，参涉肢体及神经技能，技术运用与艺术运作；不在对象客体也不在意识主体，而首先出现于人类生产生存生活，关乎实践实用之制作创造。巧与调，描述无过无不及之度；中与和，本义与实现均在度。实践—操作—生活，运动变化过程不断完成却永不完成，持续向各种可能开放。作为活生生之动态永行，度以人之能动把握，鲜活展示《易传》"天地之大德曰生""生生之谓易"。度隐藏于技艺与生活，实践行动恰到好处构成知觉完形、思维规则，此即形式感之源，包括节奏韵律、对称均衡、比例次序、简洁和谐。度生于用并服务于用，惟运用乃得度，用即中庸，日日新又日新。寓高明于中庸，化本体入妙用，主客融合于度，依乎天时地利人和材美，主动创造、兴立大美。度来自技，艺乃技之自由运用，美呈现于艺。太极阴阳图之中线宛曲美妙如波，兆示阴阳交生互补于变易行程，乃度之直观成象，亦即生活自然宇宙之生动图演。[1]人世与自然协同运作，工艺与心理本体共同构成双本体，依人与内外自然之关系（自然之人化—人之自然化）而展开，最终归结于人类历史。[2]

阴阳中曲线乃"度"之图演（形显—象示），随其摇摆悠荡有致，巧妙摆荡一派相反相成、互夺互入之势。人类学历史本体论以"活"为圆心，无心之心也；以"工艺—心理"双轮互运为动力，自发之原力也；同心圆一圈圈如波推扩，周回不穷。工艺本体核心在"度"，心理本体核心在"情"，双本体交互成体，实为一体而无体，比类双鱼负阴抱阳和合太极无极之圆，可谓"圆善"。理性与智慧之真，人情与艺境之美，汇归于人类历史总体生存延续这一大本大源之善，"天地之大德曰生"。度与情，双核心交相呼应，阴阳双鱼各具只眼，白睛黑睛对观互映。

---

[1] 李泽厚：《历史本体论》，三联书店2002年版，第1-9页；李泽厚：《实用理性与乐感文化》，三联书店2005年版，第27-34页，第40-42页。
[2] 李泽厚：《双本体论》，《哲学纲要》，北京大学出版社2011年版，第232-293页。

双鱼曲负绕抱而衬托波状曲线，可形容"中""度""巧""妙"，更可喻示知意情之如理、得体、合宜；而人类情感也渗透于理性认知、道德践行。工具本体，强调制造—使用工具进行劳动实践，以及据此无限扩展之活动环节、认知成果，为人类生存奠定基础。心理本体，凸显情感作为人生之真谛、存在之实情、终极之深意，为人类生活引导方向。工具与心理本体皆非抽象本体，恰恰以现象具体为本体，实乃无体之体。情往下为感官生理欲望，居中为血缘孝慈亲情，往上为万物同体之仁；度往下为器具矩度，居中为生命尺度、物类律度，往上为宇宙法度。度之运行，本已潜注情意；情之感发，自亦暗含韵度。

工艺与心理双本体，统一于人类历史行程之"活"。从身心互动到人际协作，从自然共创到宇宙交响，"活"即自如通行、全面参与。"生生之谓易"，人之行走与协作，日日新又日新，呼应万化变易、大道周行，"道行之而成"。李泽厚赞曰："宇宙—自然"即神明行走，本身无由解释、不很确定却又富有规律，以其物质性与人间血肉相融贯，构成神圣历史与历史神圣。呼应宇宙—自然之物质协同共在，人富有历史感而生存行走（"活"）于具体时空延续，经由"度"之实践，不断发明、创造具体规律。[1]

八、运度：居间调节

通观隐象而感会兴发，轨法显形而比附构拟，人与物交互归属、相与造就，总处乎方生未兴之际，犹待转化，尚未确定。身心与物类徘徊嬉游，妙合于技之似成未成，进道而制器。道—形（象）—器，隐显参互贯达；人—卦—物，往复递相沟通。道与器阴阳负抱，人与物能所授受，活技居间运度，全域乃得一体浑化。实项层级框架，转化为变量指引之环舞，经线纬线交缠，平圈立圈互旋；曲复如环而浑全若圆，宛然龙蛇盘旋又潜蜷，乾动健行，坤静蛰伏，居间摆荡不已。

溶浸于道器人物诸态之参合，任一变量皆缘其依托而涌兴，复又回返参助其周缘系联。此间没有现成之"人"与"物"，更无现成之"道"，就连"器"也不可

---

[1] 李泽厚：《关于"美育代宗教"答问》，《哲学纲要》，第378-388页。

把捉为现成载具,而须缘循运化之脉络,随势曲体其活性、潜能与妙用。大道乃化为道之"行",殊器乃化为器之"蓄"与"用",物色、身体与心灵俱化为"感",物感身感心感也,技亦应感起兴而化为技之"能",居间潜感左邻右里来龙去脉。感传生活本身之脉动,技能曲畅旁通,物类之质体文彩由以纷呈意象,身心亦因之潜移默化,随其运用而得实现。技能又受物类牵引、承托,甚至成为物之自感;身感心感弥布技能,贯注一体盈缩屈伸之律动。自如挥运技能,尤以手为感传之枢,身手者,化入全身通感之技也,铭刻心灵印记,往复推挽而居间抟控。艺事均可以手艺宽泛代称,好比取象演卦;工具乃手之延伸,大道化导亦拟乎化工巧手妙用。

艺,技,术,一体三态之相变也,居于道器人物之间,亦行于时境之间。由此全面协调、微妙调节,涌现挥运之"度",亦即得时、中节。调适以度,类似琢磨推敲、斟酌掂量,更可图示于"抟",手法圆匀细腻柔和,转换过渡,损益去取,委曲贴合情势变化而不失平衡,贯达其重心、准的、节点。融入全局统揽、全体联动之力场,节度运化在导,导即引,"从寸,引之必以法度"。[1]寸字从又从一,又即手,一为掌下一寸之腕横纹,体示长度单位,分寸尺寸皆然,引申为规矩、界限与法度。寸度兼表长度、程度,还以极短极微之状,兼喻境域与时辰,寸土寸阴是也。估量轻重、揣摩缓急,忖也;切分节度为刌,切木治玉为劙,均关乎体段尺度。手艺以手为度而度之,源于指掌腕肘天然禀有之寸度,手法手段宛然人手自身分寸之合度展现。守字亦从寸,从而与尺度矩则关涉,名词义为职守、品节,动词义乃执掌法度、遵循规范。度字内含又字,暗藏手象。《说文解字·又部》说解度字:"法制也。"段注:"周制,寸尺咫寻常仞皆以人之体为法",寸咫仞"皆于手取法"。[2]近取诸身,以人体自身及其运用为度量基准,既出于身体与宇宙之比度、隐喻,更体现融入周遭境域之具身亲在感,身感随态势联动而呼吸涨落。以身为度,以心度之,迂回游走全局以持守平衡匀称,"正心在中,万物得度",万物乃得适宜推度、妥当调度,与身心交感互振而生成时运与律动。全身心运度调节,

---

[1] [清] 段玉裁:《说文解字注》,上海古籍出版社1981年版,第122页。
[2] [汉] 许慎:《说文解字》,中华书局1963年版,第65页上栏。[清] 段玉裁:《说文解字注》,第116页。《说文解字·尺部》解尺字亦谓:"周制,寸尺咫寻常仞诸度量,皆以人之体为法。"同书第175页。

手段寸度与心律、步调、身法俱起，成为"度"之活现。

"度"之运化，着落于"中"（音衷，中间），形容为"和"（音何，和谐），依托乎"中"（音仲，命中）与"和"（音贺，应和）。"调"与"度"尤为相通，试举数端略予阐衍。1. 调和。以调理之技，收协调之效，应答有致而相映成趣。音声、味道乃至万物，莫不错落综汇以成丰富深永，诸音和调、诸味协济，乃得错杂不齐之齐，起落不平之平。2. 音调韵调、声度曲度。和谐之旨，音乐绘画直感体现，在色彩亮度笔触调子之协调，在旋律韵调之合奏共鸣恰到好处。人有格调情调，乃意趣品性之发为气象气韵，关乎风度体度，如画亦如乐。3. 调动调换、调派调遣，合曰调度。基于通盘权衡，依情势变换采取优选，以利于潜在功效自然发挥，源源不断保持动能与活力。4. 调节，中节即合度。节字本义为竹约，竹之分节如腰带缠束竹身，引申树榦草茎分枝派叶之关节。进而标示身段肯綮关纽，成为划分段落、系联片段之段联，更有管控绾合作用，以简驭繁，以少总多。调节之旨在匀谐，然非囫囵混沦，而须随处分节分段分理，适时予以规约，保持微曲有致、细节各具，不失其内在节理差异，由此生成参差复杂之协调。

于连（François Jullien）妙抉调节精义，极尽深微。"中"之真蕴，适应环境千变万化循持平衡，惟自发调节乃与化偕行。天道之调节，曲体极微、不断更新，人以具体而微之调节，自内贴合贯通全部现实活动，朝向可变敞开以呼应天道，达成天人调节之共鸣，从全面水平持久维系均衡。曲而中，依此运作路数，调节既无确定形式亦无独一模式，永远委顺事物变化，由曲得中、亦曲亦中。曲变而微调，指引复暗示，恰当烘托牵扯全面形势，迂曲调节遂成为切中与直入。[1]

移步换形调校中心，时移势易调整重心，调节之道，曲成其微、曲尽其妙，体贴物事自身节律，随顺形势潜在节拍，周行不遗以达乎节中，曲中其节也。节中之度，源于全面形势又御乎全局抟控。调字从周，周字象田畴布种、秧苗稠密，引而申之，周遍分布、周全照料也。倘予充分联想，调字亦禀得周洽协济之势，周匝往复必有度，均衡分布须合度，过犹不及皆失度。度包方圆，规度、矩度也，动词义

---

[1] [法]于连：《迂回与进入》，杜小真译，三联书店1998年版，第226－227页，244－246页，250－254页。

为运度用度、揆度筹度；又指示程量、界限与性状，长宽高深、广厚弯斜、重密纯浓皆可表示。从量度限度刻度引申为度越、度化，一为临界跨越，一为指点提升。后者亦作渡人渡世之渡，义与济通，横越水面、渡济川流也；此义又表示过渡，潜然推移、浸渐转换也。道器隐显之间，形而上下之中，恰可形容以"济"，指示道器临界交际之中度，相与过渡之动势呼之欲出。光谱推移，潜转暗渡，交济于既济未济之际，若即若离。道器交济更有冲和之意，交参互用、氤氲成和，势若阴阳负抱之抟扶；生效与补益，扶助与成全，协治与和调，诸义皆蕴蓄于"济"。由交济达致共济，人世自然万事万物各遂其性、各尽其能，互助共生于太和。

根源乎大化之本原艺术，自行摆脱人与物之静态把捉，道与器之对象隔置。即便动态过程、关联模式亦须转化，消融其现成理路，返归自然之吐纳，让生气绵绵涌流，保持将成未成之始生始动。拟于四隅四时之互缘互媾，人兴发而物含藏，器焕殊而道贞一，本原艺术居间运度有信，成为原涌之动源、本生之活根。道器人物联绵协调，随其运化而迭互涌现、循环成全，浑融乎技之自运，"以天合天"，浑若天运。天人互体而浑化一体，名词义为流体变体，化解意识与身体之执空执有；动词义为体触体受、体知体行，汇归于具身通觉之体感。人物互体（交互感应）如共鸣，人技互体（交互实现）如合拍，心手互体（交互协从）如调音，道器互体（交互成就）如双声叠韵。诸体俱为无体之体，互体于无体。

大道潜运，悄然为器奠基并自寓于器；器既容载道、敞显道，又以固结之弊而遮蔽道。万物得人呼唤遂从沉眠甦醒，更为人提供赖以扎根之风土；人超然兀立，受万物感召乃返本溯源，反身为物色赋予情采意趣。道器人物共济于技之运度，此起彼伏凑泊力场与势域，呼吸虚实成和，左右逢源，触类旁通。运度本义为三光推运之躔度，变通引申为运化运转、调度调节，浑成始动始萌之能。本原艺术居间运度，与道偕行、与器周旋，礼赞万物而仁泽人世，回馈生活绵飚之全体大用。

九、余音

前贤标举"形而中学"，启予良多，据以变通、联想，申衍居中之蕴。形而上与形而下，从形起步以趋于幽隐显明。引而申之，形（象）之名词义乃卦形卦象，推扩为符形兆象，形显象隐而交寓一体；动词义为形著、象兆、体现。倘结合人与物之既交相赋予又回互归属，动义更有取象造形、呈形现象。人与物交互为体，授受妙合于技，转而成全物与人互相体现。一切诸技之挥运，无异于演卦成象，总处乎似成未成之际，以艺成道而以术成器。浑成变量涨落之环舞，道器人物作为生动环节，各有其隐显交变，彼此又声气交感，化归生活原艺居间运度。

取象造形旋舞挥运，节中、时中之度，居间自运而本生、缘化，指向形势反身指引，参综意蕴潜在综合，"极精密而常若虚"。[1] 圆晕隐显回映，曲波长短迭推，远近弧心由以浮沉迁留，精准到位而杳然若虚，或为度之喻象欤。乘势涌没乎将形未形之际，随缘栖游于象内象外之间，度亦盈亦虚，若隐若现。

道器人物身心乃至形象显隐，诸变量之结对互体，不仅交互体现，趋向一体协运，更以交争交会、互属互代而保持参差与纠缠，得其不齐之齐、未济之济。浑然运度此间，亦且默运暗度时间空间之间，万象交映、万籁回响，生气循环涌溢，潜能密藏酝酿，媾兴全息缘动之境况与时势。道器周合、时境周绵，人以明知默会呼应品物流行，通感体受环境氛围，神思契乎时节之韵调，互相调理、协调运行，卷入自尔运化之漩流，瞬息万变之风云。"与齐俱入，与汩偕出，从水之道而不为私焉"，"随风东西，犹木叶榦壳。竟不知风乘我邪？我乘风乎？"道器人物氤氲浑化，原艺生于此又返乎此，溶漾生命情调，居间运度而浑成"天运"与"大度"，涌兴人世自然宇宙之和奏圆舞。

"天何言哉？四时行焉，百物生焉。天何言哉？""天地有大美而不言，四时有明法而不议，万物有成理而不说。"天地浑运，万化时度，人与他人往还交道人间世，与万物往复交换元素能量信息。根源于大化本身之真艺，渊默参赞天地美善、宇宙节律，洋洋乎与时消息而与境呼吸。

---

[1] 此系借用胡兰成《书论》之语，谓书法点线位置解脱对称规则，"而为不对称之对称"。见胡兰成：《闲愁万种》，台北远流出版公司1991年版，第59页。

构造禘祫

——论郑玄之推论依据及特点

马清源[*]

[内容提要]

禘祫理论，自古争论颇多，而郑玄更是其中无法回避的关键人物。其在经学史上首先构造起一套完整、有系统的禘祫理论，较为完美的解决了经典中的不同记载。本文首先构拟郑玄推论禘祫问题核心——禘祫年之疏数的具体过程，向读者展示不同于先前认识的郑玄的推论依据及其推论特点。其次选取郑玄禘祫理论中禘祫分合、禘祫时神主排列等问题，对比郑玄与其之前及大致同时学者的不同观点，讨论双方差异的根源——对材料的取舍标准差异以及对相同材料存在不同解读。认为郑玄对禘祫理论的构建，兼据《公羊》之义例、《左传》之事实、《周礼》学之理论，尤其是《公羊》学背景对郑玄的深刻影响不容忽视。

[关键词]

郑玄　鲁礼　禘祫　《春秋公羊传》

禘祫为鲁礼之重要一环，后世关于禘祫的争论也最多。郑玄之著《鲁礼禘祫义》（又称《禘祫志》），本传明载，惜后世散佚，仅于经疏、《通典》等书中有征引，皮锡

---

[*] 马清源，北京大学历史系博士研究生。

瑞作《鲁礼禘祫义疏证》、孙诒让于《周礼正义》中，参合校补，原书大貌可观。据诸家校补，郑玄论鲁礼禘祫义之可知者，大致有禘祫于四时中时间，禘祫时用酒用乐、神主排列方法等仪节，禘祫年之疏数等。其中又以禘祫年之疏数争论最多，亦是整个禘祫问题之核心，郑玄之前"学者竞传其闻，是用讻讻争论，从数百年来矣"，[1]只是时至今日，郑玄之前的争论，已经很难探讨其详细情况：诸书虽有征引，皆是吉光片羽，言其依据，多不详覈。而郑玄讨论禘祫年之疏数问题，在系统性检讨《春秋》所载基础上，以相对确定的"事实"为依据，形成自己的一套禘祫理论。正如近人吴承仕所言："其实与鲁史相中以不，虽不敢知，苟以郑义为据，则经传相比，皆有可说。"[2]

不可否认，论禘祫，郑玄之理论最具系统性，与经典的切合度最高。而后世之争论，多是在郑义的基础上进行局部的反驳，并没有出现体系性的理论重新构建。同时，明了郑玄探讨禘祫问题的具体过程，对于理解郑玄的学术特点，亦颇具典型意义。虽近来学界对禘祫问题亦有较多关注，但焦点多集中在后世王朝礼制中禘祫的具体实行，[3]相反对构拟禘祫理论的关键人物郑玄少有分析。偶有前贤论及，亦侧重言郑玄依据谶纬等立论"不可靠"。[4]本文试图通过一个不同的角度，对郑玄《鲁礼禘祫义》进行重新审视。下文首先分析郑玄推论禘祫年之疏数的具体过程，为读者展示郑玄的依据，阐明《公羊》理论等对郑玄的深刻影响；次将郑玄禘祫理论与其他学者的不同理论进行对比，在对比中庶几可对郑玄之依据及其对材料的取舍态度有更清晰的了解。

一、郑玄关于禘祫年之疏数之分析

孙诒让于《周礼正义》中据《诗·玄鸟》《礼记·王制》《曾子问》孔疏等，

---

[1]《毛诗·商颂·玄鸟》孔疏引郑玄语，见阮刻《毛诗注疏》，台北艺文印书馆2007年版，第793页下。
[2] 吴承仕：《郑氏禘祫义》，《国学论衡》1934年第4期。
[3] 笔者所及，类似文章有[日]户崎哲彦：《唐代的禘祫论争及其意义》，蒋寅译，《中国文学研究》第6辑；郭善兵：《略析汉晋时期皇帝宗庙四时祭、禘祫祭问题》，《历史教学问题》2003年第4期；徐旭晟：《北魏孝文帝时期禘祫之议与北朝礼学发展》，《甘肃社会科学》2005年第2期；朱溢：《唐至北宋时期的太庙禘祫礼仪》，《复旦学报（社会科学版）》2012年第1期等。
[4] 详见钱玄：《郑玄〈鲁礼禘祫论〉辨正》，《古籍整理研究学刊》1994年第5期。

校补郑玄《禘祫志》所推禘祫年之疏数文。今为方便下文讨论，移录如下："鲁庄公以其三十二年秋八月薨，闵二年五月而吉禘。此时庆父使贼杀子般之后，闵公心惧于难，不得时葬。葬则去首绖于门外乃入，务自尊成以厌其祸，若已练然，免丧又速。至二年春，其间有闰，二十一月禫除丧，夏四月则祫，既祫又即以五月禘于其庙。比月大祭，故讥其速。讥其速者，明当异岁也。经独言吉禘于庄公，闵公之服凡二十一月，于礼少四月，又不禫，云吉禘，讥其无恩也。"[1]

"鲁闵公二年秋八月，公薨，僖二年除丧而祫大庙，明年春禘于群庙。自此之后，乃五年再殷祭。六年祫，故八年经曰'秋七月，禘于大庙，用致夫人'，然致夫人，自鲁礼。以禘事而致哀姜，故讥焉。僖公八年春当禘，以正月会王人于洮，故七月而禘。"

"鲁僖公以其三十三年冬十二月薨，文二年秋八月祫，僖丧至此而除，间有闰，积二十一月，从闵除丧，不禫，故明月即祫。经云'八月丁卯，大事于大庙，跻僖公'。于文公之服亦少四月。不刺者，有恩也。以其逆祀，故特讥之。"

"鲁文公以其十八年春二月薨，宣二年除丧而祫，明年春，禘于群庙。自此之后，亦五年而再殷祭，与僖同。六年祫，故八年禘。经曰'夏六月辛巳，有事于大庙，仲遂卒于垂'。说者以为'有事'谓'禘'，为仲遂卒张本，故略之言有事耳。"

"鲁昭公十一年夏五月，夫人归氏薨。十三年夏五月大祥，七月而禫，公会刘子及诸侯于平丘，公不得志。八月归，不及祫。冬，公如晋。明十四年春，归乃祫，故十五年春乃禘。经曰'二月癸酉有事于武宫'，传曰'禘于武公'。及二十五年传'将禘于襄公'。此则十八年祫，二十年禘，二十三年祫，二十五年禘，于兹明矣。"

"……鲁礼三年之丧毕，则祫于大祖，明年春，禘于群庙。僖也，宣也，八年皆有禘。祫祭，则《公羊传》所云'五年而再殷祭'，祫在六年明矣。《明堂位》

---

[1] 皮锡瑞《鲁礼禘祫义疏证》此句后另有"四月祫，五月禘，不讥祫者，庆父作乱，国家多难，故庄公既葬，经不如库门，闵公早厌其乱，故四月祫不讥。五月即禘，比月而为大祭，又于礼少四月，故书讥其速也。"按此系据《礼记·王制》孔疏，见《礼记注疏》，台北艺文印书馆2007年版，第244页下。

曰'鲁,王礼也',以此相准况可知也。"[1]

据此,郑玄之论禘祫年岁排列,其中心观点为:正常情况下,每一新公即位,为先公服"三年丧"毕,[2]祫(终丧之祫),明年春禘(吉禘),此后以"吉禘"为基准计算禘祫,三年一祫,五年一禘。略可用下表1表示:

表1

1(元年)	2 祫	3 吉禘	4	5	6 祫	7	8 禘
			9	10	11 祫	12	13 禘
			14	15	16 祫	17	18 禘
			19	20	21 祫	22	23 禘
			24	25	26 祫	27	28 禘
			29	30	31 祫	32	33 禘
			……	……			

吴承仕曾作《郑氏禘祫义》一文,"据郑义推闵公二年讫定公八年应禘祫之岁月",其文以表格的形式,详列据郑玄理论其间159年禘祫举行之年岁。彼表全据郑玄之义,使得后来的读者可以依此更容易、更明晰地理解郑玄之禘祫理论。但总体来看,吴文只是依郑义下推排比,并没有清楚地阐释郑玄之理论依据与推论过程。今依笔者浅见,尝试对郑玄之依据与推理过程作一构拟。

首先,郑玄既以鲁礼推禘祫,自然需要据《春秋》所载,其理论构造建立在对《春秋》中对诸公薨、祭有限记载的检讨基础上,然《春秋》所载,基于大多数学者承认的共识,有"常事不书"之记载通例,故而通观《春秋》经,其关于禘祫之记载不但极为少见,甚至没有明确记载"祫"这一祭祀方式。经文的简略,为解释带来不小难度的同时,也为不同的解释方式提供了发挥的空间。在发挥的过程中,需要援引更多的材料,观郑玄《禘祫志》,显然将《公羊》《左传》中的记载与《春秋》经放在了几乎等同的地位上。然而,仅据郑玄《禘祫志》原文,不容易分清哪些是《春秋》经传原文,哪些是郑玄之补充与推理,因此详列《春秋》经传中与禘祫有关之文(未标明者,皆是《春秋》经文):

---

[1] 孙诒让:《周礼正义》卷33,中华书局1987年版,第1337–1338页。
[2] 此处所谓"三年丧",实则不足二十五月,详下文讨论。

【庄公】三十二年"八月癸亥,公薨于路寝"。

【闵公】二年"夏五月乙酉,吉禘于庄公","秋八月辛酉,公薨"。

【僖公】八年"秋七月,禘于太庙,用致夫人"。

三十三年冬十二月,"乙巳,公薨于小寝"。

【文公】二年"八月丁卯,大事于大庙,跻僖公"。《公羊传》:"大事者何?大祫也"。

十八年"二月丁丑,公薨于台下"。

【宣公】八年夏六月"辛巳,有事于大庙"。(郑玄:说者以为"有事"谓禘)

【昭公】

1	2	3	4	5	6	7	8	9	10
11①	12	13	14	15 禘②	16	17	18	19	20
21	22	23	24	25 禘③	26	27	28	29	30
31	32④								

① 十一年"五月甲申,夫人归氏薨"。

② 十五年"二月癸酉,有事于武宫"。《左传》:"将禘于武宫"。

③ 二十五年《左传》:"将禘于襄公"。

④ 三十二年"十有二月己未,公薨于乾侯"。

【定公】八年冬"从祀先公",《左传》:"冬十月,顺祀先公而祈焉。辛卯,禘于僖公"。

然而,仅据上引看似"杂乱无章"的零星记载,实际上有多种解释的可能。郑玄要做的,是以这些记载为依据,创造出尽量能够涵盖与解释所有记载的理论。自然,在理论的构拟过程中,需要另加依据。

首先是"禘""祫"分合问题,《春秋》经、《左传》中均没有提及"祫",而郑玄承认《公羊》在解释禘祫中的地位,故不得不承认"禘""祫"为二(详下文)。进而,在分"禘""祫"为二的诸儒中,"三年一祫,五年一禘"是公认的原则(彼此分歧仅是对这句话理解不同)。这两点,是郑玄构拟鲁礼禘祫年之疏数的核心依据。我们反过来看《春秋》经文,唯有八年禘(僖公年间)。据《公羊传》,更有二年祫(文公年间)。据《左传》,再有八年禘(定公年间)、十五年禘

（昭公）、二十五年禘（昭公）。关于"祫"的记载太少，所以首先只能推论"禘"如何排列。既然十五年、二十五年有禘，此两次禘祭，均是因有所讥而记，两者相差十年，容二十年禘祭无所讥而"常事不书"，正合"五年一禘"之情形。然后僖八年"禘于太庙"，经有明文；宣八年"有事于太庙"，郑玄以"说者以为'有事'谓禘"；[1] 又《左传》定公八年"禘于僖公"。既然经传中三言"八年禘"，则八年禘作为"标杆"，不可移动。上推五年，三年必然有禘。

最初的解释，似乎只有这两条是确定的，剩下的工作在于如何解释其他记载。三年有禘，则闵公二年"夏五月乙酉，吉禘于庄公"为何？《左传》讥其"速也"，《公羊》提供了合理的解释："吉禘于庄公，何以书？讥。何讥尔？讥始不三年也。"然《公羊》此处又明言"三年之丧，实以二十五月也"。则"吉禘"于三年丧后可知，先公薨后推二十五月，在新公二年或三年，正常情况下取三年，正与八年上推五年合。而新公三年举行之吉禘，正由于其理论基础是为先公服三年丧后所举行之祭祀，故而吉禘年岁当是每公即位后重新计算起点。综上，正常情况下，禘之年岁为三年、八年、十三年……依此类推，大致可定，如下表2所示：

表 2

1（元年）	2	3 吉禘	4	5	6	7	8 禘
			9	10	11	12	13 禘
			14	15	16	17	18 禘
			19	20	21	22	23 禘
			24	25	26	27	28 禘
			29	30	31	32	33 禘
			……	……			

推定禘之年岁疏数排列，尚有相对多的依据。而关于祫的记载只有文公二年经书"大事于太庙"，《公羊传》以为此"大事"是"大祫"。观《公羊》此处传文，知乃讥"跻僖公"，非讥不当祫。《公羊》文二年言及祫时又言"五年而再殷祭"。郑玄认为，《公羊》此处之记载是可以推定祫的唯一实证，显然不能忽视；而先前推禘时用"五年一禘"说，与之相关联的"三年一祫"自然也不能置之不理。观

---

[1] 郑玄当据昭十五年《春秋》经书"有事于武宫"，《左传》释"有事"为"禘"而言。

"五年再殷祭"前后文，乃单讲祫；而"三年一祫"若仅按字面理解，通常意义上的训诂指两祫之间相隔三年。那么，前后祫之间究竟相隔三年还是五年？《公羊》上下文俱在，不可动摇，只能重新审视"三年一祫，五年一禘"的具体语境及具体含义。今查诸书征引此言，略有小异，[1]其以《太平御览》卷五二八《礼仪部七·禘祫》引刘向《五经通义》所言最为完备："王者诸侯所以三年一祫，五年一禘何？三年一闰，天道小备，故三年一祫。祫者，皆取未迁庙主合食太祖庙中。五岁再闰，天道大备，故五岁一禘，禘者谛也，取已迁庙主合食太祖庙中。"[2]则"三年一祫、五年一禘"其理论依据是历法意义上的"三年一闰，五年再闰"，而不能简单以后世语法理解。值得注意的是，郑玄又有习通《三统历》之背景，[3]以历法知识来审视"三年一祫，五年一禘"，自然不可能取两祫之间相隔三年之说，因为那样不但五年之间可能出现禘祫总数三次，亦不符合"十九年七闰"的总体原则。历法意义上的"三年一闰"，正为"三年一祫"排除两祫之间相隔三年提供了依据。进一步讲，历法上的排列，参差相错，相邻两年之间，不可能均闰。所以新公第二年祫、第三年禘仅能作为特列，以第三年的吉禘为基准，之后重新计算禘祫年岁排列势属必然。禘与禘、祫与祫各自相隔五年，禘年之疏数已经确定，剩下就是排列祫年之疏数，否定了"三年一祫"为两祫相隔三年，那么剩下的解释，只能是上表所列，以吉禘为基准，吉禘后三年有祫，吉禘后五年有禘，以后类推。如此，各文皆能解释，自然得出如上表1所示的理想状态下禘祫年之疏数排列方式。

但是，依据上述排列方法，新的问题出现，依正常推算，十五年不应该有禘，所以必须为昭公十五年、二十五年的"禘"寻找新的解释依据。此处上引《禘祫志》已经对此做出"合情合理"的解释，此不赘述，虽然牵强，但亦没有其他材料可以反驳。其实，相比于其他争论，夫人薨对禘祫时间变动的影响，可能更值得注意。不过此方面似为后儒所忽视，限于材料，暂难以进一步讨论。

另一个值得注意的特殊情况是鲁礼实际丧期二十一月的产生。后世丧期有二十

---

[1] 详参孙诒让《周礼正义》卷33，第1340页。
[2] 《太平御览》卷528《礼仪部七·禘祫》，中华书局1961年版，第2397页。
[3] 见《后汉书》卷35《郑玄传》，中华书局1965年版，第1207页。

五月、二十七月之争，情况复杂，此暂不论。然庄公三十二年八月薨，至《春秋》所载之闵公二年五月吉禘，若不考虑闰月，实仅 21 月，即便有闰，亦仅 22 月。经传又载文公二年八月祫，其实彼时上距僖公三十二年十二月薨时，无闰 20 月，有闰 21 月。又据上述郑玄之理论，吉禘（三年）之前当有丧终之祫（二年）。结合《春秋》所载，郑玄给出的合理解释是鲁国实际实行的礼制，丧终之祫早于吉禘一月而不是理论上应该的一年。郑以为两段丧期之间皆有闰，不知何据。总之，郑以为理想状态下终丧之祫与吉禘之实行时间当分两年，而实际上闵公实行的是丧期二十一月，二十二月行终丧之祫，二十三月吉禘，比月大祭，故闵公二年"讥其速"。闵公之做法，本来是特殊情况下的权宜之计，不足为训，然至文公为僖公服丧之时，闵公之非礼举动反而成了"历史依据"，以致文公亦仅服丧二十一月，而于第二十二月祫，二十三月禘。文公之做法，自然非礼，但经传无讥，郑玄以为"有恩也"。至于为何"有恩"，吴承仕先生未解其意，其实此亦当是郑据《公羊》解释之表现。《公羊》三世说分春秋为"所传闻世"（隐桓庄闵僖）"所闻世"（文宣成襄）"所见世"（昭定哀），文公时之"所闻世"较之闵公时之"所传闻世"恩渐深，不忍讥而已。

　　大致理解郑玄之推论过程后，如何看待这种推论？显然，如果以今天的逻辑观来看，无论正常禘祫年之疏数的推论，还是特殊情况的弥缝，在逻辑上可能站不住脚。郑玄的推论，不是单向的推理，更像是双向的试探。以"讥其速者，明当异岁也"句为例，正常情况下应该是由"异岁"到"讥其速"的单向推进，而不是反过来由"讥其速"推论出"异岁"，因为"异月""异时"之类，显然亦可以被"讥其速"。再者，郑玄在推论过程中先根据有限的材料确定框架，然后为不符合框架的特例提供解释。在特例的解释过程中，只要有一种理论可以解释即可，不需要特例必须如此解释。如解释昭公年间禘之所以在十五年、二十五年之特例，基于郑玄等经学家的解释思路，只需要找到能解释这种情况的一种说辞即可，可以有其他的解释，但这不是经学家关注的重点。

二、郑玄与其他学者不同禘祫理论之对比

单独看一个人的理论,其实不如在与他人理论的对比中看的清楚。同样,要进一步理解郑玄之禘祫理论,不如将其与其他禘祫理论比较:相同者找出共同依据;不同者考虑双方之理论依据有何不同。如此,庶能准确理解两者之差异。

郑玄之核心理念,正如孙诒让之总结:"郑说周之禘祫,并为殷祭。其异者,禘小而祫大,禘分而祫合,其年之疏数,则吉禘之后,三年祫,五年禘,禘祫自相距各五年。其祭之时,则吉禘以春,大禘以夏,祫以秋。其祭之仪法,祫则毁庙未毁庙之主,皆升合食于大祖;禘则文、武以前迁主于后稷之庙,文、武以后迁主,穆祭于文王之庙,昭祭于武王之庙,未迁之主各自祭于其庙,此其辜较也"。[1]除未涉及禘祫用酒、用乐等外,这是对郑玄禘祫理论简单明了的概括与总结。随后孙诒让又详列二十一家与郑玄不同之说法,虽面面俱到,但似乎还稍显琐碎,不容易理清。现既以讨论郑玄为主,其后学者之论,郑玄自然不会看见,故而关键在于郑玄之前以及与郑玄差不多同时学者之异论。或云这些异论可能为郑玄所见,但为郑玄所不取,但实际上不同学者相互之间的关系,可能并没有那么密切。可能性更大的是,面对相同的材料,彼此之间理解不同;面对核心材料,彼此援引的外围证据不同。正是基于这两点,而得出不同的结论。在对比中讨论彼此之间对经书文意的不同理解、对材料取舍的差异,理解双方立论之依据和标准,明了这些,当不仅仅对理解郑玄有帮助。现略据孙诒让之提示,选取有代表性的几个方面加以分析,展示两者之间的不同观点及其不同依据:

(一)禘祫分合

《通典·吉礼》引贾逵、刘歆说,以为禘祫"一祭二名,礼无差降",[2]至于贾逵刘歆为何有这样的说法,现存典籍中找不到更多材料,那不妨先依据现有材料看郑玄为何将禘祫分为二种。既然言鲁礼,主要经典依据自然是《春秋》(经文并

---

[1] 孙诒让:《周礼正义》卷33,1339-1340页。按此言"周礼",本由"鲁礼"推出。
[2] 《通典》卷49《祫禘上》,中华书局1988年版,第1379页。

三传）以及三礼，然《春秋》经文中，仅列有"禘""吉禘"，并无言及"袷"之句，三传中唯《公羊》《谷梁》解释文二年"大事于大庙"时，将"大事"解释成"袷"，但是《左传》中却没有提及"袷"这一祭祀类别。《周礼》原文中无言及"袷"之处，《仪礼》中虽然有"袷"字，乃《士虞礼》中"哀荐袷事"之类祭祀用语，似难以引申出特别的含义。要说《礼记》中有禘有袷，尤其是《王制》一篇中"天子犆礿，袷禘，袷尝，袷烝。诸侯礿则不禘，禘则不尝，尝则不烝，烝则不礿。诸侯礿犆，禘一犆一袷，尝袷，烝袷。"但如果不考虑郑玄依据自己的禘袷理论在这里赋予"袷"字的特殊含义，此处虽有"禘"有"袷"，"禘"可被认为是祭祀之一种，而"袷"只是和"犆"相对应的祭祀方式——"合也"。且观此处郑注，乃据其业已构拟好的《鲁礼禘袷义》来解释，所以，这里不能反过来成为解释鲁礼的依据。据现有材料，《公羊》中"大事者何？大袷也"当在郑玄分"禘""袷"为两种祭祀方式的解释体系中占据核心地位。明了这点，亦能解释贾逵、刘歆为何将禘袷看做"一祭二名"。众所周知，二人专《左传》而排《公羊》，其不取《公羊》理论，自然而然。抛开《公羊》理论，在《春秋》经、《左传》中并无提及"袷"，又无其他依据的情况下，将"禘""袷"看做一祭二名"合情合理"。反之，郑玄取《公羊》此文，则不得不分"禘""袷"为二。尽管如此，但如果不理解《公羊》之解经方法与精神实质，"大事者何？大袷也"处之"袷"字毕竟可作训诂上的多种理解，甚至如果依《礼记·王制》经文字面训诂，"袷"字依然可以被解释祭祀的方式而不是祭祀的种类。这里不得不提《公羊》的解经方法，在《公羊》学理论中，任何有细微区别的文字，背后必然存在显著的区别甚至包含圣人的深意。因此，《公羊》"大事者何？大袷也"，必然意味着"袷"是一种不同于他处所言"禘"的祭祀方式。这里有理由相信，郑玄分禘袷为二，受《公羊》理论之影响匪浅。

（二）禘袷年之疏数

其实上文推论郑玄构拟禘袷年疏数之时，对郑玄的依据已经有所分析。与郑义不同者，有"《閟宫》疏引《禘袷志》云：'或云岁袷终禘。'《汉书·韦玄成传》匡衡云：'间岁而袷。'又刘歆以为坛墠则岁贡，大禘则终王。《通典·吉礼》晋徐禅、虞喜议引《春秋左氏》说，亦有'岁祫终禘'之文"等等。[1]然而以上诸说，均是后人征引，虽有论点，论据已佚，暂乏足够可以讨论的材料。因此本节仅以"三年一祫、五年一禘"为例，看郑玄及诸儒对其的不同理解。

上文已言，"三年一祫，五年一禘"是郑玄推论禘祫年之疏数的重要依据。然而，郑玄据此讨论之时，有一重要前提，那就是分禘祫为二。如上所言，自有认为禘祫为一祭二名者，若同样承认"三年一祫，五年一禘"但无禘祫为二之前提，则自然引申出所谓的"或云三年一禘，五年再禘"。

即便承认禘祫为二这个前提，对"三年一祫，五年一禘"亦有不同的理解。郑推禘祫年之疏数很重要的依据即是《公羊》义。然而，《公羊》何注徐疏之论禘祫却与郑玄不同，闵二年何注云："礼，禘祫从先君数，三年丧毕，遭禘则禘，遭祫则祫。"[2]定八年徐疏又云："何氏之意，以为三年一祫，五年一禘，谓诸侯始封之年，禘祫并作之，但夏禘则不礿，秋祫则不尝而已。一祫一禘，随次而下，其间三五参差，亦有禘祫同年时矣。"[3]徐疏是否确得何休之意，尚存疑问，但何注徐疏之与郑玄禘祫义显然有异，不可否认。而之所以出现这种与郑玄不同的理解，除了对每公即位后禘祫起点是否重新计算有不同认识外，关键在于对"三年一祫，五年一禘"之理解有异，上文已经指出，此言与历法意义上的"三年一闰，五年再闰"有关。何注乃至徐疏《公羊》仅从字面理解"三""五"之数，不考虑其背后可能隐含之历法置闰内涵，故有其论。细审《公羊》之义，徐疏甚至不符合《公羊》谈祫时"五年而再殷祭"之明文。

但实际上，非仅"三年一祫、五年一禘"在理解上有争议，"五年再殷祭"亦有不同的理解：①或可认为是同一种较大的祭祀每次之间相隔五年；②也可认为是五年之间两次较大的祭祀。前者有《公羊》作为理论支撑，而后者亦有《汉书·韦贤传》所载韦玄成等人奏议为依据："毁庙之主臧乎太祖，五年而再殷祭，言壹禘壹祫也。"徐疏囿于"三年一祫"之成说，将"五年再殷祭"结合"五年一禘"解释，看似取①而不取②，实际上"五年再殷祭"在《公羊》语境中特指"祫"，

---

[1] 孙诒让：《周礼正义》卷33，第1341页。
[2]《公羊注疏》，台北艺文印书馆2007年版，第115页上。
[3]《公羊注疏》，第328页上。

将其解释成禘，是疏《公羊》而不取《公羊》。而郑玄的理论，（一）祫与祫相隔五年，禘与禘相隔五年；（二）每五年之间一祫一禘，第三年祫，第五年禘。如此既符合"五年再殷祭"两种不同的解释，又能对"三年一祫，五年一禘"做出合理的说明，可谓巧妙。顺带提及，《通典》引徐邈议云："礼五年再殷，凡六十月，分中，每三十月殷也。"[1] 此论简单粗暴的将五年一分为二，对"五年再殷祭"之先儒讨论一无所取，看似平整，实属臆创。

（三）神主排列

关于禘祫时神主排列，郑玄以禘时文、武以前迁主，祭于太祖（后稷）庙；以后迁主，分祭于文、武庙，未迁主各祭于其庙。祫时毁庙未毁庙神主皆合祭于太祖庙。祫时神主排列，《公羊》文二年传文明载，郑玄之据当主要依此。至于禘时神主排列，未迁庙神主各祭于其庙，当依《春秋》经传有"禘于某公"之说；文武以后迁主按昭穆分祭于文武庙中，源于郑玄对周七庙礼制之认识，郑玄排周七庙中，除太祖庙、四亲庙外，另有文、武二祧庙世世不毁，文武二庙在周七庙中占据特殊地位。若禘时文武以后迁主超越文武而合祭太祖庙，似有僭越之嫌。

祫时神主排列，因有《公羊》明文，争论较少，赞同者多。《汉书·韦玄成传》云："祫祭者，毁庙与未毁庙之主，皆合食于太祖，父为昭，子为穆，孙复为昭，古之正礼也。"《太平御览》引《五经通义》云："祫，皆取未迁庙主合食大祖庙中。"[2] 与郑义差异较大的是禘祭时神主之排列情况，《御览》引《五经通义》、《通典》引《韩诗内传》等皆以为"禘者，谛也。取已迁庙主，合食大祖庙中"。产生差异的原因当是两者之庙制观不同，后者不承认文武二庙有特殊地位，或者虽承认其特殊地位而仅将其看作是周代的特例，在无二祧庙的情况下，自然得出禘祭时神主皆迁往太祖庙的结论，而未迁主之单独祭祀于其庙仍与郑同。

又，《王制》疏载"王肃、张融、孔晁皆以禘为大，祫为小。故王肃论引贾逵说吉禘于庄公，禘者，递也，审谛昭穆，迁主递位，孙居王父之处。又引《禘于大庙》逸礼，其昭尸穆尸，其祝辞称孝子孝孙，则是父子并列。《逸礼》又云'皆

---

[1]《通典》卷49《祫禘上》，第1384页。
[2]《太平御览》卷528《礼仪部七·禘祫》，第2397页。

升合于其祖',所以刘歆、贾逵、郑众、马融等,皆以为然。"[1]细审其意,似据《逸礼》,以禘祭时各庙神主皆合祭于太祖,正与《公羊》所载祫祭时各庙神主合祭于太祖相反。之所以与郑玄相异,《王制疏》的评论可谓简单明了:"郑不从者,以《公羊传》为正,《逸礼》不可用也。"

至于《续汉志》引张纯奏曰:"旧制三年一祫,毁庙主合食高庙,存庙主未尝合。元始五年,始行禘礼,父为昭,南向,子为穆,北向,父子不并坐,而孙从王父。"孙诒让分其为两段,言此与郑异者二:"祫止毁庙合食"、"禘仍合祭"云云,然此张纯所言,仅是征引西汉旧制而已,而西汉旧制实际上与礼制不合者甚多,在无更多证据的情况下,本无须强与郑义相比。

三、结语

本文试图依据现有材料,推论郑玄解释禘祫之依据,并略将其与其他经学观点对比,讨论不同经学观点之间的差异及其不同依据。

言《公羊》影响郑玄之解释,虽不敢说论据充分,然当离事实不远。这种影响,一方面是禘祫之理论依据多来源于《公羊》,另一方面是郑玄解禘祫之方式受《公羊》解经方法之影响。前者容易理解,后者不妨举例,论者不容易理解为何郑玄将禘祫分为二,其实最明显的证据是《公羊》将其分为二,如果理解《公羊》依字词区别解经是其最重要的解经方式,就不难理解受《公羊》影响的郑玄为何一定要分禘祫为二。但郑玄虽根植《公羊》,又对《公羊》有所突破,最明显的证据是其依《左传》所载解释禘祫,凸显了"事实"记载在其理论构拟中的重要地位。禘、祫毕竟是抽象的概念,众说纷纭,而《春秋》所载鲁国实行之禘祫情况,是唯一可以验证,也是必须验证的重要参考。论禘祫,最重要、首先需要解决的问题是自己的理论必须符合《春秋》所记。故而《春秋》所载,理当成为解释禘祫的核心材料,但经文材料毕竟有限,《公羊》又本不以事实见长,传统《公羊》学者多依"条例"构拟"事实",排斥《左传》中的记载。

---

[1]《礼记注疏》,第244页下。

而郑玄首先将《公羊》所载理论与《左传》所载事实几乎置于同等地位，以事实而不是构造的事实来解释。现代人很容易理解这一点的重要性，但对郑玄时受《公羊》影响深刻的人来讲，这无疑是一种突破。我们看郑注三礼，仍然能够发现很明显的"公羊做法"——根据对比构造事实。而在郑玄解释禘祫的过程中，《左传》开始占据了重要地位，如郑玄之所以定三年丧后有终丧之祫、吉禘，即参用《春秋》经及《公羊》《左传》，颇有"走出公羊"之义，不得不说郑玄解释禘祫，自有其学术史上的特殊意义。

经学的解释，有核心材料，有非核心材料，如果把经传看作是核心材料，核心材料毕竟有限，核心材料缺乏的现实，使得解释的时候不得不寻求其他材料的支撑。当日纬书的盛行，不知是不是对这种需求的响应。今日以现代的眼光讨论郑玄之禘祫义，多有言其迷信纬书云云者。然郑玄之做法，从经书出发，到经书当中去，依据现有材料，做出最符合经书的解释。今天我们看待他的解经，必须清楚地了解郑玄面对的是有限的材料。郑玄的阶段，可以看作是草创阶段，经书材料不足，要形成体系，不得不采取各种自己认为合理、又为当时大多学者所承认的"扩展材料"。比如说推禘祫年之疏数，纬书所言"三年一祫，五年一禘"即是为绝大数学者所承认的扩展材料，郑玄也不例外。另外，值得注意的是，郑玄并没有取《逸礼》之说，可见不同的学者对扩展材料亦有不同的取舍。如以禘时神主排列为例，郑玄以《公羊》理论及自己对庙制的特殊理解，不取《逸礼》之说，是讨论的时候有自己的前提。对前提的承认与否，影响了对"扩展材料"的取舍。但即使面对同样的扩展材料，不同的人也有不同的理解。上文多次提到的"三年一祫，五年一禘"，对这句话的不同理解，是产生与郑玄不同理论的重要因素之一。面对这些不同，了解训诂上的不同固然重要，更重要的是探究原文背后之理论基础，后世之所以产生种种不同的解释，相当部分是脱离了"原则"背后所隐藏的精神实质而流于字面理解。

郑玄之说还展示出其理论，基本没有现实的反映。我们知道，西汉的祭祀制度，一开始就与经书不合，中间虽然根据经书做了调整，但非经书的因素太多，不能强合。郑玄之禘祫论，本身与汉代官方实行的禘祫制度有较大的差异，郑玄走的是一条与现实议礼不同的纯粹的学术道路。孙诒让说"郑依《春秋》经传所书禘祫之年，互相参校，以其所书，推其所不书，虽不甚墉"[1]云云，实际上他自己也没有更好的解释。因为经文简略，也确实没办法、可能也永远没有办法做出更加详细的解释，郑玄的解释方法，是基于现有为大家所承认之材料、并且可以解释现有材料之最恰当的解说（之一）而已，实际上是一种基于文献意义的创造。至于其是否符合鲁国当初实际礼制，不仅郑玄的理论没办法验证，其他的任何解说，同样也无法验证。近来先秦史学界亦有据甲骨文、金文等材料试图复原先秦禘祫礼实际情形的努力，[2]只是与经学史的研究视角毕竟存在差异，具体事实如何，也难以确认。关于禘祫的事实，也许永远没法弄清楚，而分析清楚经学家各人立论前提及其推论过程，当下也许更为重要。

---

[1] 孙诒让：《周礼正义》卷33，第1338页。
[2] 参见黄彰健：《论〈春秋〉学的时代使命——并简介我对春秋经传禘祫问题的研究》，《中国经学》第1辑，广西师范大学出版社2005年版，第224–232页。

从平城到洛阳

——北魏政权合法性与文化主体性的认同

苑　青　张宏斌*

[内容提要]

鲜卑拓跋氏集团建立的北魏政权，从拓跋珪笼络汉人士大夫、仿中原政权体制定鼎称帝，到拓跋嗣、拓跋焘基本奠定疆域版图，在朔北地区与汉族豪强共治天下，再到文成、献文帝休息守成、巩固帝国体制，基本上将汉化一步一步推向了深化。进于孝文帝时期，则是汉化的高峰，文物冠冕、政治体制、语言服饰、婚丧嫁娶、姓氏族属，无不参照中原制度。故文中子云："元魏之有主，其孝文之所为乎？中国之道不坠，孝文之力也。"

[关键词]

汉化　政权合法性　文化主体性　中国之道

一、去夷即华，易姓建都：从平城到洛阳

北魏孝文帝改革是中国历史上的重大事件，历代均有论者予以关切。我们认为，孝文帝的汉化改革最关键之处，或曰分际最明显之处，莫过于将统治中心由边

---

* 苑青，河南省司法系统工作人员；张宏斌，中国社会科学院世界宗教研究所研究人员，哲学博士。

塞平城迁至中原洛阳，至于其他一系列具体而微的汉化措施的制定、颁布，则均在定都洛阳之后。那么，孝文帝迁都洛阳的真实原因是什么？或者说，迁都洛阳对孝文帝意味着什么？诸家对此均有所论说，大致看法有以下几种：

1. 躲避柔然的军事威胁。在北魏势力逐步发展的同时，北面的柔然也日渐壮大起来。柔然本是中国北部东胡宗的一个少数民族，亦称蠕蠕、芮芮、茹茹、蝚蠕、檀檀，是鲜卑拓跋部的一支，早期在政治上附庸于拓跋氏。拓跋珪南迁平城后，柔然居于阴山一带。5 世纪初，其首领社仑迁到漠北，合并附近诸部组成联盟，自称豆代可汗。北魏道武帝曾对尚书崔宏说："蠕蠕之人，昔来号为顽嚚，……今社仑学中国，立法，置战阵，卒成边害"，这种边害就是不断发动对北魏的攻伐，成为北魏边防的一大威胁。据史载，天兴五年，社仑乘道武帝出征之机"犯塞"；天赐三年，又"寇"魏边；献文帝皇兴四年，再"犯塞"；孝文帝延兴二年二月，"蠕蠕犯塞"，冬十月"蠕蠕犯塞，及五原"；太和十四年，柔然的地豆干"频犯塞"。到了太和十七年，高车族南攻柔然，得其故地，柔然益更南徙，更接近平城，拓跋宏派遣阳平王等率数十万骑北拒，值大塞雪，魏人死伤甚多，如果坚持仍都平城，稍一疏忽，便有被柔然包围的危险。为了长远计划，拜托柔然的威胁，迁都洛阳成为选择。[1]

2. 加强镇压人民起义的需要。都洛阳还有一个很重要的原因，那就是为了更好地镇压中原地区的人民起义。自北魏统一北方以来，各族人民就进行不断的起义反抗。从孝文帝即位之年到太和十七年十二年间，据《魏书》记载：延兴元年，九月有青州高阳封辩为首的起义，十月有曹平原为首的石楼堡起义，十一月有齐州平陵司马小君为首的起义；延兴二年，有光州孙晏为首的起义；延兴三年十二月，有齐州孙晏为首的起义；延兴五年，九月有洛州贾伯奴为首的起义，同月有豫州田智度为首的起义；承明元年，有冀州宋伏龙为首的起义；太和元年，正月有秦州略阳上元寿为首众至五千余家的起义，十一月有怀州伊祈、苟初为首的起义；太和五年二月，有平城沙门法秀招结奴隶策划起义；太和十三年正月，有兖州劳山王伯恭为首的起义；太和十四年五月，有平原郡沙门司马惠御为首的起义……。这些起义

---

[1] 史苏苑：《北魏孝文帝迁都洛阳评议》，《郑州大学学报（哲学社会科学版）》1988 年第 12 期。

遍于今河北、河南、山东、陕西、甘肃各省。对于不断涌起的人民起义,孝文帝除了在中原地区推行均田制,减轻租调外,必须将首都迁至关内,以便更好地"镇压",更好地巩固鲜卑拓跋族的统治。而定都在中原地区的中心——洛阳,可以更好地实现这个目标。[1]

3. 洛阳是正统的象征。《魏书·任城王传》附子澄传记载孝文帝迁都时说:"国家兴自北土,徙居平城,虽富有四海,文轨未一,此间用武之地,非可文治,移风易俗,信为甚难。崤函帝宅,河洛王里,因兹大举,光宅中原。"陈寅恪先生以为之所以要迁都洛阳,光宅中原,是因为崤函为帝宅,河洛为王里,是文治之地。要汉化,便须离开平城用武之地,把朝廷搬到洛阳去。此外,如拓跋澄所云:"伊洛中区,天下所据。"要"制御华夏,辑平九服",也以搬到洛阳去为好。[2]

但从事实来看,观点 1 并不成立。北魏政府为了防御柔然入侵,在北边修长城,设重镇,派重兵把守,同时不断出兵进攻柔然。特别是魏太武帝拓跋焘于公元 439 年和 449 年两次北伐柔然,取得了决定性胜利,俘获柔然成百万人口、牲畜和大量辎重,柔然首领吐贺真率残部"远遁","怖威北窜,不敢复南","焚庐舍,绝迹西走',柔然实力大损。从此,柔然政权开始走向衰落。孝文帝即位后,柔然政权派使者到北魏朝贡,并请婚,但被拒绝。太和元年,柔然又向北魏朝廷献良马、貂裘,朝贡请婚。孝文帝为了招抚柔然,答应其请求。迁都前,柔然向孝文帝朝贡有史可考者有九次。迁都前一年,孝文帝趁柔然内部分裂之际,派遣解律桓等十二将率七万骑兵北征柔然,再次给柔然以沉重的打击。此时,柔然统治集团内部也发生政变,相互残杀争夺王位的斗争更为激烈,柔然势力进一步衰落,基本上失去了大举犯塞的能力。另从孝文帝对北边六镇防务的不重视,也可从侧面说明,在迁都前,孝文帝已基本上不以柔然为意,在他与臣下多次讨论迁都的过程中也从未提及柔然的威胁一事。

观点 2 也不成立。在迁都前,的确爆发过各族的反魏起义。但是,从延兴到太和年间,各族人民的反抗斗争逐渐趋于缓和。从太和元年到十七年迁都前,有史记

---

[1] 王仲荦:《北魏初期社会性质与拓跋宏的均田、迁都、改革》,《文史哲》1955 年第 10 期。
[2] 万绳楠:《陈寅恪魏晋南北朝时讲演录》,贵州人民出版社 2012 年版,第 216 页。

载的起义共十三四次,其中有两次为沙门起义。而太和九年均田制颁行后,一直到迁都仅仅发生起义四次(含两次沙门起义)。太和十一年,北魏遭受严重自然灾害,出现饥民,但未爆发起义事件。从史籍记载来看,这些起义规模不大,时间不长,是地方性的,往往是起义不久,旋即被北魏地方官员镇压下去。可以说是随起随灭,影响不大,根本未危及北魏的统治。而且从孝文帝与文明太后的所作所为来看,镇压也不是其维护统治的主要手段。再从孝文帝在迁都后致力于汉化改革和南伐萧齐、立志统一的事实来看拓跋宏也没有把为镇压各族起义作为其迁都的主要原因。此外,明元帝时迁都之议被否决,文明太后听政近二十年,也从未提出过迁都中原。直到她死后,拓跋宏独掌朝政时,才决定将都城迁到中原。为什么在各族起义规模比较大的明元帝到文明太后这五十年中不迁都中原,反而在各族反抗斗争有所减弱的孝文帝执政时才向南迁都呢?为什么从起义多的北方迁都到起义少的中原?南北都是北魏的领土,难道只为了更好地镇压中原各族人民的反抗,就忽视对广大北方各族人民反抗的镇压吗?[1]由此可见,观点3认为洛阳是正统的象征固然未错,但犹未尽意。

二、垂拱责成,振网举纲:都城迁移的个中因素

考察孝文帝迁都的真实原因和最终目的,就会发现孝文帝迁都是势之使然。在孝文帝迁都之前,北魏所处的态势使得迁都是不得不为之事。拓跋氏自从天兴元年迁都平城,建宗庙、立社稷,仿中原王朝草创帝国以来,简拔汉人,革新朝仪、律令、音乐等制度,后继来者日臻完善各种典仪规章。随着疆域的扩张,各种矛盾日渐凸显,汉族士大夫与拓跋贵族冲突不断。随着征服区域扩大,人口急剧增长且复杂化,农田耕作逐渐取代放牧牲畜成为北魏主要的生产方式和经济来源。黄河流域基本被征服后,北魏统治者不得不在原有基础上寻求新的统治方式。汉族世族豪门组织的坞壁星罗棋布,占有大量的土田和农民,事实上统治着朔北地区,其既得利

---

[1] 详参尚志迈、赵淑珍:《也谈魏孝文帝拓跋宏的迁都——兼评王仲荦先生的迁都原因说》,《内蒙古大学学报(哲学社会科学版)》1994年第4期。

益自然得以维持。汉化的深入在一定程度上代表了汉族士大夫的利益，而农耕文明渐渐代替传统的游牧作业，实质上取消了拓跋贵族的生存之基，汉人与拓跋氏的利益分割出现了纷争。新晋贵族，无论是汉族士大夫还是拓跋氏族，与旧势力的矛盾一再扩大，直至不可调节。如拓跋珪在旧势力的干扰之下恢复鲜卑族的西郊祭天，拓跋焘时期的崔浩之死等。为了保持长久的统治，维持帝国秩序的运作，在一定程度上必须出走旧贵族势力笼罩的平城，寻找可以平衡帝国内部利益和维持双方均势的地方，迁都自然是一个不错的选择。

另外，平城偏处中国西北一隅，鲜卑拓跋氏崛起初期犹能适应其发展所需，但随着黄河流域以及北方大面积地区被征服，拓跋氏的势力已经触碰到黄河以南的广大区域，平成作为政治军事中心已经不再适宜，遑论成就孝文帝一统中国的梦想。北魏统治地区的扩张，改变了游牧为主的生产方式，农业生产跃居显要地位。"内徙新民耕牛，计口授田"成为一以贯之的国策，大部分国人从事农业生产。但是，作为北魏京都的平城气候寒冷，土地贫瘠，交通闭塞，这一带的农业本来就不及中原地区，又屡次发生水、旱、疾疫诸灾，情况更为严重。[1] 如孝文帝承明元年牛瘟，耕牛死亡过半。太和二年"夏四月，京师旱"。相比之下，当时的中原一带气候温润，适合大面积的农业耕作，能够为帝国的存续提供长期的物质保障。经济发展的客观要求决定了政治中心不得不随之转移的趋势。[2] 不仅如此，洛阳可以通漕运，联达四方。据《魏书·成淹传》记载，高祖幸徐州时，命令成淹等人主舟楫，将泛泗入河，溯流还洛。但淹以黄河峻急，怕有危险，乃上书陈谏。高祖敕淹曰：'朕以恒代无运漕之路，故京邑民贫，今移都伊洛，欲通运四方，而黄河峻急，人皆难涉，我因有此行，必须乘流，所以开百姓之心。'洛阳能通四方之运，关系到军国大计。[3]

其次，孝文帝迁都洛阳是完成其一生志业之关键。《魏书·任城王传》附子澄传载："澄援引今古，徐以晓之，众乃开伏。澄遂南驰还报，会车驾于滑台。高祖大悦，曰：'若非任城，朕事业不得就也。'"说迁都成功是其事业成功的话，显然

---

[1] 史苏苑：《北魏孝文帝迁都洛阳评议》，《郑州大学学报（哲学社会科学版）》1988年第12期。
[2] 马邦城：《略论北魏孝文帝的迁都改制》，《浙江学刊》1993年第6期。
[3] 万绳楠：《陈寅恪魏晋南北朝时讲演录》，贵州人民出版社2012年版，第217页。

不足以解释孝文帝来洛阳之后一系列举措的实施,可见孝文帝的事业远不止此,理想亦不在此。实现其理想,或言其理想能够得以实现的关键,就在于迁都于洛阳。可以说,原来的首都平城不足以完成孝文帝的心愿。

那么,从平城施政的阻碍因素为何呢?

以历史来看,首先是冯太后卵翼下的压力。皇兴五年八月二十日,孝文帝受献文帝禅即皇帝位于太华前殿,大赦,改元延兴元年,当时只有五岁,由其祖母冯太后"躬亲抚养",《魏书·文明皇后传》载:"自太后临朝专政,高祖雅性孝谨,不欲参决,事无巨细,一禀于太后。"太和十年,拓跋宏亲政临朝,但事实上最后的决定权仍在文明太后手中,"生杀赏罚,决之俄顷,多有不关高祖者,是以威福兼作,震动内外"。冯太后甚至曾想废掉孝文帝。冯太后不仅干涉了皇位的废立,而且培育大批的亲信,这批亲信是一个唯冯太后是瞻的宦官集团。史载"后性严明",对于阉宦这帮人"假有宠待,亦无所纵。左右纤介之愆,动加捶楚,多至百余,少亦数十。然性不宿憾,寻亦待之如初,或因此更加富贵。是以人人怀于利欲,至死而不思退。"

其次是保守顽固派的阻力。学者逯耀东曾说:"从太和十二年到迁都洛阳的前一年,孝文帝在平城大兴土木,并且在改建的过程中,进行了一连串有关礼仪、祭祀问题的讨论决定。他似乎有意从有形的建筑工程的拓建,更进一步促进意识形态的转变。他最初的希望,只是利用平城现有的基础,将它转变为一座典型的中国文化式的都城,并没有积极南迁的意念。后来所以匆匆南迁,乃由于北方保守势力,对他所作的改革有一种难以排除的压力。"[1]迁都洛阳在实际上是突然做出的举动。太和十五年起,孝文帝在平城进行了大规模的营建工作。同年四月,孝文帝下令"经始明堂,改营太庙";同年七月,又将原位于城内的道坛移置于桑干河南岸,改名崇虚寺;同年十二月,将社庙迁至城内。太和十六年二月,孝文帝令李冲主持修建太极殿,改变此前"宫室之度,颇为未允"的状况,以"尊严皇威,崇重帝德"。同年十一月,太极殿建成,殿东、殿西两侧各建一堂,且"夹建象魏"。与太极殿同时改建的还有平城乾元、中阳、端门、东西掖门、云龙、神虎、中华等

---

[1] 逯耀东:《从平城到洛阳》,中华书局2006年版,第104页。

门，"皆饰以观阁"。这一系列营建工作，意在将平城建成一个万国俱瞻的文化中心。《魏书·蒋少游传》称建太庙、太极殿前，长于建筑的蒋少游曾奉命"乘传诣洛，量准魏晋基址"。据《南齐书·魏虏传》，太和十五年，蒋少游副李彪出使南齐，亦负有观摹建康"宫殿楷式"的任务。改建后的平城确实在某种程度上实现了孝文帝的意图，新的建筑都是按"古制"，至少是按魏晋制度修建的。太和十年即已着身的汉魏衣冠，新建的古制殿堂、加上与之相配合的一套繁文缛节，完全将孝文帝打造成了一个万邦朝觐的天子形象。平城也完全是按照首都的范式修建，迁都洛阳可谓突然之举。[1]

匆匆南迁是由于北方保守势力对孝文帝所作的改革有一种难以排除的压力。何德章先生也有此种看法，他说孝文帝的改革措施损害了"保守势力"的实际利益，他们对改革的"阻力"或"压力"促使拓跋宏不得不迁都。太和十四年孝文帝亲政后，开始进行政权体制和政治制度方面的改革，这些措施严重地损害了旧贵族的权益，自然激起他们的阻挠。其中最重要的改革莫过于太和十五年起的重定祖宗庙号及官制改革。据《魏书·序纪》记载，天兴元年十二月，北魏初创，追尊先世二十八位部落首领为帝，其中三位记有庙号，即"始祖"神元皇帝拓跋力微、"太祖"平文皇帝拓跋郁律和"高祖"昭成帝什翼犍。同书《礼志一》称拓跋珪初年，"又于云中及神元旧都祀神元以下七帝，岁三祭"，按中原王朝天子七庙之制定庙号，以拓跋力微以降七位首领为祖宗，实质上极大程度上维护了草原游牧时代部落大人的政治权利，使他们摇身一变而成为新政权中的贵族。魏初所定封爵制度规定："皇子及异姓元功上勋者封王，宗室及始蕃王皆降为公，诸公降为侯，侯、子亦以此为差。……王第一品，公第二品，侯第三品，子第四品。""异姓"得以封王者多为昔日部落大人的后代，他们构成了北魏前期统治集团的骨干。《魏书·高祖纪》记载太和十五年"诏议祖宗，以道武为太祖"。十一月，"迁七庙神主于新庙。"同书《礼志四》记孝文帝诏书说："祖有功，宗有德，自非功德厚者，不得擅祖宗之名，居二祧之庙。仰惟先朝旧事，舛驳不同，难以取准。……烈祖有创基

---

[1] 何德章：《论北魏孝文帝迁都事件》，《魏晋南北朝隋唐史资料》第15辑，武汉大学出版社1997年版。

之功,世祖有开拓之德,宜为祖宗,百世不迁。而远祖平文功未多于昭成,然庙号为太祖。道武建业之勋,高于平文,庙号为烈祖。比功校德,以为未允。朕今奉尊道武为太祖,与显祖为二祧,余者以次而迁。"孝文帝确认创立北魏政权的拓跋珪为太祖,立拓跋珪、明元帝拓跋嗣、太武帝拓跋焘、景穆皇帝拓跋晃、文成帝拓跋濬、献文帝拓跋弘等六庙,并确定其庙号,还为自己虚设一庙,以备七庙之数。这样,"宗室"的范围大大缩小,主要目的是借此剥夺一批鲜卑旧贵族的政治特权、彻底摆脱部落遗俗。《魏书·高祖纪》太和十六年正月乙丑载:"制远属非太祖子孙及异姓为王,皆降为公,公为侯,侯为伯,子、男仍旧,皆除将军之号。"这里的"太祖"当然指的是新近尊奉的拓跋珪,根据这一命令,非拓跋珪嫡系子孙而拥有王公、侯爵者,皆降等而授,其政治地位较之宗室诸王自然降低。同书《官氏志》称:"旧制,诸以勋赐官爵者子孙世袭军号。(太和)十六年,改降五等,始革之,止袭爵而已。"消其世袭性的军号,彻底否定了他们世袭领民的特权,因为拥有高级爵位和世袭军号者毕竟以他们居多。这自然激起了他们的反对。《魏书·元丕传》载:"及罢降非太祖子孙及异姓王者,虽较于公爵,而利享封邑,亦不快。"元丕为原"太祖"拓跋郁律后裔,因功封东阳王,及改降五等,改封为平阳郡公。

还有官制改革。太和十五年十一月《魏书·高祖纪》称其月"大定官品",同书《官氏志》又记同年十二月,"置侍中、黄门各四人。又置散骑常侍、侍郎,员各四人;通直散骑常侍、侍郎、员外散骑常侍、侍郎,各六人。……改立诸局监羽林、虎贲。"同时开展了对官员的考课。《魏书·高祖纪》载:太和十五年十一月戊寅,"考诸牧守。自今选举,每以季月,本曹与吏部铨简"。而对鲜卑贵族触动最大的则是贯彻的"职司有分"和文武分途原则。"职司有分",即强调政务须由皇朝官员处置,禁止鲜卑贵族按旧习以"国之大姓"或"国人"身份加以干预。《魏书·官氏志》称:"太和以前,国之丧葬祠礼,非(帝室)十族不得与也。高祖革之,各以职司从事。"同书《礼志三》载太和十五年十月,将移祖宗神位于新建成的太庙,太尉元丕奏称:"窃闻太庙已就,明堂功毕,然享祀之礼,不可久旷。至于移庙之日,须得国之大姓,迁主安庙。神部尚书王谌既是庶姓,不宜参预。臣昔以皇室宗属,迁世祖之主。先朝旧式,不敢不闻。"按新定庙号,元丕引

"先朝旧式",声称应以"国之大姓"主持迁庙仪典。孝文帝则言:"先王制礼,职司有分。迁奉神主,皆太尉之事,朕亦亲自行事,不得越局,专委大姓。王谌所司,惟赞板而已。"强调"职司有分","不得越局,专委大姓",王谌为其职司所在,当然可以参与其事。"北人"知书者其时不多,大多数仍习惯于马上驰骋,为了实施"文治"的理想,孝文帝又严禁武人授任文官,这项措施使得大量鲜卑武人失职。《魏书·元澄传》说:"(吏部尚书元)澄铨简旧臣。初,魏自公侯以下,迄于选臣,动有万数,冗散无事"。"冗散无事"的"旧臣",多为定官品后的失职者,"澄品为三等,量其优劣,尽其能否之用"。

改革触碰鲜卑旧贵族的利益,自然招致他们的反对和仇视。《魏书·陆俟传》附孙陆凯传载:"初,高祖将议革变旧风,大臣并有难色。又每引刘芳、郭祚等密与规谟,共论时政,而国戚谓遂疏已,怏怏有不平之色。"而一系列的改革也遭到破产,《魏书·高祖纪》记载太和十六年三月癸酉,"省西郊郊天杂事",太和十八年三月庚辰,"罢西郊祭天"。而同书《礼志一》太和十八年三月记"诏罢西效祭天",未记十六年"省西郊郊天杂事"一事。可以看出,太和十六年三月孝文帝下令将西郊祭天"旧制""尽省之",太和十八年三月又再次下诏罢西郊祭天,说明太和十六年的命令未能得到推行。

总之,冯太后卵翼下的压力以及鲜卑旧贵族既得利益集团的阻力,阻碍了孝文帝抱负的施展和理想的达成,移都洛阳之后,起码在形式上得以摆脱了重重障碍,为实现其理想提供了条件,那么不妨究竟一下孝文帝的大"事业"了。

三、经营宇宙,一同区域:孝文帝之"洪业"

《魏书·任城王传》记载孝文帝迁都时说:"今日之行,诚知不易。但国家兴自北土,徙居平城,虽富有四海,文轨未一,此间用武之地,非可文治,移风易俗,信为甚难。崤函帝宅,河洛王里,因兹大举,光宅中原,任城意以为何如?"澄曰:"伊洛中区,均天下所据。陛下制御华夏,辑平九服,苍生闻此,应当大庆。"高祖曰:"北人恋本,忽闻将移,不能不惊扰也。"澄曰:"此既非常之事,当非常人所知,唯须决之圣怀,此辈亦何能为也?"高祖曰:"任城便是我之子房。"从孝文帝与元澄的对话中,不难看出,拓跋宏迁都是由于平城是用武之地,不易移风易俗。元澄对答也表明,要"制御华夏,辑平九服",必须据中原洛阳。

"辑平九服"云云,即是要一统天下,将之纳之于统一的政治体系之内。叶适在《习学记言序目》中说:"孝文迁洛,不止慕古人居中土,盖欲身在近地,经营江左耳,其与卢昶语可见"。《魏书·卢昶传》记载孝文帝对卢昶说:"卿便至彼,勿存彼我。密迩江扬,不当早晚,会是朕物。"孝文帝取中原、定天下之心自始至终,"方欲经营宇宙,一同区域",曾说"朕承天驭宇,力欲清一寰域","天无二日,土无两王,是以躬总六师,荡一四海。"要想将中国统合为一,其根据地平城不仅在地缘上无法达成这种军事目的,且胡人自古以来被视为化外之民,对中原的占领只是窃据,自然更无法满足合法性的要求。洛阳则是"九鼎旧所,七百攸基,地则土中,实均朝贡,惟王建国,莫尚于此"。虽晋末丧乱以来,宫室荒废,不复原貌,但是在民人心中一直是历代正朔象征之地,"崤函帝宅,河洛王里",而"恒山之北,九州之外,非帝王之都也"。取洛阳,"定鼎河,庶南荡瓯吴,复礼万国",是为"光宅中原"找到了合适的理据和地缘上的优势。

《魏书·礼志一》讲到孝文帝力图抛弃祖宗旧制,实施文治,改变祖宗"锐意武功,未修文德"的一惯作法,"稽参古式,宪章旧典",使"四海移风,要荒革俗","用武之地,非可文治,移风易俗,信为甚难"。洛阳之地自是正统之象征,可以为政权提供一定的合法性,为统一天下提供军事的便利,为师出有名找出理据,而"移风易俗"尤为重要。

移风易俗就是改弦更张,稽参古式,宪章旧典,修文德。定都洛阳之后一系列的汉化举措则是文德之修的表现。禁胡服、胡语,着汉服,"太和十八年……革衣服之制",讲汉语,以汉语为"正音",称鲜卑语为"北语","断诸北语,一从正音";改其姓氏,"北人谓土为拓,后为跋。魏之先出于黄帝,以土德王,故为拓跋氏。夫土者,黄中之色,万物之元也;宜改姓元氏。诸功臣旧族自代来者,姓或重复,皆改之。于是始改拔拔氏为长孙氏,达奚氏为奚氏,乙旃氏为叔孙氏,丘穆陵氏为穆氏,步六孤氏为陆氏,贺赖氏为贺氏,独孤氏为刘氏,贺楼氏为楼氏,勿忸于氏为于氏,尉迟氏为尉氏;其余所改,不可胜纪";胡汉通婚,孝文帝纳汉族大姓卢、崔、郑、王四家的女儿为妃,"魏主雅重门族,以范阳卢敏、清河崔宗伯、荥阳郑羲、太原王琼四姓，衣冠所推，咸纳其女以充后宫"等。

这种彻头彻尾的汉化策略和行为措施是孝文帝主动发起的，或言是自觉发起的，迥异于先期的以汉化作为手段而不是对汉化价值的肯定，对汉人知识分子只是利用而不是推心置腹。孝文帝做法和想法的背后是其对华夏文化的真心倾慕和认同。拓跋宏自小就受汉文化的耳濡目染，浸淫很深。他尤对儒家经典有着自己独特的见解。《魏书·献文六王·彭城王勰传》载：高祖亲讲《丧服》于清徽堂，从容谓群臣曰："彦和、季豫等年在蒙稚，早登缨绂，失过庭之训，并未习礼，每欲令我一解《丧服》。自审义解浮疏，抑而不许。顷因酒醉坐，脱尔言从，故屈朝彦，遂亲传说。将临讲坐，惭战交情。"御史中尉李彪对曰："自古及今，未有天子讲礼。陛下圣叡渊明，事超百代，臣得亲承音旨，千载一时。"

对华夏文化的真心认同，而以之移风易俗，孝文帝的目的在于以文治天下，而文治天下想法的背后有其更深层的涵义。北魏立国多年以来，以武力征服为手段，控制了中国大部分的地区，可谓未暇文教，不修文德。拓跋宏以洛阳为军事据点，以期取得战略上的优势地位，和文化上的正统名号，为一统天下做出准备，汉化以及对中原文化的恢复是其对中华文化的认同，也是对其合法性的论证，更重要的是，在疆域轮廓既定以及视天下如囊中之后，需要在政治上完成文化认同，以期弥合种族、民族矛盾，使之安然生活在一个政治文化融洽的共同体之中。《魏书·广陵王羽传》记载，孝文帝曾对鲜卑人物说："北人每言北人何用知书，朕闻此，深用怃然……朕为天子，何假中原，欲令卿等子孙，博见多知。若永居恒北，值不好文主，卿等子孙，不免面墙也。"若鲜卑族人永居恒北，值不好文主，后之子孙，不免面墙，言下之意在于如果不能将鲜卑与汉族融为一个政治文化上的共同体，消除彼此的对立和敌视，或鲜卑终将被别人征服、消灭。《魏书·高祖纪》记载孝文帝曾云："凡为人君，患于不均，不能推诚御物，苟能均诚，胡越之人，亦可亲如兄弟。"胡越，或者汉人于鲜卑在种族、血缘上显然不是兄弟，孝文帝的"亲如兄弟"，意思是生活在一个政治文化共同体之中，政治上彼此认同，文化上互相尊重，相洽共生而为一体。

四、结语

总之，北魏建都洛阳的根本目的在于使政权取得正统之象征，进而使伐中原、定一统师出有名；廓清版域，期华夏为一，重新纳中国为一个共同的政治体；修文德、图文治，以中华文化建构共同的文化体。孝文帝目的就在于建构政治文化共同体，是复归中国历史文化传统正道的路子。《魏书·儒林传序》载："高祖钦明稽古，笃好坟典，坐舆据鞍，不忘讲道。"稽明上古，以坟典为据，自然是追慕先王之治，不忘讲道，其道则是千古以来不变的国治民安的道，《魏书·郑道昭传》载孝文帝与诸臣之唱和中有"舜舞干戚兮天下归，文德远被莫不思"，"遵彼汝坟兮昔化贞，未若今日道风明"，"文王政教兮晖江沼，宁如大化光四表"。尧舜之文德，文王之政教即是道之显现。

遗民与降臣
——宋元之际明道书院山长的选择困境

赵路卫[*]

[内容提要]

  明道书院为南宋规制最为完备的书院,讲学于此的山长俱为一时之选,他们的文章道德曾为当世所推崇。在这些山长之中,胡崇、周应合和吴坚虽以宋臣之身经历了宋亡元兴的过程,在道德感召与现实处境之间面临着选择困境。理学的熏陶、他们各自的成长背景要求他们为宋守节,宋亡时的政治形势及个人际遇的不同导致他们最终成为遗民或"降臣"。本文拟从这一现象入手,考察他们在道德与现实之间的选择困境,进而分析南宋士人在亡国之后的不同际遇。

[关键词]

遗民 降臣 明道书院山长 士人际遇

  在改朝换代之际,是不食周粟以保全名节,还是委身新朝以求仕进干禄,这是每一个前朝士人必须面对的选择困境,也是后世褒贬人物的重要依据。在样的局势下,某些士人的选择往往具有争议性。道德和社会伦理要求每个士人秉持气节,忠

---

[*] 赵路卫,湖南大学岳麓书院博士研究生。

君、忠社稷；现实处境却迫使每个士人作出自己认为恰当的选择。宋元之际士人秉持忠义的事迹广为流传，如文天祥的至死不屈，陆秀夫的身死社稷，历来被人赞颂。然而，在宋元之际改天换地的大变局中，江南士人除了选择以身殉国、成为激进型的遗民外，根据自身的处境和地位也可能作出别的选择，如有的隐逸于家，有的则不得已屈身降元。书院的山长往往品学兼备，是士人群体中的杰出代表。建康明道书院是南宋晚期重要的讲学式书院之一，讲学于此的山长皆为一时之选。在这些山长中，胡崇、周应合与吴坚三人经历了由宋入元的嬗变，胡、周二人成为遗民，吴坚却成为降臣。本文拟从这一现象入手，考察他们在道德与现实之间的选择困境，进而分析南宋士人在亡国之后的不同际遇。

一、道义与现实之间的选择困境及三人的最终选择

朝代更替之际，作为曾担任过明道书院山长的南宋士人，胡崇、周应合和吴坚在守节或失节、能否践行理学信念以及降元出仕或隐逸等方面面临着选择上的困境。这种在道德与现实之间的选择困境，也是众多江南士人要面对的问题。

（一）道义与现实之间的选择困境

1. 降与隐之外再无其他途径可选的困境。宋元之际士人所受的社会伦理规范约束主要来自于两宋忠君观念的绝对化与夷夏之辨思想的制约。程朱理学兴起后，将君臣关系上升到"君臣父子，定位不移"的高度，"饿死事小，失节事大"成为社会普遍认可的贞节观，忠孝节义成为士人持身立世的道德准则。南宋与金、蒙的长期对峙时期，南宋虽然失去了中原，偏安于江南，但视金、蒙为夷狄之邦，视父母之国为华夏。这样一来，胡崇、周应合和吴坚这三人对于蒙元政权的态度便不仅涉及忠君守节，也与夷夏之防相关。他们既不能拥有孔子那种"道不行，则乘桴浮于海"的豁达，也不容易有"从道不从君"的左右逢源。若降元，则不仅个人名节为人所不齿，还有以华夏屈事蛮夷的屈辱感夹杂其中。若不降元，在蒙元灭宋之后，再无其他汉族政权可以求得托庇，也使得胡、周、吴三人除了隐居不仕和出仕新朝之外，再无第三条路可走。

2. 能否践行理学信念的困境。理学最重视躬身践行。曾经身为明道书院山长，

胡崇强调真履实践在"明明德""新民"过程中的重要性："盖古之学者，方其幼也，则入小学，及其长也则入大学，小学则明夫洒扫应对进退之节，习夫礼乐射御书数之文，大学则穷夫格物致知，诚意正心之本。达夫修身齐家治国平天下之用，学之小大，虽殊其为道，则一而已。"[1]他强调从幼时"洒扫应对进退"，到成人"礼乐射御书数"，再到"格物致知"以至于终极的"修身齐家治国平天"，都离不开"真履实践"。周应合在讲授《论语》时，则论述"习"在效法圣人过程中的重要性："盖学固在于知其理，尤在于能求知，求能之谓学，已知已能而用工不已之谓时习，且如知得孝弟之理，则必习为孝弟之事，无一时而不孝弟则可以学古者，孝弟之人，知得忠信之理，则必习为忠信之事，无一时而不忠信，则可以学古者，忠信之人，效之而不习，非学也。"[2]周应合强调为学之要在于一个"习"字，习孝悌之事方可谓之"学"，方可谓之"能求知"，"知得为忠信之理"则"必习为忠信之事"，否则是"非学也"。吴坚在讲学时则侧重操守和立志的重要性："声色货利不足移其守，富贵利达不足以易其操，必如是而后可谓之志，由志学而立，则知己明而行之进也。"[3]吴坚强调操守对于立志的重要性，若一个士人"移其守"，"易其操"，那么便失去了"由志学而立"的根本。身为讲习理学的士人，践行理学所强调的忠孝节义自然是义不容辞。在亡国之际，他们如何选择又关系到是否真的坚守理学信念的问题。

  3. 降元出仕与隐逸之间的困境。宋亡时在朝或在野的境况，也是影响士人选择的重要背景。在朝为官的士人在是否追随太后与皇帝降元的问题上面临着守社稷还是守君的困难抉择。在野的士人则面临着出仕还是入世的困难抉择。"士有恒心而无恒产"，这是传统社会里大部分士人的真实写照。在学而优则仕的宋代社会，士人往往享受较为优厚的待遇。蒙元人主后，士人的境遇大为改变，除了殉国者和有经济能力归隐田园的士人之外，大部分江南士人在兵火之余面对的是生计的压力，出仕与隐逸在还关乎经济实力。宋亡时个人的处境和生计压力直接促成了胡崇、周应合和吴坚这三人在降与不降，出仕与隐逸之间的选择困境。胡、周二人在

---

[1]　周应合：《景定建康志》卷29之35。
[2]　周应合：《景定建康志》卷29之36。
[3]　周应合：《景定建康志》卷29之22。

宋亡后，选择隐逸，却不得不面对个人生计的压力。吴坚有经济能力归隐田园却因宰相国戚的双重身份，不得不随君而降。

（二）三人的不同选择

胡崇（1204－1283），字宗叟，安徽黟县（今和县）人，先后担任太常寺丞、兼尚书右司郎官、将作大监。周应合（1213—1280），子淳叟，江州人，开庆二年（1260）兼明道书院山长，宋亡前夕曾任瑞州知州。吴坚，子彦恺，天台人。德祐元年命金枢密院事，明年正月拜左丞相，后以国降元。[1]

胡崇在宋亡时以在野之身归隐于家："似道南窜，以将作大监，诏命下而宋运去矣。徒走归歙。至元二十年终于家。年八十。居官清白，死之日，家无余财，自号平心老人。"[2]周应合在宋亡时已遭罢职，宋亡时也是在野之身，受其子周天骥奉养而终老："似道兵败走维扬，起守宁国，江西以瑞缺守，辟知瑞州。将治兵为固围计，与帅议不合，劾去。元至元十七年卒。年六十有八。"[3]吴坚则以降臣之身由宋入元："德祐元年十二月命金枢密院事，明年正月拜左丞相，后以国降元。"[4]可见，三人虽然都曾为明道书院山长，也都经历了宋元的朝代更替，但是面对新王朝，胡周二人选择了隐逸，而吴坚则选择了入元成为降臣。

二、三人不同选择的背景与原因

当元朝取代宋朝成为天下之主的时候，三人的选择却截然不然。这种截然不同的选择，既与当时的社会背景有关，也与个人的身份及特殊经历有关。

（一）社会形势的急剧变化

胡崇、周应合与吴坚生活在南宋一步步走向衰亡的年代。尤其是在咸淳十年，元军攻下鄂州后，元军顺江东下直取临安。随后贾似道率南宋主力在丁家洲与元军决战，南宋主力大部分被歼，士气丧失殆尽，以至于沿江州郡的"大小文武将吏，

---

[1] 刘克庄：《后村大全集》卷62第一，四部丛刊本。
[2] 《弘治徽州府志》卷8第28。
[3] 王梓材、冯云濠编：《宋元学案补遗·濂溪学案补遗》下，中华书局2012年版，第1174页。
[4] 《南宋馆阁续录》卷8第16。

降走恐后"。德祐二年一月，元军兵临临安，谢太后在欲战不能、求和不成的局势下降元，降表上说："谨奉太皇太后命，削去帝号，以两浙、福建、江东西、湖南、二广、两淮、四川见存州郡，悉上圣朝，为宗社生灵祈哀请命。"[1]面对形势的急剧变化，南宋的士人面临的选择不外乎：坚决抵抗、随太后出降、以遗民之身继续在新朝为宋守节。社会形势的变化，是出现多样选择的重要前提。

（二）三人不同的现实际遇

个人在宋时际遇的不同使得在背景和经历上有着很大相似性的三人，在遗民或者"降臣"之间作出了不同的选择。

1. 胡崇与周应合在宋时的际遇及幕主对他们的影响。胡崇与周应合曾经被当时的高级官员吴潜、王埜和马光祖辟为幕僚。吴潜（1196—1262），嘉定十一年进士第一，在担任江东安抚留守其间辟胡崇为幕僚，最后官至左丞相，以敢于直言知名；先后因应诏陈事为权相史弥远、贾似道、丁大全等人所忌，后因在公田法、理宗立嗣等问题上遭贾似道陷害，被劾去官，卒于景定三年。王埜（？—1254）曾师从理学名臣真德秀，登嘉定十二年进士，担任沿江制置使、江东安抚使其间，胡崇入其幕府帮办军务；官至端明殿学士、佥枢密院事，封吴郡侯，后因与宰相不和，被言官弹劾而去职；居官其间，礼敬朱熹再传弟子，兴建书院以祭祀朱熹、真德秀。胡崇担任吴、王的幕僚期间，秉公执法，颇有政绩，应离不开这两位幕主的赏识和支持。胡崇在为台州知州期间也留意地方教养，兴建书院。[2]吴、王二人虽官居高位最终因直言触怒权臣而遭罢斥，胡崇最终也因直言而罢官去职，很有可能是受前者影响。周应合曾经被马光祖延入幕府，马光祖师从真德秀，在担任沿江制置使、江东安抚使、建康知府兼行宫留守期间"兴学校、礼贤才，辟召僚属，皆极一时之选"。在第二次知建康府时"修明道、南轩书院及上元县学"。曾移书贾似道反对公田法，后官至枢密院事兼参知政事，被言官弹，劾以金紫光禄大夫退休。清代方志学家孙星衍说："马光祖、周应合俱与权贵不合，气节迈流俗者，其于地方诸大政，兴利革弊，尤有深意存焉。"[3]

---

[1] 脱脱等撰：《瀛国公纪宋史》卷47，中华书局1977年版，第921页。
[2] 杨家骆主编：《宋人传纪资料索引补编》，四川大学出版社1994年版，第693页。
[3] 周应合：《景定建康志》卷首。

宋朝灭亡前夕，胡崇寓居吴兴，在贾似道兵败后，被朝廷任以将作大监之职，"诏命下而宋运去矣。徒走归歙"。[1]周应合也于宋亡前夕恢复官职，被朝廷派往守江西宁国，后任瑞州知州，因"将治兵为固围计，与帅议不合，劾去"。[2]亡国之际，胡崇看到宋朝的局势已不可谓，便归隐于家。周应合在宋亡之时，已经因被罢官而隐居田园。二人在选择归乡隐居成为遗民便有很大的自主性。

2. 吴坚在宋的际遇。吴坚在仕途上较胡、周二人顺利，以学官起家，累登清要，先后任昆山薄、太常博士除秘书郎、太常丞、起居郎、著作郎兼礼部尚书兼太子舍人、金枢密院事、左丞相。吴坚在度宗时已经以参知政事致仕，在德祐年间官拜左丞相兼金枢密院事，受命于危难，最终成为降臣也可能实非得已。

咸淳十年度宗驾崩，年仅四岁的恭帝即位，由理宗皇后谢道清摄政。德祐初由于贾似道兵败丁家洲，南宋主力已被元军击溃，沿江州郡的"大小文武将吏，降走恐后"。[3]在此危难之际，吴坚因国戚身份被谢太后重新启用。此时的吴坚已经退休数年，在这种情况下完全可以不奉诏书，终老于家以独善其身，如同为宰相的留梦炎在此时被皇帝召入临安赞襄国事，但留梦炎并不奉诏，而是逃往湖南。[4]吴坚之所以应诏赴临安或许与文天祥应皇帝勤王诏时"吾亦知其然也。第国家养育臣庶三百余年，一旦有急，征天下兵，无一人一骑入关者，吾深恨于此。故不自量力，而以身徇之，庶天下忠臣义士将有闻风而起者。义胜者谋立，人众者功济，如此则社稷犹可保也"（《宋史》卷481）的心态类似，出于对宋朝的忠诚，明知不可为而为之，受命于危难之际。

吴坚被重新启用为金枢密院事时，掌握朝政的为陈宜中。陈宜中"当国遭时多艰，不能措一策，惟事蒙蔽，将士离心，郡邑降破"，[5]南宋大势已去。元军沿江东下，直趋临安。因元兵压境，丞相陈宜中等先后逃走，皇帝颁布诏书委以吴坚重任之日，"日午宣麻慈元殿，文班止六人"。[6]这个时候"是时宜中遁，文天祥

---

[1]《弘治徽州府志》卷8第28。
[2] 王梓材、冯云濠编：《宋元学案补遗·濂溪学案补遗》下，第1174页。
[3] 苏天爵：《湖南安抚使李公祠堂记》，《国朝文类》卷31，四部丛刊本。
[4]《续资治通鉴》卷182，中华书局2004年版，第4974页。
[5]《御批续资治通鉴纲目》卷22《史评类史部》，文渊阁四库全书本。
[6]《续资治通鉴》卷182，第4975页。

辞右相不拜，遂以贾余庆为右丞相，朝廷愈无统矣"。[1]由此可以看出吴坚虽位居宰辅，在如此情形下也回天无力。南宋君臣不得不寄希望于议和。德祐二年正月，宋朝君主以文天祥为右丞相，与吴坚、贾余庆等为使者，赴元军营请和，企望元军退走。文天祥因痛斥伯颜被拘，吴坚等无可奈何地回到临安，向皇帝汇报。不久，穷途末路的宋朝帝、后决定投降，再度派吴坚、贾余庆、文天祥、刘岊等为祈请使，赴元大都献表请降。同时下诏天下州郡降元。在身为祈请使赴大都的过程中，"余庆凶狡残忍，岊狎邪小人，皆乘时窃美官。[2]后来被文天祥面斥为卖国之臣。吴坚或许并未如贾余庆、刘岊那般谄媚伯颜，卖国求荣，否则记录中不会独缺。文天祥于途中逃脱，坚持抗元直至最终被俘不屈而死。如果文天祥在赴大都献表请降时没有中途逃脱，或许也免不了与吴坚同为降臣的命运。在到达元大都后，吴坚等"不得命，留馆中，高应松绝粒不语，七日而卒，贾余庆病死"。[3]宋帝后到达大都，吴坚等"伏地流涕，谢奉使无状，不能保存宋社"。[4]吴坚并没有如文天祥、高应松那样逃走或绝食而亡，也没有如贾余庆一般谄媚元朝。他成为这样的降臣可能更多的是为了完成宋朝议和及请降的使命。就吴坚的降元过程看，未见其主动投降的记载，反而更多的是"随君而降"的被动色彩。

吴坚之所以未能向胡、周二人那样成为遗民，可能还有个人特殊的身份有关。吴坚娶端平名臣郭磊卿女为妻。而理宗皇后谢道清是郭磊卿的外甥女，也就是吴坚妻子的表姐。有了这层关系，吴坚多了国戚身份。吴坚没能隐逸山林而是"随君而降"，大概与皇帝的信任、重用以及国戚的特殊身份不无关系吧。

3. 南宋士人对元的态度。身处改朝换代之际的南宋士人，面对蒙元新朝时根据自己所处的环境、信念和自身条件做出了不同的选择。他们的态度大致可划分为三类，即身死社稷的烈士、归隐以保全名节的遗民和背弃故国改仕新朝的降臣。以身殉国的烈士由于生命的终结不会面临国亡后该何去何从的困境，继续活着的人则因为面对新朝的不同态度而成为遗民或降臣。胡、周二人因为对宋朝的忠臣、理学

---

[1] 刘一清：《钱塘遗事》卷8《杂史类史部》，文渊阁四库全书本。
[2] 《续资治通鉴》卷182，第4979页。
[3] 《续资治通鉴》卷182，第4979页。
[4] 陈邦瞻：《宋史纪事本末》卷170，中华书局1977年版，第1161页。

的熏陶和宋亡时在野之身的便利可以选择归隐。即便是这样，他们也不可能将蒙元的影响完全置身事外。胡崇之子胡桂发出仕元朝，"终安吉狱掾，桂荣授将仕郎"。[1]周应合之子周天骥在宋朝已经出仕为官，入元后以降臣身份继续为官，为守一方，这在当时并不为人所称道。一方面，出于生计的考虑，周应合不得不接受儿子的奉养；另一方面，周应合也讳言周天骥与他的父子关系。他的神道碑里的记载如下："素善训子，长子天骥，年六岁敏记诵，宋有童子科，俾习之。年十一，以能文词举，后登上第，人取以为法，寰宇合一，天骥守吉州，迎以养却甘茹蔬，感慨遁迹，人不知太守为有父。"[2]胡、周虽然自身没有成为降臣，保全了气节，可是自己的儿子依然难以避免成为降臣的命运。

三、结语

日本学者植松正分析南宋进士入元以后的政治动向，列举的151人之中，退隐不仕者84人（占55.6%），出仕元朝者57人（占37.8%），动向不明者10人（占6.6%）。[3]而陈得芝对所辑得宋理宗、度宗二朝进士在宋元之际的动向作出统计：以身殉国者七十一人（21.65%），入元隐遁不仕者一百七十四人（53.05%），归降及出仕元朝者八十三人（25.3%）。[4]两者在统计类别和结果上虽然有所差异，但可以看出改朝换代之际，殉国者及甘为遗民的进士虽然很多，出仕新朝者也不在少数。至于其他不具备进士资格的士人，出仕与隐居之间的比例尚不能知晓。士人群体在对待元朝态度上的多样性，由此可见一斑。

遗民与降臣是对士人气节的盖棺定论。前者因其尽忠前朝，不事二主而为世人所尊重，后者则因失去气节，委身事新朝而被否定。明道书院为南宋规制最为完备的书院，讲学于此山长俱为一时之选，他们的文章道德曾为当世所推崇。在这些

---

[1]《弘治徽州府志》卷8第28。
[2] 袁桷：《周瑞州神道碑铭》，《清容居士集》卷9第125，四部丛刊本。
[3] [日] 植松正：《关于元代江南的地方官任用》，《日本法制史研究》1988年总第38号。
[4] 陈得芝：《论宋元之际江南士人的思想和政治动向》，《南京大学学报（哲学社会科学版）》1997年第2期。

山长之中，胡崇、周应合和吴坚虽以宋臣之身经历了宋亡元兴的过程，在道德感召与现实处境之间面临着选择困境。理学的熏陶、他们各自成长背景要求他们为宋守节，宋亡时的政治形势及个人际遇的不同导致他们最终成为遗民或"降臣"。社会伦理的价值观使得后世称颂胡崇、周应合的遗民之志。吴坚虽名位尊崇却因为不得已"降臣"之故，其事迹在后世湮没，不得列传于官修史书，不见于其家乡地方志。古往今来，在政治现实面前，能够坚持气节的确属难能可贵，予以褒奖也无可厚非。至于如吴坚这样的"降臣"，一味的道德批判而无视其投降的被动性，难免有失公允。

行动瑜伽与无为

——《薄伽梵歌》与《道德经》的行动思想对比

富 瑜*

[内容提要]

　　同为轴心时代经典,《薄伽梵歌》倡导行动瑜伽,实现个体与至上者的不二联结,从而获得个体解脱,维护宇宙秩序;《道德经》则倡导无为而治,个体回归道本。前者指导积极战斗,履行社会责任的生活方式;后者却提倡守虚静,处事偏好守柔、守弱。本文通过具体分析两个文本的行动思想,特别是从行动瑜伽和无为的性质、行为过程、前提条件,行动者和至上者的关系等方面说明虽然两种传统的行动思想路径不同,达到的功效却相似。两者至少在伦理学和救赎意义上不存在直接冲突。

[关键词]

行动瑜伽　无为　道　自我

---

* 富瑜,浙江大学城市学院英语系讲师,浙江大学哲学系博士研究生,哈佛大学世界宗教研究中心访问博士。本文系浙江省哲学社会科学规划课题"宗教比较与宗教和谐——当代西方比较宗教新思潮对我国和谐社会构建的意义"(13NDJC174YB)的阶段性成果。

《薄伽梵歌》[1]被誉为"印度圣经"、最权威的印度教指导人生解脱经典。自1785年查尔斯·威尔金斯的首个英译本问世以来，《薄伽梵歌》已有273个英译本，译成75种世界语言发行。[2]作为史诗《摩诃婆罗多》的一部分，《薄伽梵歌》意指"献给上主的颂歌"。故事发端于俱卢城的战场，大敌当前，王子阿周那突然决定退出以避免与昔日亲友兵戎相见；至上主克里希纳作为导师兼朋友鼓励阿周那迎战，最后阿周那被说服。文本创作于公元前5世纪至公元5世纪期间，当时印度地区战争频繁，历经5-6个朝代更替。[3]印度圣雄甘地认为，《薄伽梵歌》中的战场既有真实意义，但更以隐喻方式指向人内心的战场，寓意正邪冲突。[4]阿周那的困惑对人类具有普遍意义，"尽管文本创作于千年之前，但它的行动思想到今天仍有现实意义，其重要性与历史时期相比甚至有过之而无不及"。[5]

《道德经》是传统意义上中国第一部哲学著作，为后世中国哲学和社会生活带来深远影响。[6]按照康熙字典，"道"表示道路，路径；行为方法；方法、原则和教义；宇宙运行方式。"德"是道的彰显，"经"原指布料纵向轴线，现作经典统称。《道德经》是"关于宇宙运行和彰显规律的经典"。自1868年约翰·查莫斯的首个英文版面世后，《道德经》是除《圣经》外被译成英文最多的经典。[7]文本成书于公元前6世纪至公元4世纪间，当时各诸侯国长期混战争夺领土。[8]《道德经》中的思想提供生活智慧，它的回归本真思想对今天具有指导意义。

两文本拥有相似背景并在各自传统中具有重要地位。前者为印度哲学思想的集

---

[1] [印]毗耶萨：《薄伽梵歌》，王志成等译，四川人民出版社2015年版。下引于文后直接标注章节。
[2] Richard Davis, *Bhagavad Gita: A Biography*, Princeton : Princeton University Press, 2015, p. 155.
[3] 马琳娜提出的《薄伽梵歌》大致成书时期，她认为文本某些章节的编写时间在公元前后。福恩斯坦则提出《薄伽梵歌》的创作时间在公元前400-300年间。此处采纳马琳娜的观点。
[4] Mohandas Gandhi, *Collected Works of Mahatma Gandhi*. Milpitas：Evergreen Books, 2011, p. 75.
[5] Georg Feuerstein, *The Bhagavad-Gita: A New Translation*, Boston: Shambhala Publications, p. ix.
[6] Fung You Lan, *A History of Chinese Philosophy*, Princeton：Princeton University Press, 1952, p. 94. 本文使用赵孟頫、鲜于枢校注《道德经》（香港商务印书馆有限公司2002年版），引用直接标注章节。
[7] Holmes Welch, *The Parting of the Way: Lao Tzu and the Taoist Movement*, Boston：Beacon Press, 1957, p. 4.
[8] 《道德经》的成书时间学界没有达成一致，此处采用跨度较大的表述。见Arthur Waley, Rudolf Wagner.

大成者，叙述以行动获得救赎；后者倡导无为回归道本，似乎叙述完全冲突的生活方式。本文试图分析《薄伽梵歌》和《道德经》中行动瑜伽和无为思想的性质、行为过程、实施条件、行动者与至高者关系。说明尽管路径不同，但两者都致力于共同目标——个体通过行动瑜伽或无为达到与"至上者"[1]的不二联结，两者至少在伦理和救赎意义上不存在直接冲突。

一、《薄伽梵歌》中的行动瑜伽

Karma 原意指"行动，行为；行为后果；行为的潜在后果"。后两种意义与行为造成的负面后果相关。[2] Yoga 的意义比较复杂，它既表示像数论派那样的印度哲学流派；也表示接近至上者的方法；行动技能，通过该技能使人获得平静，脱离生死轮回。笔者认为将 Karma – Yoga 定义为"履行行动的技能方式"比较符合文本意义，下文简称行动瑜伽。

行动瑜伽是个体解脱的主要途径之一，文本主要情节也围绕阿周那是否参战展开。行动瑜伽实质就是"于行动中看见不行动，于不行动中看见行动"。（4：18）这种行动与普通行动的区别在于"你只有履行自己职责的权利，但绝不能控制和要求任何结果。享受行动成果不应该成为你的动机，但你绝不应该不行动……放弃对行动结果的执着，冷静对待成功和失败"。（2：47 – 49）于行动中看见不行动表示坚决行动，但不求结果。失败与成功都不影响行动决定。通过不执着结果，个体摆脱普通行动产生的束缚，之后行动不再产生恶，最终获得自由从生死轮回中解脱。[3]

不执行动使人摆脱恶，但弃绝也有相同效果。行动与弃绝，[4] 哪种方式对个体解脱更有效？克里希纳直接回应阿周那，"弃绝与行动之道，这两者都指向至上

---

[1] 这里用"至上者"指代两种传统中的终极实在。
[2] Richard Davis, *Bhagavad Gita：A Biography*, Princeton：Princeton University Press, 2015, p. 17.
[3] 解脱从《薄伽梵歌》的角度而言就是个体获得自由，脱离轮回之苦，认识到与至上合一的本性。《道德经》的回归本真即人按照道的规律行动，达到与道合体，生命免予危险的境界。
[4] 弃绝意味着彻底放弃行动者身份、所有者身份和行动的动机，而不是放弃行动本身或世俗对象。弃绝仅仅出现在自我知识降临后。在《薄伽梵歌》中，"弃绝"和"自我知识"常常互相换用。

目标。但这两者之中，行动瑜伽好于弃绝……更简单易行"。（5：2，5：6）可见不执行动对普通人更具实践性。其次，克里希纳按三德属性配置创造了四大种姓，每个种姓都被赋予相应职责。刹帝利阶层，即阿周那的种姓，以罗阇属性占主导，适合行动。马德苏达那进一步提出，心意不纯的瑜伽士必须采取行动净化心意。后者成为行动瑜伽的必要步骤，也是行动目的和方法。[1]

需要净化心意说明心意不洁，克里希纳提出它源自人的欲望。后者来自心意感官，特指追求无法获得带来快感的对象。心意充满欲望人便失去智慧。例如"思念感官对象，就会执着于感官对象。执着于感官对象，就会渴望感官对象。渴望得不到满足，就会产生愤怒。愤怒产生错觉，错觉迷惑心意。心意迷惑，则理性毁灭。理性毁灭，人就会迷失自我"。（2：62-63）只有从欲望中解脱，知晓至上存在即至福的人才是觉悟者。可见欲望过程始于思考感官对象终于个体智慧的毁灭，只有脱离欲望才可以觉悟。克里希纳警告阿周那"欲望、愤怒和贪婪是导致个体堕落走向地狱的三重门，人们必须摒弃他们"。（16：21）

欲望对象包括外在对象如财产、身份，也包括内在对象如进天堂等。克里希纳指出由于不满足，人获得对象的快感只持续短暂时间，之后陷入痛苦。从兴奋到痛苦的反复困扰心意，最终引起妄想。该过程妨碍知识与智慧的产生。作为罗阇的产物，欲望也是我执本体的体现。对外在对象的渴望导致人做出"我的、我是行为主体"等断言。欲望迷惑人的身份——将自我与外在物质对象等同，无法认识一切属于至上主，后者是所有行为的执行主体，人不过是至上主的工具。欲望、愤怒、贪婪带来我执，阻碍自我认识。如此人便被投入生死轮回中。《瑜伽梵歌》中有低层次和高层次自我的区分。控制心意，切断人与外在欲望的认同，人就可以从低层次提升到高层次自我。反之人的心意就停留在低层次。高层次自我就是至上者，行动瑜伽协助人从低层次自我意识转变为高层次自我意识。

如何去除欲望？克里希纳指出："首先要控制感官意识，杀死物质欲望的恶魔，它摧毁自我知识，阻止自我觉悟。"（3：41）控制感官意识即控制意识藏身

---

[1] Madhusudana Sarasvati, *Bhagavad-Gita*, translated by Swami Gambhirananda, Calcutta: Trio Process, 2000, p. 215.

处——人体器官。其次，瑜伽士通过"独自静坐，持续冥想至上主，控制心意和感官，摆脱欲望和对外在对象的获取"。（6：10）即必须独处、避免接触外在对象。还可以通过苦修去除欲望，"放弃占有财物，满足于心意自然获得的一切，超越二元对立，执行行为，从不妒嫉，无论成败"。（4：21，4：22）如此就可以超越二元对立，同等看待诸如幸福/痛苦等对立物，去除欲望。瑜伽修炼"彻底弃绝一切欲望，心意全面控制感官……无论躁动不安的心意在哪里游荡，你都应该把它召回，使之处于自我意识的控制之下"。（6：24，6：26）可见去除欲望主要通过控制器官、放弃财产、独处静坐等方式切断心意和感官对象的关联。

　　心意纯净、去除欲望后行动目的何在？克里希纳指出行动是向上主的奉献。他说："导致生命体显现的永恒存在的创造性力量或动力被称为行动。"（8：3）马德苏达那将其解释为"行动在这里代表吠陀祭祀仪式"。[1]克里希纳原话即表示"由传统经典规定的祭祀仪式，促使一切事物生长，这是行动的含义"。克里希纳强调祭祀的重要性，认为它是祭祀之轮的重要组成部分。"众生靠五谷生存，五谷靠雨水生长，雨水靠祭祀降落，祭祀靠行动执行……遍及一切的至上者存在于祭祀中。"（3：14-15）人通过奉献食物维护至上者建立的宇宙秩序——维护宇宙运转也为其形成贡献力量。毫无疑问，必须从广义角度理解祭祀概念。人类的职责行动，不仅包括宗庙祭祀都是对上主的奉献。否则阿周那无需响应至上主积极应战。甘地也扩大了祭祀意义。[2]他提出日常生活中纺纱、打扫厕所等工作都是侍奉上帝的祭祀。人履行上主分配的自然职责，世界秩序得以维护。这样行动瑜伽赋予人类行动神圣性和特殊意义。各类行动都是维护世界秩序的手段和超越自我的特殊行动。其次，行动是至上主的特征，至上主行动创造世界不出于个体动机。那么人的行为模仿至上主，也是神圣行动。反过来说，倘若人不行动或有越界行为，必然受到惩罚。《薄伽梵歌》中非正义方俱卢族战败可以看成其王子越界，企图替代至上主行使对世界秩序的控制。

---

[1] Madhusudana Sarasvati, *Bhagavad-Gita*, translated by Swami Gambhirananda, Calcutta：TrioProcess, 2000, p. 537.

[2] Madhusudana Sarasvati, *Bhagavad-Gita*, translated by Swami Gambhirananda, Calcutta：Trio Process, 2000, p. 131.

与《薄伽梵歌》中其他解脱路径，如虔信瑜伽和智慧瑜伽相比，行动瑜伽是否最重要？对这个问题有多种看法。吠檀多派大师商羯罗认为摩耶（Maya）构成的世界虚幻。解脱只能通过弃绝实现，知识是自我认知的最重要路径，行动瑜伽只是铺垫。罗摩奴阇认为行动和智慧瑜伽都引导解脱，但虔信最佳。当代学者，如蒂拉克（Tilak）、辩喜（Vivekananda）、甘地等出于社会和政治原因提出行动瑜伽最重要。如蒂拉克强调《薄伽梵歌》主要侧重行动哲学而非知识或虔信思想。知识与虔信是行为方式，行为本身使人走向解脱。[1]

《薄伽梵歌》7：16章中克里希纳将人分为四类：受苦者、求知者、求财者以及觉悟者。只有觉悟者才认识自我，通过知识的解脱方法最佳。但在18：47－48章节中，克里希纳提出行动与责任不可避免。在3：4－5章中他主张放弃行动不能使人解脱行动束缚。依靠知识不能得圆满，没有人能做到一刻不行动，事物都受三德驱使不得不行动。换言之，仅靠知识不能确保解脱。在第6：46－47章又提出："所有的瑜伽士中，怀着至上信仰崇拜我，心意全然专注于我的意识，这样的虔信瑜伽最佳。"此处将虔信奉为最高解脱方法。由于《薄伽梵歌》对三条道路叙述的复杂性与前后不一致，各派学者基于立场不同看法不一致。

笔者首先认为行动、知识与虔信对不同阶段、类型的求道者有不同侧重。其次，解脱根本上必须结合三条道路。多伊奇认为行动瑜伽是《薄伽梵歌》的核心教义，但行动瑜伽必须结合虔信与智慧瑜伽。[2]建立对低层次外部对象的不执必须将其转移为对高层次对象的依附，即对至上者的依附（虔信），否则难以消除不执。意识到自我并非行动执行者，至上主才是，这样才能以平等心看待事物（智慧）。行动瑜伽与智慧瑜伽、虔信瑜伽本质上相辅相成，行动必然涵盖知识和虔信，三者不可分割。行动瑜伽的目标是认识、提升自我与至上主克里希纳合一。合一的瑜伽士即能履行自然职责而不执。他已经超越二元对立，与至上者的不二联结使他的行动出自至上者意志，他的具象只具有工具性价值并为上主所用。但行动瑜

---

[1] Mark Harvey, *The Secular as Sacred*？—*The Religio-Political Rationalization of B. G Tilak*, Modern Asian Studies, Vol. 20, No. 2, 1986, pp. 321–331.

[2] Eliot Deutsch, *The Bhagavad Gita*, Translated with Introduction and Critical Essays, Washington, D. C.：University Press of America, 1968, p. 162.

伽是否能做到完全消除欲望,这与瑜伽士对至上者的渴望间存在张力。

二、《道德经》的无为思想

"无为"的字面意思是"无行动,不行动",该词在文本中的出现频率仅次于"道",全文共出现13次。分析"无为"的含义前有必要考察"道"的含义,因为无为思想建立在老子道论基础上。

首先,道是宇宙的本源,"有物混成,先天地生。寂兮廖兮,独立而不改,周行而不殆,可以为天地母。吾不知其名,强字之曰:道。……视而不见,名曰夷;听之不闻,名曰希;搏之不得,名曰微。此三者不可致诘,故混而为一……是谓无状之状,无物之象,是谓惚恍。迎之不见其首,随之不见其后"。(14、25章)道既非具体物质,也非纯粹精神,而是无法为感官把握,用语言表达性状的抽象概念。按照《韩非子·解老》的解释,[1]道是"万物之所然也,万物之所稽也……万物各异理,而道尽稽万物之理,故不得不化,不得不化,固无常操"。道生万物,万物受制于道。道无常操,表明道不断变化,是包含对立事物的统一体。

道如何生成万物?"道之为物,惟恍为惚。惚兮恍兮,其中有象;恍兮惚兮,其中有物;窈兮冥兮,其中有精。其精甚真,其中有信。"(21章)道从恍惚不明中,渐次产生象、物直至万物。恍惚之际,无形无状,将变未变,是无。变化发生,即产生物体,就是有。所以"无,名天地之始,有,名万物之母……天下万物生于有,有生于无……有无相生"。(1、40章)道是无和有的统一体,无是道的体,有是道的用。有生于无,无重于有,但相互转化。这是道家的重要原则。无为和有为也共同存在,互相转化,无为重于有为。无为和有为都是道的属性,但无为是根本,有为是道在万事万物中的彰显。

道还是宇宙运行的最高法则。"人法地,地法天,天法道,道法自然。"(25章)道是天、地、人效法的对象,道本身遵循自然之法。自然在这里可以理解为自发、自然生成,并非出于人为意志。道虽生成、统摄万物,但本身既无意志也无

---

[1] 转引自张起钧:《老子哲学》,台北中央文物出版社1953年版,第3页。

人格。道之统摄万物在于自发而行，并非刻意求取，因此道常无为，无欲。

道的运动规律是"反者道之动，弱者道之用"。道不断处于运动变化中，在对立事物的两极反复。从对立一端开始变化，发展到一定程度返回，过程不间断。因此"万物并作，吾以观复……夫物芸芸，各复归其根"。（16章）道生万物，万物循环不断变化，变化的最终趋势是归根，回归与道同体的原初状态。对人而言，这是能达到的最高境界。从反者道之动自然推断出弱者道之用。之所以守柔、守弱在于二元对立事物总是处于向对立面的转化中，强者、大者易被摧毁，如"天之道，其犹张弓与？高者抑下，下者举之，有余者损之，不足者补之。天之道，损有余而补不足。人之道，则不然，损不足以奉有余。孰能有余以奉天下，唯有道者"。（77章）柔弱反而得以保全。根据老子的宇宙观和形而上理论，无为即是人顺应道，回归道本的必然要求。无为并不表示完全不行动。安乐哲与大卫·霍尔提出无为指不执行干扰事物特定德行（规律）的行为，[1]或者说行为不受已有知识、习惯影响、不具有攻击性。也有人认为无为是不执行有违自然之事。笔者主张将无为定义为非强迫性行动，遵循规律的自发行动。

老子通过不同需求阐述无为的具体运用。对君王，他指出："爱民治国，能无为乎……生之，畜之，生而不有，为而不恃，长而不宰，是谓玄德。"即君王治国应当防止扰民、控制民众，后者应具有自治权和自由。他警告君王"将欲取天下而为之，吾见其不得已……为者败之，执者失之"。（29章）以暴力手段达到目的违反无为准则。同时老子指出"江海所以能为百谷王者，以其善下之，故能为百谷王。是以圣人欲上民，必以言下之。欲先民，必以身后之"。（66章）要取得高位就必须先做出低于民众的姿态。

对圣人[2]无为即"处无为之事，行不言之教，万物作焉而不辞，生而不有，为而不恃，功成而弗居"。（2章）即圣人遵循道的法则，服务他人但不刻意，也不求回报，顺势而为。根据二元对立转换，圣人需从小处做起、以少为多、以无为处世、使结果转向相反方向：成大、成多、有为。但付出不求回报，以德抱怨在生活

---

[1] David Hall & Roger Ames, *Thinking from the Han: Self, Truth and Transcendence in Chinese and Western Culture*, Albany: State University of New York Press, 1998. p. 52.
[2] 此处的圣人专指老子所说的"得道"之人，而非通常意义上的圣人。

中有难度，老子承认"不言之教，无为之益，天下希及之"。（43 章）老子提出以无欲、无身和无知并辅之以俭、慈、谦三策略协助个体达到无为境界。

创造之初，人与道同体。如按照道的运动规律行事，则自然而然达到最高境界。人之所以脱离道、身处危殆境地在于对现象界对象的欲望和小我的执着。"五色令人目盲，五音令人耳聋，五味令人口爽，驰骋田猎令人心发狂，难得之货令人行妨。是以圣人为腹不为目，故去彼取此……夫唯不争，故无尤……以其不争，故天下莫能与之争……吾所以有大患者，为吾有身，及吾无身，吾有何患。"（12，8，66，13 章）这里的感官应该有两层意义，一是实际的器官，二是人的自我判断力。过度使用感官使感官失去功能，过度追求欲望，即失去判断力。

其次，老子侧重内在灵性甚于外在对象需求，两者分别以腹、目为类比对象。内在灵性才是人之所需。外在现象与欲望关联，如富贵功名是非善恶。自我一旦被欲望蒙蔽，就离道日远。而"有身"使人处于忧虑之中。有身代表小我利益。忧虑源于太看重小我，其结果就是"宠辱若惊，贵大患若身"。无论有欲和有身都属刻意为之，干扰道的自然法则。老子提出应该离欲返朴，朴即创造之初的如婴儿般的天真状态。当然老子并非倡导绝对的无欲，而是"少思寡欲"。

无为不仅适用于君王和圣人，也适用于普通人，天地万物都遵循无为准则。无欲、无身协助无为，但老子提出老百姓也必须"无知"，令人费解。他要求君王"常使民无知无欲，使夫知者不敢为也"。（3 章）这意味着民众拥有知识对君王统治不利。老子是否提倡愚民政策，反对民众拥有文明开化？安乐哲与大卫·霍尔回应无知指代人为规则知识缺失。[1]笔者认为《道德经》本身多层次叙述够澄清"使民无知无欲"的本意。

首先，老子提出"知人者智，自知者明"。（33 章）这说明认识自我是大智慧，高于认识他人的智慧。只认识他人而不认识自我，就只看到他人的问题，而无法自我反省。如何认识自我？自我本与道合一，自我与万物本质都与道同体不二，没有分别。这样的自我认识也涵盖了对他人和万物的正确认识。其次，老子提出

---

[1] David Hall & Roger Ames, *Thinking from the Han: Self, Truth and Transcendence in Chinese and Western Culture*, Albany: State University of New York Press, 1998. P. 46.

"不出户,知天下,不窥牖,见天道"。(47章)他贬低经验和社会规则,看重直觉型天道知识。老子的知识可分为两类:道的普遍知识,通过内省获得;人为知识,后天刻意获得。在第38章中,老子按照重要性从高到低排列知识:道、德、仁、伦理、礼仪:"夫礼者,忠信之薄,而乱之首。前识者,道之华,而愚之始。是以大丈夫处其厚,不居其薄;处其实,不居其华,故去彼取此。"无知要求消除人为知识,但绝不反对民众拥有道的普遍知识。

做到无欲、无知、无身就能促进无为使人返回道本,这就是"无为无所不为"的境界。只是这种状态与现实是否存在张力?人为行动被认为违反自然规律,那么除获取物质外的灵性索求是否也不属于自发行动,是刻意反其道行之的行动?老子的无为是否完全消解人的积极能动性?或许老子只是提倡理想状态,实践目的只要维持返道与离道的平衡即可,否则无为一方面主张返回道的根本,一方面主张以无为致有为的控制性结果,两者存在极大张力。

三、行动瑜伽与无为的对比

无为和行动瑜伽都提出通过认识自我实现人与至上者的不二联结。前者的至上者为非人格的宇宙法则——道,老子的形而上学是道的一元论。后者则是一神论的至上主克里希纳。两种体系下解脱者都持平等心看待一切事物,对外在对象无欲求或少欲求。根本上两者都将宇宙的有序、和谐定为终极目标。

两个文本都强调自我知识的重要性。《道德经》将道的知识视为真智慧,而人为知识妨碍与道合一。《薄伽梵歌》认为自我被欲望和无知玷污,要得到救赎必须净化心意,将万物看作与至上主一体。意识到人是至上主行动的能动者(智慧),行为对象转向至上主(虔信)。行动、智慧、虔信瑜伽三者不可分割。

两个文本都强调通过行动实现人与至上主的合一。前者通过不执行动,履行自然职责;后者通过非强迫性行动实现目标,即道所要求的自然职责。行动瑜伽和无为都使人的行动拥有终极意义。行动既与宇宙创造者和至上者关联,也与至上者创造的万物关联,人与至上者关联从小我走向大我,从低层次自我转向高层次自我。人类行动更被赋予神圣维度。行动过程中两者都反对物质欲望与感官享受。因此两者都是超越性行动的倡导者。

印度和中国传统的不同导致行动瑜伽和无为的区别也很明显。无为是趋向道的非强迫性行动，强调最低限度人为干预，无为变成向内的消极性行动。如反对政府干预，认为干预必然走向失败，"治大国若烹小鲜"，政府干扰人的自然本性。无为思想反对暴力，但并非任何情况下都不使用暴力。第30章提到"以道佐人主者，不以兵强天下。其事好远。……善有果而已，不以取强"。表明以道治国者也使用武力，但目的不为显示强大，是不得已为之。不彻底反对暴力，但老子的确禁止屠杀。杀戮作为人为行为有违道的原则；另一方面，根据二元对立转换，屠杀达不到统治者想要的效果。无为精神强调内在性而不侧重超越性。

《薄伽梵歌》倡导积极履行外在社会责任。克里希纳既是创造主，又是灵性导师和宇宙秩序维护者。《薄伽梵歌》创意的发展了单一有神论，使至上者拥有双重性质：创造者与超越的高层次自我（Self）。当宇宙秩序被破坏时，克里希纳即下凡维护秩序，《薄伽梵歌》中人与至上主之间存在特殊关系——礼仪互惠。[1]鼓励人与至上者的沟通。人受制于至上者，但至上者同时又是人的高层自我。人效仿克里希纳行动维护宇宙秩序。符合至上者意志的行动可以使用暴力，促进世界福祉，实现个人解脱，这是对至上者的祭祀。行动瑜伽超越性和内在性兼顾。

如何处理与至上者的关系？行动瑜伽要求人超越三德方可摆脱轮回束缚。人的命运已经由至上主确定，其行动应该听命于至上主意志。于此相反，在无为思想指导下个体可以利用道的规律——二元对立转化，实现个体或社会目标。二元对立转换成了行动的金规则，无为旨在有为。无为思想不提倡超越二元对立，而是利用二元对立使人不刻意达到目的，强调通过慈爱、谦卑、克制实现个人目标。无为不强调个体完全受制于至上主，而是道的规律为个体服务。

在社会礼仪方面，行动瑜伽和无为采纳截然相反立场。行动瑜伽强调为维护宇宙生成和运行，个体必须参与祭祀行为（社会职责）。《薄伽梵歌》既肯定吠陀传统祭祀仪式的价值但同时也消解祭祀满足个体欲望的意义。《薄伽梵歌》是对不同

---

[1] Angelikar Malinar, *Bhagavadgita: Doctrines and Contexts*, Cambridge: Cambridge University Press, 2007, p6–8.

哲学流派思想的折衷与融合，行动瑜伽试图维护参与社会和弃绝社会间的张力，倡导行动而不执。而在《道德经》中，无为思想彻底反对世俗礼仪，老子认为世俗礼仪干涉自然本性。人必须放弃一切世俗理制，以至于老子的道与社会有形规则都不同。与行动瑜伽相比，无为具有更多弃绝和虚无主义色彩。

四、结语

行动瑜伽和无为思想都是指导个体与至上者结合的有效道路。两者都反对人类无止境物质欲望以及对身体感官的关注；强调灵魂（或恒常）与自我认识对个体解脱的重要性。两者都提出必须行动，遵循至上者典范（道的规律）而行动，人的行动都被赋予神圣性和特殊性。行动瑜伽和无为思想的主要区别是对外在行动和内在行动的侧重不同。在与至上者的关系中，行动瑜伽强调个体服从至上者意志，成为至上者行动的工具。而无为利用道的原则为个体服务，与前者相比缺乏虔信。从社会礼仪角度看，行动瑜伽超越性和内在性并重，而无为将内在超越性（本性）推向极致，具有更多虚无主义色彩。

收回航权的法制保障

——南京国民政府海商法研究

李建江*

[内容提要]

为解决清末以来航运业受制于外人的屈辱地位,南京国民政府从国家经济安全和国防安全的高度,积极组织制定颁布海商法。该法既吸收英、美、德、日等国海商法以及国际条约,又根据中国航运实务作出相应调整,较之清末《海船律草案》有较大进步,同时也存在一些缺漏之处。该法为振兴民族航业、收回航权起到了重要作用。

[关键词]

《中华民国海商法》　海商法　海权航权　法律移植

中华民国十八年(1929 年)12 月 30 日,《中华民国海商法》(以下简称《海商法》)公布,并定于民国二十年 1 月 1 日施行,这是中国近代第一部正式颁布施行的海商法,不仅对于完善近代中国的法律体系意义重大,而且标志着中国构建近代民族国家、重返大航海时代的实质性进步。G. 吉尔摩与 C. L. 布莱克认为:海商法产生于商务实践,它的形成与存在是为了通过法律途径来解决海上运输活动中产

---

* 李建江,河南理工大学文法学院副教授,法学博士。

生的问题。[1]而在近代中国,海商法除上述作用外,还具有历史赋予它的特殊时代意义,这就是促进和保护海上商业以及与海上商业有关的其他行业的发展,服务于经济的振兴,政治的强盛和民族的独立。这是近代中国法律的历史宿命。曾经称雄于东亚、东南亚的中国海上力量,由于历史的机缘,一次次地错失了参与大航海时代的机会,最终不得不承受来自海上的"惩罚"。发展海上事业,重回海洋世界,成为海洋强国,是中国实现近代化的必由之路。而海上商业活动是其他海上活动,如军事、科学考察的基础。如果这样的逻辑成立的话,那么促进和保护海商活动的海商法,其意义之重大是显而易见的。

但是,目前国内外法史学界对《海商法》的研究并不充分。国内的海商法专著并不把详细讨论近代中国海商法的沿革作为主要内容。如,贾林青教授在专著中只以寥寥百字的篇幅概括了我国近代以前的海商立法。[2]在以近代商事立法为主要研究对象的法史论著中,海商法也没有得到和它的作用相匹配的重视。如,季立刚在其2006年提交答辩的博士论文中,以千余字的篇幅说明了《海商法》的立法过程、内容以及在现实经济生活中的影响。[3]在该领域,台湾地区的状况并不比大陆的要好,亦没有从法史的角度系统分析海商法在近代中国的发展的研究成果问世。考虑到海商法在中国近代的特殊意义以及其不能令人满意的学术研究状况,笔者不揣浅陋,试图以《海商法》为主要研究和分析对象,从历史背景、立法沿革、条文来源、立法水平诸方面进行考察。

一、重返大航海时代:《中华民国海商法》出台的历史背景

我国传统上并没有私法意义上的海商法。虽然宋元时期,"我们拥有世界上最好的造船业和航海技术,大型海船的载重量达到了500-600吨,同时还能搭乘500-600人;从东北亚的日本、高丽,到东南亚各地和印度沿海,乃至波斯湾和东非

---

[1] G. 吉尔摩,C. L. 布莱克:《海商法》,中国大百科全书出版社2000年版,第7页。
[2] 在其他海商法专著或高等教育教材中,对海商法沿革的讨论,情况与此基本类似,并无实质差异。
[3] 其"《海商法》的颁行并未在实务中起太大的作用"的结论,也并不能说是从严谨的论证而来。

各港口,已形成了一个活跃的贸易网络,中国的商人往来海上,中国的商船扬帆万里"。[1]但是,自南宋至清末,在西方各国进入大航海时代的时候,中国的统治者为了稳定的社会秩序而宣布"禁海"的时间要远长于"开海"的时间,如明朝洪武初年颁布一系列"禁海令",历代皇帝恪守这条祖训。清代官方层面的"开海"政策仅有康熙平定台湾后的二十年左右而已。从而,明清时期的封贡贸易制度和"海禁"政策完全取消了民间参与海上贸易的可能,直至近代。[2]

1840年鸦片战争的失败以及随后所签订的城下之盟,深深刺激了以"诗书礼乐"自诩的天朝上国的士大夫们的敏感神经。在这场战争中,中国官兵最直观的感受应该就是敌人的犹如神迹般的"坚船利炮"了。这支配备了先进火器的舰队游弋在中国近海,对晚清脆弱腐朽的海防体系以沉重的打击。这场来自海上的"惩罚"开始把中国重新带回海洋世界。自此开始的中国近代,先进的知识分子,循着"坚船炮利"这条最初的线索,开始了先器物,后制度,进而文化的近代化进程。在这段艰难的历程中,海权意识,因与海防直接相关而较早受到部分统治阶层和普通士大夫的关注,尤其在甲午战争后,海权意识的缺失被认为是战争失败的主要原因之一,加之留日学生不遗余力的宣传,以海权意识为核心的海权思想开始在正向民族国家迈进的中国迅速传播。

在海权意识兴起的同时,"与洋人争利"的重商主义思想也得到了广泛的关注,并对民族工商业的发展产生了一定的影响。近代中国的民族航运业在重商主义的影响下开始起步,并在20世纪前30年取得了长足的进步。尽管如此,由于资金、技术等方面原因,加之航权丧失带来的外国航运势力的强势地位,其发展空间十分有限。民族航运业在国内航运格局不能取得主导地位的现实状况,又反过来不能有效地支持收回航权运动。因此,随着民族国家意识的觉醒,制定一部适合中国现实国情的海商法,促进航运业的发展,并进而收回航权,发展海权,逐渐在官方和民间航运力量之间形成共识,相应的立法工作也开始提上日程。

---

[1] 唐建光主编:《大航海时代》,金城出版社2011年版,封底。
[2] 关于我国没有产生私法意义上的海商法,除上述原因外,还包括农业文明的内向性与保守性,以及由封闭地理环境所形塑的缺乏开拓精神的民族性格等,但这种分析讨论超出了本文的论题,故不再展开。

二、一波三折：《中华民国海商法》的立法沿革

　　清末修律，日人志田钾太郎所起草之《大清商律草案》中"海船律"一编，可谓我国近代海商立法之嚆矢。这部草案，因照抄日本商法，忽视中国工商业发展水平和商业习惯而不为商民接受，直至清朝灭亡，没有正式颁行。继清政府而起的北洋政府，因政体变更等原因，在工商政策上，与前清已大不相同。有关工商业的立法，也很受重视，但立法者比较青睐与商业组织、票据有关的公司法和票据法。海商、保险等部门在北洋政府时期，在官方立法层面并无显著成绩。

　　南京国民政府成立后，基本结束了北洋政府时期的割据状态，建立了统一的中央政权。稳定的政治局面为开展立法工作提供了保障。完整的近代化法律体系的建设工作在南京国民政府成立之初即已开始。中国第一部海商法正是诞生于这一时期。1928年召开之国民党第二届中央执行委员会第五次全体会议决议，颁布训政约法，施行五权宪法，设立五院制。会后，依会议决议，五院次第设立。立法院于1928年12月5日成立后，于其第九次会议决议"以训政开始，各种法规，均待成立，权轻重而审缓急，应先行起草民法、商法、土地法、自治法、劳工法5种"，这是新政权成立之初的立法规划。"至民国二十年十二月，立法院以上列各法，已渐次议定颁布"。[1]《海商法》因关乎海上商业秩序之稳定，与对外贸易，甚至国防安全均大有关联，所以，在南京国民政府此次高密度的法制建设运动中得以制定完成，成为近代中国第一部颁布施行之海商法。[2]《海商法》之制定，据立法院长胡汉民称，"虽颇采爱斯嘉拉所拟之稿"，然"曾召集京沪关系各机关、及招商局船务人员等，咨询其习惯，参加研究，已将爱斯嘉拉原稿修改过半"，并由胡氏本人"与民、商两法起草委员会重加审查，折衷于英美惯例、德日成规，力求简易可行"，"适合我国航务"。[3]

---

[1] 谢振民编著：《中华民国立法史》，第230、231页。
[2] 这一时期颁布的其他海事法规包括：《海商法施行法》（民国二十年一月一日施行）、《船舶法》（民国二十年七月一日施行）、《船舶登记法》（民国二十年七月一日施行）、《船舶载重线法》等。
[3] 王效文：《中国海商法论》，会文堂新记书局，民国三十五年版，第9、10页；

最终，经三读通过颁布之《海商法》共八章，计174条，其中第一章通则规定海商法中船舶的概念，船舶的国籍以及法例；第二章船舶分两节内容，第一节船舶所有权，第二节优先权及抵押权；第三章海员亦两节内容，分别为第一节船长，第二节船员；第四章运送契约分货物运送和旅客运送两节；第五章船舶碰撞，第六章救助及捞救，第七章共同海损，第八章海上保险。

三、折衷于英美惯例、德日成规：《中华民国海商法》的条文来源

在《海商法》公布前，立法院长胡汉民称《海商法》"折衷于英美惯例，德日成规"；[1]《海商法》颁布后，时人刘经旺称"（海商法）兼采英美德日各国之长，以简易可行为主"。谢振民先生亦写道："《海商法》……博采他邦成规，广征我国习惯……"这些评价是否准确呢？下文笔者对《海商法》的条文进行考察，分析确定其来源，检验上述种种评价。将《海商法》与德、日、英、法等国海商法以及与海商法相关的国际条约对照后，我们可以看出，海商法的来源十分复杂。为清晰完整展现《海商法》的内容来源，兹绘制下表。

条文来源	统计结果	备注
德、日、英、法等国海商法及其他相关法律	73条，约占42.0%	其中54条直接来自德日海商法或与海商法相关的法律法规；14条来自英、法等国海商法、海上保险法等。
《海船律草案》	4条，约占2.3%	因《海船律草案》几乎全部来自德日，此处继受的内容是指《海船律草案》中规定而并不是移植于德日的条文。
国际条约	48条，约占27.6%	包括关于船主责任限制统一条约案、1922年海上优先权及海上抵押权统一条约案、船舶碰撞统一条约案、碰撞事件之裁判管辖条约案、救助统一条约案、约克——安特卫普海损规则
本土化设计	55条，约占31.6%	这里的"本土化设计"，是指立法者移植法律制度的同时，根据本国具体的社会现实以及最新法律理论设计具体条文，以适应国情和社会发展。"本土化设计"虽然没有创设新的海事法律制度，但却体现了立法者的自觉和本土意识，是立法进步的表现形式之一。

---

[1] 王效文：《中国海商法论》，第9页

从上表我们可以看出，诚如胡汉民所说，《海商法》仿照"德日成规，英美惯例"，然除此之外，我们还可以看出，《海商法》中尚有很多条文直接译自国际条约，与清末《海船律草案》关系也十分密切。根据上述三表统计，海商法条文中，直接移植他国法律的条文有73条，占整部法律的42.0%，移植国际条约的条文有48条，占全部条文的27.6%，间接来自他国法律，经过本土化处理的条文有55条，占全部条文的31.6%。[1]

不难发现《海商法》内容来源颇为复杂。原因有三：一是在国民政府进行海商立法时，世界上许多国家都已经拥有了比较成熟的海商法规。关于这一点，刘笃曾写道："我现行海商法，系搜集世界之最新立法而成。如一九零八年（一九二八年改正）之比利时商法，一九二四年之荷兰海商法，一九二九年之苏维埃同盟联邦共和国海商法，一九零九年之墨罗哥海商法以及一九一零年之希腊海商法等，皆为现行法之姊妹篇也。"[2]二是由于海商法的统一性趋势和一些相关国际组织的积极工作，当时国际上存在一些关于船舶碰撞、海难救助等条约，而缔约国通过修改国内海商法规的方式来遵守条约，所以，很多国家的海商法关于碰撞、救助等方面的规定具有很大程度的相似性。三是海商法中大量存在的"非人文"属性或称技术属性规范具有一定普适性，这为法律移植和借鉴提供了可能和便利。所以，要准确地指认《海商法》每条法条的来源，十分困难。

所以，本文只考虑《海商法》对《海船律草案》的继承，[3]对法、英、美三国相关法律的移植，其他如比利时、希腊等国则暂不予考虑。作这样的处理，主要是因为：首先，《海商法》起草制定过程，时间十分紧迫，从着手起草至国民政府公布至多不过两个月时间。立法者难以在这么短的时间内关注到诸如比利时、希腊等国际影响较小的国家。其次，《海商法》的直接起草者立法委员楼桐孙虽曾获法

---

[1] 《海商法》中，同一条文的不同款项或前后部分，可能有不同来源，这从上述表格中可以很清楚的看出。在作统计分析处理时，为方便起见，某条某款或某条前段、后段视为一条，因此造成统计数据所显示之条文总数多于174条，百分比总和大于100%。

[2] 刘笃：《海商法论》，国立同济大学法学院法律学会，民国三十六年版，第5页。

[3] 因为《海船律草案》直接来自日法，而日法又仿自德法，所以，通过比对两者，即为考察《海商法》对德、日两国海商法律的移植。

国巴黎大学法学硕士学位，却无海商法专业的学历背景，因而，其不熟悉希腊、比利时等国海商法律也在情理之中。而英、美、德、日、法等资本主义大国，自近代以来，屡叩中国国门，通过缔结不平等条约攫取航权和领事裁判权，在中国经营航运业并适用本国海上法规；并且，清末修律，以模范列强为依归，而翻译列强的法律是修律的必要准备，这里的列强主要是指英美德日与中国关系密切的国家。所以自清末开始，译介列强成法的工作从未中断，中国的法学精英对英美德日的法律并不陌生。因此，楼氏优先选择英、美、德、日、法等国海商法规作为参照是从自己的知识结构出发的合理选择。

四、"混合法"文本：《中华民国海商法》的得失

统计《海商法》的条文来源，是研究工作的基础。在此基础上对《海商法》进行评价才是真正的比较法学的工作。

（一）《海商法》的进步之处

《海商法》是在爱斯嘉拉《海商法草案》和《海船律草案》基础上，参酌当时世界上主要国家的海商法规和国际条约制定而成的，已如上述。因此，无论从体系结构设置、法律术语翻译运用等形式方面，还是从立法思想、原则等内容方面，都可以称得上是当时世界上最优秀的海商法之一。当时出版的海商法著作中，对《海商法》的成就和价值也多有述及，如民国著名商法学家王效文说："海商法乃折衷英美惯例、德日成规而成，不若海船法之囿于一隅者可比也。"下文笔者拟从立法思想、多元化内容来源两方面证明《海商法》的进步。当然，这种进步主要是相对于《海船律草案》来说的。

1. 《海商法》的起草者确立三民主义，尤其是其中的民生主义为主要立法思想。关于统一的立法思想在法律制定中的意义，张生写道："从价值层面上讲，统一的立法精神是一个民族精神的反映，是整个法典化事业的灵魂。惟有形成明确的立法精神，法典中的各项具体制度才能协调一致，达成一个严谨的体系；也为法典

相关的单行法、司法解释确立明确的指针。"[1]南京国民政府成立后，在党国体制下，立法者以三民主义党义作为立法思想，指导国民政府的法制建设。胡汉民在立法院成立就职典礼上所作之工作报告《三民主义立法精义和立法方针》中，开宗明义地指出："三民主义是一切建国工作的最高原则"。三民主义作为最高立法精神，在具体的立法工作中，应从中寻绎出具体的立法原则和立法方针，根据胡汉民在不同场合的表述，总结起来包括：政治力量平衡原则（似应表述为"自由和秩序平衡原则"——笔者注）、权能区分原则、社会本位原则、节制资本原则、平均地权原则、扶助劳工原则等。[2]统一明确的立法精神的确立，与清末修律一意模仿西方漫无依归相比，是十分明显的进步。在三民主义立法精神的指导之下，立法者多有创举，如上表所示。这里试以扶助劳工和社会本位为例，说明《海商法》中的三民主义立法精神。

（1）扶助劳工原则。劳工，在《海商法》中主要指船员。关于船员之立法，由来已久，"其发达也，比任何之劳动立法为早，于劳动法未萌芽以前，已有船员法律之存在，若就历史背景而论，船员法律，实为最进步之法规"。[3]而船舶航行海上，全赖船长、船员之行为维持运转。因此，船员对于一国海上航运业之发达，实有莫大关系。海商法之立法者，基于改进航海企业，发展航运之目的，在扶助劳工原则指导下，对船员之利益规定了较多保障。例如，《海商法》第60条，"船员于服务期内受伤或患病者，由船舶所有人，负担治疗费。但其受伤或患病，系因醉酒或重大过失或不守纪律之行为所致者，不在此限。"日本商法，德国船员法关于船员非因服务中失德或重大过失而罹疾病或受伤痪时，船舶所有人最长只需负担6个月的治疗费。海商法并没有规定船舶所有人承担治疗费用的期间，也即船舶所有人要承担基于医学需要的整个治疗期间的费用，不限于6个月。又如，《海商法》第61条，"船员非因执行职务而受伤或患病，已逾三个月者，船舶所有人的停止治

---

[1] 张生：《中国近代民法法典化研究（1901至1949）》，中国政法大学出版社2004年版，第198页。
[2] 韩久龙：《论胡汉民的三民主义立法思想》，《河南师范大学学报（哲学社会科学版）》2008年第2期。"确立统一的立法精神"的确会对立法产生积极影响。见张生：《中国近代民法法典化研究》，第199页。
[3] 刘笃：《海商法论》，第141页。

疗费之负担。"而《海船律草案》中,并没有规定船舶所有人对船员非因执行职务而受伤或患病者,需为医疗费用之承担。再如,《海商法》第65条,"船员于受雇港以外其雇佣关系终止时,不论任何原因,船长有送回原港之义务。"这显然较德日商法的同类制度于防止船员流落海外保障更周全。除此而外,立法者根据扶助劳工的立法原则,创设了《海商法》第63、67、68条,与前述规定一起构成了一套严格的船员权益保护制度。民国二十四年,立法院1216号法律解释规定:"船员遇难致成残废者,在未有其他规定以前,应适用海商法第六十条至第六十四条关于受伤之规定。"对《海商法》保护劳工的制度作了补充,使其更严谨和符合现实之需要。

（2）社会本位原则。19世纪以来,随着西方社会的发展,个人权利本位的立法思想开始被冷落,社会法学派的思想开始影响立法。进入20世纪,"法律社会化思潮影响到世界各国的立法,成为最新的现代法学潮流"。[1]胡汉民将欧美的社会本位的立法思想与三民主义结合,对国民政府初期的法制建设产生过重要的影响。关于社会本位立法方针的核心内容,胡汉民指出,"必须立于社会公共利益平衡的基础上","为使立法立于社会公共利益的平衡基础上,胡汉民主张立法应注重社会的安全、社会的团体和制度、公共道德、社会财力的保育、社会经济的进步及发展,文化的进步等六个方面有关社会利益的规范"。[2]海商法对海上商业、国际贸易影响甚巨,关乎社会经济的进步及发展以及社会财力的保育,因此《海商法》的制订,理应受到社会本位立法原则的指导。

《海商法》第12条,"船舶建造中,承揽人破产而破产管财人不为完成建造者,船舶定造人得将船舶及业经交付或预定之材料,照估价扣除已付定金给偿收取之,并得自行出资,在原处完成建造。但使用船厂,应给予报偿。"近代中国造船业十分幼稚,天津、上海、福州等地,虽有几家造船企业,但均设备简陋,建造能力低。而造船业直接影响航业的发展。有鉴于此,立法者特设此条,使造船承揽人之前期工作不至浪费,既保育社会财力,又助益造船工业与海上贸易,于社会经济

---

[1] 张生:《中国近代民法法典化研究》,第204页。
[2] 韩久龙:《论胡汉民的三民主义立法思想》,《河南师范大学学报（哲学社会科学版）》2008年第2期。

的进步及发展大有裨益。而此种制度,德日等国当时之海商法规并无规定,乃立法者创制,足可想知社会本位立法原则在《海商法》制定中之作用。《海商法》第14条,"因船舶共有权一部份之出卖,致该船舶丧失中国国籍时,应得共有人全体之同意"。基于船舶国籍保持的需要,立法者限制船舶共有人共有权之行使,也是社会本位立法原则的明证。

三民主义是孙中山先生在中国近代资产阶级革命初期提出的原创性的革命纲领。因此,《海商法》以此为立法思想,对各国海商法的相关内容进行本土化改造,与《海船律草案》"囿于一隅",单纯模仿相比,可谓不可同日而语之进步。

2. 多元化的立法来源是海商法立法水平的体现。立法是对社会的法律需求的回应行为,因而其根本性的目的是为解决社会问题,消弭社会矛盾。立法者的视野不应仅仅局限于自己的国境之内。人类在共同的社会生活中,在很多领域会遇到相同或类似的问题。某一国家或民族的为解决相同或类似问题所设计的制度,在其他国家和民族可以发挥类似的功能。这是基于人类的共通性而得出的结论。因此,立法者应该尽可能的获得各种可以提高其立法工作质量的材料,以便从中得出最适合的解决本国问题的办法。进行了这样的立法准备并且实际操作的立法者是明智的。这可以视为立法工作进步——甚至说成熟——的表现。

从上表可知,《海商法》的制定者在三民主义立法精神引指下艰难探索,不仅吸收当时主要大陆法系国家海商法规,同时注重模仿英美法系和国际条约,紧追当时世界海商法立法潮流,为出现在海商领域的各种问题选择或创造最适切的法律规则,表现出高超的立法水平。

(二)《海商法》的立法缺陷

根据张生的研究成果,国民政府民法典的编纂者选择了《法国民法典》以简明为主的立法理念,"不是用法典来解决一切具体问题,而是以法典解决最主要的民法问题,法典是整个民法体系的制度框架"。[1]这种立法理念同样为《海商法》所继受。《海商法》共174条,与《海船律草案》263条相比有近100条的差距。这种"框架性"的"回应型"法律体系,需要配套的制度设计才不至于在日新月

---

[1] 张生:《中国近代民法法典化研究》,第206页。

异的现实面前捉襟见肘，这类制度包括援引式立法技术、司法解释、判例等。《海商法》的立法者对显然意识到了这种情况，并娴熟地运用援引式立法技术设计了具体的条文，比如第 7 条："海商，本法无规定者，适用民法之规定。"第 8 条："船舶，除本法有特别规定外，适用民法关于动产之规定。"第 89 条："民法第六百二十七条至第六百三十条及第六百四十九条，关于提单之规定，于载货证券准用之。"第 145 条："关于海上保险，本章无规定者，适用保险法之规定。"这些条文，既可以增强海商法的规范能力，适应不断变化的社会现实，又可以使《海商法》在民商合一的立法体例下保持与民法典和其他民事特别法的一致性。但是，援引式法条的局限性也是显而易见的，它只是部分克服了规范的僵硬和滞后，所以，要满足千变万化的现实需要，立法者需要更灵活的机制，司法解释和判例就是这样的灵活机制。

但是，根据笔者统计，以司法解释、判例的形式补充《海商法》社会适应性的做法并不多见，截止民国三十年，司法院所作与《海商法》有关之司法解释 10 条，最高法院（包括北京政府大理院）判例 10 条，数目如此之少，当然难以满足国内航运业发展的现实需求。《海商法》不能从司法解释和判例两方面得到支援，以简明为主的立法理念反成为一种弊端。民国时期关注《海商法》的学者已经敏锐地察觉到了这一点，并提出了一个便利的、符合比较法学的方案——参照《海船律草案》或其他国家海商法律的相关规定解决。

实际生活中，海事法律纠纷形式多样，法律难以尽数囊括。虽然，立法者对社会生活中反复、频繁出现的行为不能熟视无睹，必须进行法律规制，因为只有这样才可以减少纠纷发生的几率，能够有效的促进经济发展；即使纠纷不可避免的发生了，当事人也可以依据法律迅速解决，使相关的社会关系回复到稳定状态，于经济、社会亦大有裨益。因此，据笔者分析，《海商法》在对社会生活的涵盖能力方面存在一定缺陷，兹分述如下：

1. 关于海员的权利和义务。海船扬帆万里，常遇有难以测料之危险。各国海商法为保证航海安全或续航可能，往往赋予船长以特殊的职权，《海商法》也不例外。必要时积货处分权即使船长的重要职权之一。《海商法》规定了"船长于必要时，可变卖、出质积货"法律处分权，却没有涉及"船长于必要时，可使用积货供航海之用"的事实处分权。使用积货供航海之用,在海船搁浅、遭遇风暴等紧急情况下,不仅对船舶所有人,而且于货物之利害关系人都有实在利益,而这样的情况在航海实际中亦经常遇到,所以,《海商法》在这里存在不足之处,在处理纠纷时,《海船律草案》的规定可为参考。航海中,船长指挥全船,统揽全局,职责重大,因而须臾不可或缺。所以《海商法》第 40 条规定,船长在航海中,纵其雇佣期已满,亦不得自行解除或中止其职务。然于航海中,船长倘因身体疾病、事故等原因不能行使职务时,得否选任船长,并未规定。《海船律草案》第 49 条关于船长转选任的规定,既可保航海之安全,又符合航海实际,可供参考。为保证航海安全,船长须承担一定的职责。航海前对船舶的堪航能力进行查验是其最主要的职责之一。因船舶之是否适航,关系船舶本身及货物甚巨,亦与运送契约中船舶所有人之瑕疵担保,保险人之是否可免除保险责任有关。于此项义务,《海商法》无明文,可参照《海船律草》案 46 条规定。关于航海必需之准备,《海船律草案》第 46 条后段之规定,亦足供海商法参考。

　　保护船员的权利,是近代各国海商法的主要内容之一,原因上文已经述及。《海商法》第 68 条,规定船长或船舶所有人无正当理由解雇船员时给薪办法,正是对船员权利的保护。但所谓"正当理由"为何,法律并没有规定,这样可能对处于弱势地位的船员造成不利影响。因此实践中可参考《海船律草案》第 80 条之规定对"正当理由"进行明确。

　　2. 关于运送契约。运送契约是托运人与承运人之间订立的有关双方权利义务关系的法律文书。通常这类契约都由承运人制作,内容多数是格式条款。关于货物在装运港和目的港的起卸,涉及通知、费用、地点等关系双方经济利益的问题,而这些问题由于所有的货运行为都不可避免地会遇到,因而也是纠纷发生比较集中的地方。所以,在海商法中对这些问题的权利义务关系进行明确规定,很有必要。基于此,《海商法》在立法中的确存在一些疏漏之处。如《海船律草案》第 122 条船长于装载必需之准备已齐全时,须对托运人发送给通知,第 116 条装载货物之处所,第 130 条关于卸载货物之处所,第 131 条关于卸载货物之费用,《海商法》中没有规定。实践中可以参考《海船律草案》。船舶所有人组织货运,目的是获取经济报酬,即运费。所以法律关于运费的规定尤其需要减少模糊性,将发生纠纷的几率尽量降低。《海商法》关于运费问题的规定不如《海船律草案》周延，如运费的范围，运费计算的标准等，语焉不详，实践中可以参照《海船律草案》第98、99条执行。

除上述以外，关于船舶在航行中所有权变更时，海员对新所有权人的权利义务如何处理，航海所生损益在新旧所有人之间的分配，船舶所有人行使委弃权的期限，再运送等问题，《海船律草案》都对《海商法》具有一定的补充意义。

虽然，法律无意涵盖所有社会现实，但对一些现实中出现频繁出现，且有利于发展航运事业的行为，通过司法解释或判例的形式进行制度化、法律化的规制却是必要的。所以总计174条的《中华民国海商法》内容上的确存在粗疏。原因是什么呢？根据笔者的分析，与立法时间紧迫、立法者的知识结构等因素有关。从负责《海商法》起草的立法院商法起草委员会委员之学历背景可以了解到，楼桐孙、王世杰、戴修骏三人拥有巴黎大学法学博士或硕士学位，而另两位委员马寅初、卫挺生，则分别获得哥伦比亚大学经济学博士学位和哈佛大学经济学硕士学位，但都没有学习海商法或从事航运实务的经历，所以，由他们所起草之《海商法》难免存在粗疏之处。而且从楼桐孙委员着手起草工作，至《海商法》公布，前后不足两个月时间，在如此紧迫的时间内完成一部技术性、实践性的部门法起草，难度非常之大，缺漏在所难免。

五、结语

近代中国的危机和机遇从列强欲以海为媒介与中国进行通商开始，以农业文明著称于世的中国遭遇西方商业文明、海洋文明的挑战。第一次鸦片战争后，清政府被迫与英国签订城下之盟，开放五口以为通商。在此之后，通过一个个不平等条约，中国开放的沿海和内地口岸不断增加，列强的船舶游弋在中国沿海和内河，搭货载客。中国传统帆船航运业在新的形势下不断萎缩，在沿海航运中渐无立足之地。19世纪60年代，工商业民族资产主义开始发展，近代民族航运业开始出现。然而，中国在传统上向来不注重商业，海上商业更因其难以管控被严加防范和限制。在中西接触之始，尚未摆脱天下、华夷观念的清政府对现代航权和航政管理毫无认识，以致列强借不平等条约攫取航权，而航政管理亦委诸由外人任总税务司的海关。在这种半殖民地的航政管理和航权格局下，民族航业在技术、资金、人员等皆不如人的条件下，毫无发展前途。民族航业不发达，则对外贸易只能仰仗他人，任利权外流。因此，在近代中国，制定航业政策，颁布海商法规，发展民族航业，收回航权是一项亟需解决的关乎国防、经济的重要社会问题。

这个问题直到南京国民政府成立，一个统一的中央政权建立后才开始逐渐得到解决——中国近代第一部海商法颁布。由于中国近代以来特殊的社会环境，《海商法》必须承担时代赋予它的历史使命。南京国民政府时期的立法活动，因为有了清末和北洋时期的经验，已经日益成熟。具体到《海商法》，通过上文的分析可以看出，这是一部非常成功的通过移植和本土化完成的法律。它虽然完成于南京国民政府时期，但却是几代法律家努力的成果。

婚姻谁主

——清末民初主婚权制度变革之省思

王祎茗[*]

[内容提要]

中国传统法制中的婚姻成立和问责制度以尊长主婚权为核心,这一制度有其存在的伦常合理性和维护婚姻稳定性的积极作用,但在实际运行中容易导致父母包办婚姻,忽视当事男女的个人意志。从清末到民国,特别是民国初年,在西方个人本位法学理论的冲击下,移植法制试图确立当事男女个人意志在婚姻成立过程中的决定性作用,渐次否定尊长(父母)的主婚权。这一做法引发了法律内部的矛盾和法律同社会习惯的冲突,直到今天仍值得充分省思。

[关键词]

主婚权　婚姻问责　大理院判决例　社会习惯　婚姻伦常

《礼记·昏义》曰:"昏礼者,将合二姓之好,上以事宗庙,而下以继后世也。故君子重之。"可见在传统中国,婚姻从来都不仅仅是两性情感的结合,而是具有上事宗庙、下继后世的重大伦常考量,换言之,是"合两姓之好"而非"合两性

---

[*] 王祎茗,中国政法大学博士后流动站研究人员。本文系教育部人文社会科学研究青年基金项目"清代'不应得为'律及其适用研究"(批准号:15YJC820038)的阶段性成果。

之好"。[1]因此，婚姻合礼合法成立问题和非礼非法婚姻问责问题（二者实为一体两面）就成为传统婚姻礼制或曰婚姻法制（二者几乎可以等同）最为重要的内容。为确保婚姻合礼合法成立，或曰有效追责非礼非法婚姻，中国古代形成了以尊长（主要是父母）主婚权为核心的系列婚姻礼法制度。尊长主婚权制度有其存在的伦常合理性和维护婚姻稳定性的积极作用，但在实际运行中也容易导致父母包办婚姻，忽视当事男女的个人意志。

1840年以降，从清末到民国，特别是民国初年，在西方个人本位法学理论的冲击下，移植法制试图确立当事男女个人意志在婚姻成立过程中的决定性作用，而渐次否定尊长（父母）的主婚权。这一做法引发了法律内部的矛盾和法律同社会习惯的冲突，直到今天仍值得充分省思。本文即试图在既有研究的基础上，[2]首先梳理清代以尊长主婚权为核心的婚姻问责制度，然后揭示民初大理院判决例对于主婚权问题的立场，并就主婚权制度变革引发的法律和社会冲突与抵牾加以申述，从而对清末民初主婚权制度的变革进行一个初步反省，以有助于今日法治建设妥善处理法律与风俗、法制与伦常、移植法制与民族传统诸问题。

一、清代以主婚权为核心的婚姻问责制度

《大清律例》作为传统中国最后一部成文法典，对于理解传统婚姻礼法具有重要的示范和参考价值。《大清律例·户律·婚姻》共有律文17条，直接涉及主婚的有12条，律文之下所附条例涉及主婚内容的也占相当大的比例，可见主婚人在传统婚姻中扮演着重要的角色，关于婚姻的问责制度也是以主婚人为核心构建的。《刑案汇览》作为清代刑事司法实践的重要文献载体，其中与主婚权有关案例也体

---

[1] 熊焰:《上古汉语亲属称谓与中国上古婚姻制度》，《暨南学报（哲学社会科学版）》1996年第1期。
[2] 相关研究见王跃生:《清代中期婚姻缔结过程中的冲突考察》，《史学月刊》2001年第5期；徐静莉:《由客体到主体：民初女性婚姻权利的变化——以大理院婚约判解为例》，《妇女研究论丛》2011年第1期；王跃生:《从尊长主婚到婚姻自主——基于中国礼、法和惯习的考察》，《江淮论坛》2015年第2期。

现了司法实践与法律规定的统一。综合二者来看，婚姻必有主婚人主婚是一个基本原则；也就是说，传统婚姻制度的运行以及所发生的纠纷都在主婚权由谁行使这样的次一级的层面展开，而对于是否需要有人主婚没有争议。

(一) 主婚权的设定

主婚是婚姻成立的必备要件。《大清律例·户律·婚姻》"男女婚姻"条："嫁娶皆由祖父母、父母主婚，祖父母、父母俱无者，从余亲主婚。其夫亡携女适人者，其女从母主婚。"[1]本条的表达方式在传统律文中十分独特，可以为理解传统主婚权提供许多潜在重要信息。在传统律典中，具体列举犯罪行为及其应受处罚的惩罚性律文占绝大多数，而像这样单纯说明应然状态的陈述性条文可谓凤毛麟角。我们完全有理由推断，由于本条所涵摄的法律规范与社会习惯高度统一，其正当性不言自明，因此在实践中对于婚姻必有主婚人主婚这一事实并无争议，法律也无需申明婚姻必有主婚人，而只需要说明主婚的主体及其顺位即可。

居丧嫁娶是违反尊长主婚权的重要表现。《大清律例·户律·婚姻》"居丧嫁娶"条："孀妇自愿改嫁，翁姑人等主婚受财，而母家统众强抢者，杖八十。其孀妇自愿守志，而母家、夫家抢夺强嫁者，各按服制照律加三等治罪。其娶主不知情不坐，知情同抢照强娶律加三等。为成婚妇女听回守志，已成婚而妇女不愿合者，听。如孀妇不甘失节因而自尽者，照威逼例充发。其有因抢夺而取去财务及杀伤人者，各照本律从重论。"

关于这一条例，《刑案汇览》卷九《抢占良家妻女》中载有"媒说已允主婚之人不肯主婚"案例一则。大致案情为，孀妇马叶氏自愿再醮，其亡夫夫叔不允，而再醮之夫伙同他人强抢，有司最终的判词为："殊不知嫁娶允否，律以主婚人为主，马叶氏夫叔马得明既因马叶氏夫亡未久，不允改嫁，即属媒说未允，该犯等首从强抢，虽系二人，但律内止言强夺良家妻女奸占，并无聚众字样，未便曲为宽减，所有朱忝成、顾朝扬二犯，应令该抚另行按律妥拟具题。"[2]此案判决结果说

---

[1] 本文所引《大清律例》版本为田涛、郑秦点校《大清律例》，法律出版社1999年版。下引径行随文夹注，不再一一胪列版本、出处和页码。

[2] 本文所引《刑案汇览》版本为 [清] 祝庆祺等编：《刑案汇览三编》，北京古籍出版社2004年版。下引径行随文夹注，不再一一胪列版本、出处和页码。

明，法律虽赋予寡妇再嫁一定的自主权，但在司法实践中，主婚人的意见依然是首先被考虑的决定性因素。即使是在律条明文规定孀妇可以自愿改嫁，但在夫家有主婚权的社会共识之下，司法官更倾向于忽略孀妇的意志，仍将主婚权作为再醮合法与否的先决条件。

（二）主婚人的职责

通过梳理律条，主婚人的职责依其性质可以归纳为以下几类：

其一，确保婚姻双方当事人不属于法律禁止结婚的情形。

1. 禁止僧道娶妻。《大清律例·户律·婚姻》"僧道娶妻"条："凡僧道娶妻妾者，杖八十，还俗。女家（主婚人）同罪。离异。（财礼入官）。寺观住持知情，与同罪；（以因人连累，不在还俗之限），不知者不坐。"

2. 禁止良贱通婚。《大清律例·户律·婚姻》"良贱为婚"条："凡家长与奴娶良人女为妻者，杖八十。女家（主婚人）减一等；不知者，不坐。其奴自娶者，罪亦如之。家长知情者，减二等；因而入籍（指家长言）为婢者，杖一百。若妄以奴婢为良人而与良人为夫妻者，杖九十。（妄冒，由家长坐家长；由奴婢坐奴婢）。各离异，改正（谓入籍为婢之女改正复）。"

3. 禁娶部民妇女。《大清律例·户律·婚姻》"娶部民妇女为妻妾"条："凡府、州、县亲民官，任内娶部民妇女为妻妾者，杖八十。若监临（内外上司）官，娶（见问）为事人妻妾及女为妻妾者，杖一百。女家（主婚人）并同罪。妻妾仍两离之，女给亲。（两离者，不许给与后娶者，亦不给还前夫，令归宗。其女以父母为亲，当归宗。或已有夫，又以夫为亲，当给夫完聚。）财礼入官。（恃势）强娶者，各加二等；女家不坐，（妇还前夫，女给亲）。不追财礼。若为子孙弟侄家人娶者，（或和或强），罪亦如之。男女不坐。（若娶为事人妇女而于事有所枉者，仍以枉法从重论）。"

4. 禁止逃妻再嫁。《大清律例·户律·婚姻》"出妻"条："若（夫无愿离之情）妻（辄）背夫在逃者，杖一百，从夫嫁卖；（其妻）因逃而（辄自）改嫁者，绞。（监候）。其因夫（弃妻）逃亡，三年之内不告官司而逃去者，杖八十；擅（自）改嫁者，杖一百。妾各减二等。（有主婚媒人，有财礼，乃坐。无主婚人，不成婚礼者，以和奸、刁奸论，其妻妾仍从夫嫁卖）。……若由（妇女之）期亲以上尊长主婚改嫁者,罪坐主婚,妻妾止得在逃之罪。余亲主婚者,(余亲,谓期亲卑幼,及大功以下尊长、卑幼主婚改嫁者),事由主婚,主婚为首,男女为从;事由男女,男女为首,主婚为从。至死者,主婚人并减一等。(不论期亲以上及余亲,系主婚人,皆杖一百、流三千里)。"

5. 禁止满汉通婚。《大清律例·户律·婚姻》"嫁娶违律主婚媒人罪"条:"八旗内务府三旗人,如将未经挑选之女许字民人者,将主婚之人照违制律杖一百;若将已挑选及例不入选之女许字民人者,照违令律笞五十。其聘娶之民人一体科罪。"

6. 禁止亲属为婚。《刑案汇览》卷八《娶亲属妻妾》之"娶大功兄妻为妻应独坐主婚"案:"此案杨秉德收大功兄妻王氏为妻,系由伊母杨麻氏主婚。该省声明罪不至死,按例应依旧律定拟,照律独坐主婚。将杨麻氏依聚小功以上亲之妻以奸论,奸缌麻以上亲之妻者杖徒律,拟杖一百,徒三年,照律收赎,与例相符。杨秉德收大功兄妻杨王氏为妻,系由伊母主婚,业已罪坐伊母,男女律不坐罪,所拟照律免罪自可照覆。"

综上,在"确保婚姻双方当事人不属于法律禁止结婚的情形"这项职责中,对于女方主婚人而言,时常不仅要对女方为婚条件进行担保,还必须在了解男方基本情况的前提下对婚姻是否违法承担相应责任。

其二,确保婚姻顺利缔结。《大清律例·户律·婚姻》"男女婚姻"条:"若再许他人,未成婚者,(女家主婚人)杖七十;已成婚者,杖八十。后定娶者,(男家)知情,(主婚人)与(女家)同罪,财礼入官;不知者,不坐,追还财礼(给后定娶之人)。女归前夫。前夫不愿者,倍追财礼给还,其女仍从后夫。男家悔(而再聘)者,罪亦如之,(仍令娶前女,后聘听其别嫁),不追财礼。……其应为婚者,虽已纳聘财,期约未至,而男家强娶,及期约已至,而女家故违期者,(男女主婚人)并笞五十。"

从条文上看,男女双方主婚人对于已定婚之婚姻如约如期举行均负有保证责任,但是在现实中,男家悔婚要比女家容易得多,并且不会受到法律惩罚。定婚之后成婚之前,当事男女可以突破礼教束缚增加见面了解的机会。此时,男家如果对女方及其家庭不满,完全可以先退婚再另聘他人,诸如秉性不合、女子脾气不好等均可成为退婚的理由。而在性别权力失衡的传统社会,女方则不能轻易以上述理由行使退婚之权。因此,定婚后又另外与他人定婚的情况,最有可能发生于女方家庭,而男方主婚人完全可借先行退婚再与他人定婚而规避法律的制裁。

其三,保证对结婚男女基本情况的介绍具有真实性。《大清律例·户律·婚姻》"男女婚姻"条:"凡男女定婚之初,若(或)有残、(或废)疾、(病)、老、幼、庶出、过房(同宗)、乞养(异姓)者,务要两家明白通知,各从所愿,(不愿即止),(愿者同媒妁)写立婚书,依礼聘嫁。若许嫁女已报婚书,及有私约,(谓先已知夫身残疾、老幼、庶养之类),而辄悔者,(女家主婚人)笞五十;(其女归本夫)。虽无婚书,但曾受聘财者,亦是。……若为婚而女家妄冒者,(主婚人)杖八十,(谓如女有残疾,却令姊妹妄冒相见,后却以残疾女成婚之类),追还财礼。男家妄冒者,加一等,(谓如与亲男定婚,却与义男成婚。又如男有残疾,却令弟兄妄冒相见,后却以残疾男成婚之类),不追财礼。未成婚者,仍依原定(所妄冒相见之无疾兄弟姊妹,及亲生之子为婚。如妄冒相见男女先已聘许他人,或已经配有室家者,不在仍依原定之限)。已成婚者,离异。"这是在"男女授受不亲"的礼教原则之下,为避免婚姻中的欺诈行为所制定的必然规范。

其四,作为代表接受彩礼。关于主婚人的这一职责,在刑律中并无直接规定,但在具体案件中有所体现。《刑案汇览》卷九《抢占良家妻女》之"非应主婚人收财礼强夺成婚"案:"云抚题:李小羊强夺普耿氏成婚。查普耿氏欲行改嫁,夫族无人,应归母家主婚。其普蒲氏系普耿氏夫家疏远亲属,非例应主婚之人,虽曾接受李小羊聘礼,不得即为李小羊聘定未婚之妻。但普蒲氏曾经受聘,李小羊之强夺成婚,事尚有因,将李小羊照强夺良家妻女奸占为妻妾绞候律上量减一等,拟以满流。嘉庆二十一年案。"本案中,普蒲氏并非应为普耿氏主婚之主婚权人,因此即便她以主婚人的名义收取了李小羊的聘礼,李小羊与普耿氏的婚约因主婚人的违法仍然没有成立,李小羊因此才以强夺之名论罪。从另外的角度看,只有法律规定的主婚人才有权代表娘家收取彩礼,这也是主婚人的职责之一。

其五,保证已成婚姻正常延续。这项职责同样来自于对实际案例的解读。《刑案汇览》卷七《逐婿嫁女》之"因婿犯窃将女接回私行改嫁"案:"东抚题:赵谔子殴死王四案内之刘松,因伊婿王振犯窃将女刘氏接回,私行主婚改嫁。将刘松照逐婿嫁女律，拟杖一百。道光二年案。"本案处理结果表明，主婚人对于已成婚姻不得干涉，且负有保证婚姻延续之义务。但这项职责有着只针对女家主婚人的倾向性。男方掌握"出妻"之权，但女方却很难提出离婚请求，在这种情况下，"回娘家"是女方暂时逃避和进行斡旋的唯一方式，但此时法律为女方及其家庭的反抗行动设定了限制。这一案件就是限制之一，即在男方有过错的前提之下，女方家庭也无权为其主婚改嫁，而对于原配婚姻具有无条件维护的义务。

其六，保障孀妇再醮之意志自由，不得强嫁，不得强迫守志。如上引条例所示，清律赋予孀妇在再醮还是守志的选择上一定的自主权，即使有主婚权之人也不得违背孀妇意愿强行为其主婚。在实践中，由这一问题引起的纠纷呈现数量上不均衡的分布，即强嫁案件居多，强迫守志案件较少。偶有强嫁案件，如《刑案汇览》卷七《居丧嫁娶》之"贫难养赡强嫁侄媳致妇自尽"案："北抚题：詹人璧强嫁孀居侄媳詹刘氏不从，致氏自缢身死一案。职等详核案情，詹人璧胞侄詹伯章病故，遗妻刘氏孀守。詹人璧曾每月帮给钱文，添补用度。嗣因家贫无力资助，刘氏时出怨言，詹人璧虑难终守，劝令改嫁，刘氏剪发不从。后刘氏屡向詹人璧索钱吵闹，詹人璧因贫难养赡，立意将刘氏改嫁，捏称刘氏自愿改醮，托陈鸣岐媒合，觅得娶主孙万贵，抬轿往娶。刘氏闻知不肯改嫁，在房哭骂，詹人璧气忿，主令孙万贵用强抢娶。孙万贵允从，随将刘氏两手捆缚，按入轿内抬至孙万贵家。尚未成婚，讵刘氏不甘失节，乘间投缳殒命。查刘氏系詹人璧胞侄之妻，服属大功，该省将詹人璧依孀妇自愿守志，夫家抢夺强嫁，孀妇不甘失节，因而自尽，功服尊属拟流例，杖一百，流二千五百里。娶主孙万贵知情同抢，照为从例拟以满徒。陈鸣岐冒昧媒合，与被逼之轿夫陈谷友等拟照不应重杖。刘氏附请旌表。查核情罪，均属允协，似可照覆。嘉庆十五年说帖。"在本案中，尽管夫家有"贫难养赡"这样的客观理由，有司还是将维护孀妇在再婚问题上的自由意志作为不可撼动之原则加以维护，并以"附请旌表"的行动彰显案件背后的道德导向。比之于对在室女的主婚权，对孀妇的主婚权受到孀妇意志的极大限制。

但在另外的案件中，主婚权则表现出与孀妇意志的互动及对其的维护，如《刑案汇览》卷七《居丧嫁娶》之"居丧改嫁由母主婚酌免离异"案："江西司审拟提督咨送：杨锦呈控伊弟杨长春身死不明一案。查此案杨锦因胞弟杨长春与妻弟杨明同赴粤海关跟官,杨长春旋即病故,杨锦痛弟情切,一时心迷,总疑伊弟未死,粤探悉委系因病身毙,回京后怀疑莫释。嗣杨长春尸棺到京,杨明即邀尸兄杨锦、尸母郑氏,因棺盖尚未下钉,揭开看明,将尸棺埋葬。后杨氏之母唐氏以伊女夫亡无子,家贫难守,向杨氏之姑郑氏商允,欲令其改嫁,随将杨氏接回,主婚改嫁与任统信为妻。杨锦闻知,即以伊弟身死不明等情呈控。该司审将杨氏依夫丧未满改嫁系由伊母主婚,律得不坐,仍离异归宗,系属照律办理。惟查该氏居丧改嫁,固干离异之条,究非身犯奸淫者可比。且事由伊母主婚,后夫又不知情,若因此而令三易其夫,未免辗转失节。况夺自不知情后夫之家,而归于主婚改嫁之母家,于理亦不为顺。查本部办理,现审有因贫卖妻,律干离异,仍酌情断归后夫完娶者,似可仿照办理。将该氏断给后夫任统信领回完聚。嘉庆二十一年说帖。"本案表达有一刻意模糊之处,却为判断关键,即杨氏之母唐氏与杨氏之姑郑氏仅"商允"了杨氏改嫁事宜,但本应有主婚权的郑氏的态度却并未说明,而客观事实是唐氏将杨氏领回了娘家并为其主婚改嫁。

本案最后的判决似有掩人耳目之嫌,首先,并未对唐氏的主婚权合法与否作出判断;其次,对于后婚是否成立也未作清楚说明;最后,也是最关键的一点,将孀妇杨氏断归后夫,从而实现对孀妇本人意志的维护。可以说,本案中杨氏得以顺利改嫁而不受法律制裁,完全依赖于其母唐氏"半强行"式的主婚以及司法官"半推半就"式的对其母主婚权的承认。

最后,清律中关于主婚人职责规定了兜底性条款:"嫁娶违律主婚媒人罪"。《大清律例·户律·婚姻》"嫁娶违律主婚媒人罪"条:"凡嫁娶违律,若由(男女之)祖父母、父母、伯叔父母、姑、兄、姊及外祖父母主婚者,(违律之罪)独坐主婚,(男女不坐)。余亲主婚者,(余亲,谓期亲卑幼,及大功以下尊长、卑幼主婚者),事由主婚,主婚为首;男女为从,(得减一等);事由男女,男女为首,主婚为从,(得减一等)。至死者,(除事由男女,自当依律论死),(其由)主婚人并减一等。(主婚人虽系为首,罪不入于死,故并减一等。男女已科从罪,至死亦是满流,不得于主婚人流罪上再减)。……其男女被主婚人威逼,事不由己,若男年二十岁以下,及在室之女,(虽非威逼)亦独坐主婚,男女俱不坐,(不得以首从科之)。"通过此项兜底性条款,将与嫁娶有关的违法事件全部与主婚人相关联,从而强化了主婚人的职责。

二、民初大理院对主婚权的认可与渐次否定

民初大理院（1912—1928）作为北洋政府最高司法机构，在事实上具有造法功能，其判决例和解释例在法制极其粗疏，法典远未齐备的民初乃至整个民国，都具有相当之法理效力。关于主婚权问题，民初立法尽管有所涉及，但尚未形成稳定表述，[1]而大理院的立场经则历了从有限认可到渐次否定的转变。其背后之根源，则是西方个人本位法学理论和法律制度之引入与移植。

1. 继续认可主婚权的存续。大理院民事判决二年私上字第二号判例要旨曰："现行律载嫁娶应由祖父母、父母主婚，祖父母、父母俱无者，从余亲主婚。是婚姻不具备此条件者，当然在可撤销之列。"[2]

2. 对主婚权进行限制。大理院民事判决九年上字八三一号判例要旨曰："主婚人之同意非要式行为，凡证明其主婚属实者，即属有效。"与之类似，大理院民事判决九年统字一二〇七号判例要旨曰："如父母对成年子女之婚嫁，并无正当理由，不为主婚，审判衙门得审核事实以裁判代之。"

3. 逐步提升当事人意志对婚姻的决定作用。相关判决例有很多，如：

大理院民事判决五年抗字第六九号判决判例要旨曰："父母虽有主婚之权，至于已成之婚约，经当事人双方合意解除，或一方于法律上有可以解除之事由者，断无反乎婚姻当事人之意思，可以强其不准解除。"

大理院民事判决七年上字第九七二号判例要旨曰："婚姻当事人本为男女两造，若有主婚权人之许婚已在男女本人成年之后得其同意者，此后该婚约自不得反于本人之意思，由主婚权人任意解除。"

大理院民事判决七年上字第一三六五号判例要旨曰："订立婚书，受授聘才，

---

[1] 因民国初立，故此阶段民事法规援用《大清现行刑律》民事有效部分，如名例律中有关户口、田赋、租税、犯奸、斗殴、钱债等部分，主婚权制度亦未来得及进行立法。
[2] 本文所引大理院民事判决均来自黄源盛纂辑：《大理院民事判例辑存 亲属编》，台北犁斋社2012年版。下引径行随文夹注，不再一一胪列版本、出处和页码。

必须出自订婚人两方之合意，该婚约始能成立。"

大理院民事判决九年上字第九三五号判决曰："按现行律载祖父母、父母俱无者，由余亲主婚。又按现行法例，反由余亲主婚时，如当事人已达成年，须得其同意，否则应准诉请撤销。"

大理院民事判决十一年上字第一二七七号判例要旨曰："关于婚姻之法律行为，不必得监护人同意，亦为有效。"

大理院民事判决十一年上字第一〇〇九号曰："父母为未成年子女所订婚约，子女成年后，如不同意，则为贯彻婚姻尊重当事人意思之主旨，对于不同意之子女，不能强其履行。"

大理院民事判决十三年上字第八八号判例要旨曰："按子女未成年时其父母所订婚约，虽应于子女成年后得其同意，然订婚后已经过门童养者，其子女在未成年时既明知许婚事实，则于成年后之相当期间若无反对之意思表示，即不能谓为尚未同意。"

大理院民事判决四年上字第二八八号判例要旨曰："婚姻当事人已有结婚之合意，并曾践行一定方式（订立婚书或收受聘才），又无其他无效原因者，其婚姻即系合法成立，虽未经父母或其他有主婚权人之同意，亦仅足为撤销原因。"

大理院民事判决十年上字第一〇五〇号判例要旨曰："婚姻之实质要件，在成年之男女应取得其同意，苟非婚姻当事人所愿意，而一造仅凭主婚者之意思缔结婚约，殊不能强该婚姻当事人以履行。"

4. 孀妇改嫁遇阻可向衙门提起诉求。大理院民事判决四年上字第五三六号判例要旨曰："现行律虽有孀妇改嫁，先尽夫家祖父母、父母主婚之规定，但有特别情形（例如孀妇平日与夫家祖父母、父母已有嫌怨），其夫家祖父母、父母难望其实当行使主婚权者，则审判衙门判令由其母家祖父母、父母主婚，或令其自行醮嫁，亦不得谓为违法。"

三、被否定的主婚权与民初法律及社会的不适性

从前述梳理中可以看到，尊长主婚权制度在民初，经由大理院判决例，实现了

从有限肯定到渐次否定的转变。这一否定主婚权的法制变革,虽然符合个人本位之近代法理和妇女解放之近世潮流,但却在民初法律体系内部和法律与习俗之间产生了诸多不适性与抵牾之处。

(一)法律体系内的抵牾

1. 主婚权法律性质不明,形同虚设,反成婚姻阻碍。民国初年法律试图将西方自由主义和个人本位引入中国,进而改造传统法律,试图在维持法律稳定性的前提下次第更张,用心可谓良苦。在婚姻问题上,大理院判决例既承认主婚权,又纳入未婚男女的意志因素,希望能借此架空主婚权的干预。但实际上,这种做法不仅无法完全达到架空主婚权的目的,反而为一桩婚姻的成立加上了双重意志门槛,即主婚人同意而当事人反对婚姻不能成立,当事人同意而主婚人反对婚姻可以被撤销。两种意志拉锯之下,主婚权存在的事实难以为其法律性质提供说明,仿佛只是做为阻挠新式婚姻的障碍而存在。

2. 彩礼的法律性质不清,出现法律适用困难及法理困境。在传统婚姻中,彩礼的法律性质非常清晰。首先,无论数量多寡、形式如何,纳征(即交付聘财)是婚姻"六礼"之一,是定婚的必经程序,而定婚则意味着男女双方及其家庭的权利义务关系得以建立,主婚人也从那时起承担不可推卸的责任。其次,女方主婚人代表女方家族接收彩礼,彩礼交接构成双方家族间的财产关系,而非个人间的财产关系。对主婚权的否定实际上是对以家族为单位的婚姻缔结方式的整体否定,但彩礼依然被认可,如大理院民事判决二年上字第二一五号判例要旨曰:"现行律载,定(订)婚之形式要件有二:(一)有婚书。……(二)聘财。此二要件苟具备其一,即发生定婚之效力。"这样一来,彩礼及由此形成的法律关系的性质开始模糊不清。首先,彩礼的程序意义被削弱。主婚人为未成年子女定婚及子女成年后对婚事的同意形成时间差,在子女成年后追认之前,婚约尚未成立,[1]因交接彩礼而形成的定婚事实的程序效力被大大削弱了。其次,既然婚姻从家族之事变为个人之事,家族中的财产关系似无建立之必要。这应该是自近代以来百余年关于彩礼

---

[1] 如大理院民事判决十年上字第一〇五〇号主文曰:"则婚姻当事人之一造事前既未得知,事后又不追认,则此种婚约于法即难成立。"

问题争议不断的肇始。

3. 打乱原有的婚姻问责机制，维系婚姻稳定的纽带被瓦解。主婚权被否定之后，主婚人不再是婚姻仅有的促成者，因此也没有理由继续充当仅有的责任承担者，其原来承担的责任几乎完全交给了婚姻当事人。在新式婚姻里，男女双方当事人依法可以自由接触，按道理不会发生洞房之夜才知道所娶（嫁）者为何人的事情，因此，主婚人无需再为当事人基本情况的真实性负责。因法律禁止结婚、悔婚及婚后因家庭矛盾而导致的婚姻失败，也均可以当事人意志为由将责任归于其自身，主婚人无权，也无义务过问，更无需承担责任。这样一来，主婚当真成为一种无义务之权利了，即：未经主婚人同意的婚姻，主婚人可依法行使撤销权，同时主婚人不必为婚姻承担任何责任与义务。男女婚姻不再受到以主婚人为代表的家族压力的控制，而不似之前稳固。又因责任由刑事变作民事，与婚姻有关的决定也极易草率为之。

4. 于孀妇再醮主婚问题上有些许突破，但实效不大。大理院民事判决四年上字第五三六号规定了孀妇如与主婚人素有嫌怨可以通过衙门判决的方式强制主婚人主婚或许可孀妇自行醮嫁，虽然对旧律有所改进，但依然没有脱离主婚权的框架，而衙门判决的方式无疑会成为孀妇再嫁的成本，增加再嫁难度。这项判例在实际运作中没有起作用还表现在民国二十年的两则司法院训令之中。第一则是"司法院训令 院字第四二九号（二十年二月二日）"："令河北高等法院院长胡祥麟为令知事，该法院上年第三五七号公函致最高法院，为宁河县县长转请解释孀妇改嫁夫族不肯主婚，其婚姻是否有效一案。兹据最高法院拟具解答案呈核前来，内开'孀妇再醮为法令所不禁，依婚姻自由之原则，该孀妇张甲与李戊结婚，他人自不得出而干涉'等语，本院长审核无异，合行令仰转饬知照此令。"[1]第二则为"司法院训令 院字第五五四号（二十年八月十七日）"，内容为："为令知事，该法院本年第一九五号公函致最高法院，为祁门县承审员转请解释孀妇改嫁主婚权疑义一案，业经本院统一解释法令会议议决：孀妇改嫁与否应由孀妇自主，主婚权之制度与婚姻自由原则相反，虽在民法亲属编施行前，亦不适用，合行令仰转饬知照此

---

[1] 1931 年《司法公报》第 109 号（中国人民大学图书馆藏）。

令。"[1]

这两则司法院训令一方面说明了先前大理院判决例实效不大，另一方面在此问题上实现了更大突破，在孀妇再嫁的范围内否定了主婚权制度。这一举措在标榜婚姻自由、个人意志自由方面确属进步，但同在室女出嫁主婚权被否定一样，存在难以与整体婚姻制度相协调的弊端。旧的孀妇再嫁主婚制度是以孀妇对亡夫的财产继承权、再嫁彩礼归属这两项财产制度为着眼点的，如否定孀妇再嫁主婚权的存在，而又未对上述财产制度进行配套修正，无疑制造出新的问题。

（二）法律与习俗的冲突

父母对子女婚姻的干预在中国并不仅仅是一个法律问题，更是一种根深蒂固的风俗与社会习惯。时至今日，通常情况之下男女为婚经双方家长同意仍是大多数婚姻必经的程序，不管法律赋予婚姻当事人怎样绝对的自由选择权，也不论这一征得同意的过程在日益开明和现代化的父母面前是否越来越形式化。据调查，在当今的农村父母主婚现象仍普遍存在，"婚姻自由是需要一定的现实条件的，比如人口流动的频率，交往的范围，独立的经济条件，法律的有效保护，等等。但是在农村地区，这些条件的实现是很有限的"。[2]在民法与刑法双重保障婚姻自由，婚姻自主观念深入人心的今日尚且如此，遑论民国初年的情境了。在家族本位沿袭千年之久，孝道传家从未动摇的中国社会中，婚姻自始而终都是事关两个家族（至少是两个家庭）的大事，彩礼、嫁妆等财产方面习惯的存在也强化了作为"出资人"的父母对婚姻行使"同意权"的道德正当性。虽然近代以来个人在婚姻中被法律一而再再而三地强化，但家族事物的色彩是无法通过法律的强行规定而被抹去的，它可以不存在于法律的话语之中，却在道德的层面作为一种民族特质被永久保留。因而，在这一方面，法律与社会习惯龃龉不断。[3]这种矛盾的表现就是民国初年因反抗父母干涉婚姻而提出的诉讼记录为数不多，而个别反抗父母包办婚姻的事例被典型化，甚至形成文学作品被反复宣传的现象，恰恰说明正因为其不普遍，法律

---

[1] 1931年《司法公报》第138号（中国人民大学图书馆藏）
[2] 刘作翔主编：《法律实施的理论与实践研究》，社会科学文献出版社2012年版。
[3] 参见付微明：《习惯法精神及其对中国传统乡村治理的作用和影响》，《暨南学报（哲学社会科学版）》2013年第8期。

的主张没有被贯彻，才有反复宣扬的必要。

四、结论

　　清代婚姻法及实践在婚姻是良家族之间关系的逻辑前提之下，形成了以主婚权人为核心的婚姻成立制度抑或婚姻问责机制并得以顺畅运行。民国时代希望以西方现代思想与制度改造传统法律之弊端的渐进式改革思路虽无不妥，但仅从主婚权法律实践上观之，这种做法非但没有达到预期的功效，反而衍生出新的问题。

　　本文的结论即在于对于民国民事立法基本符合当时社会实际需要的主流观点进行有根据的质疑。民国对于主婚权的法律仅在表达上都难以达成一致，国民党立法者在对待法律传统与西方现代性时摇摆不定的态度决定了其立法逻辑的混乱，当然，此处并非需要立法者做出非此即彼的判断，而是需要他们在试图融合与平稳过渡的行动之前首先归纳出一条既切合实际又可自圆其说的逻辑。甚至判定正是由于立法者头脑里中西二元对立的观念根深蒂固，才导致了如此矛盾的主婚权制度的产生。在这样的表达之下，实践与表达之间产生矛盾也是必然，只不过这样的矛盾并不能形成可供实践逻辑生存的张力，而仅仅是造成混乱的矛盾而已。相比之下，稍晚一些的革命根据地及新中国对主婚权的彻底否定的做法反而更有可取之处。首先，彻底否定家族对婚姻的干预，不仅否定主婚权，连带彩礼、嫁妆、父母同意等一切与此有关的传统一概不予认可，婚姻自由的主张得以切实贯彻，新式婚姻再无旧制度掣肘。其次，婚姻自决，因此责任自负，逻辑顺畅。再次，诸如交接彩礼等行为从法律制度下降至社会习惯层面，根据地法律因意识形态宣传需要做出过明示的否定性的规定，但是新中国法律对此不置可否，给予其存在空间，如若发生纠纷也可以物权法相关规定处理，从而绕过婚姻这一复杂难解的关系，但同样可以实现公正的法制目标。

现代中国的语境变迁与传统文化的整体定位

赵 峰[*]

[内容提要]

  本文由探讨中西古今的文化难题入手,梳理了中国现代几个主要话语体系的特点及其转换,分析了这些话语体系对传统文化整体定位的决定性影响。五四以后,随着中西问题被转换为古今问题,自由主义者的现代性话语体系与马克思主义者的阶级斗争话语体系展开了话语权的争夺,而传统文化的整体性质被二者联手判定为封建专制主义。新中国成立后,大陆依次出现了三种主流话语体系。阶级斗争话语体系对传统文化的总体否定最为坚决;现代化话语体系对待传统文化相对温和,但与之相伴的现代性话语体系对传统文化的总体否定则最为彻底;正在形成的民族复兴话语体系出现了将古今问题纳入到中西问题来思考的趋向,意味着对传统文化总体肯定的重大转机。

[关键词]

话语体系 传统文化 中西问题 古今问题

---

[*] 赵峰,中共中央党校文史教研部副教授,哲学博士。

近代以来中国最大的文化问题莫过于中西古今问题。历史的轨迹朝着由中西而古今的方向进展，这是由中国落后于西方的现实决定的，因为先进与落后本身是一种时间性概念，而人们最初探讨中西问题的本意，正是试图解决中国落后于西方的问题，因而空间性的中西问题必然让位于时间性的古今问题。然而古今问题并不能完全取代中西问题。随着中国落后于西方的问题基本解决，中西问题必然重新浮出水面，因为主体身份认同问题，最终还是要回到中西问题上来解决。

从鸦片战争开始，中国落后于西方的残酷现实就摆在了人们面前，迫使人们思以救之。人们首先注意到的中西差距是设备与技术，接着认识到中西制度的不同，最后终于发现中西之间的根本差异是思想观念的不同，于是开始了新文化运动。在这个过程中，中西问题一直主宰着人们的思维。无论是魏源的"师夷之长技以制夷"，还是张之洞的"中学为体，西学为用"，都是沿用或参照古老的华夷之辨模式来进行思考的。而华夷之辨本身以华夏文明为中心的结构，暗藏着对华夏文明优越性的强烈自信。随着中西问题的探讨层层深入，中国人原有的文化自信迅速失落，最后几乎荡然无存。中西问题的发问方式，是通过与洋人的对比来界定自我：由我的器物不如人，到我的制度不如人，最后到我的精神不如人，结果只能走向对我的全面否定，即我事事不如人。[1]

新文化运动完成了追问方式的转变，把中西问题转换为古今问题：我们之所以事事不如人，不是因为我们是中国人，而是因为我们仍停留在古代，而西方已经前进到了现代；那个事事不如人的我，是昨日之我；西方展现出来的现代面貌，才是明日之我；我们要自救，就必须告别昨日之我，走向明日之我。这就把我是谁的问题，转换为我从哪里来、要到哪里去的问题，从而用明日之我否定昨日之我。正如冯友兰总结的那样："一般人已渐觉得以前所谓西洋文化之所以是优越的，并不是因为它是西洋底，而是因为它是近代底或现代底。我们近百年之所以到处吃亏，并不是因为我们的文化是中国底，而是因为我们的文化是中古底。这一觉悟是很大底。"[2] 通过这种转换，中西问题被化约为古今问题，并深刻影响到中国现代思维

---

[1] 胡适语意，见《胡适论学近著》，山东人民出版社1989年版，第503页。
[2] 冯友兰：《新事论》，《贞元六书》上，华东师范大学出版社1996年版，第229页。

方式的建立。一方面,它使时代性认同成为了现代中国人的普遍共识,使现代性追求成为了现代中国人的持久动力;另一方面,它也给传统文化贴上了前现代的标签,使传统与现代对立的思维模式变得牢不可破。

一

新文化运动持续的时间比较长,其中的一个标志性事件是五四运动的爆发。关于新文化运动的启蒙性质,胡适有一个经典的论断:"新文化运动的根本意义是承认中国旧文化不适宜于现代的环境,而提倡充分接受世界的新文明。"[1]就是说,必须否定前现代的封建蒙昧主义性质的传统文化,以便确立现代性追求的正当性。而五四运动则是由巴黎和会的一个外交事件所引发的民众的强烈抗议,带有明显的救亡性质。可以说,中国的现代启蒙运动,从来没有离开过救亡的问题意识;启蒙是由救亡所引发,并在救亡的强刺激下走向高潮。当五四运动成为新文化运动的标志,而整个新文化运动被冠以"五四新文化运动"的称谓时,中国现代启蒙精神的复杂性才真正得以完整地呈现。

在五四新文化运动中,被介绍到中国来的西方思想可谓五花八门,但最有影响力的还是自由主义与马克思主义。自此,自由主义与马克思主义在现代中国争夺话语权的斗争,正式拉开了帷幕。自由主义作为西方发达国家的主要意识形态,一开始就以一种普遍主义的面貌强势进入中国,并迅速赢得了多数知识精英的热烈拥抱。这些知识精英以启蒙为己任,以欧美为标杆,按照普遍主义原则构造了中国现代第一套成熟的话语体系。这套话语体系把个人的自由和权利作为叙事原点,建立了一个以前现代与现代的历史区分为经线、以科学与民主的发展水平为纬线的叙事坐标,并以此作为衡量一个国家或一种文明的普遍标准。这套话语体系结构简单,但解释力强大,不仅说明了中国为什么落后、西方为什么强盛,而且指明了中国摆脱落后挨打命运的唯一出路,即在加入现代性的时代潮流,从而成功地把救亡问题纳入到启蒙话语之中。然而,这套现代性话语体系有一个致命的盲点,即无法有力

---

[1] 胡适:《新文化运动与国民党》,《新月》第2卷第6期。

回答一个从本民族立场出发的严重关切:在尚未完成现代转型的当下中国,如何抵御帝国主义列强的殖民侵略?严既澄说,别说西方文化明显比中国文化优越,即使西方文化不好,我们也必须学习,因为"在目前的强盗世界里,正是秀才遇着兵,有理讲不清的时候,我们总得把别人拿来欺负我们剥削我们的种种东西,先拿在手里,然后能够和他们一同生存"。[1]这个曾经引起人们普遍共鸣的说法,虽然雄辩地揭示了学习西方的必要性,但同时又引发了更多的困惑:如此先进的现代性,为什么在西方列强身上却表现出如此野蛮的特征?在没有完全把这些先进的东西拿到手的时候,我们又如何和强盗们一同生存?正是在解答这些难题上打开了缺口,马克思主义才得以在中国迅速传播。

毛泽东说:"先进的中国人,经过千辛万苦,向西方国家寻找真理",可是,"帝国主义的侵略打破了中国人学西方的迷梦"。"为什么先生老是侵略学生呢?"马克思关于资本主义贪婪本性的论述回答了这一问题。"十月革命一声炮响,给我们送来了马克思列宁主义",于是,"走俄国人的路——这就是结论。"[2]马克思主义为现代中国提供了一个结构更复杂的话语体系。它以物质力量来建构精神力量,以具体的社会实践来解构抽象的普遍观念,以生产力作为人类社会的最基本的物质力量,以阶级关系作为迄今为止的文明社会的最基本的现实关系,而推动历史前进的基本力量是建立在一定生产力基础上的阶级斗争;它把不断进步的人类历史细分为若干阶段,将现代性的正当性限制在由封建社会向资本主义社会过渡的进程中,其本质上是一种高级的剥削和压迫形式取代低级的剥削和压迫形式,而人类未来的共产主义社会则必然要削除一切形式的剥削和压迫;最后,它把阶级认同、时代认同和民族认同结合起来,对外反对帝国主义的殖民侵略以捍卫民族的独立和尊严,对内反对封建主义的专制奴役以追求现代性,二者统一于国际国内的阶级斗争,从而将救亡问题与启蒙问题一并纳入到阶级斗争的叙事逻辑中。在中国革命时期,由于马克思主义者坚决站在被压迫被剥削阶级一边,用剩余价值理论解构了最高级的剥削形式的合法性,因而他们占据了社会价值的制高点并获得了特殊强大的

---

[1] 转引自杨深编《走出东方——陈序经文化论著辑要》,中国广播电视出版社1995年版,第298页。
[2] 《论人民民主专政》,《毛泽东选集》第4卷,人民出版社1991年版,第1469页。

社会动员能力,从而在争夺革命话语权的斗争中拥有着自由主义者难以企及的理论和实践的优势。

无论是现代性的话语体系还是阶级斗争的话语体系,尽管它们预设的明日之我有所不同,前者指向西方,而后者指向超越西方的更高级的状态,但有一点是共同的,即它们都把传统文化定位为应当抛弃的昨日之我的东西。在两股力量的夹击下,传统文化被强行贴上了封建专制主义的标签,并且几乎被剥夺了为自己申辩的权利。只要一有人提倡传统文化,就会立即被冠以复辟倒退的罪名而淹没在潮水般的讨伐中。事实上,复辟倒退的势力的确特别愿意打出传统文化的旗号,这更加深了人们把传统文化等同于复辟倒退的观感。传统文化留有前现代的印记,是无可置疑的。问题是,任何政治势力想要利用某种文化资源,优先考虑的总是其利用对象能否为它提供某种政治正当性。传统文化能提供的最重要的东西,也是复辟势力特别想要借重的,就是民族认同。我们本不应因为痛恨复辟势力而迁怒于传统文化并伤及民族认同,但在当时,两个主流话语系统都没能顾及这一点。

现代中国的两套主流话语体系都是在亡国灭种之焦虑的推动下构建起来的。这种焦虑本身是以民族认同为基础。然而,失败和屈辱的不断叠加,使得人们消除焦虑的渴望变得如此急切,以至于任何救国方案都被要求立竿见影且容不得半点闪失,一有闪失其方案就会被宣布为无效而遭到否决。时势的急迫,催生了急功近利的情绪,更催生了越来越彻底的变革诉求。一切改良的企图都被唾弃,革命成了唯一的选项。自由主义者拿出了立足于个人的革命方案,马克思主义者拿出了立足于阶级的革命方案,它们都具有变革的彻底性,并且前者有西方的实效证明,而后者有俄国的实效证明。相比之下,传统文化既显保守,更无近效,因为它注重的是延续而不是颠覆,它强调的是潜移默化而不是立竿见影。鲁迅曾引朋友的话说:"要我们保存国粹,也须国粹能保存我们。"[1]从相对主义的实用态度来看,传统文化的确未能振衰起弊,我们似乎有理由鄙视它;但从现代资本主义全球扩张的趋势来看,只有中国的前现代文明没有被彻底地殖民化,传统文化毕竟为我们积聚了足够的力量来抵御这股殖民浪潮,为我们自主变革赢得了宝贵的时机,因此我们倒是应

---

[1]《随感录》35,《鲁迅全集》第1卷,人民文学出版社1980年版,第306页。

该对它感恩。但在激进的革命者眼里，爱国主义的民族认同是我们与生俱来的东西，因而在构造其话语体系时反而没有把它放在足够重要的位置上。而自由主义者的世界公民情结和马克思主义者的"工人阶级没有祖国"的坦荡，都在有意无意地用某种普遍主义的理性压制着民族认同的情感。

抗日战争的全面爆发，一下子把民族认同的重要性凸显了出来。在中华民族最危险的时候，国家的利益压倒了内部的阶级利益和党派利益，民族认同被提升到了时代认同和阶级认同之上。民族认同，在现代性叙事中未曾提及，而在阶级斗争叙事中也只是一个为阶级斗争和时代追求提供特定背景或次级支撑的常识性基础，但此时却在所有话语体系中突然变成了中心。生死攸关的民族战争，不但打断了现代启蒙的进程，而且打乱了阶级斗争的节奏。这个被李泽厚称为"救亡压倒启蒙"的现象本身恰恰说明，在现实中，民族的生存和发展不但是现代性追求和阶级斗争推进的出发点，而且是其归宿处。因而在中国现代的主流话语体系中，民族认同不应仅仅享有基础性地位，更应提升至最高的逻辑位阶。然而，当时的两大主流话语体系都没有意识到这一点，而只是把激烈的民族战争当作某种特殊的例外情形，并满足于对自身的话语结构稍作策略性调整。传统文化依然背负着封建专制主义的恶名，只是由于其中珍藏着民族认同的根基，故人们对其抨击的力度和规模明显降低。此时，钱穆针对主流话语体系对本国的历史文化传统的鄙薄，痛切地指出："断断无一国之人相率鄙弃其一国之史，而其国其族犹可以长存于天地之间者。""以我国人今日之不肖，文化之堕落，而犹可以言抗战，犹可以言建国，则以我先民文化传统犹未全息绝故。"正因为中华文化悠久而伟大，所以我们的抗战必胜："世未有其民族文化尚灿烂光辉，而遽丧其国家者；亦未有其民族文化已衰息断绝，而其国家之生命犹得长存者。"[1]钱穆的《国史大纲》一出版，便立即被官方指定为全国大学用书，并未遭到激进主义者的合力围攻，也可见当时的文化语境确已发生了某种惊人的变化。只不过这种变化持续的时间不长，随着抗战的胜利，一切又回到了原来的状态。

---

[1] 钱穆：《国史大纲·引论》，商务印书馆1997年版，第31-34页。

二

新中国建立后，革命年代成熟起来的阶级斗争话语体系主宰了大陆。把马克思主义的普遍原理与中国革命的具体实践结合起来，是这套话语体系最成功的地方。它通过贴近中国实际的阶级分析，把中国革命的目标、任务、途径和手段等异常清晰地勾勒出来；它通过对剩余价值理论的通俗解读，使反剥削反压迫的革命斗争获得了不容置疑的正当性，如毛泽东就曾把马克思主义的道理概括为一句话："造反有理"；它还通过土地政策和诉苦大会等操作方式把广大农民阶级高效地动员起来，并按照工人阶级的现代组织形式把动员起来的农民高效地组织起来，从而为中国革命打造了一支无敌的力量。相比之下，自由主义者构建的现代性话语体系则陶醉在普遍主义的抽象原理中，在以农民为主体的现实中国，显得目标空洞且手段匮乏，尤其是在革命浪潮高涨的背景下，失去话语权也就不足为怪了。

新政权在成功实施既定的土地政策后，在苏联的援助下，迅速推动全国范围内的工业布局，正式开启了由共产党领导下的现代化进程。然而，苏联式的社会主义理论，只是阶级斗争话语体系的某种扩容性的延续。阶级斗争叙事依然是位阶最高的顶层逻辑；社会主义被当作高于资本主义的更高阶段，从而把现代性的一些重要内容纳入其中。苏联模式社会主义的叙事逻辑是以社会主义与资本主义的对立为基础的，于是，现代性叙事逻辑中前现代与现代的对立，被转换为封建主义与资本主义的对立，而整个现代性叙事被定位为资产阶级的意识形态。自由、人权等现代性理念连同私有制和市场经济遭到无情批判，而社会主义优越于资本主义的主要特征则集中体现为公有制和计划经济，并且这一切都要由阶级斗争的叙事逻辑来阐明。无论如何，发展现代生产力乃是社会主义的自身任务，它需要相应的建设逻辑支撑；而阶级斗争叙事则是一种革命逻辑。随着国际国内形势日趋严峻，在阶级斗争话语体系中，革命逻辑轻易地压倒并取消了建设逻辑，"以阶级斗争为纲"便成为了一切领域的最高原则。

在这种话语体系中，整个中国历史被叙述为一部阶级斗争的历史，农民起义成为一条历史主线；中国思想史的中心线索相应地被叙述为唯物主义与唯心主义的斗争史，其典型形式表现为儒法斗争史；传统文化作为历史上占统治地位的精神成果，则被总体定位为封建统治阶级的一套完备的政治意识形态。人们讨论的焦点集中在：农民起义为什么总是失败？即使偶尔成功，为什么总是被封建意识形态所俘虏？思想理论的背后隐藏着什么样的社会政治诉求？阶级和阶级矛盾的变化如何决定着历史的演进和分期，而历史的演进和分期又是如何决定着思想家的思想理论的性质？等等。侯外庐的《中国思想通史》就是按照这一叙事逻辑对传统文化所作的彻底清算。在这部著作里，思想史的秘密要由社会史的阐释来揭示，每个历史人物都被重新划定了阶级成分，其思想理论也完全按照其阶级立场来重新审定，最终作者以一种空前的大手笔完成了对几乎所有的古代思想家著述的颠覆性评判：凡是以往被推崇的"正宗思想"都是反动的剥削阶级的意识形态，只有那些具有反叛精神的"异端思想"才被有限度地肯定。为了使这种宏大叙事更加丰满，作者还着力发掘了被历史长期埋没的边缘人物，并取得了可观的成绩。尽管侯外庐的一些具体的学术观点存在着相当大的争议，但其致思方向和叙事逻辑却得到了当时的普遍认可，并影响深远。

细究起来，这样一套宏大叙事，是抗日战争胜利后发展成熟起来的。由于抗战期间民族认同问题得到普遍关注，马克思主义者也认识到不能对传统文化一概否定，而应对其中的精华予以继承，这也契合把马克思主义中国化的现实需要。毛泽东指出："我们这个民族有数千年的历史，有它的特点，有它的许多珍贵品"，"从孔夫子到孙中山，我们应当给以总结，承继这一份珍贵的遗产。这对于指导当前的伟大的运动，是有重要的帮助的"。[1] 当然，这种继承是在对传统文化加以全面批判的基础上进行的，所以被后来概括为"批判地继承"或"批判继承"。批判继承的最重要的原则，是"取其精华，去其糟粕"。衡量糟粕的标准很明确，即封建专制主义；衡量精华的标准，则主要是人民性、民主性和革命性。这些标准都是由革命话语体系的总体构架决定的，即强调时代性内容和阶级认同。此外，精华还包括民族的形式，即所谓的中国风格和中国气派。从时代性看，传统文化是比资本主义更落后的封建主义的文化；从阶级性看，传统文化是比资产阶级更反动的封建地主

---

[1]《中国共产党在民族战争中的地位》，《毛泽东选集》第2卷，人民出版社1991年版，第534页。

阶级的文化。这种总体性否定之所以可以不严重伤及民族认同,是因为我们的阶级认同延伸到了历史上一切被剥削阶级,形成了"人民"这个概念,从而为这套话语体系建立了跨越时代的主体意识。于是,一切对封建统治的抗议和反叛,一切属于人民的伟大创造,都是中华民族伟大生命力的展现;即使是统治阶级的代言人,当他们还能代表人民的时候,也能说出若干真理,尽管这些真理是片面的,并且常常被淹没在整体的谬误中。就像鲁迅那样,他可以对传统文化发起最猛烈最彻底的批判,但他在民族认同上不会有大问题,因为他在黑暗的历史中找到了民族的脊梁。

批判继承预设的前提是,传统文化的精华被淹没在整体的糟粕中。整体的糟粕,决定了精华通常只能以片面的方式零星存在。要取得精华,就需要砸碎整体择而拾之,至少也要让精华从整体中分离出来以摆脱其束缚,然后将精华镶嵌在现代语境中以获得新的生命。这就是"古为今用,推陈出新"的操作原则。向古人学习是为了现在的活人,继承传统的精华是为了开创现代的生面。毛泽东喜欢用"实事求是""愚公移山"等成语典故来说明现代主张,还曾通过评《水浒》批宋江来发动党内政治运动,这些都是"古为今用"的生动事例。由于传统文化的时代的阶级的内容被整体否定了,只有民族文化的形式可以比较完整地拿来改造运用,因而"民族的形式"加"时代的内容"就成了比较盛行的"古为今用"模式,如《红灯记》等革命现代京剧、建筑中的大屋顶设计等等。然而,在内容与形式的关系中,内容是主导因素,内容决定形式,而不是相反。因此,在阶级斗争话语体系里,对传统文化内容的否定远远高于对其形式的肯定,而对传统文化整体糟粕的批判最终压倒了对其零星精华的继承。传统文化此时所遭受的毁灭性破坏,可谓空前绝后。

三

随着改革开放进程的展开,大陆主流话语体系发生了重大变化,现代化的叙事逻辑逐渐上升到顶层位阶。从"以阶级斗争为纲"到"以经济建设为中心",需要完成由革命逻辑过渡到建设逻辑的话语转型。最初引起我们关注的是四个现代化,它主要是生产力的现代化。要实现这个目标，必然要求产生关系的现代化，要求体制机制的现代化，最终要求思想观念的现代化，进而要求经济、政治、社会、文化的全方位现代化。全方位的现代化自然要求有一套说明其合理性与合法性的叙事逻辑。邓小平在访问了日本、美国等发达国家后，产生了再不改革开放就要被开除"球籍"的焦虑，把能不能实现现代化上升到关系党和国家生死存亡的高度。"面向现代化，面向世界，面向未来"的明确提出，标志着一套新的现代化话语系统初步形成。其中，面向未来，可以接续原来的分阶段的历史进程的叙事，最终通向共产主义未来；面向世界，把叙事的重心由时间性的未来挪到空间性的当下，即挪到人类已经达到的西方发达国家现有的先进生产力水平；而面向现代化，则是叙事的焦点和核心。这套现代化叙事的逻辑构架的拱顶石，是十三大报告里提出的"社会主义初级阶段理论"，因为它调整了以往的历史进程的叙事，把关于社会主义的探讨，从坐在共产主义门槛前的思考，变成了站在现代性门槛上的思考。此后，把计划和市场都定位为发展社会主义经济的手段，并提出建设社会主义市场经济的现代经济发展方向，也就顺理成章了。

现代化话语体系与自由主义者的现代性话语体系有所不同。它没有放弃阶级斗争叙事，从改革开放之初提出的"坚持四项基本原则"，到后来强调的既要反左又要防右，以阶级斗争叙事为前提的社会主义道路始终在坚持；它也没有忘记民族振兴叙事，实现四个现代化的最初动力，就集中体现在"振兴中华"的口号里。但是，在这套话语体系中，现代化叙事在逻辑优先性上要高于其他两种叙事。"贫穷不是社会主义"，肯定了实现现代化是社会主义的先决条件；而对被开除"球籍"的焦虑，则肯定了实现现代化是民族振兴的先决条件。从理论上看，阶级斗争叙事把焦点放在由产生关系决定的人与人的阶级关系上，而现代化叙事则直接把焦点放在生产力上，由此也可以把马克思主义最基本的原理概括为一句话，即"发展是硬道理"。尽管现代化话语体系包含多个层次，但现代化叙事本身却与五四以来的现代性叙事有着天然联系。现代性叙事是当今世界的主流话语系统，在这一点上，我们与国际接轨了，但主要是在现代生产力层面的接轨。

现代化叙事可以包容现代性叙事，因为只要是能解放和发展现代生产力的一切制度的和观念的设置，都体现了现代性，而西方只是展示现代性的方案之一；而自由主义者的现代性叙事却往往排斥现代化叙事,因为他们只认可西方唯一完整地体现了现代性,把与之不同的任何东西都排除在现代性之外。这种只承认现代性叙事具有正当性的现代性话语体系,首先在学术界随后在全社会广为流传,几乎成为了民间主流话语体系。上世纪 80 年代启蒙思潮的兴起,就是要把被抗日战争中断了的五四启蒙运动接续起来。这个说法本身,就把抗战爆发以来的 40 年历史排除在中国现代性进程之外。按照现代性叙事逻辑,不是现代性的东西,就只能是前现代的封建专制主义的东西,那么这空缺的 40 年也就被隐晦地判为前现代的性质。这样一种叙事方式,难免要与官方主流话语体系发生冲突。现代性叙事以激进的方式推动着现代化话语体系尽可能彻底地摆脱阶级斗争话语体系的束缚,然而,在对待传统文化上,现代性叙事再度与阶级斗争叙事产生共鸣,阻碍着现代化话语体系整理自身的逻辑结构以妥善处理民族认同问题。

在现代性叙事的裹挟下,历史进程的逻辑,被聚焦于前现代与现代的分界线上。中国古代历史被笼统地划归为前现代,并把重点放在其后期的封建专制主义;而前现代的传统文化,自然是我们走向现代的最大障碍。在这种叙事中,我们对历史的关注难免自觉不自觉地集中在一些负面的话题上,如:中国近代为什么落后?中国的封建社会为什么如此漫长?中国究竟有没有出现过资本主义萌芽?为什么这点萌芽没有发展壮大?近代科学为什么没有在中国产生?等等。金观涛的《兴盛与危机》为中国古代社会找出了一个"超稳定结构",雄辩地回答了中国漫长的黑暗中世纪为什么会停滞不前;柏杨《丑陋的中国人》更是把"中国人的劣根性"归罪于传统的"酱缸文化",竟赢得大陆青年一片喝彩。在激情澎湃的喧嚣中,人们争先恐后地激扬文字、粪土传统。就像五四时期一样,传统文化完全成了封建专制主义的象征符号,人们把自己对现实的不满和愤怒一股脑地砸向了它,传统与现代简单对立的思维模式在一般人心目中重新变得天经地义。由于现代性话语体系特别标榜普世主义的现代价值,根本不屑于谈论阶级认同和民族认同问题,以至于在否定传统文化方面显得尤为激进和决绝。在这种叙事逻辑下,前现代的中国历史和文化似乎只有一片黑暗而不见一丝光明,其结果不免深深伤及对民族主体的认同,一些人竟然对西方的殖民主义唱起了赞歌。

与此同时,严谨的学术研究也开始接续五四后期"整理国故"的任务,把当时的一些重要成果追认为经典。冯友兰的《中国哲学史》是自觉按照现代性话语体系把中西问题化约为古今问题来对国故加以整理的，其子学时代与经学时代的划分，隐然可见古希腊与欧洲中世纪的影子。然而，他在抗战时期通过《贞元六书》整理自己的哲学体系时，似乎已撑破了只见古今的逻辑构架，其《新原人》对觉解和境界的阐发，某种程度上回到了中西问题。在经历了几十年的坎坷后，他决心把各种叙事逻辑结合起来，最终完成了《中国哲学史新编》。在《新编》第五册里，他明确提出了中国哲学走的是伦理学路子，不同于西方哲学所走的本体论和认识论路子，这实际上是对传统文化进行某种整体性的哲学思考。而张岱年的《中国哲学大纲》虽然也是在"整理国故"的氛围中完成的，但似乎并没有受到现代性叙事的太多影响。他固执地沿着中西问题的路径，谨慎地逐一考察古代经典中出现的每一个主要哲学范畴，试图总结出中国文化不同于西方的思维特征。他的这种超常冷静的治学态度，不仅帮助他自己抵御住外界的喧哗而专心完成其学术使命，也帮助他的弟子们抵御了启蒙思潮的亢奋和随后出现的经济大潮的浮躁，始终坚守着那片学术研究的园地。

　　出于对现代与传统简单对立的思维模式的不满，学者们开始寻找各种理由，试图在不触动原有的总体判断的前提下尽可能恢复传统文化的尊严。如庞朴提出，应把"传统文化"与"文化传统"区分开来：传统文化可以因为其过时而否定，但文化传统却自古而今深入我们的骨髓，化为了我们的集体意识和集体无意识，想否定也否定不了；哪怕我们激烈反传统的行为，也有文化传统的因素在起作用。这种说法机智但于事无补，因为它已经默认人们对传统文化的总体否定，只是想把传统文化的灵魂从被否定的整体中挽救出来。文化传统如何才能够找得到、看得清？唯一的办法就是把文化传统放进传统文化中，从传统文化中抽出文化传统来。如果传统文化整体上是坏东西，文化传统又能好到哪里去？只要不把传统文化看成静态的僵死的东西，它本身就包含着文化传统概念，似乎不必如此费事。

　　林毓生、杜维明都在谈对传统文化的"创造性转化"。他们都认为，中国传统文化事实上已经崩解，但传统文化并非全盘荒谬，其散落的某些因素通过创造性的加工，可以用来建造新的中国现代文化。林毓生强调，西方现代文化不是可以简单拿过来的，如果不与中国原有文化元素（如符号、价值系统等）融合，是不会生根的，因此，只有通过对传统文化进行创造性转化，才可能建立一个"中国的自由主义体系"。对外来文化的创造性转化，不是要把自己变成他者，而主要是使自身文化获得某种整体提升，这就是陈寅恪所说的"道教之真精神，新儒家之旧途径"。文化的升级是整体性的，升级前的任何一个部分都承担着某些特定的功能，它只能在升级后被更高级的功能所取代，但不能被简单地取消。杜维明则认为，传统文化必须区分精华与糟粕，已经崩解的糟粕是封建主义的"儒教中国"，如"三纲"之类，不死的精华是人文主义的"儒学传统"，如"五常"所体现的精神；这种人文主义精神传统，过去曾与前现代的政权化儒教相伴而行（它们不是同一类型、同一层次），现在通过创造性转化，也完全可以适应现代社会；不仅如此，这种古老的人文精神还契合于超越了西方启蒙心态的新人文主义，只要经过创造性的现代转化，它还可以对治现代文明目前遇到的种种困境，为全球文明的健康发展做出贡献，这将是"儒学的第三期发展"。也就是说，我们应该抛弃糟粕，然后把精华拿来进行创造性转化，使其适应现代性。这种挑挑拣拣的创造性转化看不到文化的整体功能，是思想懒汉的取巧敷衍。真正的创造性转化是使文化获得整体升级的艰苦创新，是化腐朽为神奇的转化。比如《易传》对《易经》的重新解释，就是一种创造性转化。《易经》是一套原始的巫术文化，但《易传》的作者并没有对它区分精华糟粕，而是把它完整地拿过来，当作经典，心怀敬畏，用自然主义的阴阳学说和人文主义的仁义价值对它重新解释，甚至连算卦的符号系统和操作方法都加以重新解释，构造出一套精致的宇宙论模式，结果，原始的巫术文化被创造性地转化为轴心时代的理性主义文化。可我们今天动不动对着传统文化指指点点，这是精华，那是糟粕，一付居高临下的样子，哪有半点敬畏之心！正因为进行了这种创造性转化，《易传》作者认同了《易经》，《周易》文化的主体才得以延续并成长起来。为什么西方现代价值只有与中国文化元素融合才能生根？为什么传统的人文精神可以经由创造性转化而跨越时代？离开了我们自身的文化主体，或否定了对这个主体的历史认同，这些问题就是无解的。

  对于这样一些学术争论，官方主流的现代化话语体系一般是不介入的。从主流媒体发表的相关文章来看，对传统文化的态度呈现出越来越温和的趋势。即使是最温和的时候，也是一种"一分为二"的看法：一部分是精华，一部分是糟粕；精华部分越来越多地提到某些精神理念，而糟粕部分始终如一地指封建专制主义；传统文化作为一个整体还是被否定的，所以在谈到取其精华时，也要强调创造性转化。现代化叙事取代阶级斗争叙事而居于整个话语体系的最高层级，并没有改变对传统文化总体否定的基本格局。这种否定之所以日趋温和，一方面是因为在整套话语体系里还存在一个强调民族认同的基础叙事，另一方面是因为整套话语体系总体上是一套建设的逻辑。革命的逻辑总是倾向于使矛盾激化，而建设的逻辑则总是倾向于使矛盾缓和。正是在这双重因素的作用下，十六大报告提出要"弘扬和培育民族精神"，十七大报告更提出要"弘扬中华文化，建设中华民族共有精神家园"，在时代认同与阶级认同保持稳定的前提下，对民族认同的强调力度不断加大，终于达到了对传统文化予以总体肯定的临界点。

四

随着中华民族的伟大复兴成为新的叙事主轴，大陆的主流话语系统正在发生新的变化。十八大闭幕的当天，习近平发表当选感言，讲到三个责任。第一条就是对民族的责任，这个责任就是要实现中华民族的伟大复兴；第二条对人民的责任，是指对现时代人民群众的责任，而现时代的人民不但要求改善生活条件提高生活质量，更要求跟上时代步伐追求现代性；最后一条是对党的责任，共产党作为中国工人阶级的先锋队（同时也是中华民族的先锋队），其阶级认同特别鲜明。这样一种叙事过程，已经预示了一套新的话语体系的基本结构。两天后，习近平在中央政治局集体学习时说，"中国特色社会主义是党和人民长期实践取得的根本成就"，因为它"从根本上改变了中国人民和中华民族的前途命运，不可逆转地结束了近代以后中国……的悲惨命运，不可逆转地开启了中华民族……走向伟大复兴的历史进军"；他还谈到，我们的总任务是分三步走实现现代化，而这个总任务要放在中华民族的伟大复兴中来理解和把握。[1]也就是说，整个中国特色社会主义事业，以

---

[1]《习近平在中共中央政治局第一次集体学习时强调：紧紧围绕坚持和发展中国特色社会主义，深入学习宣传贯彻党的十八大精神》，《人民日报》2012年11月19日。

及我们对现代化的追求，都要放进民族复兴的叙事逻辑中才能得到充分的说明。又过了 12 天，他在参观《复兴之路》展览时，谈到了中华民族的昨天、今天和明天，并且把"实现中华民族的伟大复兴"定义为"中国梦"。一旦民族复兴的叙事逻辑上升到最高位阶，整个话语体系的结构必然发生重组，结果将形成一种新的民族复兴的话语体系。

正在形成的这套话语体系，将现代化叙事和阶级斗争叙事置于民族复兴叙事之下，就是要以民族认同统领时代认同与阶级认同。民族复兴的叙事逻辑将历史的深度和世界的广度结合起来，在历史的时代变迁中确立了中华民族的主体，在世界性的现代潮流中关注这个主体的命运。如果说阶级斗争叙事逻辑满足了革命的根本要求，推动了处在危机中的中华民族完成独立和解放的伟大事业；现代化叙事逻辑满足了建设的紧迫要求，推动了这个民族以超高速发展的方式获得了现代生产力；那么，民族复兴的叙事逻辑则把这些阶段性的历史使命统一起来，前瞻性地聚焦于民族主体的未来命运上。当今中国的改革已进入深水区，它牵涉到的不单是直接影响现代生产力发展的相关领域，而是全方位的改革，它意味着要摸索建立一种能够进一步促进现代生产力升级发展的、不同于西方的现代性新模式。当今世界也处在力量分化和重组的大变革时期，各种华丽抽象的理念乱花迷眼，但都无法掩盖国与国之间综合实力的较量的基本事实。加强民族认同，对内防止分裂，对外抵御挤压，进而构建一种具有整体现代性的中国模式，已经变得刻不容缓。民族复兴的话语体系，正是因应这一新变局而产生的。

民族复兴，前提是我们的民族曾经辉煌过。按照这种叙事逻辑，我们重新审视自己的历史，就不会仅仅关注中国近代为什么落后，更要关注中国古代为什么能够创造辉煌；我们重新审视自己的传统文化，就不会仅仅纠缠于哪些东西导致了近代的落后，更要挖掘哪些东西促成了曾经的辉煌；我们还要进一步追究，那些导致我们近代落后的东西，究竟是传统文化中固有劣根性的恶性膨胀，还是传统文化中固有真精神的人为失落。只有找到这种曾经推动我们的祖先走向辉煌的文化真精神，那种跨越时代的文化自信才能真正重建起来，而整个民族在现代文明的竞争性发展中才不会失落自己的主体意识。在这样一种语境中，对传统文化的整体肯定，不仅是可能的，而且是必要的。

传统文化作为一个整体，是此前的历代先民在各个历史时期中创造的文明成果的积淀。由于中华文明从未中断，我们可以从这些文明成果中看到其传承和统绪，甚至可以追溯到中华民族原始先民的生存智慧。从石器时代（原始社会）到青铜时代（奴隶社会）再到铁器时代（封建社会），每一次时代大变迁都是一次文明的大危机，只有通过文化的整体升级才能化解，而我们的先民们却都能安然渡过危机而走向辉煌，并且保持自身文化的传承和统绪不坠。这在世界文明史上是罕见的，它甚至可以被看作是人类文明正常发展的一个范本。在这种文明连续发展的进程中，我们的原始先民及其后继者用他们各自的生存智慧共同创造了中华文明最基本的生存和发展的价值系统和信仰结构，这种有关整个民族生存和发展的价值观念和精神信仰的基本结构才是传统文化最底层的根基，它是中华民族能够战胜历次生存挑战并实现自身文化整体升级的根源性动力。每个时代的先民们都会对这个文化的根源性结构及其蕴含的根源性力量作出符合自己时代要求的典型表述，我们不能因为其表述的前现代特征而断言这个文化根源性结构是前现代性的，更不能因此否定这个根源性结构和动力的存在，否则中华文明能够跨越时代变迁而持续发展的现象就会变得不可理解。正因为中华文化拥有多次跨越大时代变迁而积累的深厚底蕴，才使得中西问题没办法化约为古今问题。当西方文明第一次以自身不被打断的方式亲历了大时代的变迁，变迁前后的巨大差距造成的震撼如此强烈，以至于这种差距被无限放大，结果就产生了现代性话语体系。然而，由于中华文明所亲历的大时代变迁已不止一次，所以这种源自西方的现代性话语体系始终难以在中国大陆占据绝对主流的地位。五四时期的激进思潮，完全可以看作中华民族记忆深处实现自身文化整体升级的根源性智慧的折射变形。中国革命的狂飙式胜利，很可能就是启动了沉睡数百年的文化根源性力量的结果。尤其是改革开放的巨大成就，是在缺乏任何现成理论指导因而也饱受各种权威理论责难的前提下取得的，并且至今得不到任何理论的合理解释。把它归结为实用主义的偶然成功是肤浅的，所以全世界都在关注这个令人困惑的中国模式。当中国人民及其政治精英在经历了各种试错之后，痛切感受到了大时代变迁带来的巨大的生存压力，下定决心彻底抛弃一切教条，他们实际上回归到了早已化为集体无意识的文化的根源性结构和根源性动力。追求现代性意味着必须完成新一轮中华文化的整体升级，在这一过程中我们不可避免地会运用以往历次文化升级所留下的经验和智慧。如果不能用现代语言阐明中华文化的根源性结构及其力量，所谓中国模式就注定是个谜。

只要承认中华文化里有这样一种根源性的结构和动力，那么它就是中华民族的根本精神，而整个传统文化就是不同时代对这一根本精神的阐发和扩展的总和，因而它在总体上必须得到肯定。尽管每个时代的阐发都必然带有其时代局限性，但这种阐发本身才使得中华民族根本精神真正成为整个传统文化的活的灵魂。肯定了文化的真精神，而不肯定阐发这一真精神的文化整体，逻辑上是不通的。比如，传统文化的真精神曾经被表达为"三纲五常"，并且得到了那个时代人们的普遍认可，我们不可以机械地"一分为二"，把"三纲"当糟粕，把"五常"当精华。按照贺麟和陈寅恪的解读，"三纲"表达了单方面尽自己义务的绝对伦理，而这种绝对伦理在任何时代的任何文明中都是最崇高的精神追求。所以"一分为二"的原则不应是把一与二看成是整体与部分的关系，而应把它们看成是对象与不同视角的关系：从文化的时代性角度来看，把焦点锁定在君臣关系准则的表述本身，则"三纲"确乎是封建专制主义的糟粕；但从文化的民族性角度看，把焦点锁定在君臣关系准则背后的单方面尽义务的绝对伦理，则"三纲"仍是体现了民族精神的精华。如果以文化的时代性凌驾于其民族性之上，时代性的普遍主义因素将不可避免地消解民族性，因为时代性常常被抽象为某种无主体的理念；如果以文化的民族性统领其时代性，则时代性由于获得了具体真实的主体反而显得更加生动，因为民族性从来就是以时代性方式来表达的。抗日战争的历史再次证明，民族认同本来就高于时代认同，因为民族认同看护的是民族利益的底线，而时代认同追求的是民族利益的上限；这条底线所标注的，不是某种初级的东西，而是某种根本的东西；一旦触动了这条底线，就意味着伤及到民族的最高利益。在文化问题上，类似于道德，只要守住了底线，追求上限就总有希望；盲目追逐上限，往往会丢失底线；而丢失了底线的所谓追求上限，永远是自欺欺人之谈。所以，以底线托举上限是文化发展的正途；而一味追逐上限则是激进主义的迷思。

面对中国最重大的文化问题，五四以来的总趋势是把中西问题纳入到甚至化约为古今问题来寻求解决；民族复兴的话语体系将扭转这一趋势，把古今问题纳入到中西问题来思考。表面上看，这似乎又回到了五四前的状态。然而，五四前对中西问题的关注与此时的类似关注有着明显的不同。首先，关注的出发点不同：前者是想解决中国为什么落后的问题，而后者是想回答中国的改革为什么成功。其次，关注的背景不同：前者是长期的闭关锁国以致对世界的无知，对自己的盲目自大；后者是长期向西方学习，并同时对自己的文化进行自虐式批判。最后，其结果将截然相反：前者使中国人的文化自信不断跌落，最终导致对传统文化的总体否定；而后者将使中国人的文化自信逐渐重建，最终必然对传统文化总体肯定。在此前的各主流话语体系中，传统文化就像一大团污泥，所谓的精华只是被这团污泥埋没的几粒零散真金；而在民族复兴的话语体系中，传统文化将是一座金矿，尽管它必然伴随着大量泥沙。古今问题的本质是讨论今天与昨天的差别，最后必然要落到现代性问题上；中西问题则本质上是通过中西对比弄清我是谁，最后必然要落到文化的民族主体上。立足于古今区别的现代性话语体系，是普世主义的，不关心我是谁这类民族主体问题，并且，从古今差别来看，中西问题不过是一个古今问题。如果将古今问题纳入中西问题来思考，我们会发现，中国有中国的古今，西方有西方的古今，其最大的不同就在于，中华文明是一个经历过多次自主升级的连续性文明，从而使我们的文化主体具有深厚的历史根基。我们应该有一个基本的判断，即从未中断的连续积累的中华文明是人类文明正常发展的经典样式。基于这一基本判断，我们可以断言，传统文化就是人类文明正常发展所积累的宝贵财富，是推动人类文明正常发展的智慧结晶，是中华民族对人类文明曾经做出的伟大贡献，我们理应为之骄傲为之自豪，理应对其加以总体肯定。这种总体肯定，不仅是对我们的文化主体的肯定，而且是对人类文明正常发展的肯定。有了这种总体肯定，我们的文化自信才能堂堂正正地重建起来，我们的文化主体才能堂堂正正地挺立起来。虽然，民族复兴的话语体系尚在建构当中，但它足以激活中国当下各种话题的巨大能量已经开始显现。可以预料，对传统文化进行纵深研究的新阶段即将来临。

读书与评论

《中国乡贤》序

陈 明[*]

乡贤之祀始于汉末是有原因的。三代分封，政教合一，国家（State）被包裹在社会（Society）里；秦立郡县，以法为教以吏为师，社会成为国家整治的对象。汉武帝与董仲舒携手，确立起霸王道杂之的制度框架和思想格局，于是国家与社会实现了各有分际的良性互动，表现为立五经博士、察举选官以及标榜以孝治天下等等。于是，就有了庄园经济的繁荣，有了为人仰望的世家大族，有了"孔融为北海相，以甄士然祀与社"，成为"祭祀乡贤之始"。

从开始时将地方乡贤"命配县社"到隋唐"营立祠宇"，再到宋元明清整合于文庙，"诏天下学校各建先贤祠，左祀贤牧守令，右祀乡贤"，看得出有关方面对乡贤的理解重视有一个从地方民间到社稷国家的整体文化-政治战略之构思，以及对其功能意义之认同接纳或利用的过程。某种程度讲，这的确可以说是一个双赢的局面。按照儒家的理论，"天下之本在国，国之本在家"；"为政不难，不得罪于巨室"。这里的"家"与"巨室"，基本可以作为社会的代表来理解，象征着哈耶克所谓的自发秩序。西班牙思想家奥尔特加在《大众的反叛》中的相关论述或许可以佐证儒家这种对社会之重视和强调的合理性："社会是自发形成的，而国家不是——它事实上只是一个关于公共秩序及其管理的技术问题"，"从长远来看，维持、滋养并推动着人类命运的正是这种自发性"。乡贤的后面都有儒家的理念，但

---

[*] 陈明，首都师范大学哲学系教授，《原道》辑刊主编、原道书院山长。本文系作者为袁灿兴著《中国乡贤》（新星出版社2015年版）所作序言。

完全可以说，乡贤本身乃是传统社会内在的有机性、生命力或者说自发性的一种表现。从我们的历史看，光武中兴、同治中兴可以如是观，国民党、共产党又何尝不是在国已不国的危机中应运而生挺身承担起天下的兴亡的社会自发力量?!

体会这一点，不仅需要深刻的理性思维，也需要对历史的敬畏感。或许可以说，对社会的态度是衡量我们政治智慧、理性能力和情怀高下的标尺。在这样的基础上理解乡贤，那些兴学、修路、赈灾等当时只道是寻常的公益行为就有了本体性的意义，而"式存飨祀""以时致祭"的神圣性也就获得了足够充分的理性支持和说明。

是的，现代性的特征之一就是城市化。由市场和政府主导的各种基本建设和社会工程在带来经济巨大发展物质巨大丰富的同时，也带来了家园的丧失、精神的枯槁。面对患病的社会，思想界"师异道，人异论，百家殊方"，莫衷一是。我想，乡贤二字应该是一个难得的可以获得各方共识的交集点：右派可以看到尊重社会的价值取向；左派可以找到社会治理的有效工具；保守派则可以想象回归传统的文化认同。乡贤前辈泉下有知，一定会含笑回眸欣慰莫名吧。

曾写出《乡土中国》的社会学家费孝通感叹："忽略技术的结果似乎没有忽略社会结构的弊病为大！"感慨之余，费老提出了"文化自觉"的问题，认为中国和世界今天需要的是一个"新孔子"。十年之后，在执政党将自身定位为中华民族先锋队，在"中国梦"成为新一届领导人执政目标的时候，在历史上影响深远的"乡贤文化"又浮出水面，"新乡贤"成为基层干部的努力方向。果如是，则孔庙的激活、道德讲堂的充实将获得极大的资源和动力。贞下起元，斯文复振，其天意也欤！

"道之统在圣，而其寄在贤"。寄者托也、寓也、传也。儒家之道需要通过一代又一代仁人志士的实践在现实中落实呈现代代传承，"在朝美政，在乡美俗"。《中国乡贤》这里写的正是这样一些"在乡美俗"的旧人物、老故事，卑之无甚高论，但正是在这些好人好事的点滴累积中吾土吾民人文化成岁月静好。"崇德、报功、尚贤，古圣王所不敢忽也。"近年有句话在网络和媒体十分流行，说城镇建设的境界就是要"看得见山，望得见水，留得住乡愁"——如果还能"想得起乡贤"，岂不更好？

谨以此为序。

回归经典，复兴中华文明

朱汉民[*]

各位老师、各位同仁，下午好！

经过两天紧张的论文宣读与讨论，我们这次"中国经学与中华民族精神论坛"马上就要结束了。通常在学术会议结束之前，要在闭幕式上做一个会议综述，但这次我放弃了做综述的想法。本来经学是一个非常广泛的知识领域，涉及两千多年来各种各样的经典、各种各样的流派。事实上，为我们这次会议提交的六十多篇论文，广泛涉及从先秦到两汉、魏晋南北朝、宋元明清、近现代各个历史时期的经学著作、人物和流派，特别还包括经典诠释学和东亚经学等等。这么丰富的领域和成果，我在短时间内没有办法在这里做综述。

在今天的闭幕式上，我想重点对我们这次会议的议题——"中国经学与中华民族精神"，再做一点发挥。我们之所以提出这一个会议的议题，是因为当代中国正在兴起一种经学热，我认为正在兴起的这种经学热有非常重要的含义，许多中外学者也非常敏感地发现到了这一点。

确实，在当代中国，不仅仅是学术界、教育界，应该说是整个社会各界，开始表现出对中国传统文化的特别关注，形成一股重视中国经典学习的思想潮流。我认为，当代中国知识界面对全社会的经典学习热潮，应该要有这样一种文明的自觉，应该积极参与、引导这一回归经典、重建经学的文化思潮。

首先，我们需要把这个回归经典、重建经学的文化思潮，放到我们更大一个历

---

[*] 朱汉民，湖南大学岳麓书院国学研究院院长、教授，《原道》辑刊主编。本文系作者在岳麓书院举办的"中国经学与中华民族精神论坛"所致闭幕词，略有改动。

史背景下来作深入思考,就是中华文明复兴的需求。

大家知道,21世纪的世界,一个非常重大的历史事件就是中国的崛起。很多的经济学家、政治学家、社会学家、文化学者,都在思考21世纪这样一个重大事件对未来世界政治格局的深刻影响。我们已经在国际的舆论界经常听到相关讨论。当然在中国国内,我们会感到中国在崛起当中出现的许许多多问题,有经济的问题、社会的问题、政治的问题、文化的问题、教育的问题等各种各样问题,我们经常为这些问题感到忧心忡忡。其实不管我们面临有多少问题,应该说从世界大局来看,21世纪中国的崛起已经是一个事实,而且是能够改变未来整个世界格局的一个事实。所以说,中国的崛起是21世纪的世界范围内一个重大的政治、经济方面的历史事件。

但是,我们更为关注这样一个问题:21世纪的中国崛起,究竟仅仅是一种富国强兵的的国家经济体崛起,或者还有其他更加重要的意义,譬如说是一种延续五千年历史的独特文明的复兴?我相信,中国的崛起不能够完全理解为中国按照所谓西方发展模式来以实现现代化的历史进程,而是一种带着自身文明因素而实现崛起的过程和结果。所以,从根本上来说,中国崛起不应该仅仅是21世纪的世界范围内一个重大的经济和政治方面的历史事件。我们更加认为,中国的崛起同时也会是一种文明的崛起,是一种延续五千多年而又十分强盛的文明在经过百多年的衰落之后的复兴。由于中国崛起并不是像历史终结论说的那样,靠模仿西方的文化趋向模式来完成,而是带有自身文明特征的现代化发展模式,那么,中国崛起应该是世界文明史上的一个重大历史事件,它为我们整个人类的现代化文明发展提供一种新模式的可能性,它会给人类未来发展带来许许多多新的可能性,会产生许多令我们浮想联翩的东西。

现在的问题是,我们必须把中华文明复兴作为一种全民族的自觉追求,那么,这种文明复兴离不开两点要求:一个是回归中华经典,另一个是重建中华经典学。

我首先讲一讲,为什么要回归中华经典?既然中国文明的复兴,不能够理解为一种富国强兵的追求,而是一种具有普世意义的中华民族精神经历了凤凰涅槃之后的新生,同时能够让中国文明为人类的现代化文明发展提供一种新模式,而支撑这一文明的基础就是中华传统经典。

我们为什么要回归中华传统经典，这里讲三个理由：

第一，中华传统经典是中华民族的人文理性、人文价值、人文信仰最集中体现。中华民族有五千多年的文明，中华文明的核心价值、民族精神、人文理想，当然全面体现在经史子集等各种文献典籍里面，而其中的经典无疑是体现得最集中的载体。这和世界上其他重要的古文明均有自己作为文明基础的经典一样。人们发现，人类文明发展很快，经历过世界范围的现代化之后尤其如此，特别是现代科学技术及其相关的物质文明更是得到了空前的发展。但是我们也会发现，人类在人文领域方面，两千多年前轴心时期所创造的人文经典，仍然是今天我们精神价值的主要源泉，我们仍然需要从2000多年前轴心时代所创造的人文价值、人文理性中吸收精神营养。古代西方、古代中国的科学著作现在不值得一看了，但是那个历史时期留下的人文价值领域，包括怎么做人、怎么处理人和人的关系、怎么建构一个和谐合理的社会等一些涉及道德、审美、信仰等人文精神的东西，仍然是今天的人们的思想源泉。但是恰恰近百年我们一直企图中断这一源头活水。由于近代中国受到西方船坚炮利的侵略，使得我们一直追求一个富国强兵的中国梦。为了追求这种梦想，我们常常会对中华文化的人文经典采取很不适当的敌意态度，这样做的结果就是割断了我们的精神命脉和人文根基。今天，当我们富国强兵的梦想即将实现之时，却突然发现我们已经失去更加重要的人文理性、人文价值。当代中国出现的很多严重的问题，就与我们失去了人文文化的根基有着密切的关系。在这个时候，全社会出现的国学热、经典热，实际上都是这种文化寻根的强烈冲动。很多来岳麓书院学习的学生，也包括企业家、公务员，他们津津乐道于读经典，这种行为没有谁号召，完全是发自内心的想读。这种重新回到经典的冲动，实质上也是一种回归中华人文传统的精神渴求。

第二，从中华文明史的演变来看，也可以发现回归经典是数千年中华文明史发展的必要条件。中华文明是在全世界延续时间长而一直没有中断的文明，而且中华文明的每一次重要发展，都跟重新回归经典有关。比如孔子整理的《五经》成为中华民族的经典，在这个基础上建立起中华文明的核心精神价值。西汉确立了以《五经》为中心的儒家经典在文化教育领域的核心地位，为汉唐盛世奠定了文明的基础。如果没有西汉对儒家经典的回归，也就没有汉唐盛世的文明。同样，当隋唐时期佛教大盛,中华文明面临外来宗教的挑战,中国会不会像东南亚一样成为一个佛教化的国家呢?许多儒家士大夫强调中华民族自身的文化传统,他们倡导重读经典,通过重新回到经典而复兴中华文明。他们主张回到轴心时代的中华经典,并且选择了春秋战国时代的儒家子学(《论语》《孟子》)和解释《五经》的传、记之学,把这些典籍重新确立为新的经典体系,即所谓的《四书》,从而为中国文化又一个高峰的近世文明奠定了人文价值、人文信仰的基础。所以说,中华文明的发展过程本来就是跟经典的回归和重读有密切关系。

第三,我们以西方文明史为例,同样是可以看到回归经典是文明发展的必要条件。我们知道,16世纪西方文明的崛起,从根本上改变了世界文明史的格局。近代西方文明的崛起,经历了所谓文艺复兴、宗教改革、启蒙运动,这样推动了西方文明的发展,也从根本上改变了世界文明史的格局,强势的西方文明一步步将其他文明均纳入到自己的体系中来。其实,西方近代文明的崛起,是建立在文艺复兴、宗教改革、启蒙运动基础上,而这一系列运动,实质上都和他们回归"两希"(希腊、希伯来)文明的经典有密切关系。文艺复兴就是回到古希腊的人文主义艺术、哲学经典,宗教改革就是要摆脱中世纪的教会,回到体现早期基督教宗教精神的《圣经》。正因为有这样一系列回归经典的文艺复兴、宗教改革,所以才有西方近代文明的兴起。

以上我从这三个方面,说到回归中华经典应该是我们今天中华文明复兴的一个根本的要求。但是回归经典并不是目的,所以我要讲第二点,就要重建中华经典学,或者说是重建"现代新经学"。

当代中国所处的时代发生了空前的变化,我们仍然需要通过回归经典来追求现代人所需求的这些人文价值、人文理性、人文信仰。但是,这并不是说把古代的经典搬过来重读就可以解决问题,而是需要一个重建中华经典学或现代新经学的过程。这个重建的过程,应该说是一个更加艰难的过程。

如何重建中华经典学或现代新经学?我认为应该包括两个方面。

第一,就是要重建新的经典体系。我们一讲经学,马上会想到儒家的《五经》和《四书》,特别是想到《五经》。从事经学史研究的都知道,历史上经学产生时,只有《五经》才是真正的"经",后来的《四书》都是它的"传""记",都是解释经典的。其实，如果我们站在整个中华文明史发展的角度来看，在历史上所谓的"经"实质上是在不断地变化的。比方说，孔子创立的所谓《六经》体系，实际上是夏商周时期的先王们留下的档案、文献等历史典籍，他们留下了许多治国理政的档案、文献，均保存在于王宫里面，而孔子只是从中间挑出其中很少的一部分作为"经"。他希望在那样一个礼崩乐坏的历史时期，要重建一个理想的社会秩序和文明形态，故而从那些王官之学的典籍中间挑选、整理出一个《六经》体系。这个《六经》体系就包含着华夏民族的德治、仁政、太平、协和万邦的礼乐文明的一些基本思想。所以这样就形成了《诗》《书》《礼》《乐》《易》《春秋》的《六经》体系。这个《六经》体系在西汉成型，成为汉唐文明的经典基础。

宋代士大夫面临如何解决个人生命的精神安顿问题，面临如何解决道德性命的理论建构问题。佛教的最大优势一个是关注个体的安身立命，并且有一套义理思辨的理论体系。这两个优势是原来的《五经》系统比不上的。所以宋代士大夫需要建立起一个新的经典体系，《四书》体系是宋儒所推动并建立起来的。朱熹为建立这个《四书》体系敢于打破各种条条框框，将春秋战国时代的儒家子学上升为"经"。从《礼记》中间抽出两篇，将解释《礼经》的《大学》《中庸》上升为"经"，他认为这个《四书》体系最适合于解决当时时代所赋予他的文化使命。

为了真正实现中华文明的复兴，我们应该从浩如烟海的文献典籍中，选出哪些典籍作为现代中国文明复兴的经典？今天假设我们要重新编一套为当代中国人所需要的经典体系，很多人自然而然想到《五经》《四书》。其实如果我们要建立合乎当代中华文明复兴的经典体系的话，不应该局限于历史上的经典，而是要根据这个时代的需求而重建经典体系。当代中国发生了前所未有的变化，我们要解决的问题有很多，包括政治问题、社会问题、文明问题、环保问题、宗教问题等等，我们需要从轴心时代先哲们所创造的文化典籍中寻找有普世意义、现代价值的人文智慧。历史上孔子和朱子对经典的态度和方法值得我们学习。孔子要解决时代大变革所需要人文价值，需要在三代文献档案中寻求那些有普遍性和永恒性价值和意义的文献，作为春秋战国时期建构新文明的经典。朱子以《四书》为经典的做法曾经受到很多批评，但是他以《四书》为经典是从文化建设、思想建构的需要考虑的，新经典体系的建立必须要能够完成文化建构的使命。所以，他们以儒家的子学、

《五经》的传记之学文献组合成新经典体系,就是值得我们当代学者学习的。

当代中国要重建新的经典体系,可以实现两个超越。一个是超越时代。也就是说我们重建新的经典体系,应该不再以"三代"圣王为标准,我们除了充分考虑轴心时代的先哲所创作的著作外,但也可以延续到汉唐以后,只要是能够既体现中华民族文化内涵、又具有普遍性永恒性价值和意义的文献,都可以进入到中华经典体系中来。第二是超越学派。中国古代的经学,在经史子集里面只有儒家的经典才是经学,其他各家各派的都不是经学,而是子学。如果我们建立中华民族现代新经典体系时,只要具有普世意义和现代价值,均可以成为当代中华经典,所以我们应该超越学派,应该从中华民族无限丰富的典籍里,寻找为现代中国人、为中华文明复兴、为人类文明的发展,来建立新的经典体系。虽然我主张上述重建新经典体系的两个超越,但是我仍然坚持这样的价值立场:从中华文明的历史建构和现代需要来看,儒家典籍仍然是中华新经典体系的主体。

第二,仅仅是建立新经典体系还是不够,朱熹选了《四书》,如果他不做出新的诠释,是不能解决文化发展、文明建构问题的。所以,我们选出新的经典体系来,还要根据时代的发展来做出合乎我们现代人所需要的创造性诠释。朱熹在读《四书》的时候,他所处的宋代与春秋战国时代相比已经发生了很大的变化,他必须要根据时代的需要,打通古今的隔阂、对立和紧张。严格说,我们当代人重读经典的时候,所面临的古今文化、中外文化的紧张程度远远超过朱熹。所以,中华文明的复兴,确实需要在重新选择经典时重新诠释经典。我相信,中国经典的创造性诠释,其实就是我们当代学人、当代中国人和千古圣贤打破时空关系的一种心灵对话,我们要在这种对话中完成回归经典、重建经学的使命,这种对话能够实现现代中华文明的建构,特别是对当代中国的人文价值、人文信仰、人文理性的建构有着非常重要的、关键性的意义。

这次会议在岳麓书院举办,岳麓书院正好是中国古代的一个以儒家经典的研究和教学为中心的学术教育机构,它在历史上就承担了回归经典、重建经学的使命。两位经学大师朱熹、张栻在此会讲,就是讨论新经典《中庸》中"已发""未发"等"心性"的一系列学术问题。这些问题既是经典里面的学术问题,也是宋代学人所面临的、迫切需要解决的文化建构问题。在面临佛教挑战的文化危机、异族入侵的政治危机的时候，他们希望通过重建新经学解决这些严峻问题。所以，他们完成重读经典、建立新经学历史使命。岳麓书院在今天能够举办此次会议，这么多学者汇聚于此，我们希望，正像岳麓书院在历史上曾经为中华文明、中国经典的回归与建设发挥了重要作用一样，今天我们也盼望岳麓书院和全国的学者一道，在中华文明复兴的特殊时刻，重新回归中华经典，重建现代新经学。

宪政儒学的视野与脉络

杨万江[*]

最近十多年来，在经历蒋庆发起的"政治儒学"转向后，寻求基于儒家传统的宪政秩序，并建立宪政儒学的基本论述，一直是大陆新儒学研究的热点。在这一领域，蒋庆基于公羊学传统"天地人三重合法性"之义理提出的儒家宪政方案，秋风受哈耶克"自发秩序"思想影响而试图通过对华夏治理秩序史的叙事来建立中国传统与宪政之间基本关系的理解，可以说是大陆新儒家宪政学派最具代表性的研究。但是，蒋庆论说的"天地人三重合法性"义理未免流于单薄和空疏，其宪政方案在儒门内外均备受争议。秋风的史学进路毕竟尚未就儒学本身如何在其思想传统及基本学理上提出宪政问题作出理论的说明。摆在大家面前的这本任锋著《道统与治体——宪制会话的文明启示》，[1]可谓在公羊学之外直接儒家近世宋明学统而开掘宪政儒学视野与脉络的切肌之作。本书的思想史进路切重儒家宪制多层面的传统演进，其在儒家学统内开掘宪政儒学视野与脉络的努力，无疑使其成为推进这一领域研究不可或缺的著述。

一、从新宋学到宪政儒学

这本书是作者近十年主要学术论文的集结。文章分类归结在四个标题下，其主

---

[*] 杨万江，民间儒家学者，原道论坛学术版主。
[1] 任锋：《道统与治体——宪政会话的文明启示》，中央编译出版社2014年版。下引该书内容仅在正文适当位置标示章节名称和页码。

要论域包含宋学的重新解读与发挥,以及儒家宪制申论两个方面。在近代以来试图接续儒学慧命,发展儒家学问的各种努力中,从宋学的博大系统发掘出经世思想及其政治哲学资源,建立儒学的思想理论指引与近世转向的内在关系,可谓新宋学的一大关切和方向。一个不再被认为是用心性之学徒耗华夏心智而有经国济世大学问的宋学,不仅看起来更加体面地恭列先儒一贯的修齐治平正脉,而且,它解答了以往人们对宋代开始蓬勃兴起的经济社会近代化转型与居主流思想地位的儒学之间没有看出机关的困惑。在这个研究方向上,研究者们除了发现宋儒"理一分殊"说具有的个体价值观涵义导向了合理个人利益的正当追求进而对宋明工商业发展构成支持,以及在个体"自有道理"上寻求"公共底道理"的公共精神复兴对乡约社会的支持外,[1]任锋此书对宋学经世经制思想的发掘及其实践观和公论兴起的悉心梳理,可谓再下一城。作者发现宋儒具有强烈而持续经世精神的"洪范学传统",它"以告别偏重天人感应之说的汉唐洪范思想为肇始,把焦点转移到政治活动本身,究心治道之义,继而穷本溯源,以理学家由内圣达到至治的观念为高峰,建树颇丰,影响深远"。(《经世精神和皇极观念:宋儒的洪范思想传统》,44页)。此外,此外,作者对胡瑗与南宋儒学"实践意识"的挖掘(《胡瑗与南宋儒学的实践意识》,79－111页),以及实践观的近世形态及其现代启示的探讨(《投身实地:实践观的近世形态及其现代启示》,112－125页),尤其是对宋明及晚清政治生活中,基于对天理是非辨正的共同信念,从广议朝政国是、到自由讲学、再到社会民间舆论兴起的公论、公议所体现的广泛政治参与(《公论观念与政治世界》,126－167页;《公共话语的演变与危机》,168－193页),以及对叶适与浙东学派近世政治思维展开所具有的早期现代思想意义的揭示(《叶适与浙东学派:近世早期政治思维的展开》,194－224页),亦都彰显近世儒学对日渐兴起的近世经济社会转型所产生的内在支撑作用,以及面向现代性的努力。在学术进路和研究范式上,作者不再像前辈那样只重理学,而是秉承浙东学派经史经世而重史的风格和传统,强调我们不是一个假装无涉价值立场的史家,而是要做对自身价值传统保持自

---

[1] 杨万江:《朱子思想及其"理一分殊"说》,学术中国论坛,http://bbs.tianya.cn/post－666－26871－1.shtml。

觉,但审慎运用、有反思能力的儒家历史政治学(《政治思想史家的道与术》,323 – 356页;《典范转移:〈朱熹的历史世界〉与儒家政治传统》,376 – 396 页)。这样一种"新宋学"无疑是对以往笼罩在熊十力、牟宗三等现代新儒家影响下之老宋学的翻转。

对一个身处剧烈变化而四处寻求对中国和人类政治生活基本锚定的学者来说,思想史研究远不能跟上日趋宏阔的问题场域和学术兴趣。把"儒家宪制"作为中国政治的解释性范式,用以理解儒学及其中国传统如何塑造了政治生活基础秩序及其行为方式,理解中国传统的政治智慧和文明心智如何建构了统御天下的基本宪制,以及它在儒家学统中的思想学术演进,这成为作者近年来发生的研究进路转向。宪政儒学需要正面展开儒家关于人类基础秩序的基本论述及其相关问题的厘定与阐发,并进入儒家学统的视野和脉络。这构成作者在本书的核心主题。当学术命意发生变化,新宋学对宋儒政治指向的研究迅速成为宪政儒学之经学基础及其儒家学统梳理的支持。

二、儒家宪政何谓?

使用"儒家宪政"这一概念来描述中国政治传统,并形成某种研究范式,这在学理上构成的重要挑战,在于它的概念内涵是否切近儒学及其中国传统的基本思想、政治和文化形态。在《儒家宪政的传统与展望》一文中,"宪政"被理解为"一个悠久的多层次的演进传统"的产物。这个概念的基本义,被界定为"是指某个政治共同体的根本政制",或者说"切于此共同体所存处的秩序来思考其政制形构"。在他看来,宪制包含以下四个重要的政制维度:政教关系,亦即政制的道德、宗教和文化基础;治理结构,它围绕族群、地域和外部世界展开并复合;政体架构;主体认同。(302 页)显然,这是一个关于宪政的最宽泛而非最经典的定义。在此涵义上,几乎可以说任何一个有合理文明的国家都存在宪政。因为它总会存在一些价值、秩序及其规导政治生活的基本制度和治理架构,并总是由人类行为方式和政治生活的惯性而形成自己的传统及其演进。认为宪政是指限制权力以保护个人自由的看法,被认为可能"过于现代、过于刚性、过于狭窄,而且深受西方中心论的思维束缚。"(301页)尽管在中国古典传统中并非找不到限制权力以保护人民的政治传统和文化,但鉴于古典时代的问题意识主要还是人的教化,以及圣贤大德如何运用好权力去促进有益于人民、国家和天下的政治目标,而不是担心权力扩张对个人自由造成威胁,因而,采取一种宽泛的宪政概念,辅之以"古典宪政"和"现代宪政"的划分,是学术上比较稳妥的处理。宪政范式的意义在于它能够切入宪制与秩序和传统的内在密切关系,从而建立一种政治生活形态的描述,帮助人们更加深入地理解一个社会传统中的道德、信仰、宗教、风俗、惯例、法律和政令所形成的秩序和文化如何构造了政治生活的根本制度及其治理架构,以及宪制所体现的文明心智和政治智慧。

既然宪政与政治共同体的秩序和传统有密切联系,那么,在以儒家为主流的中国传统及其长期形成的秩序之上,也就自然会产生一种可以用"儒家宪政"来描述的那种制度秩序及其政治生活形态。不同国家的传统不同,在其上所产生和保守的宪制也就有自己的特色。如此,"儒家宪政"的保守主义特征以及"特色"意识得到表达。在作者看来,儒家宪政在"天人相即"的道义论基础,以礼治为中心的多元复合式的治理结构,相维相制的政体结构,以及以士大夫为治理主体四个方面显示出特色。

宪政观的阐明意味着由此决定宪政儒学的视野和眼量。按照该书阐发的宪政观,中国传统由其道德、信仰、宗教、风俗、惯例、法律和政令所形成的秩序,以及不同时代的治理结构、政体架构、政治认同及其演变,均处在宪政儒学的视野和眼界之内。在学术上,这意味着宪政儒学将尝试理解和梳理所有那些影响和塑造了人类生活秩序的价值和制度,以及它与一个政治系统的有效运转所赖以依凭的根本政制关系,意味着寻着这一视角在史上发挥了各种实际影响的精神信仰、思想理论、政治活动,及其学统、政统、道统和治法,都将成为宪政儒学本身传统的一部分。阐发政治文明的文化心智和实践智慧,梳理政制秩序的传统基础及其历史源流,探寻文明根基的历史走向和未来指引,并以开放的心灵,与历史和先贤对话,与古典和现代文明世界对话,与时下各种合理的政治流派及其主义对话(《期待开放的宪制会话:国族崛起下的儒学与自由主义》,253-273页)。这无疑是宪政儒学所心仪的研究范式。

然而，宪政儒学的问题意识是否仅仅是如何保守了三代传统，以及儒家的传统如何"自发"形成了什么样的宪制吗？如果制度不是置于以仁为核心的儒家价值传统上来损益得失，改善政事，那么，保守传统及其宪制的意义又何在呢？甚至，离开这一点，儒家的制度秩序本身到底是如何形成和建立起来的，以及制度的损益和演变又遵循何种原则和道法，这在理论上仍然需要获得说明。[1]

三、接入儒家学统

把"宪政儒学"接入儒家学统来叙述其源流，从而把"宪政儒学"视为儒学本身的一部分，乃是儒家宪政论进入儒门的一大关节。宪政儒学若是离开儒家自身的学统而纯粹成为当今学者以今观史的学术制造，那就很难说它是儒学本身关于政治制度的学问。作者认为，儒家传统中关于立国、为国、谋国以及天下秩序构建的经世之学，最能体现其成就。"荀子所言之'坚凝'、《尚书》之典则和'洪范'大法、《周礼》《春秋》之'体统''统纪'、贾谊之'持循''经制'、政体国体之'维持''维系'，都属于宪政儒学的经典词汇。"按照理解，"宪政儒学的源头当然是儒者念兹在兹的周文周礼代表的三代文明，天命信仰下的德性意识与文质彬彬的礼法建制分别形成三代之法的文明基础和体制构造。后经孔孟荀等先秦儒家的反思和提炼，仁义礼治、仁政王道成为宪政儒学的基源。迨至汉世，董仲舒、今文经学代表了中世宪政儒学的重要努力，为帝制形态下的儒家治理提供了一个基本模式。"（239 页）但是，他要考察的主要不是这些经典形态及其思想谱系的宪政传统，而是"这一谱系在近世中国的演变"。在《宪政儒学的传统启示》一文中，任锋梳理了"近世宪政儒学的三重潮流"，亦即"宋代新儒学浪潮下范仲淹、王安石等人以降的东莱、龙川、水心，明代阳明学运动下继泰州、东林而起之梨洲、船山、亭林，晚清常州、湖湘、浙东之龚定庵、魏默深而下的湘乡、南皮、南海"。

---

[1] 黄玉顺针对秋风的治理秩序演述所作的批评，正是强调儒家并非以礼（制度）为本，而是以仁为本。这仍然适合于对任锋宪政儒学观的提醒。参见黄玉顺、宋大琦、杨万江：《原道与新儒学二十年：三人谈》，《新诸子论坛》2015 第 1 期。

认为"他们受儒学时代思潮的影响至为深刻,而将其间的宪政宪制思考不断推进到当时的典型境界。"(240页)

把宪政儒学的主要涵义和视野接入儒家学统的脉络来把握其源流。这可以说是本书在宪政儒学研究上的最大贡献。同时,我们也看到,书中的论述,由于侧重近世而缺乏融贯整个经史脉络的问题意识及其演进的考察,作者对宪政儒学之学统所开掘的问题深度及其如何演进的背景理解是很不充分的,这导致我们难以更加清晰地看到宪制安排与实际政治生活之间的矛盾如何推动着儒学家们作出回应,并在儒家学统中建立起有效的新知识。该书的思想史进路也对其宪政儒学研究产生极大的限制性影响。这突出地表现在作者试图借助近世宋儒的洪范学研究来阐发儒家传统的政治合法性问题上。(《近世思想传统中的政治正当性论述及其启示:以儒学"洪范模式"为视角》,45–78页)

四、洪范模式:儒家古典宪制具体型构的推明

《周书·洪范》是儒家经典中非常重要的一个政治治理模本和古典宪制的具体型构,并被历代王朝所效法和阐释。研究"洪范模式"无疑是很有远见的学术选择,具有把儒家宪制研究落实为一种具体型构分析的重要价值。

箕子回答周武王所请教的如何治理天下的提问,乃是在一个既定的权力下如何治政的问题。但对于宪政儒学来讲,首要的问题不是给定权力如何治政,而是什么人可以拥有权力去治理天下,以及由此所存在的基本政治关系如何确定。深谙治理之道的箕子是臣而不是王,道理何在?武王作为王的正当性,内涵着多少"政治天命"意义,以及多少政治家与天下和人民之间的复杂政治关系及其政治责任和承诺,乃至有多少顺天应人、惊心动魄的伟大政治事件发生。这才是权力本身是否合法的真正问题。正是因为后者的原因,才有《洪范》文本"武王胜殷,杀受,立武庚,以箕子归,作《洪范》"这样一种陈述。它作为汤武革命的结果被置于《洪范》文本之首,即是表明洪范九畴的前提是汤武脉络的革命立宪传统,而《洪范》是这一革命立宪传统本身的一部分,亦如《汤诰》是商汤革命之后的立宪一样。只不过,武王采取了以箕子所述之"洪范九畴"立宪而已。

在政治合法性问题上，任锋关注了《洪范》以"大法意识及其终极本原"作为"政治秩序的根本理据"这一问题。强调"洪范""彝伦"作为一种并非人为私智安排的客观天命法则而具有规约政治生活的立宪意义，这对宪政儒学来讲十分重要。假使政治生活的法度不是一个人们可以客观把握并具有权威的东西，而只是某王某帝想当然的一心之念，或"帝王之具"（《韩非子·定法》），那也就不存在真正意义上的大法和宪政了。这是儒家大法区别于法家之法的根本所在。

注意到"洪范模式中蕴含的道统观念与素王心态"，这使该书有机会揭示儒家宪政的价值、传统和特色，亦即价值性道统对权力性政统的规约，使儒家古典宪政呈现为"二重权威结构"的以道制政。应当指出，《洪范》的首承道统是尧舜之道。武王所谓"惟天阴骘下民，相协厥居，我不知其彝伦攸叙"，即是表明武王欲承尧舜"中和"之道统，并以此作为政治治理的基本理想、价值和法度。"惟天阴骘下民"，即是"中"；"相协厥居"，即是"和"。武王请教箕子的是如何实现中和的"彝伦攸叙"。箕子以"天乃锡禹洪范九畴"的回答，则表明了对把中和价值落实为一种治理模式的大禹之道的传承。在这里，尧舜中和之道的"中"与"和"，是两个必须满足的政治合法性条件，也是儒家宪政几乎永恒的问题意识。也就是说，儒家宪政所开掘的基本问题，乃是遵循尧舜之道如何能够中正持守人类天性价值，而又能够在彼此之间实现和谐秩序。可以说，儒家宪政就是围绕这一中心问题来展开。大禹"政在养民"的治理实务及其"九功惟叙"的事功制度传统是一种符合人性价值，避免天下冲突的治理，汤武脉络的革命－立宪传统，是如何保障人民不被权力侵害的政治、孔门儒家的中庸之道则从理论上发展了尧舜中和之道。儒家从人性之上发展出的道德理论，以及德治（孔曾思孟）和法治（孔荀）的传统，即可由此道统得到说明。

试图通过对《洪范》"皇建其有极"的阐释来建立一种"从道德精神到人极意识"的"政治权威正当性"论述，这可以说是有点陷入宋学关注兴趣的学术偏好，并存在以道德论述扩张政治合法性边界的风险。《洪范》"皇建其有极"本是关于王道政治公平公正原则的阐明，但宋儒洪范学却将其视为道德修养问题。到底什么样的道德和多高一种德性乃是作为政治合法性标准的尺度，这在道德主义的论述中往往含混不清。因此，强调三代德政作为经典意义上法"元亨利贞"之天德，亦即创建一个政治秩序以产生出万民生长的事业（元），促进天下彼此联系、交往和沟通（亨），带给人民生存和发展的利益（利），贞正天下的行为规范（贞）的涵义，而非只是个人修养上的何种主观境界，这可能对宪政儒学及其政治哲学来讲更为重要。在任锋的论述中，尽管我们尚未看到这样的澄清，但他试图对宋儒洪范学作出"道德精神下作为道德人格极致"的人极观，与作为"极端重要之客观原则"这一涵义之人极观的平衡论述，并用整整一个小节讨论了"多重正当性理据之间的紧张性"问题，这无疑也触及到古典宪政中法观念传统的一大关节，亦即政治权威人极意识的法源性与人极意识的守制性之间的制约和协调关系。圣人以其极高的道德和智慧使自身具有"为天下立法"的法源性意义，但法之本身又仍然还是一种客观的和人人必须持守的法度。"君子动而世为天下道，行而世为天下法，言而世为天下则"（《礼记·中庸》），但纵孔圣亦申"子绝四"，"从心所欲不逾矩"。如此，古典宪政的文明心智可以得到彰显。

对于宪政儒学来讲，"洪范九畴"的意义可能更多地还是在治理之道的贡献。但这一点在该书蔽而无彰，语焉不详。实际上，"洪范九畴"即是九条基本的治理之道，并构成了一个相对完整的基本治理模式：第一条"五行"乃是华夏先民对宇宙秩序基本天道法则的认知和表达，它构成了"洪范模式"下的华夏治理把自己置于天道法则及其古典知识传统上来的一条明确原则。第二条"五事"表明了治理天下要重视人类自身态度和潜力开发的原则。只有在"貌、言、视、听、思"方面达到"恭、从、明、聪、睿"的要求，人类事务才能获得有效的治理。第三条"八政"可以说是儒家治理秩序基本宪制架构的主干。"食、货、祀"，是天下人民从物质（食、货）到精神（祀）的基本生存需求。由此需求而展开的人类活动所产生的治理事务被一个有"司空、司徒、司寇、宾、师"设置的政府组织架构所司职治理，并因事设职。后世《周礼》大体也是按照这一设置来安排治理秩序，并有进一步完善。第四条"五祀"是古典宪政中明确国家精神生活的要求。第五条"皇极"强调政治生活的公平公正价值，并将其视为"王道"政治的基本价值原则。它是一个针对权力政治的规范。第六条"三德"是关于政治治理技艺的原则，说明什么时候要正直、刚克或柔克。第七条"稽疑"是决策制度上如何处理疑问，及其存在不同意见时"占三从二"的多数规则。第八条"庶征"，亦即平庶的征兆,指善于观察情势,根据某些征兆和预见及时施策。第九条"五福"和"六极",可谓认识人性和人民祸福所在,从而明确政治治理基本目标的原则。一个好的政治治理,应当努力促进人民福祉,避免人民灾难。这是治道的根本宗旨,也是检验治理成效的基本标准。可见,洪范九畴涵盖了从确立天道法则知识的权威,重视人类自身潜力的开发,政府架构的安排,国家精神生活,政治生活的价值原则,政治治理的技艺,决策制度,到人民祸福及其政治治理目标的广泛问题。它无疑是古代中国和儒家治道最经典形态的表达,应当成为宪政儒学关于儒家宪制基本论述的重要历史依据。由以上所有论述构成的儒家古典宪制的"洪范模式",在历史传统中历经了怎样的演变,以及它在今天时代又应当回应什么样的问题,演变成什么样的现代形态,仍须进一步的探讨。

五、宪政儒学的前景

从学术上讲,只有当宪政儒学具备回应当下及其未来政治生活基本问题的能力,并将政治生活指向一个合理方向,它才有其前景。作者试图面向现代的挑战来强调"儒家的公共精神"及其"人民儒学"的重要性(《人民主权与儒家的公共精神》,428-439页)。沿着儒家传统对人的塑造,到近代梁启超的"新民说",基于对激进意识形态的反驳、中道伦理的倡导及其宪制共识需要,进一步申说"儒家公民"的主张(《意识形态激情、中道伦理与儒家公民》,447-459页)。在文明自觉与道统意识的规约下接纳自由主义的回归(《文明自觉与道统意识:自由主义的回归》,421-428页)。通过重提"正统论"而强调在众多文化传统交织影响的当今中国,把儒家传统确立为正统的重要性,由此期待"中国文明的宪政时刻"(《正统论与中国文明的宪政时刻》,274-279页)。这无疑是在得到重新理解的儒家传统上对宪政儒学前景的展望。它呼唤更多的学者为此开展工作。

道、学、政之间的政治思想史书写

顾家宁*

较之往昔诸子百家皆务为治,儒墨道法各称显学的辉煌,华夏先哲的政治思考似乎已与今人的生活渐行渐远。象牙塔内波澜不惊,故纸堆中乏善可陈,不乏断潢绝港之忧。冰冻三尺非一日之寒,这一状况折射出的,正是古今中西碰撞之下中国政治思想史研究的尴尬处境。

"政治思想史"概念本非中土固有,而是中西思想交通、现代学科分立的产物,这就决定了自其诞生伊始就必定是一门极富智识挑战的学科——不仅需要在学科体系内会通人文法政,亦需要在思想视野上兼及中西。然而现代学院体制下,人文学科作为承载传统文明的主干,乃以考据、心性之学为取径;法政学科受制于西风劲吹的整体氛围,治中学往往不脱批判、轻视的外在视角。而在二者之间,亦缺乏通过共同的问题意识来沟通彼此的有效管道。由此,不免造成中国政治思想史研究中传统与现代学术、人文与法政学科之间"双重断裂"的结构性困境。在学术源头上,缺少一种根植于经史典籍的"元知识"意义上的经典体系、观念话语与历史叙事的根基性支撑,就理论深度而言,亦缺少一种接引现代法政思想而将传统资源系统化与理论化的学术能力。

中国政治思想史研究的这一困境,在国族崛起、"文明复兴"日益成为值得认真对待的学理议题的当下,无疑显露出亟待改变的必要。在任锋博士新著《道统与治体:宪制会话的文明启示》(中央编译出版社 2014 年版)中,标题所传达的

---

* 顾家宁,北京航空航天大学人文与社会科学高等研究院讲师,历史学博士。本文系国家社科基金项目"中国治道传统中的公共理念及其现代转化研究"(项目编号:15BZZ016)的阶段性成果。

信息无疑是相当丰富的："道统"立定文明基础，"治体"指向广义秩序结构，而"宪制会话"则贯穿古今而直指当下。如是，中国政治思想传统就绝不仅仅是一具博物馆化的往矣陈迹，而是在古今之间凝聚价值、塑造秩序的鲜活之流。

一、典范开新：政治思想史的新书写尝试

任锋先生史学出身，后负笈香江，师从著名思想史家张灏教授，并长期任教于政治学系。多元的学术经历，塑造了作者史、政结合的知识背景，进而呈现在本书酝酿的政治思想史研究的范式突破尝试上。中国政治思想史研究的一个重要瓶颈，在于研究范式的单一。长期占据主流地位的专制论叙事，从历史角度看，对于传统政治思想不免缺乏客观整全之理解；今日观之，亦已无法满足转型时代国族共同体自我理解与认同的需要。由此折射出的，正是一种道统散落、学统无继的危机感。认真对待传统，乃是重振中国政治思想史研究的前提。正如奥克肖特指出的，"如果将历史设定为一种经验形式，那么它就必将被表现为一种思维形式，一个观念世界"。[1]就作为史学分支的思想史而言，研究者自身思维方式与价值观念对于作品的影响与形塑更是尤为明显。不同于传统的专制主义叙事，作者秉持对于故国文明之温情敬意，体现出一种柏克式的温和保守气质，而在研究方法上表现出诸多值得注意的新动向。

首先是对单一决定论思维的解蔽，避免以某种根本性因素（无论政治、经济或文化）作为历史解释的关键。单一决定论固然有利于塑造一套清晰严密的理论体系，然而其背后本质主义、化约主义的思维方式，亦不免有遮蔽历史与思想的复杂性的危险，甚或沦为一种偏激的意识形态心智，所谓蔽于一曲而失其正求。早在三十多年前，汉学巨擘史华慈曾告诫西方学人，"中国思想史研究面临的主要任务不是要沉思于那不变的本质，而应当去寻找中国思想的广度、多样性及其问题"。[2]今日观之，斯言亦可谓大矣。

---

[1] [英]迈克尔·奥克肖特：《经验及其模式》，吴玉军译，文津出版社2005年版，第88页。
[2] [美]本杰明·史华慈：《思想的跨度与张力》，王中江编，中州古籍出版社2009年版，第91页。

在思想史研究层面，本书深耕宋代这一历史截面，以观念史研究为基点进入传统政治思想世界。以经世精神、公论传统、实践意识、治体论为中心，采取一种历史实践视角下的思想进路，既梳理政治思想自身的发展演变，亦关注思想落实于现实世界的实践命运及其对观念世界的反向塑造。所谓政治思想史，不再被仅仅处理为观念世界中的一系列精致阐释，而力图兼具历史脉络的连续性与实践感。此种在"观念—实践"交互作用中梳理秩序演进线索的方法论，正脱胎于"推阐理势""经史互证"的古典学术路径。

思想史与政治理论，构成了支撑全书的两大主题。在观念史研究的知识基础上，全书最终试图落脚于一套基于中国历史文明经验的政治理论与思想价值表述。此种藉由思想史、政治史研究而通往政治理论的正向转化，透露出作者宏大的理论抱负。对于久处西方理论框架裁制之下的中国政治思想研究而言，此种尝试可谓极富勇气与愿力。宋代政治思想，尤其是南宋浙东学派研究，构成了作者切入传统政治思想世界的知识基础。基于"理学—事功学"合辙的视角，作者对宋学精义的把握是在一种经史结合的经世视野中展开的。在内部社会转型、北方强邻环伺的近世历史处境中，如何依托文明传统、因应时代问题塑造优良秩序？对于作者而言，这一宋儒的深层问题意识，既是打开宋代思想世界的钥匙，也透露出学术探研蕴含的现实关注。延绵古今的问题意识，构成了切入传统思想世界的着力点，而政治理论的阐发，则是基于思想史探研的古今视域融合。此一研究范式，可以概括为"经史结合、经世取向"。"经"代表着一种文明主体意识；"史"是作为知识基础的历史经验还原，"经世"则是基于上述二者的政治理论生成力。

二、"新宋学"与儒家现代政治论说

随着儒学以一阳来复之势崛起于当今中国思想版图，儒家与现代政治也随之成为一大思想与学术热点。华夏旧邦，何以立定现代新命？正如战国之变引发"儒分为八"的学派分化，当儒家传统走进现代政治，也充分发酵了自身内部的思想分化。不同于港台新儒家以儒家道德心性之内圣接榫西方自由民主外王的单线取径，晚近大陆新儒学的一大特质，就在于尝试立足儒家价值开拓更具主体性的现代政治论说。在此蕲向中，大陆新儒学思想取向上的分流奔竞之势也日益彰著。

率先揭橥政治儒学大旗的蒋庆代表了当代儒学政治思考的一种代表性的面向：以反思现代性与自由民主为基本立场，试图直寻经典义理，构造一套完备自足的政治体制。其学术精神承自汉代春秋公羊学，主张以制说经，进而依经创制，可称为"公羊学模式"。从汉儒之通经致用，到廖平、康有为等晚清今文家之托古改制，依托公羊学建章立制的努力可谓其来有自。相比之下，本书对于儒家当代政治价值的思考则显现出另一种精神气质与思想形态，或可称为经史结合的"新宋学模式"。

不同于现代公羊学试图从去古未远的汉儒微言中求取灵感，本书对儒家政治传统的吸收更多地源自近世宋学传统。钱穆言汉学精神在"通经致用"，宋学精神在"明体达用"，一词之差，个中异同值得深味。汉儒"通经"，采取鲜明的政制取向；而宋学"明体"，则在一种兼及政治社会与个体修身的更广阔领域中展开。晚近以来，诸学贤于"新宋学"之建构皆措意良多，陈寅恪、钱宾四对于宋学之嘉许，端在其能吸收外来学说而不忘本民族地位，实现立足于中国文明的"更生之变"；张君劢"复活新宋学"之呼吁，着眼于在科学主义、工具理性编织的现代性牢笼中彰显道德理性价值；余英时对宋学精义的把握，在于其包举内外的秩序重建规模。作为一种政治思考的"新宋学模式"，无疑继承了上述前贤之思。沿此而下，作者进一步开拓宋学与宋制在治体、治道方面的典范意义。宋学的思想特质，使立足于此的政治思考能够在一种贯通内外的整体维度上开展。通过中道伦理与儒家公民、文明自觉与道统意识等主题的沟通转化，儒家传统与现代政治的对接乃获得了一片更加宽广的对话空间。

宋学的重要性，既源自其文明成就，亦在于近世中国与现代中国的历史延续性。严复曾断言，中国所以成于今日现象者，宋人所造就者十之八九，钱穆亦指出不识宋学则无以识近代。因此立足宋学的政治思考即直接地体现在对于"近世—现代"一体连贯的历史脉络的把握之中。作者敏锐地把握到源于近世儒学之于现代中国政治思维与实践的深刻影响，在传统与现代的连续与变异中，发掘思想的深层次"原型"及其经过现代转换之后的新意与困境。如对近世公论观念与公共话语的研究，在详密的观念史爬梳的基础上，作者着力展现以公论、讲学为代表的公共话语与公共政治空间在近世历史中的孕育，进而探究其现代转型之复杂命运。古典政治思维中的公论观念，既为现代公共理性的兴起作了准备，同时，褪去"天理"规约之后世俗化、扁平化、对抗性的现代公共政治观导致的"理不一理，心不一心"的群体共识危机，同样需要借助古典公论观蕴含的德性精神、超越维度与历史成宪意识予以中和调治。至于对于现代中国政治影响深远的实践真理观，作者同样在近世传统中探索其精神源头。

在因应现代政治的问题上，作者尝试在以道德心性对接自由民主的港台新儒家与坚持特殊主义德性优越论的"公羊学模式"之间开辟一条新路。对于西方现代政治典范，基本采取一种广义的容受态度——既有别于前者的全盘接受，亦不认可后者的激进批判。一方面认可并接受民主、平等、自由、宪政等现代政治的结构性要素；另一方面对于中国政治传统中固有智慧的尊重与激活，同样被视作构造优良现代秩序的基础性资源，"外引"与"内生"合璧，方能共同构造中国式现代政治的完整基盘。现代政治的普遍价值并非全然引自欧西，而自有其本土渊源，同样，中国古典政治智慧亦非偏适东土，而亦具有可分享的普遍性。正如书名所提示的，中国优良现代政治的形成，并非一种在中国与西方、传统与现代之间由此及彼、进化论、终结论意义上的全盘移植与邯郸学步式的机械模仿，而是在中西古今之维中相互补充，损益发展的实践整合过程。由此，不难理解"新宋学"式现代政治思考的特质：强调经典精神与历史实践的结合，而不试图进行一套依经创制的乌托邦设计。基于经史结合的审慎心智，避免呈现一套向壁虚造的整全理论与制度，而是以具体问题为契机，寻求今古一脉的思想勾连，以求返本开新。此种心智典型地体现在对儒家与宪政、道统与公民两大主题的思考之中。

儒家文明传统与现代中国宪制建构之关联，可谓近来一大思想热点。儒家传统能否匹配宪政秩序？这既是一个思想史、制度史课题，也是一个深具现实感的法政理论问题。此中涌现的诸多"儒家宪政论"思潮，大体可归为"强路径"与"厚路径"两种取径。前者的典型代表，即前述"公羊学模式"之依经创制。所谓"强"者，首先指儒家经典制度与义理精神在其中占据强势主导地位，以此构想一套完备自足的政教体系；其次，倾向于采取政治取向的上层取径，强调"政"之于"教"的守护之责。

与之相对，本书所代表的理论形态可用一个"厚"字来形容。"厚"，意味着一种历史感、开放性与包容度，并不汲汲追求但凭儒家义理而引申出一套具体、整全、独特的政制安排，而是强调儒家在中国现代秩序中有必要作为一种根本性的支援意识而发挥作用。其对"宪政"的理解，既不囿于西方、现代之典范，亦不局限于狭义的宪法文本与政制本身，而强调须以一种历史、柔性、开阔的视野，充分考虑到道德、信念、风俗、惯例、法律、政制等多方面因素对于共同体秩序的多维形塑，由此凸显政治秩序的文明向度。有效运转的宪政传统必然具有其复杂性与长期性，故必须从文明意义上夯实其信念根基与德行渊源。缘乎此，同时亦出于学理的审慎，作者更倾向于使用"宪制"而非"宪政"一词来指称此种对于根本秩序的理解。在这里，完整的宪制秩序被理解为四大维度：政教关系（政治的道德、宗教、文化基础）、治理结构（族群、地域整合机制）、政体架构以及政治认同。儒家传统乃是作为一种文明资源渗透到上述四维的构造整合之中的，现代中国优良宪制的确立，正是一个在历史文明、西方典范与现实处境之间开放会话，损益提升的过程。质言之，此种儒家式的宪制观是既"厚"且"广"的。

　　君子传统与现代公民，是沟通儒家传统与现代政治的另一座桥梁。"道统与公民"的板块标题，清楚表明了一种积极融入现代，亦保持古典精神的反思视角。如果说公民一词表达了对于现代政治平等化潮流与公共性理念的肯认，道统概念的标举则显示了借助古典文明资源克制现代政治之负面产品的用意。如通过对儒家中道伦理的公共意义解读，借以祛魅一元、排他的现代意识形态激情，又如从"身—家—国—天下"四元四域的《大学》思维中提炼天下公民理念，对天然带有我族中心主义倾向的现代民族国家定势予以反省，升华国族思想的普世品格。

　　从梁任公主张以私德涵育公德，到现代新儒家诸贤试图以儒家道德内圣开出民主外王，融通儒家传统与自由主义的努力一直绵延不绝，是谓锻造现代中国精神之一大事因缘。儒家与自由主义的对话，同样是本书的一个重要议题。较之以往以道德心性结合民主政制的单向模式，作者力图展现出一种双向开放的新特质。狭义民主政体的建立，不再被视作现代中国秩序转型的唯一要件，而政治共同体良性运转所必须的风俗、信念与认同，则被认真纳入思考视域之中。上述论域，并非自由主义之擅场，而必有赖于文明传统之滋养涵育。如此，儒家传统与自由主义之间就不再是一维平面的对立抑或对接关系。借助自由、民主、人权理念，儒家传统能够获得育成自身现代形态的契机；同样，经过与道统、人伦、德性观念的对话，自由主义亦能夯实自身的文明根基，摆脱"风之积也不厚，则其负大翼也无力"的百年尴尬。

　　作为对各类现代意识形态思维的超越，作者着力强调儒家中道心智之于现代政治的重要意义。"不偏之谓中，不易之谓庸"，中道心智意味着基于儒学的现代政治思考拒绝将自身定位为一种新意识形态，而强调理论与现实的开放性，尤其着意避免成为一种与国家崛起相伴相生的特殊主义固闭。其次，中道心智意味着对二十世纪新儒家群体"花果飘零"之文化悲情意识的超越，实现从批判抗议到积极建设的态度转变。当然，这种转变绝非意味着对儒家传统中风裁独持、处士横议之批判精神的消解，而是指在新的历史环境中积极超越文化悲情意识与边缘人心态，以一种身处其中的在场感审慎负责地参与到现代中国的转型事业之中。

三、问题展望：经史之学与开放对话

　　奥克肖特曾区分"历史的过去"与"实践的过去"——"只要这一过去被视为政治智慧的存储器，这一过去就不是历史中的过去"。[1]可见政治思想史生而为一种"实践的过去"。如何做到思想史还原与理论阐发的相得益彰，是为决定其研究品质的高下的关键，借用传统学术语言，此即向经史传统的回归。"经"凝聚了中国古典文明的核心精神，而"史"则是经之价值精神在时空中的实践呈现。经学之于中国政治思想史研究的意义，体现在一系列体现中国经典秩序想象的"元概念"之提炼。至于史学研究的推助，则体现在对思想、观念、人物的重新语境化理解，进而提炼一套融合政治、社会、经济史背景的思想叙事。借用沟口雄三的表述，此即"以中国为方法"，不是沿着预先准备好的外在框架来斟酌历史事实，而是从典籍所呈现的历史当中提炼轮廓和主题。[2]

---

[1]　[英]迈克尔·奥克肖特：《经验及其模式》，吴玉军译，第104页。
[2]　[日]沟口熊三：《作为方法的中国》，孙军悦译，三联书店2011年版，第198页。

政治思想史研究需具有鲜明的主体意识，而立基于此的政治理论阐发则务必保持开放性。回归经史固然是一种重要的研究方法，但进入传统经史世界的切口，必定是在现代转型的问题意识中立定的。本书中以"洪范模式"切入近世儒学政治正当性理论的相关研究，可谓经学政治学研究的有效尝试，而对近世儒学之实践意识、公论观念的专题研究，则更多体现出思史结合的思想史研究特质。事实上，上述两方面研究，包括由此引出的对经世、经制、道统、治体等古典政治概念的发掘，都是在正当性思考、乌托邦反思、宪制会话等现代问题意识的激发下生成、展开的。思想史研究方法论意义上的回向传统，与政治理论领域中的开放融合，二者实相辅相成而并行不悖。经过长期努力而或可达致的一种理想状态，是从自身文明脉络中探索提炼一套对于优良政治秩序的理解与表达，进而进行中西政治思想的深度交流与对话。对此，本书在提供了一种尝试努力的同时，也留下了可待进一步耕耘的广阔余地。

就传统思想话语的现代转换技艺而言，从经史典籍中挖掘概念，固然有助于避免时代意见的遮蔽，更加贴切地理解自身，但传统概念若欲在现代语境中充分获得说明自身的能力，则仍需直面西方、现代概念的比较与辩难。因此，在理论层面折中今古，破除西方中心论与现代性傲慢的同时，还需要在现代视野下直面古今之辨中的一系列根本问题。比如，现代政治的民主正当性原则如何沟通古典德性主义精神？具有人伦差序特质的"仁—礼"秩序结构，如何嵌入到以权利平等为前提的预设的现代社会之中？惟其如此，传统政治思想研究方能在现代性的追赶与批判之间立定脚跟，不至在趋新与守旧的潮流进退中出主入奴、彷徨失据。

无论是经史典籍中元知识元概念的发掘，政治、社会、经济史演进脉络的再叙事，还是当代中国内外秩序问题的激发，都是构成政治思想史研究共业的基础。中华文明的历史活力，在于思想与实践结合中"道—学—政"三位一体之良性互动。同样，今日语境下思想史、政治理论与公共生活实践的交互促进，也是建立一种兼具文明主体性与理论开放性的学术新典范的必由之径。由是观之，本书"筚路蓝缕，以启山林"所展现的新研究典范及其透露出的理论愿景，无疑令人期待。

方法与意义
——语用诠释学视角下的儒家法文化

邢 琳[*]

文化是一个众说纷纭的概念。我们认为，从求真、求善和求美的三重角度，可以把人类的文化活动概括为物质文化、社会文化与审美文化三个层面。物质文化是人类改造物质世界的活动成果；社会文化是人类在认识和改造社会世界中形成的政治、法律、道德、伦理、风俗、习惯乃至宗教信仰等方面的成果；审美文化是人类在追求自我完善与提高审美意识方面的成果。这三个层面相互渗透，形成完整的人类文化面貌。文化并没有民族优劣之别，只有发展的形式与发展的路向的差异，不同民族和国家的文化是人类总体文化不可分割的组成部分。

法文化是人类文化的一个部分，表现为与法律有关的文化观念、文化心理、价值取向、制度表现、文化符号等。儒家法文化是指在儒家思想指导下以道德和礼为基础制定一整套的法律规范体系，亦即以"仁"为逻辑起点和价值本体、以"礼"为核心的具有伦理法特质的法律以及与之相应的法律观念、法律思想、法律心理等。[1]儒家法文化实际上是以儒家经典为中心的文化体系，从儒家文化的经典入手，才能找到深刻领会和掌握儒家法律文化核心精神或者意蕴。儒家"十三经"是传统中国上至朝廷，下至士子弘扬和研究的重要经典文本，是中华文化的重要组成部分，也构成了儒家法文化的重要载体。

儒家法文化的阐释与运用离不开对儒家经典核心文本的阐释与运用。但既有的

---

[*] 邢琳，许昌学院法政学院副教授。
[1] 俞荣根：《礼法传统与良法善治》，《暨南学报（社会科学版）》2016年第4期。

儒家法文化阐释实际上归宗于儒家传统的经典诠释学，即经学阐释。这种经学阐释模式虽然在历史上有着重大影响和意义，但在今日看来具有如下局限性：

首先，经典阐释主体的局限性。传统的儒家经典的阐释主体，实际上是具有深厚儒家文化积淀的儒家知识分子和士大夫阶层。在先秦，能够精通儒学、掌握六经的基本上是贵族，所谓学在官府。到孔子开办私学，招徒讲学，学术开始下移，但是六艺经传并非普通的从事农、工、商的下层老百姓所能掌握。这就造成了对于儒家经典的解释，主要局限于贵族、官僚和士大夫阶层。广大农工商阶层并不具备解释儒家经典的主体资格，而更多的是施行儒家经典教化的对象。

其次，经典阐释内容的局限性。传统的儒家经学，无论是古文经学，还是今文今学，在阐释的内容上基本离不开孔子编订过的六部经典及其衍生经典。基于长期以来形成的习惯和传统，也很少对于何以成为儒家经典的标准有过较为规范的论证。后来的儒家经典作家，也更多的是秉承"述而不作"的传统，从事对儒家经典的转述、整理和解释，而没有试图再创作更多新的经典。

最后，经典阐释方法的局限性。一是缺乏哲学诠释的方法论指引。在诸子论战中，名辨逻辑的科学思想是儒家的对立面，以逻辑学为基础的语义阐释方法在儒家经典阐释中受到贬斥。二是虽然曾经有今文与古文不同派别的阐释方法的争论，但并未形成自成一派的经典诠释方法和连续性的诠释流派。三是并未突破传统的哲学本体论的框架。儒家经典阐释是一种主客二分的诠释模式，即儒家知识分子借助经典文本，向其他受众阐释内容，缺乏解释者与被解释者之间的互动。换言之，解释者与文本之间，以及解释者与被解释者之间的关系是单向度的。

由于传统经学阐释方法存在前述局限性，有必要开拓视野，引入新的阐释学方法，以便为进一步学习、研究和传播儒家法文化提供方法参照和理论工具。在此问题上，国内外学者已经做了相当多的探索和研究工作，如傅伟勋先生"最早将西方诠释学引入中国人文研究的方法论领域而创立了"创造的诠释学"，并以此致力于中国人文传统之"创造性转化"；成中英提出作为"本体诠释学"儒家经典诠释方法；曹可建提出批判的借鉴伽达默尔的本体论诠释学。[1]笔者认为，可以借鉴哈贝马斯语用诠释学理论对儒家经典进行新的语用学诠释。

所谓语用诠释学，实际上基于哈贝马斯语用学和交往行为理论的一种新的哲学方法论。哈贝马斯认为，人作为社会行动者，他参与社会交往，同时与主观世界、客观世界与社会世界发生多方面的联系。实际上他可以采取两种行为类型，一种是以目的为取向的目的行为，另一种是以达成共识为目的的交往行为。前者主要涉及真实性问题，即正确认识客观世界的真实性，并正确采取相应的策略。后者要同时兑现三种有效性要求，即客观世界中的真实性，社会世界中的规范有效性以及主观世界中的言说者的真诚性。"他们不是直接地与一个世界中的某种事物发生关系，而是相对地把他们的表达依据于这种表达的运用受另外一个行动者驳斥的可能性。理解意味着交往参与者对一种表达的运用受到另外一个行动者驳斥的可能性。理解意味着交往参与者对一种表达的适用性的赞同；意见一致意味着主体内部对发言者对一种表达的适用性所提出的运用要求的认可。"[2]

哈贝马斯将以目的为取向的系统的再生产称为物质的再生产，社会化的个人借助目的和工具性互动参与社会的各种活动，实现自身的目的。[3]与这种物质的再生产的相对应的是生活世界的象征性结构化再生产，生活世界的再生产是依赖于以语言和行为为基础的交往行为形成的社会合理性和社会的整合。"正如我们从米德那里已经看到，语言的媒体为生活世界的再生产，体现了这些基本的职能。由于内部活动参与者相互关于他们的状况取得了理解，他们就处于一种他们同时利用和更新的文化传统中；……，他们就以他们从属于社会集团的从属性为基础，并同时加强了这种从属性的统一性；由于成年人随着有权限的行动的关系个人参与内部活动，他们就内部化了社会集团的价值方向，并且获得了普遍化的行动能力。"[4]生活世界的文化再生产、社会统一与个人的社会化，都是以语言为媒介的交往行为为

---

[1] 参见潘德荣：《诠释学的中国化研究述评》，《哲学动态》1993年第10期；刘钢：《论法律话语理论从德沃金到哈贝马斯的演化》，《暨南学报（哲学社会科学版）》2009年第1期。
[2] [德]哈贝马斯：《交往行动理论》第2卷，重庆出版社1994年版，第167页。
[3] [德]哈贝马斯：《交往行动理论》第2卷，第189页。
[4] [德]哈贝马斯：《交往行动理论》第2卷，第188页。

主要手段，而排除了以目的为取向的工具性行为，一切意见的产生、争论以及交易的达成都需要经过交往主体各方之间的以理解为目标的三个方面的有效性的兑现，即同时满足真实性、真诚性和规范有效性，语用的交往行为关系代替了单纯的以他人为工具和手段的目的性活动关系，成为生活世界再生产的主要形式。换言之，语用诠释学力图从旧有的单向度的、带有工具性的意义阐释过程中解放出来，而带有情境诠释和创造性诠释的开放性和整合性。

正如伽达默尔指出的，理解总是属于被理解的存在。对于儒家法文化经典文本的诠释，同样存在着主观世界、客观世界和社会世界的多重关联和社会存在论蕴含；解释的媒介离不开语言，以及语言使用过程中的交往多重有效性。对传统儒家法文化经典进行语用学诠释，将会为儒家法文化的经典诠释注入新的动力；通过语用的情境化诠释的开展，将会为儒家法文化的复苏与复兴开辟新的坦途。具体而言，这种语用学诠释的意义有如下方面：

1. 进一步拓展儒家法文化文本的阐释深度。传统的儒家法文化经典的阐释，由于受制于经学、考据学的影响，局限于文本的句法学、语义学的限制，无法走出儒家文本的"实谓"（即文本作者实际上说了什么），与文本的"当谓"（站在当代的交往者角度，文本应带表达什么），以及阐释者的"必谓"（做为创造的诠释家，我应该说什么？）。[1] 传统的经学考据派一味追求文本的"实谓"，试图通过文字科学的考订和印证来发掘文本的真实的发展脉络和轨迹。但这种不为自己的科学目标设置理论前提的文本经义考订学注定会走入历史的死胡同而难以自拔。而注重义理阐释的经学家们试图通过对于文本的阐释，找到应对一切社会或者人文问题的"道"，同样无法寻求到与当代社会相符合的"当谓""必谓"。义理阐释的结果或者是退回到经典所设的元伦理学的起点而以"三纲""五常"作为伦理的条件预设，或者是迷茫于"唐虞世远""师道之不传"这些历史前途的悲观论中。而借鉴语用学诠释的方法论，可以在经典阐释的"实谓""当谓""必谓"的追寻中，逐步加深对于儒家经典文本的理解，并在这种语用交往的诠释中，逐步达成共识，找到一种更加完善的交往的"理想言谈情境"。在形成一个较为稳定经典诠释共同体

---

[1] 张斌峰：《诠释学的方法》，新浪网，http://blog.sina.com.cn/s/blog_8ed8a41f010146qc.html。

的过程中，逐步加深对于儒家文化本身的阐释和理解，从而更好的构建属于中国人自觉的文化和社会生活世界，提高儒家经典文本阐释的深度和广度，避免儒家经典阐释的僵化和低水平重复。

2. 为儒家法文化深入社会开辟通路。近代以来，中国儒家知识精英和知识分子，一直面临如何将儒家学术话语与整个社会广大民众话语之间接榫的两难选择。一方面儒家学说关于修身、齐家、治国、平天下的知识体系和伦理原则，是经过中华文明数千年积淀发展起来的较为完善和复杂的知识体系，要精通儒家经典，成为一个博学通达的儒家知识分子，必须经过长期的学术训练和学术积淀。另一方面，在封建国家简约化的统治模式下，必然只能是政府选拔的少数士大夫才具备完整深入理解儒家思想的知识体系，士大夫在某种程度上既成为世俗政府的法律的执行者，也成为封建国家精神生活的牧师和教士。科举制度下的儒家士大夫，始终没有很好解决如何让儒家话语与伦理准则深入社会，与社会进行良性互动这样一个根本问题。其根本原因在于儒家话语带有单向度性：儒家站在与"小人"相对立的"君子"立场，试图通过儒家教化的方式，借助国家权力来影响社会，而不是通过话语交往在官与民、士与农工商、君子与小人之间构建起一个互动关系。换言之，儒家经典的阐释与运用是主客二分的，并未通过普遍的社会关系主体的互动与交往，构建儒家的交往合理性建制化力量，来弥合不同主体之间的分歧和矛盾。在当今时代，有必要运用话语交往理论重新阐释儒家经典和儒家文化，通过国家、社会、儒家知识分子与民众等多种力量的参与，共同推动儒家经典诠释进一步与广大社会接榫，让儒家文化称为广大民众的共同的交往视域，成为每个中国人生活世界的共通的文化背景，并通过不断的批判性诠释和创新性解读，实现精英儒家文化真正与民众的儒家意识的普遍对接，最终回归中国人的儒家生活世界，抵御现代社会系统化带来的生活世界殖民化的威胁和侵蚀。

3. 推动儒家文化与西方文明的对话。关于跨文化交往问题，儒家知识分子是从儒家文化中心主义的角度看待异己文化的。孔子站在中原文化的立场上，以复兴周礼为己任，认为鲁就是周礼的直接继承者，希望通过倡导礼乐文化推动礼乐衰微的其他诸侯国文化进步。对于夷狄，孔子认为他们本身是落后的，是不讲礼仪的野蛮部落，应该"尊王攘夷"，决不能让夷狄落后的文化侵染先进的中原礼乐文化。

但是，到了近代，腐朽的清王朝面对西方列强的强大军事侵略节节败退之际，中国的政治躯壳日益凋亡的同时，广大儒家知识分子明显感觉到来自于遥远异域文明的一种强大的冲击和震撼，儒家传统的夷夏观面临彻底更新和挑战。在西方文明的强大的武力威胁下的儒家知识分子，已经不得不面对与这种外来的"新蛮夷"鼎足对话与平等交往的现实选择。在文明对话的总体框架下，文明本身并无优劣之分，儒家传统的夷夏观也必须做出更变的革新。首先，通过与自西方文明的知识分子之间的对话，运用西方学术理论作为参照，可以更好的反观自身的文化的优劣得失；其次，通过在不同文化间的话语交往，反而可以为儒家知识体系增添新的理论内涵，丰富和发展儒家文化本身。

4. 为发展儒家文化提供新的契机。儒家文化借助于对经典的语用诠释，必然会为自身的发展提供更加广阔的契机。"天行健，君子以自强不息；地势坤，君子以厚德载物。"这不仅是对儒家知识分子的要求，也是对儒家文化本身的要求。在专制时代，历代统治者为了巩固其统治地位，将儒家经典奉为圣经，罢黜百家，独尊儒术，压制异端，使得儒家思想逐渐庸俗化和僵死化。时至今日，通过语用学诠释的运用，可以将儒家经典的阐释与整个社会的发展结合起来，使得儒家经典中的意蕴不再局限于官方的教条学说；进而通过发动广大社会力量共同推动儒家经典诠释的"必谓"与"当谓"的时代蕴含的丰富和完善，这就必然会促进儒家知识体系更加开放，更加包容，更加具有知识的完备和价值的合理性。我们可以憧憬，新的儒家的时代理想必然以一种崭新的姿态，为我们建设更加良善的社会和文明提供知识力量和价值的源泉，并在新的社会问题意识下，成为凝聚中华民族的文化共识、价值共识与理论共识的共同的"地平线"。

编后记

第29辑《原道》在这个人间四月天和读者朋友们见面了。

自1994年创刊以来，《原道》先后在多家出版社出版。本辑再次更换了出版单位，即由东方出版社改为新星出版社。虽然如此，《原道》的追求和品质始终不变。也借此机会，对包括东方出版社在内的历年合作伙伴表示感谢，并对与新星出版社的良好合作保持期待。

本辑《原道》以"儒家法政传统的源与流"为题组织专题研讨，并邀请到法史学研究青年才俊、南京师范大学陆娓博士担任专题组稿人兼特约责编。在陆娓博士的精心组织下，本辑专题荟萃海峡两岸、儒门内外之老中青三代学人纵论治道传承与法政精义的10篇文章，组成了一席丰富的思想盛宴。在儒家一阳来复可期，治道传统重光有望的当下，本辑专题对于吾国优良治理秩序之生成与儒家法政传统之续造无疑具有重要的参考价值。

与专题研讨相呼应，"思想与学术"板块中，周瑾对形而中学的精密申衍，马清源对郑玄建构禘祫理论的还原与提炼，苑青与张宏斌对北魏政权合法性与文化主体性认同问题的论述，赵路卫对宋元之际明道书院山长在遗民与降臣之间选择困境的揭示，以及富瑜有关行动瑜伽与无为思想的比较研究等，分别关涉治道传统的哲学精义、制度安排、合法性塑造、个体进退去留与他者视阈。至于李建江有关南京国民政府海商法的研究，王祎茗有关清末民初主婚权制度变革的省思，赵峰有关现代中国的语境变迁与传统文化的整体定位的思考，则进一步关切了法政传统的古今中西之辨。

"读书与评论"板块中，《原道》主编陈明为《中国乡贤》一书所作序言内含以乡贤回归重建乡土秩序的期许，朱汉民在《回归经典，复兴中华文明》文中发出了以经学研究之繁荣促民族精神之复兴的倡言。杨万江和顾家宁为任锋博士《道统与治体——宪制会话的文明启示》一书撰写的书评，则分别借题发挥，讨论了宪政儒学的视野与脉络，以及道、学、政之间的政治思想史书写问题。最后，邢琳从语用诠释学视角对儒家法文化及其经典诠释问题发表了自己的见解。

  本辑《原道》各稿件或多或少作了一定的技术处理，除了编辑出版方面的考量，也因为《原道》是一家有自我期许与担当的刊物。我们有所为，也有所不为。我们用稿编稿有着鲜明的立场与方向，这也就是我们的原道初心。

  最后，拟定于2016年6月出版的《原道》第30辑，将以"回到康有为"为主题，以近现代中国国家建构与国族建构的问题意识为关切，组织一批优秀中青年学者展开主题研讨。敬请读者诸君关注。

  投稿邮箱：yuandao1994@163.com；
  讨论网址：www.yuandao.com
  微信公号：原道（yuandao_rujia）
  QQ交流群：308299147

图书在版编目（CIP）数据

原道 · 总第29辑/陈明　朱汉民编.—北京：新星出版社,2016.4
 ISBN 978-7-5133-2145-7

Ⅰ.①原…　Ⅱ.①陈…　②朱…　Ⅲ.①文史哲－中国－文集　Ⅳ.①C53

中国版本图书馆CIP数据核字（2016）第094268号

原道 · 总第29辑

陈　明　朱汉民　编

责任编辑：冯文丹
责任印制：李珊珊
封面设计：hanyindesign

出版发行：新星出版社
出 版 人：谢　刚
社　　址：北京市西城区车公庄大街丙3号楼　100044
网　　址：www.newstarpress.com
电　　话：010-88310888
传　　真：010-65270449
法律顾问：北京市大成律师事务所

读者服务：010-88310811　service@newstarpress.com
邮购地址：北京市西城区车公庄大街丙3号楼　100044

印　　刷：北京京都六环印刷厂
开　　本：890mm×1194mm　1/16
印　　张：20.5
字　　数：310千字
版　　次：2016年4月第1版　2016年4月第1次印刷
书　　号：ISBN 978-7-5133-2145-7
定　　价：52.00元

版权专有，侵权必究；如有质量问题，请与印刷厂联系调换。